CONTRIBUTION À L'ÉTUDE
DE LA RENTE FONCIÈRE URBAINE

La recherche urbaine 10

MOUTON ÉDITEUR · PARIS · LA HAYE · NEW YORK

MIGUEL DECHERVOIS et BRUNO THÉRET

Contribution à l'étude
de la rente foncière urbaine

MOUTON ÉDITEUR · PARIS · LA HAYE · NEW YORK

ISBN: 90-279-7773-9 (Mouton, La Haye)
2-7193-0076-5 (Mouton, Paris)
Couverture de Jurriaan Schrofer
© 1979, Mouton Éditeur

Printed in England

Présentation

S'il est vrai que la rente est un rapport social dominant la répartition de l'espace et son utilisation, l'analyse de la formation du prix du sol urbain et de l'évolution des valeurs foncières devrait permettre d'éclairer la dynamique de la constitution de l'espace urbain dans une formation sociale dominée par le mode de production capitaliste. Tel est l'objet de ce texte.

La rente foncière est un rapport social. Cette affirmation, sous forme d'à priori théorique qui ne vaut que par les perspectives scientifiques qu'elle a ouvertes et qu'elle continue d'ouvrir dans le cadre théorique du matérialisme historique et du matérialisme dialectique, implique le rejet des présupposés de l'économie vulgaire qui voit dans le prix d'un terrain la valeur des satisfactions individuelles que ses qualités naturelles permettent de satisfaire. Cette affirmation pose, d'autre part, que n'étant le fruit d'aucun travail, le sol, dans son état naturel, n'a pas de valeur en soi. Elle oblige à penser la rente foncière dans son rapport au rapport social dominant le mode de production capitaliste, le capital, et à voir le prix du sol comme élément du procès social de production des marchandises pour lesquelles la terre est un moyen de production nécessaire.

Il s'agit, en un mot, de suivre les voies que Marx a empruntées pour analyser la formation du prix des terres agricoles, de généraliser et d'étendre sa problématique.

Les économistes «officiels» acceptent volontiers de voir dans le problème foncier la manifestation d'une contradiction, interne à la classe dominante, qui oppose les propriétaires du sol et les capitalistes. Il faut cependant dépasser ce point de vue pour démontrer que cette contradiction tend à se déplacer; elle n'oppose plus des classes du bloc dominant, mais des fractions de la classe capitaliste; c'est ce déplacement qui accompagne l'investissement typiquement capitaliste de la propriété foncière lorsque le capital se «territorialise».[1] Héritière en ligne directe de la classe dominant le mode de production précapitaliste, la classe des propriétaires fonciers tend aujourd'hui à se confondre avec la fraction rentière des capitalistes, capitalistes passifs détenteurs du capital de prêt, des titres de rentes immobilières et mobilières. La fusion de la rente foncière avec la rente immobilière et la rente mobilière (actions et obligations) au sein de la classe capitaliste, fusion qui a eu des effets politiques importants et qui continue à avoir des effets idéologiques manifestes, prépare l'absorption en cours de la rente foncière au sein du capital financier, après la liquidation économique et politique de la fraction rentière. Cependant la contradiction fondamentale, pour la classe dominante, entre le capital productif de plus-value et le capital improductif, qui s'approprie sous quelle que forme que ce soit (rente, intérêt . . .) une partie de la plus-value produite en dehors de lui, persiste même si elle est dissimulée au sein du capital financier monopoliste. Il suffit pour s'en persuader de lire les divers rapports des commissions du Plan où la propriété du sol est dénoncée par le capital productif et ses acolytes technocratiques comme «un obstacle au développement équilibré de l'économie». Il faut savoir découvrir sous ces dénonciations les problèmes réels que posent au capital productif l'existence de la propriété privée du sol et qui entravent son développement. La rente foncière, et le prix du sol qui en découle, organise un certain type de localisation, empêche la pénétration des progrès techniques dans certains secteurs de la production, ceux qui «financent» la rente, gêne l'accroissement de la plus-value relative, et entre, par conséquent, en contradiction avec la logique du développement du mode de production capitaliste telle que le capital productif se l'imagine de son point de vue. Elle fait surgir d'autre part, des problèmes politiques et idéologiques spécifiques: ségrégation sociale dans la sphère de consommation de l'espace, mécontentement des classes moyennes touchées par la crise du logement inspirant des alliances de classes menaçantes, remise en cause de la propriété foncière qui apparaît justifiée et qui peut entraîner une remise en cause de toute appropriation privée des moyens de production et donc du capital.

L'analyse doit partir des effets de cette contradiction:
- les crises de production dans les secteurs d'activités où le procès de travail est lié à la mise en valeur massive du sol: agriculture, bâtiment et travaux publics (B.T.P.);
- l'accélération de la tendance à la hausse des prix du sol dans

1. *Cf.* K. Marx, *Théories sur la plus-value,* cité par Lénine dans *Programme agraire du P.O.S.D.R. dans la première révolution russe,* Moscou, 1917.

l'espace urbanisé;
— la spéculation foncière;
— la crise de la théorie économique bourgeoise particulièrement
  aiguë dans ce domaine.

Tous ces indices nous amèneront à étudier les rapports sociaux
dont la rente foncière est la forme d'apparition, rapports qui se
nouent au cours du procès de production d'ensemble des marchandises de la branche B.T.P., production immédiate, circulation et
consommation.

Nous aurons à démêler la complexité du cycle de production et de
circulation de ces marchandises. Il nous faudra éclaircir la place et la
fonction des agents qui interviennent au cours de ce procès d'ensemble, suivre la propriété foncière et sa mise en valeur tout au long
de ce cycle. Pour ce travail nous ne partons pas les mains vides. La
critique des théories bourgeoises du développement spatial nous
fournira des éléments utiles à la construction de la représentation
déformée que la classe dominante se fait de la propriété foncière et
de sa fonction, représentation qui est un élément constitutif de son
fonctionnement. L'analyse de la rente foncière agricole que Marx a
produite, nous fournira les concepts essentiels. A partir de ces divers
matériaux, empiriques et théoriques, nous essaierons d'apporter des
éléments pour une théorie globale des «phénomènes urbains», en
accord avec la théorie marxiste de la formation sociale, qui dépasse
la conception de la ville comme reflet ou projection des rapports de
production.

Examinons maintenant les limites de ce texte à notre point de vue.
— D'abord il lui manque la dimension historique; nous nous
  bornons à analyser la structure d'un ensemble de rapports
  sociaux constitués à un certain stade du développement de la
  formation sociale française. Des développements ultérieurs
  nous permettraient de reconstituer la genèse de cette structure.
— D'autre part, nous ne tirons pas les conséquences politiques,
  en terme de stratégie et de tactique, des conclusions partielles
  de l'étude. Il apparaîtra ainsi que nous arrêtons notre travail
  au moment où il aurait pu devenir utile . . .
— Enfin, il manque a) une analyse des effets que l'apparition de
  nouveaux types de capitaux autonomes du point de vue de
  leur fonction—tels le capital promotionnel, le capital immobilier, le capital de crédit à la consommation—et des nouvelles
  contradictions qui l'accompagnant, a pu produire sur l'unité
  de la classe dominante et sur sa stratégie face au classes
  dominées; b) une analyse des effets de ces mêmes transfor-

mations structurelles sur les classes dominées, tels la crise du logement qui touche différemment certaines fractions de ces classes, l'exploitation «anormale» du prolétariat B.T.P., la ségrégation sociale . . .; c) une recherche sur le statut des équipements collectifs et plus généralement sur ce qui est appelé «fonctions collectives» au sein de l'appareil d'Etat, c'est-à-dire sur les moyens collectifs d'accumulation du capital et ceux de reproduction de la force de travail, tous moyens liés dialectiquement à l'espace; d) une étude de l'intervention de l'Etat dans l'instance économique, intervention centrale en ce qui concerne la production et la consommation de l'espace urbain et qui doit être replacée dans le cadre plus général de l'intervention économique d'ensemble de l'Etat.

C'est par de telles études et recherches que l'on parviendra à dégager les enjeux réels, mais toujours dissimulés, de la lutte de classes sur les fronts dits secondaires: logement, transports collectifs . . ., et à éclairer les contradictions et leurs déplacements ou exacerbations.

1

Critique des théories bourgeoises du développement spatial

On ne peut se pencher sur une question économique sans, dans un même mouvement, engager une critique de la «solution spontanée» que nous souffle discrètement, et à notre insu, l'idéologie bourgeoise qui «domine tout notre paysage intellectuel»[1] et qui, «ayant peur du vide»[2], ne peut laisser une question *posée* sans réponse.

Il faut donc comme dit Marx dans *L'idéologie allemande,* en parlant des idéologues bourgeois, commencer par ces gens-là[3], les écouter parler, être attentif à leur discours, repérer leurs contradictions, reconnaître sous le bavardage un silence à remplir, sous la réponse un problème à poser. Nous allons donc nous mettre à l'écoute des économistes contemporains qui, parmi les marginalistes, se sont préoccupés des problèmes fonciers en milieu urbain. Auparavant comme il convient cependant de préciser dès maintenant le matériel que l'on espère mettre à jour et sur lequel on travaillera, il est bon de commencer par s'interroger sur l'objet du «marginalisme» et sa position par rapport au problème de la valeur.

Il est certain que le problème central de la science économique est celui de la valeur. On sait qu'avant Smith et le développement brutal des échanges internationaux, la valeur d'une marchandise s'identifiait à son utilité. Le problème de la valeur d'échange ne s'est posé qu'à partir du moment où l'expansion commerciale a imposé la production d'une théorie scientifique du négoce à l'économie politique. Smith en jette les bases:

— *Distinction essentielle de la valeur d'usage et de la valeur d'échange:* «Il faut observer que le mot valeur a deux

1. P.-P. Rey, *Colonialisme, néocolonialisme et transition au capitalisme,* Paris, 1971, p. 11.
2. L. Althusser, *Lire le Capital,* Paris, 1971.
3. «Il faut donc partir des rêveries dogmatiques et des idées biscornues de ces gens-là» (K. Marx, *L'idéologie allemande,* Paris, 1968, p. 79).

significations différentes: quelquefois, il signifie utilité d'un objet particulier, et quelquefois, il signifie la faculté que donne la possession de cet objet d'acheter d'autres marchandises. On peut appeler l'une valeur en usage, et l'autre, valeur en échange».[4]

— *Détermination absolue de la valeur d'échange par le travail*: «Dans ce premier état informe de la société qui précède l'accumulation des capitaux et la propriété des terres, la seule circonstance qui puisse fournir quelque règle pour les échanges, c'est, à ce qu'il semble, la quantité de travail nécessaire pour acquérir les différents objets d'échange».[5]

Ces deux positions, qui marquent un progrès décisif pour la science économique, restent cependant prisonnières de limites qu'Engels va souligner involontairement: «. . . un nouveau pas en avant sera accompli lorsque sera reconnue, l'essence universelle de la richesse: lorsque le travail dans son absoluité c'est-à-dire dans son abstraction, sera érigé en principe».[6]

Ce nouveau pas en avant est cependant, et en même temps, un pas en arrière par rapport aux physiocrates sur la question du capital constant. Smith, en dépassant les physiocrates sur un point (le Smith ésotérique comme l'appelle alors Marx), la question de la valeur d'échange, réussit ce tour de force de rester en arrière sur un autre point, la question des revenus (la théorie des trois sources) et celle qui en découle, la reproduction (la production annuelle); il s'agit alors du Smith exotérique.[7]

Marx peut bien, pour expliquer la folle bévue de Smith—l'omission du capital constant dans la valeur des marchandises—se contenter d'évoquer le manque d'intuition ou le dédoublement de personnalité, le Smith ésotérique et le Smith exotérique, le bon Smith et le mauvais Smith. Il nous laisse sur notre faim parce qu'on ne voit pas le principe qui permet aux deux Smith théoriques de Marx, l'un aveugle, l'autre lucide, de se fondre en un seul Smith, idéologue historique.

La remarque d'Engels va guider nos pas vers la reconstitution de cette unité.

Smith met bien à jour les lois qui organisent la vie du capital:

— *Existence du taux de profit*: «Il faut toujours que les profits soient en quelque sorte proportionnels au capital».

4. A. Smith, *Recherches sur la nature et les causes de la richesse des nations.*
5. *Ibid.*
6. F. Engels, *Critique de l'économie politique*, dans K. Marx, *Les manuscrits de 1844*, Paris, 1971, coll. «10/18».
7. K. Marx, *Le capital*, Paris, 1969, Livre II, t. II.

— *Le profit, moteur de l'économie:* «Les opérations les plus importantes du travail sont réglées et dirigées d'après les plans et les spéculations de ceux qui emploient les capitaux; et le but qu'ils se proposent dans tous ces plans et ces spéculations, c'est le profit».

— *Baisse tendancielle du taux de profit:* «Mais contrairement aux rentes et aux salaires, le taux de profit ne s'élève pas avec la prospérité dans la société, et ne décline pas avec sa décadence. Au contraire, ce taux est naturellement bas dans les pays riches, et haut dans les pays pauvres et jamais il n'est si haut que dans ceux qui se précipitent le plus rapidement vers leur ruine».

— *La contradiction principale du mode de production capitaliste:* «L'intérêt de cette classe n'a donc pas la même liaison que celui des deux autres, avec l'intérêt général de la société».

Toutes ces citations de Smith apparaissent dans la «*Première critique de l'économie politique*» de Marx appelée aussi «*Les manuscrits de 1844*». Elles constitueront plus tard, lorsque Marx changera de perspective critique en abandonnant le projet de lire l'économie politique en anthropologue feuerbachien pour entamer une critique théorique de l'économie politique à travers ses tenants les plus représentatifs, la matière première de son travail théorique, son objet de travail, la généralité I d'Althusser.[8]

Marx se sépare de Smith lorsque celui-ci s'évertue par tous les moyens à faire disparaître le capital constant dans le but de faire apparaître «l'essence universelle de la richesse».

Pour Smith, d'un côté, «le travail est source de toute richesse», de l'autre, le capital est «source de revenu». Comment concilier ces deux lois contradictoires? Par un type d'abstraction, familier des classiques, qui consiste à nier la réalité.[9] Il suffit de réduire le capital constant à son origine: le travail. L'essence universelle est ainsi établie, même si la généralité absolue de cette loi se paye d'une méconnaissance de la réalité. Smith monnaye cette erreur: une représentation de l'histoire en tant qu'évolution continue est produite, qui permet de saisir dans un même schéma des économies comme celle de

8. L. Althusser, *Pour Marx,* Paris, 1973, et plus particulièrement «La dialectique matérialiste».
9. «L'abstraction de Ricardo ne constitue pas l'élément simple dont le développement permet la reconstruction du processus concret. Ricardo prend distributivement les catégories économiques et cherche à retrouver dans chacune la détermination de la valeur travail» (J. Rancière, *Lire le Capital,* Paris, 1973).

Robinson sur son île et celle des pays capitalistes contemporains.

Marx rompra cette harmonieuse représentation de l'histoire (au tout début, il y a le travail, au stade de développement actuel, il y a en plus du capital; les fils se rejoignent si le capital est réduit à son essence, le travail), en posant des principes de périodisation fondés sur la différenciation des modes de production à partir des formes et des modes d'apparition des «catégories économiques éternelles». Le capital constant est bien du travail, mais c'est du travail accumulé, cristallisé dans un objet qui occupe dans le procès de production une place définie et y remplit une fonction spécifique, place et fonction qui le distinguent du travail vivant. De la même manière, c'est le mode de transmission de la valeur qui distingue le capital fixe du capital constant.

Ainsi définis les rapports entre Marx et l'économie politique classique qu'il faut projeter sur deux plans, l'un économique, l'autre historique, pour éclairer ce qui sépare et ce qui unit Marx et Smith et retrouver l'unité de Smith dans les présupposés historiques qui fondent son discours économique contradictoire, on ne peut plus, comme le fait Rey[10] ramener la critique du marginalisme à la critique de la «folle bévue» de Smith et attendre du marginalisme ce que Marx attendait de l'économie classique.

Marx a toujours soigneusement distingué l'économie «classique» de l'économie «vulgaire», dont il parlait avec un mépris hautain. Si l'économie classique avait pour lui quelque valeur, dans la mesure où elle engageait à une investigation «scientifique» de la réalité sociale et où elle fournissait les instruments conceptuels utiles à l'analyse économique, l'«économie vulgaire» est impitoyablement pourfendue, parce qu'en capitulant devant le problème de la valeur, elle ne fait que systématiser les représentations immédiates que les agents de la production se font de leurs pratiques et qui émanent de leurs pratiques.

Se limitant ainsi à l'analyse des phénomènes qui apparaissent à la «surface de la réalité sociale», renonçant à la mise au jour des lois «cachées», l'économie vulgaire ne peut se délivrer des illusions que le mode de fonctionnement de l'économie produit spontanément: l'illusion de la concurrence, l'illusion du marché, l'illusion de la valeur

10. «On voit que l'économie vulgaire se pose le même problème que Smith: réduire le capital constant à de simples revenus. Mais elle le pose *exactement en sens inverse.* (Souligné par nous.) Alors que Smith recherche quels revenus ont été distribués dans la production de ces biens de production, l'économie vulgaire cherche *quels revenus seront dépensés pour payer les produits de consommation fabriqués à l'aide de ces moyens de production».* (Souligné par l'auteur.) (P.-P. Rey, *op. cit.,* p. 13.)

comme somme de revenus. Pire, en systématisant ces représentations, en leur donnant un caractère savant, elle reproduit les illusions dont ces représentations se nourrissent.

On se convaincra facilement que peu de choses ont changé sur ce point depuis J.B. Say en lisant la présentation que Malinvaud fait de son objet d'analyse.

«Nous considérerons une économie dans laquelle existent l biens, m consommateurs et n producteurs.

Nous pouvons définir ce que nous entendons par une économie:
— une liste de biens, une liste de consommateurs, une liste de producteurs, un vecteur de ressources initiales.

Nous appellerons alors *état de l'économie:*
— *un vecteur de prix p, m vecteurs consommateurs, n vecteurs producteurs».* [11]

L'économie est une scène, le marché, où apparaissent des agents économiques animés par des besoins, gouvernés par une raison calculatrice, libres de satisfaire leurs désirs et leurs aspirations dans la limite de contraintes qui ont force de loi, et assurés de réaliser solidairement les objectifs d'optimum et d'équilibre économiques, s'ils s'efforcent d'atteindre les objectifs individuels qu'ils sont censés s'assigner. Bref, une économie où tout se passerait comme dans le meilleur des mondes, si chacun acceptait de se soumettre à la rationalité de comportement que la subjectivité capitaliste attribue généreusement à ceux qu'elle s'efforce de dominer. Une économie de rêve, où il n'y aurait pas de syndicats ou de partis politiques pour «exploiter le légitime mécontentement des travailleurs».

Cependant, dans cette espace de représentation où des pantins s'agitent, une certaine réalité doit s'exprimer. De plus, à partir des «connaissances» immédiates que cette représentation produit, des principes et des instruments de contrôle et de manipulation doivent être dégagés.

Dans ce cadre conceptuel général, la théorie micro-économique va avoir deux catégories d'objectifs: le «descriptif» et le «normatif». L'objet de l'économie marginaliste n'est pas de produire la théorie des phénomènes économiques. Il est «d'organiser au mieux les productions, les consommations, les échanges». [12] Les marginalistes doivent être considérés comme les membres les plus éminents de l'académie des «sciences de l'enrichissement». [13] Ainsi se préoccupent-

---

11. E. Malinvaud, *Petites classes d'économie théorique, préparées par E. Malinvaud dans le cadre du cours de M. Allais à l'E.N.S.A.E.,* Paris, 1969, ronéo.
12. *Ibid.*
13. F. Engels, *op. cit.*

ils d'abord des problèmes de réalisation des marchandises et de la baisse tendancielle du taux de profit. Ainsi, leurs instruments sont-ils des modèles de simulation, des régressions simples ou multiples, des taux d'actualisation. Les contradictions, ils ne s'occupent qu'à les réduire et à les perpétuer, à faire qu'elles se reproduisent dans les conditions les plus favorables en tentant de les contrôler par leurs effets, comme les médecins qui font tomber la fièvre d'un corps malade pour qu'il ne s'épuise pas en luttant contre les symptômes de la maladie qui le ronge.

Qu'attendre donc des différents «modèles» que nous allons maintenant présenter? Quel matériel allons-nous donc pouvoir en extraire?

Les considérations générales qui précèdent permettent de penser que l'on disposera:

- D'une représentation illusoire des phénomènes dont on recherche les lois: représentation «savante» systématisant les représentations spontanées qui encombrent la conscience des agents qui interviennent dans les différents procès de production, de circulation, de consommation. A la limite, ce travail se substitue à un travail d'interview.
- D'un discours tissé de «contradictions» et remplissant des «silences».
- D'un ensemble d'éléments empiriques devant servir par la suite, après une retraduction adéquate, d'illustration pratique (le concret-réel servant de modèle) au cours du travail d'exposition de la théorie.
- D'un ensemble d'éléments qui vont nous permettre de repérer les moyens pratiques dont disposent les différentes fractions de la classe dominante pour contrôler la reproduction sociale, ce qui suppose en même temps les moyens de la modifier.

Nous avons suivi pour présenter ces modèles, un ordre allant du plus simple au plus complexe. Nous commencerons donc par un modèle qui prend en compte le moins de facteurs, celui de Lowdon Wingo pour terminer par celui qui intègre le plus de facteurs, celui de Maarek. Il restera alors à examiner un «modèle» original par sa problématique implicite, celui de Dutailly.

Nous nous sommes, pour la présentation du contenu des modèles, largement inspirés de la présentation qui en est faite dans le numéro 11 des *Cahiers de l'I.A.U.R.P.*—

Enfin, comme il n'y a pas de lecture linéaire possible, nous ne pouvons qu'inviter le lecteur à ne pas hésiter à passer «dialectiquement» de l'exposé des modèles marginalistes à l'exposé de la théorie marxiste; c'est de leurs contradictions que peuvent naître des connaissances.

1.1. LA THÉORIE DE LOWDON WINGO ET LE MODÈLE DE MAYER

Une constatation naïve s'impose dès qu'on s'intéresse au prix du sol urbain: le prix des terrains, les loyers des habitations sont des fonctions décroissantes de la «distance au centre». C'est à Wingo que revient le mérite d'avoir, le premier, dans un ouvrage publié en 1964 et intitulé *Transportation and Urban Land*, systématisé dans un ensemble cohérent avec la perception commune des pratiques économiques, la corrélation observée empiriquement entre le prix du sol et le temps de transport urbain («dépassant» ainsi l'apparence de la seule «distance au centre»).

Wingo distingue deux activités physiquement liées à l'appropriation du sol: la *localisation* et *l'habitation*. Deux systèmes de prix indépendants l'un de l'autre peuvent être mis en correspondance avec ces deux systèmes de «besoins»: le *prix du terrain* et le *prix du logement*.

Le dispositif théorique est alors mis en place pour que puisse fonctionner un modèle de simulation du comportement individuel, concevant l'urbanisation comme un procès résultant de la composition d'une infinité de choix individuels, chacun d'entre eux se décomposant en deux arbitrages distincts et se succédant selon un ordre préétabli:

L'«usager» détermine dans un premier temps celui des emplacements sur lequel il peut faire construire qui lui offre la satisfaction maximum. Il s'imagine le tissu urbain réduit à son squelette d'infrastructure de transport. Les parcelles interstitielles prennent alors leur «valeur». Le prix de chaque terrain est exclusivement déterminé par la distance, plus ou moins grande, qui le sépare des infrastructures et par la qualité de celles-ci.

Puis, dans un deuxième temps, s'effectue le choix individuel du logement suivant des critères qui lui sont propres: coût de construction, confort, esthétisme, statut d'occupation, etc.

L'analyse ne porte que sur le premier temps du processus global. Ceci n'est possible qu'*en raison du postulat d'indépendance du marché des terrains et du marché des logements*. Le choix s'effectue à la carte.

A l'intérieur de ce cadre conceptuel, deux simplifications sont faites de manière à rendre le modèle opératoire, sans entamer la portée théorique des hypothèses.

La première consiste à limiter l'ensemble des infrastructures urbaines au réseau de transport; la seconde, qui en découle, à ne considérer que les migrations alternantes comme déplacements économiquement déterminants.

Sous cette hypothèse fondamentale et ces simplifications l'auteur confronte l'offre et la demande de transport, en déduit un coût généralisé des déplacements domicile-travail et le reproduit en «creux» sur l'espace urbain. Suivons-le pas à pas:

1.1.1. *Le coût généralisé de transport*

Le coût généralisé de transport est la somme de deux termes X_1 et X_2.

— X_1 est la somme des dépenses monétaires auxquelles les déplacements domicile-travail donnent lieu. On peut l'exprimer sous la forme:

$$X_1 = \sum_a p_a X_a + \sum_b p_b X_b$$

où:

X_a est la quantité consommée de la variable a caractéristique de la longueur du trajet,

p_a est le coût de la variable a,

x_b est le nombre de trajets par jour,

p_b est le coût de la variable b caractéristique du fait d'effectuer un trajet.

— X_2 est la valeur du temps passé dans les déplacements domicile-travail.

$$X_2 = f_0(x_0)$$

x_0 représentant dans cette relation la quantité d'unité de temps que l'usager passe dans les transports.

Il reste alors à déterminer la fonction f_0 qui permet d'estimer la valeur du transport lorsqu'on en connaît le temps. L'auteur se livre ici à une gymnastique spectaculaire: il suppose que la valeur du temps de trajet est égale à la valeur marginale du temps de loisir. Autrement dit, l'«usager» paye son heure de trajet au prix auquel il estime la valeur d'une heure supplémentaire de loisir. Comme il n'est pas possible de rester éternellement dans le royaume des nébuleuses métaphysiques, cette heure de loisir supplémentaire va vite s'identifier à la valeur marginale du temps de travail dont l'abstraction est moins éthérée; elle rappelle la réalité matérielle du salaire.

L'auteur suppose d'autre part que la durée T de la journée de travail, c'est-à-dire le temps que le travailleur passe effectivement sur le lieu de son travail, est fixé. Il entre ainsi dans la catégorie de l'ensemble des données que les économistes appellent les données exogènes, celles qui sortent de leur épure.

Traçons alors dans un repère salaire horaire-temps les courbes:

(L) valeur marginale du temps de loisir = valeur marginale du temps de travail (1).

(C) courbe iso-revenu: elle donne pour un temps de travail donné le salaire horaire correspondant à un salaire mensuel donné.

Le point d'intersection de ces deux courbes correspond au temps de travail réellement effectué, empiriquement observable, celui pendant lequel les entreprises fonctionnent (cette correspondance est à mettre en relation avec l'indifférence pour le loisir ou le travail que la position du point A est seule à satisfaire).

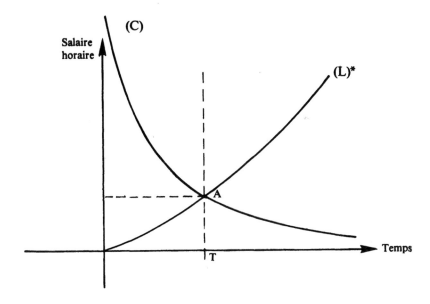

* La forme de la courbe (L) se déduit des considérations suivantes: a) elle est croissante: le temps de loisir est recherché; b) elle est concave: l'utilité marginale du temps de loisir est décroissante (plus on a de loisir, moins le loisir est utile).

En fait, et il s'agit là d'une étape décisive dans le raisonnement, le salaire mensuel réel n'est pas déterminé par le temps de travail effectif T, mais par le temps «consacré aux activités professionnelles» égal à la somme du temps de travail effectif T et du temps de transport t. Pour Wingo le temps de transport est payé par l'employeur! Mais alors avec cette signification nouvelle du salaire, l'égalité fondamentale du marginalisme, celle de la valeur marginale du temps de loisir et de la valeur marginale du temps de travail (du nouveau temps, donc au point T + t), ne peut être assurée que sur une autre courbe iso-revenu (C') correspondant à un salaire mensuel supérieur à celui de la précédente courbe iso-revenu (C).

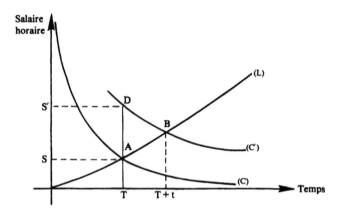

Sur ce graphique, les points A, B, et D peuvent donner lieu aux interprétations suivantes:

Le point B correspond au point *d'équilibre virtuel* ainsi défini:
— le temps de travail effectif est T + t,
— la valeur marginale du temps de loisir est égale à la valeur marginale du temps de travail.
Les points A et D correspondent à des *situations réelles:*
Pour A: équilibre
— le temps de travail effectif est T,
— la valeur marginale du temps de loisir est égale à la valeur marginale du temps de travail.
Pour D: déséquilibre
— le temps de travail effectif est T payé sur la base d'un salaire mensuel correspondant au point d'équilibre B.
Dans ces conditions, la valeur du temps de trajet peut être estimée comme étant égale à la différence entre le salaire payé en tenant compte du temps de trajet et le salaire payé sans tenir compte du temps de trajet soit:

$$X_2 = P_0 (X_0) = TS' - TS$$

1.1.2. *La rente de position*

Les individus sont supposés rationaliser leurs choix selon un calcul coûts et avantages destiné à maximiser leur revenu net ou ce qui est équivalent, puisqu'on suppose invariante la consommation des biens autres que le logement, destiné à minimiser leur «coût généralisé» de transport. Pour un terrain donné, l'arbitrage entre les individus s'effectue selon la loi de l'offre et de la demande de terrain et détermine une structure de prix fonciers urbains inverse de la structure des coûts généralisés de transport.

Soit en effet deux localisations A et B pour lesquelles les coûts généralisés de transport sont X_A et X_B. Les lois du marché, la loi de l'offre et de la demande, la concurrence, la compétition interindividuelle, détermineront le prix de chaque terrain. P_A pour le terrain A, P_B pour le terrain B $(P_A > P_B)$.

La rente de situation de A par rapport à B est $P_A - P_B$ et elle s'«explique» par la différence $X_B - X_A$:

$$R_B^A = X_B - X_A$$

Pour une ville dont le centre d'emploi unique correspond au centre urbain et dont le réseau de transport est identique sur chaque radiale, le coût de transport généralisé maximum correspond aux localisations périphériques X_{p-c}, où

    p = périphérie

    c = centre.

Pour une localisation i le coût généralisé de transport est X_{i-c} et la rente de position $R_i = X_{p-c} - X_{i-c}$.

1.1.3. *Le fonctionnement du modèle*[14]

Un modèle économétrique est avant tout destiné à fournir une

---

14. Les *Cahiers de l'I.A.U.R.P.*, volume 11, envisagent une utilisation de ce modèle, différente de celle que nous proposons. Nous pensons qu'elle est inadéquate. En effet, ils supposent que sont connus l'effectif de la population totale de la ville et une fonction reliant la densité de la population en un lieu donné et la distance de ce lieu donné au centre de la ville (cette fonction serait l'expression de l'arbitrage de l'usager entre le temps de transport apparaissant sur le marché sous la forme du prix du terrain et la superficie du terrain habité).

$$\text{Soit } d_i = \left(\frac{r_i}{j} \right) \frac{1}{\pi} \quad \text{(relation 1).}$$

Selon *les Cahiers de l'I.A.U.R.P.*, il est alors possible de déterminer le rayon p de la ville et par suite, le niveau absolu des valeurs foncières. «Ainsi le modèle de Wingo simulation chiffrée des phénomènes dont il se propose de rendre compte. Un certain nombre de relations étant établies, le jeu consiste à les chiffrer par ajustement sur des observations passées pour en déduire des prévisions ou d'autres relations. Il est donc important d'analyser son fonctionnement, ce qu'il suppose connu et ce qu'il se propose de faire connaître.

Pour sa part, le fonctionnement du modèle de Wingo est subordonné à la connaissance:

— des rapports entre les caractéristiques du réseau de transport en un point donné d'une ville et la distance de ce point au centre de la ville.

— de la courbe (L) représentant la valeur marginale du temps de loisir en fonction du temps de loisir.

Les «rentes de position» peuvent alors être projetées sur l'espace urbain.

Enfin, la «fonction de demande de surface résidentielle» permet de mettre en relation le prix du terrain au centre de la ville et la densité de la population, et d'en déduire le prix du terrain localisé en i comme somme du prix du terrain au centre et de la rente de situation attachée à la localisation i.

$$r_i = r + R_i$$

où:
r_i = prix du terrain en i,
r = prix du terrain au centre,
R_i = rente de situation de i.

En outre, le modèle permet de calculer la densité en i:

$$d_i = (\frac{\lambda}{r_i})^{\frac{1}{\pi}} \text{ (relation proposé par Wingo)}$$

---

permet-il pour une population N donnée, de déterminer la taille de la ville et d'en déduire les coûts de transport, donc les rentes foncières et la densité résidentielle en chaque point». En effet, après avoir établi la relation: $N = 2\pi \int_o^p \frac{s}{d}.(ds)$ ou $N = 2\pi \int_o^p d.s.(ds)$, avec s = rayon, ils affirment qu'elle permet de déterminer le rayon p de la ville. Or, pour cela, il faut nécessairement que soit connue une relation entre d, la densité et s, la distance d'une localisation quelconque au centre de la ville. Si nous n'avons pas oublié au cours du raisonnement que d et r sont reliés par la relation (1), le calcul de la relation (2) suppose alors que soit connue une relation entre s et r, donc que le problème soit résolu.

et la population totale de la ville:

$$N = 2\pi \int_o^P d.s.ds$$

où p est le périmètre urbain
et d la densité.

1.1.4. *Le résultat du modèle: valeur foncière et transports urbains*

Le modèle conduit au résultat fondamental qu'une amélioration du réseau de transport provoque une baisse générale des valeurs foncières. Poussons la logique du raisonnement jusqu'au bout. Toutes choses étant égales par ailleurs (la taille de l'agglomération, le revenu des travailleurs), si une amélioration des transports urbains se produit, il s'ensuivra une diminution générale du «temps de transports généralisé». Si l'on suppose en effet que l'amélioration des transports ne se paie pas d'une augmentation de la variable a, qui reste caractéristique de la longueur et seulement de la longueur de trajet, il est clair que la variable X_2, valeur du temps passé dans les transports, va diminuer.

En effet, t devient t', B devient B' après construction de la courbe (C') et par suite, S' devient S'' avec S'' < S'.

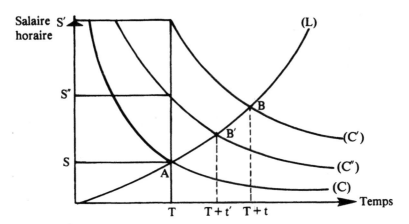

L'usager localisé en limite d'agglomération voit son coût généralisé de transport diminuer.

Si d'autre part, l'amélioration du réseau de transport n'est pas homogène, mais porte par exemple sur la zone périphérique sans toucher la zone localisée en i, la rente de situation R_i de la localisation i *par rapport à la périphérie* diminue.

$$\text{En effet, } R_i = X_{p\text{-}c} - X_{i\text{-}c}$$

$X_{p\text{-}c}$ = rente de situation de la périphérie au centre: décroît,

$X_{i\text{-}c}$ = rente de situation de la localisation i par rapport au centre: reste constante,

R_i = rente de situation de la localisation i par rapport à la périphérie: décroît.

Cette conclusion, qui est totalement erronée, est pour nous l'indice le plus sûr d'une erreur de problématique qu'il nous faut maintenant mettre à jour.

Nous ne nous attarderons pas sur les présupposés «anthropologiques» communs aux discours marginalistes:

— Représentation de la pratique comme action consciente et libre (dans les limites d'une rationalité préconstruite) d'un individu en compétition avec des individus identiques pour un enjeu qu'ils convoitent avec la même énergie et qu'ils espèrent s'approprier avec les mêmes moyens.
— Naturalisation des besoins.
— Homogénéisation des désirs et des aspirations.
— L'intérêt général comme somme des intérêts particuliers (l'optimum de la fonction individuelle de satisfaction coïncide avec l'optimum économique et avec l'équilibre économique)

Signalons simplement que nous avons affaire ici au marginalisme le plus vulgaire (celui de Pareto), qui tend sous la poussée d'une certaine sociologie à ne plus être de mode et à laisser le terrain de la dominance idéologique à un marginalisme plus éclairé propre en particulier à rendre compte, sur un certain mode, des différenciations de classe. On s'en rendra compte, très vite, en parcourant la publication de l'I.N.S.E.E.[15], intitulée *Données sociales* (à notre avis un événement qui marque une étape importante dans l'histoire de notre idéologie dominante).

Attachons nous plutôt à éclairer les conditions qui rendent possibles ce discours et son erreur.

Il est certain que le réseau de transport est un «facteur» qui organise la formation du prix des sols urbains. Cependant comment la démonstration de Wingo conduit-elle à cette conclusion, qu'une amélioration générale du réseau de transport provoque une baisse générale des prix fonciers?

Pour en arriver là, à partir d'une observation immédiate et fondée, deux réductions doivent être opérées:

---

15. I.N.S.E.E., *Données sociales*, Paris, 1973.

a) Il faut identifier le prix de la terre au coût généralisé de transport. Cette identification exclut l'intervention d'autres facteurs sur le niveau des valeurs foncières; concrètement cela signifie que deux terrains d'égale superficie, et pour lesquels les coûts généralisés de transport sont identiques, sont vendus au même prix, même si le premier est destiné à «supporter» une maison individuelle et si le second est destiné à «supporter» un immeuble de dix étages. L'hypothèse qui fonde cette identification (abstraction faite, d'autre part, de la proximité des espaces verts, de centres commerciaux, de tous les facteurs de micro-localisation qui sont négligés) est aussi celle qui inaugure le développement de l'exposé: la distinction de la «localisation» et de l'«habitation» et la promotion à l'indépendance du prix du terrain et du prix du logement. La «bévue» nous montre que la théorie de Wingo n'est pas adéquate à son objet. Le réseau de transport différencie les *terrains nus.* Il est au principe de la hiérarchie des terrains; il ne peut être un facteur que de la différence de leur prix, mais pas de leur prix en eux-mêmes. Autrement dit, *Wingo, croyant faire la théorie des prix des sols urbains, ne peut faire la théorie que de leur différence.* Alors la bévue n'en est plus une: une amélioration du réseau de transport peut provoquer une diminution de la différence des prix tout en provoquant une augmentation générale des prix.

b) Il faut poser que le nivellement des prix est un nivellement «par le bas». Là encore, la théorie de Wingo n'est pas adéquate à son objet. Elle suppose, en effet, pour que le nivellement des valeurs se fasse «vers le bas», que l'urbanisation s'arrête, donc en particulier que la population ne se développe plus, alors qu'elle se donne pour objet le développement de l'urbanisation.

1.1.5. *Conclusion*

Les transports ne peuvent avoir qu'un effet différentiel sur les prix des terrains à bâtir en hiérarchisant les terrains les uns par rapport aux autres.

La rente différentielle mise en évidence n'est plus qu'une composante, parmi d'autres, du prix du sol; son évolution est liée à celle du réseau de transport. Mais le prix du sol est le résultat complexe d'une multitude de facteurs irréductibles dont il faut rendre compte. En effet, la rente différentielle ne peut pas apparaître seule dans le prix du terrain. Si son existence économique est réelle, la question qui se pose et qui ouvre de nouvelles voies de recherche est de savoir pourquoi elle apparaît sous forme de prix de la terre et non pas sous forme de prix du transport; comment s'effectue, et selon quelles lois, le transfert de valeur de la structure des transports à la structure des coûts fonciers?

C'est que d'autres éléments interviennent dans la formation du prix du sol urbain, éléments qui permettent à la rente différentielle dont Wingo fait une théorie (théorie de sa forme d'apparition) de n'être que différentielle, donc d'avoir quelque chose sur quoi «se fixer», d'être la différence de quelque chose.

Ce problème, René Mayer[16] va l'aborder. Dans son étude, *Prix du sol, prix du temps,* il propose une explication plus complète du processus d'enchérissement des sols urbains. Deux séries de phénomènes concourent, d'après l'auteur, à provoquer la cherté des terrains en économie de marché:

— la situation géographique des parcelles,
— l'accroissement de la population de l'agglomération.

Il rejoint en cela le système de propositions de Wingo.

Le mérite de sa réflexion théorique consiste à analyser le passage terrain agricole—terrain urbain. Pour lui, le prix du terrain à bâtir se forme à partir du prix du terrain agricole.

La rente différentielle de Wingo vient alors s'ajouter au prix du plus mauvais terrain situé à la périphérie de la ville. Elle recouvre ainsi son véritable caractère, celui d'être différentielle, en reflétant les «qualités» des terrains associées à leurs usages urbains et en venant s'ajouter à un *élément absolu* du prix du sol.

L'expression mathématique du prix du sol est composée des deux éléments précédents:

$$P(r) = RA + \int_R^r RD(X)\, dX$$

où: RA   est la rente absolue, niveau minima du prix du sol urbain.

et: RD (X) est la rente différentielle qui bonifie les terrains en fonction de leur localisation et qui s'ajoute à la rente absolue.

L'équation proposée formalise le cas simple du prix d'un terrain situé à une distance r du centre d'une ville de rayon R, radiocentrique.

L'intégrale est «expliquée» par la théorie de Wingo. Il reste le terme RA, rente absolue, qui fait problème.

16. R. Mayer, *Prix du sol, prix du temps. Essai de théorie sur la formation des prix fonciers,* Paris, 1965.

Mayer l'analyse en le décomposant en quatre éléments:

$$RA = a + b + c + d$$

a = prix du terrain agricole,
b = coût de viabilisation,
c = rente d'anticipation,
d = rente de rareté du terrain constructible.

Lorsque l'usage du terrain change, et d'agricole devient urbain, le prix subit une discontinuité. Cependant, il n'en reste pas moins que le prix du terrain agricole constitue la base de référence qui manquait à la théorie de Wingo, à partir de laquelle se forme le prix des terrains urbains et sur laquelle «pousse» la rente différentielle.

Le «seuil de Mayer», c + d, marque l'élévation brusque du niveau général des prix des terrains destinés à la construction par rapport aux prix des terrains agricoles.

Mayer illustre le phénomène en utilisant l'image de l'«île volcanique».

Si l'on porte sur la verticale de chaque point de la ville le prix d'un élément de surface qui l'entoure, on obtient au-dessus de la ville une surface qui matérialise le prix du sol urbain.

Lorsque la ville se développe, cette île émerge progressivement: le prix des terrains croît.

Cette visualisation pourrait être adoptée par Wingo car elle reflète parfaitement son discours théorique.

Pour Mayer, l'équation de la surface de cette île est la solution d'une équation différentielle exprimant la différence de satisfaction qu'offrent deux points de la ville suivant leur distance au centre.

Pour Wingo, cette surface est la reproduction en creux de la surface, construite suivant les mêmes modalités, représentative des coûts généralisés de transport.

Dans la mesure où la «satisfaction» attachée à l'usage d'une localisation est largement déterminée par le coût généralisé de transport, la convergence des deux optiques «différentielles» se conçoit aisément.

L'apport complémentaire et essentiel de Mayer est d'affirmer que cette île volcanique ne s'élève pas progressivement à partir de la surface des flots (des terrains agricoles), mais qu'elle s'appuie sur un socle absolu. Wingo, pour sa part, ne propose aucune assise à l'île volcanique.

Le graphique suivant, maintenant classique, où l'on a porté le prix du mètre carré des terrains en ordonnée et leur distance au centre de l'agglomération en abscisse, dans le cas usuel d'une ville à structure radio-centrique, traduit les résultats de la théorie de Mayer.

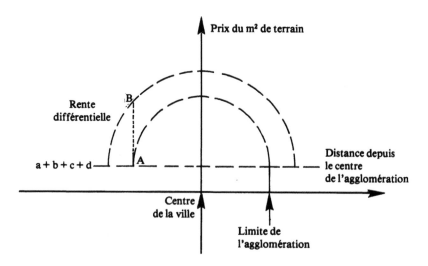

Il est possible de «dynamiser» le modèle en projetant pour une année future la répartition spatiale du prix de mètre carré de terrain. L'agglomération s'étend et ses limites reculent. Les rentes différentielles augmentent alors, tandis que la rente absolue (rente sur le terrain agricole) reste constante. La localisation A qui, à l'époque antérieure, n'était pas sous le coup d'une rente différentielle puisqu'elle était à la limite de l'agglomération, a maintenant un prix augmenté d'une rente différentielle produite par le développement urbain.

C'est ce principe général de formation des prix des terrains à bâtir à partir des prix des terrains agricoles que nous retenons et qu'il nous faudra par la suite expliquer.

Arrêtons-nous un instant sur la rente absolue et sur la décomposition qu'en propose Mayer.

— Si le coût de viabilisation s'ajoute bien au prix du terrain agricole pour former le prix du terrain à bâtir, il ne constitue pas à proprement parler une rente. Cependant, nous verrons que la partie du procès de production du logement, qui consiste en viabilisation, peut être à l'origine d'une rente.

— La rente d'anticipation appelle pour sa part un développement plus général: anticipation sur quoi? Sur quel revenu? Elle présuppose l'existence d'une autre rente sur laquelle elle peut «anticiper» un tribut versé au propriétaire foncier pour l'utilisation de sa terre. L'augmentation de ce tribut lors du changement d'usage de la terre (agricole—urbain) expliquerait alors l'apparition d'une rente d'anticipation. Nous reviendrons sur cette remarque lors de l'exposé du modèle de Dutailly. Signalons simplement que le modèle de Mayer, en essayant de rendre compte au plus près de la réalité, signale l'absence d'un concept théorique, celui de rente, c'est-à-dire de tribut versé au propriétaire foncier à l'expiration d'un certain délai.

— La «rente de rareté du terrain constructible» n'est absolument pas fondée. Le terrain constructible n'est pas physiquement rare. «Il est vrai que les acheteurs de terrains à bâtir éprouvent des difficultés à trouver des parcelles immédiatement disponibles et répondant à des exigences précises et urgentes. Mais cette pénurie instantanée est seulement apparente dans les agglomérations de province: l'offre potentielle de terrain y reste importante (. . .) Il n'y a pas de pénurie absolue de terrains à bâtir dans les villes, mais des entraves à la disponibilité effective des parcelles constructibles».[17]

C'est cette «rente de rareté» qui fonde la politique gouvernementale de «réserves foncières». Elle laisse supposer qu'il suffit de combattre la «rareté» des terrains à bâtir par l'extension des zones d'urbanisation pour venir à bout de la hausse rapide des valeurs foncières. On remarque facilement que le fait de «libéraliser» ne fait pas baisser les prix. (Nous montrerons par la suite que cette libéralisation opère simplement un «transfert» de rente du propriétaire foncier agricole au propriétaire foncier urbain.) «On peut même ajouter que cette libéralisation étend d'autant l'aire de la spéculation».[18]

Il nous semble avoir mis au jour un grand nombre de problèmes décisifs pour la construction d'une problématique sur les valeurs foncières. Parmi ceux-ci, il en est un qui doit retenir notre attention: l'articulation des «marchés» des terrains à bâtir et des «marchés» de la construction ou mieux, l'articulation des «valeurs foncières» et des «valeurs immobilières».

Là encore, nous laisserons la parole à ceux qui décrivent le mouvement apparent, le mouvement des prix. Ce n'est que plus tard que nous raisonnerons à partir de la loi de la valeur.

---

17. I.A.U.R.P., *Note sur l'évolution de la politique foncière en 1970,* Paris, 1971, ronéo.
18. *Ibid.*

1.2. *Le modèle Maarek (S.E.M.A.)*

Les deux théories qui viennent d'être exposées s'attachent à mettre en rapport le prix du sol et les caractères de sa localisation. En cela, elles présupposent que le sol est en quelque sorte une marchandise comme les autres, qui possède une valeur en soi émanant de l'utilité de sa consommation «finale» ou consommation improductive. Son prix est indépendant de l'usage du sol, c'est-à-dire n'est pas fonction du prix du produit dont il est le support. Nous avons vu à quelle erreur ce présupposé conduit. Maarek s'emploie à réduire l'«incertitude» des résultats produits par cette problématique naïve en prenant en compte un ensemble beaucoup plus large de «facteurs» qui, à première vue, semblent participer à la constitution des prix fonciers:

— Prix B de la construction par unité de surface. Il est supposé invariable, c'est-à-dire indépendant de l'emplacement géographique où s'effectue la construction.

— Niveau général des prix de l'ensemble des biens autres qu'immobiliers.

— Distinction des individus selon:

a) leur lieu de travail,

b) la distribution de leur revenu,

c) leur échelle de préférence à l'égard des biens disponibles.

Un important pas en avant est fait par la prise en compte du prix de la construction. Nous verrons qu'il est immédiatement suivi d'un pas en arrière par l'hypothèse de son invariabilité.

La rente foncière est définie par l'auteur comme étant égale à la valeur de l'unité de surface d'un logement, sol et construction réunis. Laissons de côté la confusion qui est faite entre la rente, le prix et la valeur, nous y sommes habitués, et continuons.

Cette rente foncière est déterminée par la compétition des consommateurs. Ils effectuent un arbitrage individuel entre la satisfaction que leur procurent l'usage du logement d'une part, et la consommation des autres biens économiques d'autre part, à l'intérieur d'une enveloppe qui constitue leur «contrainte budgétaire». Leur subjectivité calculatrice est censée évaluer les satisfactions qu'apportent les consommations des différents biens. C'est la «fonction de satisfaction» qui formalise cette délibération du désir.

1.2.1. *La fonction de satisfaction*

Le champ de choix qui s'ouvre devant l'individu est orienté par les valeurs que les variables suivantes prennent:

L = temps de loisir,

u = localisation du logement,
s = surface du logement,
q = quantité des autres biens consommés.
La fonction de satisfaction individuelle est donc de la forme:

$$S = S(L, u, s, q)$$

et possède la propriété d'être identique pour les individus de même revenu.

La valeur d'usage du logement, ou sa qualité, s'épuise dans deux caractéristiques physiques: la surface et le temps du trajet nécessaire aux migrations alternantes (déplacements domicile-travail).

Le temps perdu dans les transports n'intervient pas directement. Il apparaît comme le complément au temps de loisir réellement disponible L par rapport au temps de loisir théorique T que laissent les activités professionnelles.

1.2.2. *L'expression de la «rente foncière»*

On peut supposer que la ville possède une structure isotrope et que d'autre part, la vitesse des transports est constante et égale à v.

Dans ces conditions, le temps de transport d'un individu situé à une distance ϱ de son centre d'emploi (qui coïncide avec le centre de la ville) a pour expression:

$$t = \frac{\varrho}{v}$$

La structure des valeurs foncières résulte alors de la composition des maximisations individuelles des fonctions de satisfaction $S = S(L, u, s, q)$ sous la double contrainte:
— budgétaire: $R = \bar{w} \cdot q + s.p$
— temporelle: $\qquad T = L + \dfrac{\varrho}{v}$

où $\bar{w}$ représente l'indice général des prix des autres biens consommés en quantité q, et p la rente foncière.

D'après la définition donnée ci-dessus de la rente foncière, on a d'autre part:

$$p = B + p_1$$

où:
B = coût de la construction,
p_1 = charge foncière,
formule dans laquelle B est indépendant de la distance au centre de la ville ϱ (hypothèse de la constance du coût de la construction), alors que p_1 n'est fonction que de ϱ.

On ne restreint pas la généralité du problème et la portée des résultats en explicitant la forme de la fonction S:

$$S = k\,1^{\alpha_L} . S^{\alpha_S} . q^{\alpha_q}$$

dans laquelle on a, en outre, négligé l'influence de la variable u caractéristique de l'environnement.

La résolution du système passe par l'intégration de l'équation différentielle:

$$\frac{\dfrac{dp\,(\varrho)}{d\varrho}}{p(\varrho)} + \frac{\dfrac{1}{v}\,\dfrac{\alpha_L}{\alpha_S}}{T - \dfrac{\varrho}{v}} = 0$$

qui admet pour solution la fonction $p\,(\varrho) = K\,(T - \dfrac{\varrho}{v})^{\frac{\alpha_L}{\alpha_S}}$

La constante K peut être déterminée par la condition:

$$\varrho = \varrho\,\text{max} \rightarrow p\,(\varrho) = B,$$

qui exprime qu'à la limite de l'agglomération le prix effectif du sol est nul. Nous reviendrons bien sûr sur cette proposition dont le moins qu'on puisse dire est qu'elle est étrangement naïve.

L'expression de la rente foncière est alors:

$$p\,(\varrho) = B \left(\frac{T - \dfrac{\varrho}{v}}{T - \dfrac{\varrho\,\text{max}}{v}} \right)^{\frac{\alpha_L}{\alpha_S}}$$

pour une localisation située à la distance ϱ du centre de la ville.

Une précision peut toutefois être apportée. p comprend le coût de la construction et la charge foncière proprement dite. Il est possible d'isoler cette dernière variable:

$$p_1 = B \left[\left(\frac{T - \dfrac{\varrho}{v}}{T - \dfrac{\varrho\,\text{max}}{v}} \right)^{\frac{\alpha_L}{\alpha_S} - } 1 \right]$$

1.2.3. *Les résultats du modèle*

L'équation précédente qui exprime la part du loyer mensuel destinée au propriétaire foncier en compensation de l'utilisation de son terrain en vue du logement, appelle trois séries de commentaires portant sur:

— les facteurs qui interviennent sur la rente foncière,

— les conditions aux limites,
— les positions respectives des agents économiques et leur rapport.

1.2.3.1. *Les facteurs qui interviennent dans la formation de la rente foncière*

Le niveau de la rente foncière est fonction de trois éléments qu'il convient d'analyser séparément:

— Le réseau de transport:

$$\text{terme} \quad \frac{T - \dfrac{\varrho}{v}}{T - \dfrac{\varrho\,max}{v}}$$

— La désirabilité relative des individus pour le temps de loisir par rapport à la taille de leur logement:

$$\text{terme } \frac{\alpha_L}{\alpha_S}$$

— Le coût de la construction: terme B

A. *Le réseau de transport.* Aucun élément nouveau n'est apporté à l'interprétation que nous avons faite de la théorie de Wingo. La comparaison du temps de loisir dont dispose un habitant localisé à une distance ϱ du centre urbain avec le temps de loisir (minimum) d'un habitant de la périphérie médiatise l'intervention différentielle du réseau de transport sur la «valeur» des parcelles habitables. On rapporte le temps de loisir d'un individu quelconque au temps de loisir du citadin le plus mal «localisé»: $T - \dfrac{\varrho\,max}{v}$

Un terrain pour lequel la distance au centre, mesurée par le temps de transport, est inférieure à la distance au centre du «plus mauvais terrain», c'est-à-dire celui pour lequel la distance au centre est la plus grande, pour l'ensemble de l'agglomération (les hypothèses sur la structure de la ville situent immédiatement ce «plus mauvais terrain» à la périphérie; sous d'autres hypothèses, il pourrait être ailleurs) verra son prix «majoré» d'un élément différentiel. Ce qu'il est important de remarquer, c'est que, dans l'expression de la «rente» le terme $\left(T - \dfrac{\varrho}{v}\right)$ n'apparaît pas seul mais qu'il est rapporté au terme $\left(T - \dfrac{\varrho\,max}{v}\right)$. L'influence du réseau de transport sur la structure des valeurs foncières apparaît ainsi dans cette formule comme differentielle. Ce n'est plus comme chez Wingo, la valeur absolue

$$T \;-\; \frac{\varrho}{v}$$

qui *constitue* le prix du sol, mais la comparaison

$$\frac{T \;-\; \dfrac{\varrho}{v}}{T \;-\; \dfrac{\varrho \, max}{v}}$$

qui différencie les prix des sols.

On peut envisager de différentes manières les effets d'une amélioration du réseau de transport. Si l'on s'en tient à la lettre du modèle qui suppose un réseau de transport homogène de vitesse uniforme (v indépendant de ϱ, la distance au centre), une amélioration des moyens de transport apparaît sous la forme d'une diminution générale du temps de transport (ou une augmentation de la vitesse) sans effet sur la structure hiérarchique de l'ensemble des localisations. Et, comme la fonction

$$\frac{T \;-\; \dfrac{\varrho}{v}}{T \;-\; \dfrac{\varrho \, max}{v}}$$

est décroissante par rapport à la variable v, une amélioration du réseau de transport entraînant une augmentation de la vitesse de transport provoquera une baisse de la rente foncière, baisse générale de toutes les valeurs.

On retrouve donc chez Maarek le résultat de Wingo selon lequel les valeurs foncières évoluent parallèlement aux coûts généralisés de transport, une amélioration du réseau de transport entraîne une baisse des valeurs foncières. Nous avons déjà posé à propos du modèle de Wingo les limites pratiques et théoriques de ce résultat.

Il est possible, chez Maarek, d'élargir le champ d'application de la formule sans pour autant trahir l'esprit du modèle, en supposant que la vitesse de transport n'est pas uniforme, mais qu'elle est fonction de la localisation: *v dépend alors maintenant de ϱ.*

Le terme qui traduit l'influence de la structure du réseau de transport sur le niveau de la rente foncière prend alors la forme:

$$\frac{T - \dfrac{\varrho}{v(\varrho)}}{T - \dfrac{\varrho\ max}{v(\varrho\ max)}}$$

On souligne de cette manière le caractère essentiellement relatif du facteur «réseau de transport».

Il nous est alors possible d'envisager deux cas concrets:

a) L'amélioration du réseau de transport provoque une augmentation de la vitesse de transport du centre ville à la périphérie sans pour autant modifier la vitesse de transport du centre ville aux localisations intermédiaires (construction par exemple d'une ligne directe de chemin de fer). Ces hypothèses se traduisent par l'augmentation de $v(\varrho\ max)$ et par la constance de $v(\varrho)$. Toutes choses égales par ailleurs, la charge foncière de la localisation située à la distance ϱ du centre urbain diminue. Cependant, ce résultat est conditionnel. Il suppose en effet que l'amélioration du réseau de transport ne bouleverse pas l'ordre de qualité des terrains et tout particulièrement qu'elle ne modifie pas la «base de référence», le «plus mauvais terrain» que l'on a localisé à la périphérie. Si cette condition n'est pas respectée, c'est-à-dire si après l'amélioration, un terrain situé entre la limite de l'agglomération et le centre de la ville, se trouve moins bien desservi par le réseau de transport que les terrains périphériques, il deviendra alors la base de référence à partir de laquelle seront évaluées les nouvelles rentes différentielles dues aux inégalités qui structurent l'ensemble des «temps de transport». Cet exemple montre que ce n'est pas parce qu'elle est à la limite de l'agglomération en elle-même, que la périphérie est supposée être la «base de référence», mais parce qu'elle est située dans les conditions les plus défavorables en regard du temps de transport. L'hypothèse d'isotropie structurelle de la ville identifie la périphérie à la notion théorique de plus mauvais terrain et, en opérant ainsi la confusion de deux concepts, appauvrit le contenu théorique de l'expression formelle de la rente différentielle. Elle est aussi à l'origine du résultat erroné que nous avons critiqué chez

Wingo et qui, si l'on n'y prenait garde, pourrait apparaître dans une mauvaise interprétation de Maarek.

b) L'amélioration du réseau de transport provoque une augmentation sectorielle de la vitesse de transport sur le réseau desservant la localisation distante de ϱ du centre-ville à l'exclusion de toute autre localisation et en particulier de la périphérie.

$v (\varrho \ max)$ reste constant; $v (\varrho)$ augmente.

On voit dans la formule qui exprime le rapport entre le réseau de transport et la «rente foncière», que ce type d'amélioration a pour effet, non pas de diminuer la «rente foncière» mais au contraire de l'augmenter. Le terme représentant la rente différentielle de la localisation «touchée par l'amélioration» par rapport au «plus mauvais terrain», c'est-à-dire aux localisations les plus mal desservies, augmente. Suivant les modalités de son exécution, une amélioration du réseau de transport peut avoir des effets très différents sur la structure des valeurs foncières. Une baisse générale des prix fonciers suppose une amélioration homogène du réseau de transport. Une modification sectorielle du réseau de transport peut avoir, pour sa part, des effets inverses selon la localisation où elle s'applique.

B. *Désirabilité relative des individus pour leur «temps de loisir» et pour la taille de leur logement.* Le modèle de Wingo, qui suppose que le comportement de l'individu est commandé par l'objectif de minimisation du coût généralisé de transport, attribue aux sols situés autour des centres d'emploi la valeur maximum. Les centres d'emploi seraient donc des noyaux de zones d'urbanisation très dense: c'est la fragilité de ce résultat que souligne Alonson dans la remarque suivante: «Si les seuls critères de localisation résidentielle sont l'accessibilité au centre et la minimisation des coûts de friction, et si les considérations de la taille du site sont exclues, toutes les résidences devraient être concentrées autour du centre de la ville à une très haute densité».

Or, ce phénomène ne se produit pas nettement.

Il suffit pour s'en convaincre d'observer la distribution de la variable $\dfrac{K}{K_o}$, où K représente le C.O.S.[19] effectif et K_o le C.O.S.

19. Coefficient d'occupation des sols.

théorique (celui qui est réellement appliqué en comparaison de celui qui est édicté par la législation urbaine), établie par Dutailly dans le volume 25 des *Cahiers de l'I.A.U.R.P.* Le C.O.S. autorisé n'est pas toujours atteint. Cependant, le jugement doit être nuancé par la remarque suivante de l'auteur de l'étude: «On constate d'ailleurs que les C.O.S. sont beaucoup mieux respectés dans les zones centrales ou intermédiaires des communes où les limites fixées sont relativement élevées, que dans la zone périphérique où leur influence semble à peu près nulle».

En tout état de cause, il est clair que la surface du logement et l'accès au centre sont des facteurs physiquement contradictoires. Le modèle de la S.E.M.A. fait apparaître cette contradiction sous la forme d'un arbitrage *individuel*.

Un ménage donné n'accepte de céder une certaine quantité de son temps de loisir en s'éloignant du centre urbain que si ce «sacrifice» se compense d'une augmentation de la superficie du terrain qu'il est en droit d'utiliser pour se loger. Le taux de substitution temps de loisir-taille du logement exprime l'équivalence entre une certaine quantité du temps de loisir et une certaine quantité de la taille du logement, suivant le niveau des ressources individuelles.

Un individu dont les désirabilités sont α_L, α_S, α_q pour le temps de loisir, la surface habitée et les autres biens se localiseront à la distance ϱ du centre urbain si la rente foncière totale (qui comprend le coût de la construction) prend la valeur:

$$p(\varrho) = B \left(\frac{T - \dfrac{\varrho}{v}}{T - \dfrac{\varrho \max}{v \max}} \right)^{\frac{\alpha_L}{\alpha_S}}$$

et la surface du logement qu'il exigera sera:

$$s = \frac{R}{p(\varrho)} \times \frac{\alpha_S}{\alpha_S + \alpha_q}$$

Pour qui connaît les lois objectives de la «déportation-ségrégation» urbaine, cette représentation théâtrale d'une soumission, sous la forme inverse d'une délibération entre deux satisfactions déterminant un choix ne fait que satisfaire la propriété de l'idéologie «d'interpeller les individus en sujets». Cependant, le discours de l'économie marginaliste n'interpelle personne. Il systématise sur le mode formel le fonctionnement de *l'appareil* (ici le marché) qui, *dans la réalité*, opère une telle *interpellation pratique* en structurant la pratique de l'interpellation.

Alors que le marché ne peut être que le lieu où se «met en scène» la représentation de la loi qui organise la distribution spatiale des classes (par le moyen des prix qui s'expriment sur le marché des valeurs foncières ou par le moyen des symboles qui s'expriment sur le marché des valeurs culturelles), la fonction qui lui est ici théoriquement conférée est inverse puisqu'il est en même temps l'instrument de la régulation collective et harmonieuse des désirs individuels et le moyen de la satisfaction de ces désirs.

Le marché est aux rapports sociaux ce que l'espace du rêve est à la réalité. Si comme nous le pensons, c'est sur la question du statut théorique de la notion de marché (et avec elle la question de la distinction du mouvement apparent et du mouvement réel) que le discours scientifique se sépare du discours idéologique, le marginalisme et le développement qui précède apparaissent comme autant de «rationalisations des pratiques» par les classes dominantes, c'est-à-dire apparaissent comme idéologie dominante.

C. *Le coût de la construction au mètre carré.* C'est par l'intermédiaire du facteur «coût de la construction» que l'auteur articule la structure des prix fonciers à la structure des prix du produit de la branche «bâtiment et travaux publics». Cette branche doit en effet jouer un rôle privilégié dans la formation du prix du sol. Le procès de production de la branche B.T.P. est la condition de l'utilisation du sol, et le sol est réciproquement la condition du procès de production de la branche B.T.P. On se doit donc d'analyser ce rapport.

D'autre part, c'est à ce niveau que la «rente absolue» peut s'établir en tant que tribut payé sous quelle que forme que ce soit par l'utilisateur de la terre au propriétaire de la terre, qui tient son pouvoir de son monopole. Cette rente est dite absolue parce qu'elle est indépendante de la qualité du terrain par opposition à la rente différentielle.

L'introduction du coût de la construction présente donc un intérêt capital. Malheureusement, l'hypothèse que Maarek adjoint, selon laquelle le coût de la construction demeure constant quelle que soit la localisation que l'on considère, tend à limiter considérablement la portée de la réflexion. Discutons d'abord de la validité de cette hypothèse.

Le coût des travaux de construction (y compris les fondations spéciales) au mètre carré habitable ne peut absolument pas être considéré comme constant.

La revue *Economie et Statistique* (février 1970) présente dans son numéro 9 une étude statistique sur le prix de revient de la construction neuve à partir d'une enquête réalisée en 1968 sur les programmes achevés en 1967.

Elle nous fournit des données sur le coût des travaux de construction au mètre carré habitable, ventilées selon la localisation géographique, le secteur de financement, et le type de construction, exprimées en francs constants.

TABLEAU 1. *Coût des travaux de construction (y compris les fondations spéciales) au mètre carré habitable, selon la localisation géographique, le secteur de financement et le type de construction**

(en francs courants)

	Région parisienne		Province	
	Ville de Paris et couronne urbaine	*Couronne suburbaine et zone d'attraction*	*Aggloméra- tions de 20 000 habi- tants et plus*	*Aggloméra- tions de moins de 20 000 habi- tants*
H.L.M. LOCATION	680	605	538	545
H.L.M. ACCESSION				
Individuel			742	548
Collectif			716	504
PRIMES ET PRÊTS				
Individuel		724	557	756
Collectif	792	894	576	616
PRIMES SANS PRÊTS				
Individuel			865	710
Collectif	1 376	586	982	510
NON AIDÉS				
Individuel		576	1 116	808
Collectif	1 378		646	797

* Les cases blanches du tableau correspondent à des cas insuffisamment représentés dans l'échantillon.

L'auteur de l'étude, Laurent Bastiani, commente les écarts observés (qui peuvent atteindre 270% pour le secteur primes sans prêts collectifs par exemple): «Les résultats qui précèdent, malgré leur caractère approché, confirment bien qu'il existe pour les secteurs aidés, quel que soit par ailleurs le type de construction retenu, des normes de construction technico-économiques plus rigoureuses que pour les secteurs libres. L'absence de contrainte, dans le choix de matériaux, dans la disposition des pièces, l'apparence externe des immeubles et autres éléments constitutifs de la qualité, justifient sans doute en partie les disparités constatées pour les secteurs primes sans prêts et non aidés».

Et il ajoute une remarque importante: «Une explication plus complète tiendrait aussi compte de la part de profit que les entrepreneurs de bâtiment escomptent habituellement des marchés de logement relevant du secteur libre».

Le coût des travaux de construction comprend les coûts des fondations spéciales et les travaux de construction proprement dits et se distingue du coût de la construction pour lequel il faut ajouter aux frais qui viennent d'être énumérés les honoraires de construction. *La remarque précédente semble donc indiquer que les entrepreneurs de bâtiment appliquent un taux de profit différent selon la nature du secteur où ils investissent leur capital: à chaque «secteur» son taux de profit.*

De cette étude, deux conclusions se dégagent:
— Le coût de la construction n'est pas constant. Il varie sur une large plage selon la qualité du logement bâti et pour une même qualité de logement suivant la localisation géographique.
— Le taux de profit des entreprises de construction évolue certainement selon la nature de la «demande» qu'elle cherche à satisfaire. Il augmente avec la «solvabilité» de la demande.

Examinons la proportionnalité de la rente foncière et du coût de la construction: le modèle conclut à une proportionnalité directe entre la rente foncière et le coût de la construction (rapportés tous deux au mètre carré).

Dans la mesure où nous avons prouvé a) que le coût de la construction subissait des variations provoquées par des raisons techniques, économiques et commerciales, b) que le modèle le supposait constant, c) que cela apparaissait dans la démonstration au moment de l'établissement de l'équation différentielle, la proportionnalité ne peut plus être vérifiée empiriquement. Si elle l'est, il faut alors s'interroger sur la validité d'autres hypothèses (autres que celle de la constance du coût de la construction) ou sur la problématique dans son ensemble.

Rapportons-nous à l'étude déjà citée d'*Economie et Statistique*. Elle contient un tableau qui rassemble les valeurs de la charge foncière au mètre carré habitable selon la localisation géographique, le secteur de financement et le type de construction. La charge foncière est constituée du prix du terrain au moment de l'acquisition et du prix des travaux d'équipement collectif effectués ultérieurement.

Il nous a permis, avec le tableau 1, de construire le tableau 3, qui rassemble les rapports entre le coût des travaux de construction et la charge foncière au mètre carré d'habitation, ventilés selon les mêmes catégories.

Le taux calculé ne semble pas constant. Il évolue entre deux limites extrêmes: 2,85 pour le secteur primes sans prêts collectifs et 10,7 pour le secteur H.L.M. collectif accession. Cependant, si on écarte la rubrique «agglomérations de moins de 20 000 habitants», qui doit rassembler des éléments disparates quant aux caractères des

TABLEAU 2. *Charge foncière au mètre carré habitable selon la localisation géographique, le secteur de financement et le type de construction**

(en francs courants)

	Région parisienne		Province	
	Ville de Paris et couronne urbaine	Couronne suburbaine et zone d'attraction	Agglomérations de 20 000 habitants et plus	Agglomérations de moins de 20 000 habitants
H.L.M. LOCATION	173	128	87	65
H.L.M. ACCESSION				
Individuel			112	53
Collectif			102	47
PRIMES ET PRÊTS				
Individuel		234	132	144
Collectif	216	214	177	
PRIMES SANS PRÊTS				
Individuel			123	103
Collectif	483	181	223	133
NON-AIDÉS				
Individuel		107	165	135
Collectif	456		71	126

* Les cases blanches correspondent à des cas insuffisamment représentés dans l'échantillon.

localisations et à la qualité de la construction, le tableau retrouve une certaine régularité, en particulier pour les zones de la région parisienne.

Alors que le coût de la construction variait entre deux limites éloignées, 680 et 1 378 pour la ville de Paris et la couronne urbaine, le rapport entre le coût de construction et la charge foncière varie sur un intervalle d'amplitude beaucoup plus faible de bornes 2,85 et 3,91.

La comparaison du tableau 1 et du tableau 3 laisse penser que l'hypothèse de la constance du rapport entre le coût de construction et la charge foncière, calculés à une certaine distance du centre de la ville (grossièrement pris en compte par la différenciation géographique, ville de Paris et couronne urbaine, couronne suburbaine et zone d'attraction, agglomérations de 20 000 habitants et plus), est beaucoup plus acceptable que l'hypothèse de la constance de la valeur absolue du coût de la construction.

On en arrive alors à une constation étonnante: à partir d'hypothèses fausses (la constance du coût de la construction), Maarek réussit ce tour de force d'établir des résultats nettement moins faux que les hypothèses! Le discours mathématique serait-il une sorcellerie? Les mathématiciens, les sorciers de notre époque? (ils sont en tout cas d'une compétence idéologique certaine).

TABLEAU 3. *Rapport entre le coût des travaux de construction et la charge foncière au mètre carré habitable selon la localisation géographique, le secteur de financement et le type de construction*

	Région parisienne		Province	
	Ville de Paris et couronne urbaine	*Couronne suburbaine et zone d'attraction*	*Agglomérations de 20 000 habitants et plus*	*Agglomérations de moins de 20 000 habitants*
H.L.M. LOCATION	3,91	4,73	6,17	8,36
H.L.M. ACCESSION				
Individuel			6,62	1,03
Collectif			7,02	1,07
PRIMES ET PRÊTS				
Individuel		3,10	4,26	5,30
Collectif	3,80	4,30	3,25	
PRIMES SANS PRÊTS				
Individuel			7,04	6,90
Collectif	2,85	3,24	4,65	3,84
NON-AIDÉS				
Individuel		5,76	6,76	5,98
Collectif	3,02		9,10	6,35

C'est que Maarek considère le coût de la construction comme un accessoire, une sorte *d'indice des prix* qui détermine de manière très indirecte la formation du prix du sol. Son rôle y est toujours secondaire par rapport à celui du réseau de transport (problème réel) et par rapport à la fonction de satisfaction (simulation d'un problème réel).

Pour remettre la problématique sur ses pieds, il faut partir du procès de production du bien particulier qu'est le logement, dégager les conditions et les formes de ce procès en tant que procès de travail (schématiquement en tant que procès technique) et en tant que procès de mise en valeur (schématiquement en tant que procès de rémunération des agents qui entrent en rapport avec les moyens de production, les objets de production et les produits). Pour reprendre une formulation incertaine mais éclairante, le niveau où se placent Wingo et Maarek est dominant (niveau où les effets dominants se déploient), mais il n'est pas déterminant (niveau où se situe la matrice des formes dominantes). Ainsi est esquivée la difficulté majeure du problème foncier, celle de l'origine des coûts fonciers, pensée à partir du procès de mise en valeur inhérent au procès de production du bien logement.

Dans cette perspective, nous avons découvert une «prise» dans la réalité: il existe un rapport, empiriquement vérifiable, entre le coût de la construction et la charge foncière. Dutailly a mené sur ce sujet une étude précieuse. Il a établi la distribution de la part de l'achat du terrain dans le coût total de l'opération. Il a obtenu les résultats suivants: «Si le prix d'achat observé varie, pour l'échantillon observé, dans un intervalle très large—de 4,30 francs par mètre carré à 1 475, soit dans un rapport de 1 à 336—la part du coût d'acquisition dans le coût de revient total de l'opération varie très peu ainsi que le montre la figure qui suit».

Regrettons cependant l'imprécision de la notion de «coût total de l'opération». Le «prix d'achat» du terrain est pour sa part défini avec clarté par «ce qui revient au propriétaire, hors taxes et frais de notaires». Dutailly commente ainsi les résultats de son étude statistique: «Dans neuf cas sur dix, cette part est inférieure à 20% et dans cinq cas sur dix, inférieure à 12,5%. La catégorie du demandeur du permis de construire, le type de construction, la taille de l'opération, sont sans influence sur la distribution du rapport coût d'acquisition du terrain, sur coût de revient total de l'opération».

Le rapport lui semble d'ailleurs si étroit qu'il s'autorise à lui donner la forme d'une loi: «Le prix d'un mètre carré de terrain est égal au huitième du produit du coefficient d'occupation du sol effectif

Distribution de la part du coût total de l'opération consacrée à l'achat du terrain.*

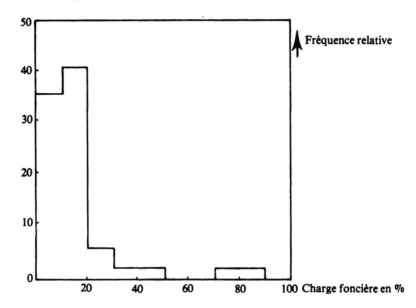

* J.-C. Dutailly, «Les valeurs foncières en région parisienne», *Cahiers de l'I.A.U.R.P.*, Paris, n° 25, 1971.

(rapport de la surface habitable à la surface de la parcelle) par le prix de revient du mètre carré habitable du logement qui y est construit».

C'est aller, il nous semble, un peu vite en besogne. Ce qu'on peut dire, c'est que la distribution de la part du coût total de l'opération consacrée à l'achat du terrain présente une régularité d'un intérêt théorique essentiel (régularité relative évidente) si on la compare à la distribution de la part du prix de revient foncier (égal à la somme du prix d'acquisition des redevances foncières et des frais d'équipement) consacrée au coût de mise en constructibilité, cette dernière distribution étant pratiquement uniforme.

Cette caractéristique de la distribution laisse penser que le prix du terrain se «négocie» dans une large mesure sur la base de son utilisation économique future et que, par l'intermédiaire du coût total de l'opération, *ce serait plutôt le bénéfice de l'entrepreneur sur l'opération qui serait corrélé avec le prix du terrain.*

Dutailly justifie ainsi empiriquement la problématique que nous avons à peine esquissée tout à l'heure.

1.2.3.2. *Les conditions aux limites*

La résolution du système d'équation, qui simule le comportement individuel du ménage lorsqu'il choisit une localisation, conduit à une équation différentielle dont la solution est une fonction déterminée à une constante multiplicative près. Cette dernière incertitude, la valeur de la constante, est levée en ajustant à la limite de l'agglomération la valeur prise par la fonction et la valeur observée de la charge foncière.

L'auteur du modèle opère la détermination de la constante en supposant que:

$$p(\varrho) = B, \text{ lorsque } \varrho = \varrho \max$$

or,

$$p(\varrho) = B + p_1(\varrho) - p(\varrho)$$

est la charge foncière (d'après la définition du modèle), $p_1(\varrho)$ étant le prix du terrain au mètre carré.

Cette condition suppose donc, comme nous l'avons déjà noté, que le prix du sol est nul à la limite de l'agglomération. S'il paraît inutile de s'étendre sur l'absurdité de cette hypothèse, il convient en revanche de s'interroger sur les conditions d'existence de cette «erreur». Raisonnons par l'absurde: peut-on sans bouleverser la problématique supposer qu'à la limite de l'agglomération le prix du sol n'est pas nul, mais qu'il prend une valeur arbitraire (par exemple pour reprendre le schéma de Mayer une valeur égale au prix du terrain agricole).

Soit a cette valeur. L'expression du prix du sol en tout point de la ville devient:

$$p_1(\varrho) = (B + a) \left[\frac{T - \dfrac{\varrho}{v}}{T - \dfrac{\varrho \max}{v}} \right]^{\frac{\alpha_l}{\alpha_s}} - B$$

soit encore:

$$p_1(\varrho) = B \left[\left(\frac{T - \dfrac{\varrho}{v}}{T - \dfrac{\varrho \max}{v}} \right)^{\frac{\alpha_l}{\alpha_s}} - 1 \right] + a \left[\frac{T - \dfrac{\varrho}{v}}{T - \dfrac{\varrho \max}{v}} \right]^{\frac{\alpha_l}{\alpha_s}}$$

Si on compare cette expression de la rente foncière à l'expression établie par Mayer:

$$P(r) = a + b + c + d + \int_R^r RD(X)\,dx$$

on observe des différences décisives.

— Alors que dans l'expression de Mayer, la rente absolue (égale à: a + b + c + d) est un élément constant, indépendant de la distance au centre, qui vient s'ajouter à un élément différentiel, le terme que nous avons introduit pour «corriger» l'expression de Maarek et qui devait rendre compte de la rente foncière sur le plus mauvais terrain n'apparaît pas dans l'expression développée comme une rente absolue, mais il prend la forme d'une rente différentielle. Si la rente absolue doit s'appliquer également à tous les terrains, indépendamment de leurs «qualités» respectives, son expression dans la formule de Maarek «corrigée» est irrationnelle, puisqu'elle prend la forme d'une fonction de la distance au centre de la ville:

$$\text{rente absolue} = a \left[\frac{T - \dfrac{\varrho}{v}}{T - \dfrac{\varrho\,\max}{v}} \right]^{\frac{\alpha_l}{\alpha_s}}$$

— Le facteur qui vient, dans la formule «corrigée» de Maarek moduler le prix du plus mauvais terrain selon la distance au centre de la ville pour former la rente absolue d'une localisation quelconque le terme:

$$\left[\frac{T - \dfrac{\varrho}{v}}{T - \dfrac{\varrho\,\max}{v}} \right]^{\frac{\alpha_l}{\alpha_s}}$$

est une fonction croissance de la distance au centre de la ville. Autrement dit, plus on se rapproche du centre urbain, plus le prix du plus mauvais terrain prend de «poids» dans la formation du prix du sol urbain.

— Si l'on compare, dans l'expression de Maarek, la structure des expressions des deux rentes:

$$\text{rente différentielle : } B\left[\left(\frac{T - \dfrac{\varrho}{v}}{T - \dfrac{\varrho \max}{v}}\right)^{\frac{\alpha_l}{\alpha_s}} - 1\right]$$

$$\text{rente absolue: } a\left[\left(\frac{T - \dfrac{\varrho}{v}}{T - \dfrac{\varrho \max}{v}}\right)^{\frac{\alpha_l}{\alpha_s}}\right]$$

On constate une homologie presque parfaite (parfaite à la constante 1 près); le coût de la construction a la «dimension» du prix de plus mauvais terrain et, de plus, le coût de la construction participe à la formation de la rente foncière en un endroit quelconque de la ville dans une mesure inférieure à celle à laquelle participe le plus mauvais terrain (le coefficient qui pondère B est inférieur quel que soit ϱ au coefficient qui pondère a). On ne peut pas corriger l'«erreur» de Maarek sans bouleverser la problématique qui la rend nécessaire, sans être conduit à formuler une expression irrationnelle de la rente foncière en terrain urbain, incapable en particulier d'opérer un partage rente différentielle-rente absolue qui ne soit pas absurde. La problématique de Maarek trouve ses limites dans cette contradiction: le prix du sol à la périphérie apparaît comme une «condition aux limites», objet d'une détermination autonome.
— Si on le choisit nul, ce que fait Maarek, la rente différentielle s'annule également, et à bon droit, pour les terrains périphériques, les plus mauvais terrains. Malheureusement, la rente absolue prend une valeur elle aussi nulle pour ces terrains, pour lesquels la rente différentielle étant nulle, elle était censée représenter un niveau de rémunération minimum de la propriété foncière. Le raisonnement est conduit par Maarek de telle sorte que lorsque la rente différentielle s'annule, la rente absolue s'annule aussi et perd ainsi tout son contenu conceptuel.
— Si on le choisit non nul, un chapelet d'incohérences est alors égréné, qui ne parvient même pas à fonder une réelle distinction entre les deux types de rentes.

1.2.3.3. *Les agents économiques et leurs positions respectives*

Trois agents sont représentés dans le modèle: l'usager, l'entrepreneur B.T.P. et la puissance publique. Ils sont censés manipuler respectivement la fonction de satisfaction, le coût de la construction et la vitesse des transports. Une absence est particulièrement remarquable: celle du propriétaire foncier[20], dont le rôle est passé sous silence.

L'entrepreneur B.T.P. et l'Etat sont considérés comme inertes; ce sont des agents «morts». En effet, les deux variables dont ils disposent pour intervenir sur le marché sont constantes, indépendantes de la localisation. Ils sont donc paralysés *a priori* alors qu'ils sont les seuls[21], étant donné qu'ils contrôlent le procès de production du logement et des moyens de transport, à disposer des conditions de la valorisation des terrains. Les trois systèmes: foncier, habitat, transport sont entièrement cloisonnés.

La vitesse de transport ne fait que rapporter une longueur à un temps; le terme:

$$\frac{T - \dfrac{\varrho}{v}}{T - \dfrac{\varrho \, max}{v}}$$

est un artifice qui sophistique une donnée brute, le rapport des distances au centre

$$\frac{\varrho}{\varrho \, max}.$$

Le coût de la construction fonctionne comme un «indice de prix». Il relie le niveau général des valeurs foncières au niveau général des prix à la construction de manière empirique sur le mode de la corrélation.

On peut ainsi schématiser la représentation que Maarek se fait des rapports entre les agents:

---

20. Sous toutes ses formes d'apparition: rentier, promoteur, etc.

21. A un premier niveau d'analyse. Nous étudierons ensuite le rôle du promoteur, un autre grand absent du modèle.

Les agents économiques et leurs rapports dans le modèle de Maarek

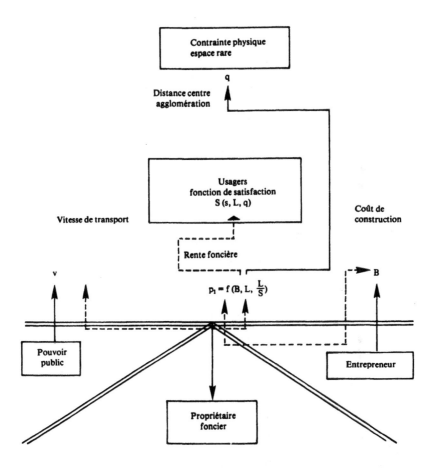

Les traits pleins indiquent les liaisons réellement prises en compte par le modèle. Les traits en pointillés indiquent des liaisons que le modèle semble prendre en compte, mais qui sont en fait délaissées par le modèle à cause des hypothèses de constance de v et de B.

1.2.3.4. *Conclusion*

Si l'on essaie de dresser un bilan de la lecture critique que nous avons faite du modèle Maarek, on se heurte immédiatement à un paradoxe. Il nous semble avoir montré qu'une «auscultation» théorique du modèle Maarek le réduit très rapidement à celui de Wingo. En ce sens, le schéma explicatif du mécanisme de formation des prix fonciers avancé par Maarek n'est qu'une forme développée à partir de la matrice construite par Wingo: une compétition entre des individus désireux de s'approprier les terres à bâtir les plus proches du centre urbain. Les terres les mieux situées vont au plus offrant, quel que soit le type de construction qu'elles supportent et quelle que soit la qualité du réseau de transport qui les dessert. Il semble donc que l'on soit en droit d'affirmer que Maarek, c'est du Wingo sophistiqué.

En parcourant ce chemin, qui donne l'illusion de séparer Wingo de Maarek, chemin ne menant nulle part, sinon à une constellation de contradictions, nous avons cependant fait apparaître des problèmes fondamentaux. Maarek paraissait les avoir résolus. Un rapide examen nous a montré que les solutions qu'il proposait à des problèmes qu'il signalait étaient sans consistance; des apparences de solutions à des problèmes fantomatiques: comment résoudre par exemple le problème de la mise en rapport des valeurs foncières avec les valeurs immobilières, tout en présupposant que ces valeurs sont déterminées par les conditions de deux marchés indépendants? Comment résoudre, par exemple, le problème de la continuité des prix fonciers à la limite de l'agglomération, au passage terre urbaine—terre agricole, sans faire intervenir les conditions du procès de mise en valeur de la terre dans les procès de production de l'infrastructure urbaine et des produits agricoles?

Tous ces problèmes réels que Maarek signale ne peuvent être posés que dans un autre espace théorique. La structure de la problématique de Maarek a pour principal effet de les exclure, tout en produisant une structure de solutions propre à donner une apparence de réponse à ces problèmes impossibles à poser.

Nous avons donc un acquis précieux. Nous savons maintenant que pour poser les problèmes que nous avons reconnus, il faut aller ailleurs. C'est ce que, de ce pas, nous allons maintenant faire.

1.3 Le modèle Dutailly

Avant de nous enfoncer plus avant dans le recherche d'une problématique propre à produire des connaissances sur la formation du prix du sol, il nous semble bon d'exposer maintenant le contenu d'un modèle qui, sur le mode de la simulation, représente scientifiquement les pratiques des agents dominant les mécanismes de répartition de la terre. Ces pratiques restent cependant, à ce niveau, commandées par les catégories de perception de la «réalité», propres aux agents et à leurs rationalisations, et donc prisonnières des formes illusoires du mouvement apparent. Elles seront, dans la suite de notre travail, soumises à la critique scientifique, dont l'objet sera de les faire apparaître comme les formes développées du mouvement réel. Schématiquement, on peut dire que le modèle de Dutailly occupe dans notre «procès d'exposition» la place que le profit occupe dans le procès d'exposition du capital par rapport à la plus-value.

Dutailly[22] envisage le cas d'un terrain sur lequel doit être menée une opération de construction de logements destinés à être vendus. Il simule la négociation du promoteur responsable de l'opération et du propriétaire du terrain, sur lequel doit être menée l'opération, *en se mettant à chaque fois à leur «place» respective, c'est-à-dire en saisissant la réalité à partir des différentes catégories de perception de ces deux agents.* Il reconstruit ainsi leur «subjectivité».

Le terrain est défini par ses caractéristiques objectives:
— superficie: S
— localisation: X
— coefficient d'occupation du sol: K
— coût de mise en constructibilité: C

Le coût de mise en constructibilité est une caractéristique de la parcelle. En effet, nous avons déjà vu que si le coût de la construction est sans rapport avec les caractéristiques physiques du sol (dans une large mesure), il n'en va pas ainsi pour le coût de la mise en constructibilité. Le coût de mise en constructibilité semble dépendre de facteurs propres à chaque parcelle (état de la voirie, des réseaux d'eau, d'électricité, de gaz ou d'assainissement).

Ce résultat empirique justifie la prise en compte du coût de constructibilité du terrain en tant que caractéristique objective de la parcelle.

D'autre part, l'ancienne utilisation du terrain (non précisée urbaine ou agricole) procurait à son propriétaire une rente annuelle U (t) au mètre carré.

Ce que Dutailly appelle la rente annuelle est bien une rente,

22. J.-C. Dutailly, *loc. cit.*

rémunération à date fixe du titre de propriété en contrepartie du droit de mise en valeur.

Le marché est vécu par les agents dans les conditions suivantes: le propriétaire du sol propose au promoteur de lui céder le terrain pour le prix P; il ne connaît ni la nature (logement, bureau . . .) ni le volume de l'opération. Le problème est alors de reconstruire la perception que le promoteur et le propriétaire ont de l'affaire.

1.3.1. *Le comportement du promoteur*

Le comportement du promoteur individuel apparaît comme assujetti à des contraintes de prix: un logement de qualité déterminé a un prix de construction fixé p_c, et un prix de vente également fixé et égal au prix courant du marché p_v. La détermination de ces deux prix échappe aux pouvoirs du promoteur. En revanche, il peut jouer sur le nombre de logements d'une certaine qualité et d'une certaine surface à faire construire, à l'intérieur de limites définies par le respect de la contrainte physique d'ajustement des superficies. Il a donc à déterminer le nombre $n(p_c, S)$ d'une certaine qualité (p_c) et d'une certaine surface S qu'il va faire construire, sous la contrainte du coefficient d'occupation du sol:

$$P_c \, \Sigma n \, (p, S) \times S_e \leqslant K. \, S. \qquad (1)$$

S_e = surface du logement.

Il calcule alors son bénéfice en tant que différence entre ses entrées et ses sorties:

$$B = \Sigma n \, (p_c, S) \times S_e \, [p_v - p_c] - PS - C$$

où p_v n'est fonction que des variables p_c et S.

La solution du problème qui consiste à maximiser la fonction B sous la contrainte (1) est donnée par la résolution d'un programme linéaire.

Dutailly la résume en trois points:

a) La surface totale de la parcelle est utilisée pour la construction:

$$\Sigma n \, . \, S_1 = S \, . \, K$$

b) Une seule catégorie de logements est mise en construction;

c) Cette catégorie de logements est celle qui maximise le profit $p_r - p_c$ du promoteur.

Enfin, la solution qui offre le maximum d'avantages au promoteur est indépendante du prix p du terrain proposé et du coût de mise en constructibilité.

Soulignons l'importance capitale de ce résultat intermédiaire. Il signifie que les relations qui s'établissent entre le marché immobilier et le marché foncier ne sont pas réciproques. Ce sont les conditions et les modalités de la production du logement qui déterminent les mécanismes de la rémunération de la propriété foncière, quelle que soit la forme sous laquelle elle apparaît, rente foncière proprement dite ou prix du terrain. C'est la raison principale pour laquelle il est difficile de parler d'un véritable marché du terrain, autonome, dont l'évolution propre serait commandée par une dynamique interne.

En revanche, le marché financier est indépendant du pseudo-marché foncier.

On rejoint ainsi une constatation qui s'impose aux observateurs, un peu avertis, du «marché foncier». Ce n'est pas parce que la demande de terrains a augmenté que les prix du sol se sont élevés, c'est parce que la demande solvable de logements s'est accrue dans des proportions beaucoup plus importantes encore. C'est le marché du logement qui commande le marché des terrains.

Le promoteur ayant choisi l'opération qui lui apparaît comme la plus avantageuse, va maintenant calculer la part de ses frais consacrée à l'achat du terrain. Il «perçoit» cette part au moyen du taux de rentabilité de l'opération:

$$p = \frac{K \cdot p_v}{Kp_c + p + c} - 1.$$

Il ne réalisera son investissement que si son taux de rentabilité individuel est au moins égal au taux de *rentabilité moyen des opérations* de même type (nous le noterons ϱ').

La réalisation de l'opération est donc subordonnée, *pour le promoteur*, à la condition:

$$\frac{K \cdot p_v}{K p_c + p + c} - 1 > \varrho' \text{ qui se traduit par:}$$

le prix du terrain ne doit pas dépasser un plafond égal à:

$$\bar{p} = \frac{K \cdot p_v}{\varrho' + 1} - K p_c - C.$$

Remarque: au lieu de comparer le taux de rentabilité individuel du promoteur au taux de rentabilité moyen des opérations de même type, il semble plus juste de le comparer à un taux de rentabilité économique moyen. Le problème qui se pose alors est de dégager les conditions techniques, économiques ou sociales qui permettent à une opération immobilière d'être rentable *malgré* la charge foncière. Si on suppose que les «rémunérations» du capital et du travail sont les mêmes pour toutes les branches de l'économie, d'où vient la «rémunération» de la terre?

1.3.2. *Le comportement du propriétaire foncier*

Nous avons supposé que le propriétaire de la parcelle recevait avant les propositions du promoteur une rente annuelle au mètre carré U (t).

Il calcule alors le bénéfice, actualisé à la date Θ, que lui procure la vente à la date t, d'un mètre carré de terrain acquis à la date t_1.

$$B(\Theta) = e^{-r(t-\Theta)} \times p(t) \, {}^9 \, e^{-r(t_1-\Theta)} \times p_1(t) + \int_{t_1}^{t} U(Z) \, e^{-r \, (Z-\Theta)} \, dZ.$$

U (t)

t_1 — Achat   t — Vente Θ — Date d'actualisation

Trois sommes sont actualisées:

— le prix de vente: $e^{-r \, (t-\Theta)} \times p(t)$

— le prix d'achat: $e^{-r} (t_1 - \Theta) \times p(t_1)$

— la rente foncière: $\int_{t_1}^{t} U(Z) \, e^{-r(Z-\Theta)} \, dZ$

Le taux d'actualisation est supposé constant.

Or, le propriétaire foncier est au moins assuré d'une chose: s'il conserve son titre, s'il ne le cède pas au promoteur, il continuera de toute façon à percevoir l'ancienne rente U(t). Dans ces conditions, il ne cédera son terrain que si son bénéfice est immédiatement maximum, à la date $\Theta = t$.

Or:

$$\frac{dB}{dt} = e^{-r(t-\Theta)} \times \frac{dP}{dt} - r \, e^{-r(t-\Theta)} \times p(t) + U(Z) \, e^{-r(t-\Theta)}.$$

On détermine la valeur minimum du prix de la terre au-dessous de laquelle le propriétaire du terrain conserve son titre (le sol ne change pas d'usage) en écrivant que pour:

$$t = \Theta, \frac{dB}{dt} = 0.$$

On obtient la borne inférieure du segment sur lequel le prix de la terre peut se négocier:

$$\underline{p\,(t)} = \frac{U\,(t)}{r} + \frac{1}{r} \times \frac{d[p\,(t)]}{dt}\,.$$

Le prix «affiché» par le propriétaire foncier se compose de deux éléments:

A. *Un élément statique* $\frac{U\,(t)}{r}$: *la rente capitalisée.* Une des deux composantes du prix de la terre se forme par capitalisation de la rente foncière (rente différentielle et rente absolue confondues) que le propriétaire dégageait antérieurement de la mise en valeur de son terrain. Le prix de la terre suppose donc la rente.

Dutailly, dans son modèle, présuppose la rente et il a raison. *Il montre ainsi qu'il connaît les limites de son modèle: le prix en tant que forme d'apparition de la rente foncière, la seule catégorie économique qui renvoie à un véritable rapport de production:* celui qui relie le propriétaire foncier, détenteur d'un monopole (celui de la terre) a l'entrepreneur capitaliste détenteur d'un autre monopole (celui des autres moyens de production), à propos de l'organisation d'un procès de production (celui des produits agricoles ou celui de l'habitat).

Le propriétaire foncier ne cède à l'entrepreneur capitaliste le droit d'utiliser son terrain qu'en échange du versement d'un tribut qui sert de base aux transactions entre propriétaires fonciers lorsqu'il s'agit de fixer le montant du capital équivalent à la propriété privée de la terre et aux droits qui y sont attachés.

L'analyse des «coûts fonciers» ne doit pas se limiter aux modalités des processus d'échange. Ce ne sont que des révélateurs. En revanche, elle doit partir de l'existence de la rente foncière et des formes qu'elle prend, indépendamment de toute transaction.

Le terrain de l'analyse se métamorphose: l'étude des *rapports d'échange* entre propriétaires fonciers, dont l'objet est la formation du prix de la terre à l'intérieur de la *sphère de distribution,* nous renvoie à l'étude des *rapports de production entre les propriétaires fonciers* et les capitalistes, à l'étude de la *rente foncière* à l'intérieur de la *sphère de production.* Le problème est maintenant posé, mais il ne peut pas être résolu par le modèle, dont l'objet est tout autre.

L'expression du prix du sol établie par Dutailly inspire d'autre part la remarque suivante: indépendamment du mouvement propre de la rente foncière, le prix augmente lorsque diminue le «taux d'actualisation». De nombreux auteurs ont déjà signalé qu'un rapport étroit existait entre l'abondance de disponibilités monétaires (qui commande le taux d'intérêt donc le taux d'actualisation) et la pénurie de logements.

B. Un élément dynamique: $\dfrac{1}{r} \times \dfrac{d[P(t)]}{dt}$, la rente d'anticipation.

La composante spéculative du prix de la terre, déjà mise en évidence par Mayer, réapparaît. Elle traduit la possibilité pour le propriétaire actuel de fixer le prix de la terre, non seulement sur la base de l'utilisation antérieure de son patrimoine, mais aussi à partir de son utilisation future. *Le mouvement général de la rente foncière est capitalisé.*

Prenons le cas d'un terrain agricole qui rapportait à son propriétaire une rente U_a (t) et supposons que ce terrain soit susceptible de se transformer en terrain à bâtir de rente U_b (t).

— Le prix du terrain agricole est: $\dfrac{U_a(t)}{r} = P_a$

— Le prix du terrain bâti est   : $\dfrac{U_b(t)}{r} = P_b$

Si la rente urbaine est supérieure à la rente agricole, le prix du terrain à bâtir est supérieur au prix du terrain agricole pour un même terrain physique.

Si le propriétaire du terrain agricole ne connaît rien de l'usage futur de sa terre, il raisonne sur la base minimum de la rente agricole et fixe son prix en conséquence: $\dfrac{U_a(t)}{r}$.

En revanche, si son terrain est situé dans une zone sensible, appelée à être bientôt urbanisée, il peut, malgré son ignorance totale des caractéristiques de l'opération dont son sol sera le support, négocier sur la base d'un prix intermédiaire entre le prix du terrain agricole et le prix du terrain à bâtir.

Les conditions naturelles du procès d'urbanisation rendent impossibles, malgré la pratique du «Zadage», la dissimulation totale de la nature de la future utilisation du sol. L'avance de la limite de l'agglomération mesure les chances qu'un propriétaire a de «spéculer», de vendre son terrain à un prix intermédiaire entre son véritable prix $\dfrac{U_a(t)}{r}$ et son futur prix lorsque la construction sera achevée, $\dfrac{U_b(t)}{r}$.

Ne voit-on pas, à la périphérie des villes, des constructeurs accepter de payer le sol à un prix normal de terrain à bâtir alors que ces parcelles sont officiellement cotées comme terrains agricoles?

Le modèle de Dutailly a pour principal mérite d'être problématique. Il nous engage à porter l'analyse sur le terrain de la rente foncière, seul véritable concept d'un rapport de production.

2

Introduction à la théorie marxiste
de la rente foncière

Les développements théoriques que Marx a consacrés aux problèmes de la rente foncière sont aujourd'hui au centre d'un débat, interne au marxisme, qui déborde largement le cadre restreint de l'économie agricole. On voudrait, en guise d'introduction aux thèses de Marx, essayer de préciser les termes et les enjeux de la controverse. Les remarques que nous serons amenés à faire éclaireront, nous l'espérons, le terrain sur lequel nous allons situer notre analyse et la «lecture» spécifique que nous avons faite des textes de Marx concernant le problème particulier qui nous préoccupe.

Débat interne au marxisme, avons-nous dit. Certes. Mais si le marxisme «ne se pose que les problèmes soulevés par la pratique politique» et si ces problèmes constituent la «matière première» l'«objet de production» de la pratique théorique, les formes sous lesquelles ils apparaissent, la manière dont ils se posent, sont éminemment tributaires de la conjoncture idéologico-politique. Or, l'état de celle-ci fait que la question de la rente foncière se retrouve à l'avant-scène de la théorie économique. Elle y est poussée par la convergence de deux séries de problèmes d'«actualité» que l'idéologie dominante regroupe (et sépare) derrière les catégories de «problèmes urbains» et «problèmes du sous-développement».

Cette capacité du marxisme à traiter les problèmes contemporains d'une forme donnée de la lutte de classes le constitue en science vivante. Cependant, comme le matérialisme historique pense encore avec peine le rapport qu'il entretient avec l'idéologie dominante, la prégnance de celle-ci rend toute entreprise de recherche théorique, qui se donne pour objet un objet préconstruit par l'idéologie dominante, particulièrement périlleuse. Pour donner une idée du danger qui guette et dont on a conscience, il suffit de filer une métaphore: le matérialisme est alors un «terrain» que l'on «occupe» sur lequel on se «place», mais que l'on doit toujours «défendre». Sur ce «théâtre des opérations», dans ce jeu toujours recommencé de «percées» et de «retraites», d'«acquis à défendre» et de «continents à envahir», on risque fort de traverser la «ligne de front», de se retrouver au-delà de la «rupture épistémologique» et avec ses armes (concepts) et ses bagages (connaissances) de finir dans les rangs de l'armée ennemie sous son uniforme marxiste.

On mesure aisément le manque de scientificité de ce langage militaire. Il affirme cependant avec force que sur un problème particulier, c'est toujours l'ensemble du matérialisme historique qui est convoqué.

La théorie de la rente foncière ne fait pas exception à cette loi, bien au contraire. Elle a été il y a peu de temps, l'objet d'une lecture ultra structuraliste de Marx, par Rey, inaugurant un développement théorique sur l'articulation des modes de production dans les pays sous-développés. Il nous paraît essentiel de réfuter ces thèses, avant d'entamer l'exposé de celles de Marx, parce que nous pensons qu'elles ne sont pas étrangères à l'idéologie dominante actuelle (en tant que déviation mécaniste et réductrice de l'«althussérisme»).

2.1. La rente foncière dans la problématique de l'articulation des modes de production

Si le matérialisme est une science qui a pour objet le concept d'histoire, Louis Althusser rappelle, qu'alors, son développement est subordonné au développement de la conception marxiste de la totalité sociale: «Nous pouvons retenir ce résultat, produit par notre brève analyse critique: qu'il faut interroger avec rigueur la structure du tout social pour y découvrir le secret de la conception de l'histoire dans laquelle le 'devenir' de ce tout social est pensé».[1]

On sait que ce «tout social» se présente comme «une combinaison d'éléments invariants». Chaque mot qui participe à la formulation de cette thèse est important et est le lieu de sérieux malentendus. Chaque mot doit donc être pesé.

Il s'agit d'abord d'une combinaison et non d'une combinatoire.[2] On retrouve cette idée chez Marx dans l'introduction à la *Critique de l'économie politique*, plus connu sous le nom d'«Introduction de 1867».

«C'est comme un éclairage où sont plongées toutes les

1. L. Althusser, *Lire le Capital*, t. I, p. 120.
2. *Ibid.*, t. I, p. 5.

couleurs et qui en modifie toutes les tonalités particulières. C'est comme un éther particulier qui détermine le poids spécifique de toutes les formes d'existence qui y font saillie».[3]

Le rapport entre le tout et ses parties est un rapport dialectique, les éléments de la combinaison ne sont pas les «atomes d'une histoire»[4], leur place, à l'intérieur du tout qu'ils constituent, détermine en retour la forme qu'ils prennent et sous laquelle ils apparaissent. S'ils constituent le tout, le tout les constitue également. L'invariance des éléments porte donc sur autre chose que sur leur forme.

Restons-en pour l'instant à ces remarques et intéressons-nous aux «éléments invariants». Ce sont les concepts généraux de Marx: les «moyens de production», qui se divisent «en objets de travail» et «moyens de travail», le «travailleur» et le «non-travailleur». Ce sont les éléments dont on peut dire qu'ils ont existé dans toutes les formes de production. Ces éléments entrent en rapport dans des relations de propriété et d'appropriation, réelles ou formelles.

La définition de ce tout ne s'épuise pas dans l'énumération de ces éléments invariants et de leurs relations, sinon le tout serait *pratiquement* une combinatoire. Mais ce tout, quel est-il? Est-ce un «mode de production» ou une «formation sociale»? Nous pensons que le marxisme n'a pas encore répondu correctement à cette question et qu'il s'est contenté de l'esquiver de deux manières différentes, dont il faut maintenant montrer les insuffisances.

A. En reprenant la distinction: objets formels-abstraits objets réels concrets, on peut dire, comme Poulantzas: «Le mode de production constitue un objet abstrait-formel qui n'existe pas au sens fort dans la réalité. Les modes de production capitaliste, féodal, esclavagiste, constituent également des objets abstraits formels, car eux non plus ne possèdent pas cette existence. Seule existe en fait une formation sociale historiquement déterminée, c'est-à-dire un *tout social*—au sens le plus vaste—à un moment de son existence historique: la France de Louis Bonaparte, l'Angleterre de la révolution industrielle. Mais une formation sociale, objet réel concret toujours original, parce que singulier, présente, comme l'a montré Lénine dans *Le développement du capitalisme en Russie,* une combinaison particulière, un chevauchement spécifique de plusieurs modes de production purs»[5], ou comme Bettelheim: «L'objet

3. K. Marx, *Contribution à la critique de l'économie politique*, Paris, 1969, p. 170 et 171.
4. *Ibid.*
5. N. Poulantzas, *Pouvoir politique et classes sociales*, Paris, 1971, t. I, p. 9.

théorique de Marx est le mode de production capitaliste dans la *Kerngestalt* (c'est-à-dire dans sa «structure de noyau») et la détermination de cette *Kerngestalt*. Cela signifie que ce que Marx étudie ce n'est pas, par exemple, l'Angleterre capitaliste qu'il prend souvent pour illustration, mais il étudie un objet idéal, défini en termes de connaissance, dans l'abstraction du concept».[6]

Alors, entre le mode de production et la formation sociale se trouvent des «impuretés», des «survivances», des «résidus», sortes d'approximations du modèle dans la réalité, dont on peut se demander si l'expression métaphorique ne cache pas un retour maladroit aux vieilles catégories philosophiques: essence, apparence, actualisation, abstraction, empirie.

D'un autre côté, si le tout social est une «formation sociale», sa structure n'est plus celle d'un «mode de production».

Si on peut penser un «mode de production» comme combinaison complexe des forces productives et des rapports de production, ce qui renvoie aux éléments invariants dont nous avons dressé la liste tout à l'heure, une formation sociale est un tout structuré d'éléments différents: «L'unité d'un tout structuré comportant ce que l'on peut appeler des *niveaux* distincts et 'relativement autonomes', qui existent dans cette unité structurale complexe en s'articulant les uns sur les autres selon des modes de détermination spécifiques».[7]

Le passage de l'objet formel abstrait à l'objet réel concret se paie d'une torsion de structure bien étrange.

B. En considérant que le «tout social» est la formation sociale constituée d'une articulation de modes de production différents dont l'un est dominant.

C'est à cette interprétation que se rallie Bettelheim en dernière analyse: «En fait, lorsque nous abordons l'étude d'une économie réelle—indépendamment de la notion même de transition —nous devons penser cette économie comme une structure complexe à dominante. Nous saisissons une telle structure comme une combinaison spécifique de plusieurs modes de production dont un est dominant. C'est ce mode de production dominant qui imprègne tout le système et qui modifie les conditions de fonctionnement et de développement des modes de production subordonnés».[8]

Cette conception est celle qu'adopte Rey dans ses deux ouvrages *Colonialisme, néo-colonialisme et transition au capitalisme*[9] et surtout

6. C. Bettelheim, *La transition vers l'économie socialiste*, Paris, 1971, p. 11.
7. L. Althusser, *Lire le Capital*, t. I, p. 120-121.
8. C. Bettelheim, *op. cit.*
9. P.-P. Rey, *op. cit.*

dans *Les alliances de classes*.[10] Nous reviendrons sur ce dernier ouvrage, parce qu'il montre ce que devient la rente foncière, dans une telle problématique, lorsqu'elle est poussée jusqu'à ses extrêmes limites.

La conception du tout social comme une articulation de modes de production s'accompagne d'une réduction rédhibitoire.

En effet, pour que le passage du concept de «mode de production» à celui de «formation sociale» ne recouvre pas le passage de l'abstrait au concret, il faut introduire une notion nouvelle, *celle d'économie*. Il s'agit, on ne peut se tromper, de l'instance économique, produite par le découpage de la formation sociale en ses trois principaux niveaux: économique, politique, idéologique. Alors la structure du tout social devient cohérente: l'instance économique est constituée d'une articulation de modes de production dont l'un est dominant; ces modes de production sont eux-mêmes structurés par une combinaison spécifique des forces productives et des rapports sociaux. Cette instance économique, qui dispose d'une certaine autonomie, s'articule à d'autres instances, idéologique, politique, etc. et les détermine en dernière instance.

«Le tout social», la formation sociale, serait finalement cette «structure» à double dominante: domination d'un mode de production sur un autre à l'intérieur de l'instance économique, domination d'une instance sur une autre à l'intérieur du tout social.

L'insuffisance de cette «topique» provient de ce qu'elle laisse penser que les formes qui apparaissent au niveau de l'instance économique, sont déterminées par une logique économique étrangère à toute logique idéologique. L'idéologie ne concerne pas seulement les représentations que les individus se font de leur pratique, elle porte également sur les pratiques en tant qu'elles prennent des formes qui «cachent et révèlent» leur vérité objective. Fondamentalement, cette «représentation» du tout social ne permet pas de penser en quoi la représentation de l'économique (des agents économiques) est selon Marx essentielle à l'économique lui-même, à son fonctionnement réel, et donc à sa définition conceptuelle.[11] Voyons cependant de plus près comment, dans cette problématique, la rente foncière agricole est traitée.

Pour Rey, si le «tout social» est une articulation de modes de production dont l'un est dominant, la rente foncière qui constituait le rapport d'exploitation propre au mode de production

---

10. P.-P. Rey, *Les alliances de classes*, Paris, 1973.
11. .E. Balibar, «Sur la dialectique historique», *La Pensée*, août 1973, n° 170.

féodal, ne peut pas être «considérée comme partie intégrante du mode de production capitaliste»[12] mais doit être «considérée comme signe de l'articulation du mode de production capitaliste et du mode de production féodal».[13]

C'est pourquoi, «alors que le dernier chapitre du *Capital* qui ne fut jamais achevé[14] présente les trois classes du mode de production capitaliste: capitalistes, propriétaires fonciers, ouvriers», une lecture plus structuraliste du *Capital*, fondée sur «une analyse scientifique que sous-tendent certaines affirmations approximatives» permet d'affirmer que quatre classes sont en présence «caractéristiques d'une formation sociale où sont présents à la fois le mode de production capitaliste et le mode de production féodal, ces quatre classes étant, une fois regroupées, capitalistes et ouvriers d'une part, pour le mode de production capitaliste, propriétaires fonciers et paysans-travailleurs de l'autre, pour le mode de production féodal».[15]

Rey avance ces thèses dans un ouvrage composé de deux parties: la première, théorique, développe la problématique de l'articulation, la seconde intitulée «Materialisme et luttes de classes» se voudrait autocritique. Or, elle n'est ni auto, ni critique, mais seulement polémique à l'égard de l'ancien maître, Althusser. Ces critiques, qui n'entament en rien la problématique qui fonde les thèses précédentes, ont, au contraire, le mérite de la compléter en explicitant la stratégie politique qui doit accompagner nécessairement l'«ancienne» position théorique.

Il s'agit d'organiser la convergence des luttes de classes distinctes, capitaliste-ouvrier d'une part, et propriétaires foncier-paysan d'autre part, spécifiques des *deux* modes de production précédents.

«Toute lutte se juge ainsi (et non par rapport au caractère 'réformiste' ou 'révolutionnaire' de ses objectifs). Est-ce qu'elle renforce le camp du prolétariat:

— en permettant de résoudre justement les contradictions entre fractions du prolétariat ou entre le prolétariat et les autres couches et classes exploitées,

— c'est-à-dire en permettant que toute solution de ces contradictions soit apportée sous la *direction* des fractions *les plus exploitées*[16] de ces classes ou de ces couches (car

12. P.-P. Rey, *Les alliances de classes*, p. 15.
13. *Ibid.*
14. Il s'agit bien sûr du chapitre sur la rente foncière.
15. P.-P. Rey, *Les alliances de classes*, p. 15.
16. Souligné par nous.

ces fractions les plus exploitées sont celles qui sont le plus clairement porteuses de ce qui fait l'unité d'une classe ou couche exploitée face à ses exploiteurs)».[17]

Car, il faut se défaire de «cette idée fondamentalement contre-révolutionnaire: qu'une classe comme la paysannerie pouvait être une classe réactionnaire».[18] On voit ici, très concrètement, comment une déviation théorique, la problématique de l'articulation, en évacuant le problème des conditions et des formes de l'exploitation, de l'idéologie qu'elles nourrissent et qu'elles produisent, ouvre la porte à des positions politiques populistes. Il est totalement faux de dire que «les fractions les plus exploitées sont celles qui sont le plus clairement porteuses de ce qui fait l'unité d'une classe . . . face à ses exploiteurs», à moins de penser les rapports entre l'idéologie et l'économie en terme d'articulation de l'idéologique et de l'économique.

L'acquis essentiel du marxisme (*cf.* lorsque Marx pense ce qu'il a découvert: la dictature du prolétariat) n'est-il pas que le développement du capitalisme est, en même temps, développement du travailleur collectif et développement des conditions économiques et idéologiques de son organisation pour la prise du pouvoir.

Laissons-là cette autocritique, pour revenir à la thèse centrale du texte de «L'articulation des modes de production». Nous allons essayer de mettre en évidence le type de révision que Rey est obligé de pratiquer, par rapport au *Capital,* pour donner de la cohérence à sa problématique. Ces révisions sont au nombre de deux:

a) Une conception «économiste» des rapports de distribution.
b) Une conception de la reproduction comme procès articulant un procès de production et un procès de circulation, le procès de circulation imposant ses caractères au procès de reproduction.

Il est clair que ces deux «déviations» s'épaulent et se soutiennent et qu'elles proviennent d'une lecture «économiste» du *Capital.*

Nous fermons alors notre boucle. D'un côté, une certaine forme d'humanisme. Il ne s'agit pas de l'humanisme bourgeois «avec les accents sociaux-démocrates», de la défense des droits de l'homme, de la liberté et de la justice, voire de la libération ou de l'épanouissement de la «personnalité» tout court ou «intégrale»[19], mais une forme

17. P.-P. Rey, *Les alliances de classes*, p. 206.
18. *Ibid.*
19. L. Althusser, *Réponse à J. Lewis*, Paris, 1973.

plus élaborée d'humanisme à laquelle le marxisme est beaucoup plus perméable, qui fond, en les confondant, toutes les formes matérielles de l'exploitation, et accorde au plus exploité, au plus opprimé, indépendamment des conditions concrètes de son exploitation et de son oppression, le pouvoir de s'organiser et de renverser les structures dominantes. Cette position qu'on peut appeler «populisme» ou «gauchisme»[20] n'est, en tout cas, qu'un humanisme. Elle présuppose l'existence d'une «nature humaine» rebelle à toutes formes d'exploitation et capable, en toutes conditions, de trouver les moyens de sa libération, de créer ceux qui lui manquent, et de les mettre en oeuvre dans une révolution.

De l'autre côté, l'économisme. Non pas l'économisme bourgeois, «productivité» et «révolution scientifique et technique». Mais là encore, une forme d'économisme plus élaborée qui donne ses titres de noblesse aux rapports de distribution («le plus exploite») et au procès de circulation.

Ce n'est pas un hasard si Rey s'attache surtout à «lire» les Livres II et III du *Capital* au détriment du Livre I. On pourrait faire à Rey la critique que Balibar adresse à Herzog: «Lorsqu'on suggère, comme le faisait récemment Philippe Herzog . . . les dangers qu'il y aurait à 'surestimer' le Livre I du *Capital* il faut bien voir que c'est précisément le primat des rapports de production, analysé en détail et sans aucune équivoque dans le Livre I, et nulle part ailleurs, qui est visé».[21]

Rey commence à instruire un procès pour haute trahison de Marx à lui-même. Il fonde son réquisitoire sur un texte de l'«Introduction de 1857» que nous avons déjà cité mais qu'il nous faut reprendre: «Dans toutes les formes de société, c'est une production déterminée et les rapports engendrés par elle qui assignent à toutes les autres productions et aux rapports engendrés par celle-ci leur rang et leur importance. C'est comme un éclairage général où sont plongés toutes les couleurs et qui en modifie les tonalités particulières. C'est comme un éther particulier qui détermine le poids spécifique de toutes les formes d'existence qui y font saillie». Rey le rapproche d'un extrait qui se trouve quelques lignes plus loin dans l'«Introduction». «Le capital est la forme économique de la société bourgeoise qui domine tout. Il constitue nécessairement le point de départ comme le point final et doit être expliqué avant la propriété foncière. Après les avoir examinés chacun en particulier, il

---

20. Elle conduit à l'impatience politique . . .
21. E. Balibar, *loc. cit.*

faut examiner leur rapport réciproque».

Pour Rey, Marx ne s'en est pas tenu à cette méthode scientifique, lorsqu'il a analysé la rente foncière dans le tome VIII du *Capital*.

«Pourtant, le texte du *Capital* n'a rien à voir avec cette problématique: la rente y apparaît comme purement capitaliste. C'est seulement dans les trous du raisonnement qu'on peut lire en filigrane ce qu'aurait été l'analyse conduite telle que l' 'Introduction' la prévoit».[22] Ces «trous» sont:

— «L'absence de précision sur le lieu de la rente elle-même. Marx nous dit qu'elle est un rapport 'économique', réalisation du rapport juridique qu'est la propriété foncière. Mais de quelle sorte de rapport économique s'agit-il? un rapport de distribution ou un rapport de production? Marx dénie qu'il s'agisse d'un simple rapport de distribution. Mais il n'affirme pas catégoriquement qu'il s'agisse d'un rapport de production.

— L'absence de précision sur le mode de production dont la rente est un rapport économique . . .

— L'absence de précision sur les classes qui sont déterminées par ce rapport de distribution ou rapport de production . . . Nulle part, il n'est répondu clairement à la question: la rente foncière c'est l'exploitation de qui par qui?

— Enfin, le fiasco mal dissimulé de la rente absolue. Marx a découvert une théorie de la rente absolue par laquelle il veut rendre compte du fait, ignoré par Ricardo et ses disciples, que la rente n'est pas seulement différentielle. Mais le raisonnement qu'il fait amène derechef à une rente absolue nulle ou infiniment petite, ce qui est en contradiction avec les faits concrets dont il entendait faire la théorie».[23]

Nous avons cité longuement Rey parce qu'il mène jusqu'à l'extrême limite, jusqu'au point de rupture, la problématique de l'articulation, ce qui le conduit à faire la critique la plus fructueuse du texte de Marx sur la rente foncière. Or, pour notre part, nous nous placerons très exactement sur la problématique que Marx utilise pour l'analyse de la rente foncière, parce que nous pensons qu'elle est en accord avec le reste du *Capital* et, en particulier, avec le Livre I.

22. P.-P. Rey, *Les alliances de classes*, p. 24.
23. *Ibid.*

Il nous faut donc maintenant démontrer que le Marx, que Rey oppose au Marx de la rente foncière, est un Marx imaginaire; que le Marx de la rente foncière ne «trahit» pas le Marx du reste du *Capital* et, en particulier, le Marx du Livre I. Nous le ferons en montrant que Rey «construit» un Marx de toutes pièces au moyen d'une «lecture» spécieuse du *Capital.*

Commençons par ce qui nous paraît le plus essentiel, ce qui fonde la problématique de l'articulation: la différence entre les rapports de production et les rapports de distribution. La rente serait d'après Rey un rapport de production du mode de production féodal et un rapport de distribution du mode de production capitaliste ou plutôt de distribution propre au procès d'articulation du mode de production capitaliste avec le mode de production féodal.[24]

Marx consacre un chapitre à cette question: «Rapports de distribution et rapports de production».[25] Il semble consacrer cette distinction (qui apparaît sous la forme plus vulgaire de distinction entre revenu et capital dans l'économie politique classique) dans un premier temps, pour mieux la détruire dans un deuxième. Ce texte ne prend pas pour objet spécifique la distinction qui nous intéresse. Il vise un adversaire connu: l'«universalisme», forme familière de l'idéologie dominante. «L'opinion courante considère ces rapports de distribution[26] comme des rapports naturels qui découleraient de la nature même de toute production sociale et des lois de la production humaine en général». Il lui est facile de montrer

24. On saisit parfaitement la réduction de Rey, lorsqu'il dit dans son ouvrage: « . . . dans tous les autres passages où il est question nommément de rapports de production (et ils sont très nombreux, une partie d'entre eux concernant de plus les modes de production non capitalistes puisque pour le mode de production capitaliste), le rapport de production n'est rien d'autre que le capital» (*ibid.*, p. 28).

Non, le capital est *un* rapport de production parmi d'autres. Il devient dominant lorsque le mode de production capitaliste s'est instauré. Mais cela ne veut pas dire, comme la formule de Rey le laisse supposer, qu'il soit le *seul* rapport de production du mode de production capitaliste, à moins de réduire celui-ci à *un* rapport de production au lieu de le concevoir *comme* un *ensemble* de rapports de production dont l'un est déterminant. On trouve d'ailleurs dans cette même page 28 une citation de Marx, par l'auteur, explicite à cet égard: «Dans le mode capitaliste de production (. . .) le capital est la catégorie dominante, le rapport de production déterminant».

25. K. Marx, *Le capital*, Livre III, t. III, p. 252-258.

26. Marx y définit ainsi les rapports de distribution: «La valeur nouvellement ajoutée par le nouveau travail de l'année, donc aussi la part du produit annuel exprimant cette valeur et qui peut être extraite et séparée du produit global, se décompose par conséquent en trois parties revêtant trois formes différentes de revenu; ces formes indiquent qu'une partie de cette valeur appartient ou revient au propriétaire de la

que ces «rapports de distribution» ne sont ni naturels, ni universels, mais propres à une période historique déterminée et inscrits dans un mode de production sociale spécifique.

Il termine par une boutade qui achève toujours les critiques qu'il adresse aux universalistes: «L'identité des différents modes de distribution nous fait aboutir à la conclusion suivante: cette identité existe à condition d'éliminer leurs différences et leurs formes spécifiques pour ne retenir que ce qui leur est commun».[27]

Toutefois, ajoute-t-il, « . . . une critique *plus poussée, plus consciente*[28] admet que les rapports de distribution sont le fruit du développement historique, mais s'en tient d'autant plus fermement à des rapports de production qui eux seraient permanents, tireraient leur origine de la nature humaine et ne dépendraient donc pas de quelque développement historique que ce soit».[29]

Si donc rapports de distribution il y a, ils organisent le partage de la valeur nouvellement ajoutée *dans sa totalité* en salaire, profit et rente. Comment l'attribution de la rente aux propriétaires fonciers peut-elle être le produit d'un rapport de distribution, tandis que le profit et le salaire seraient le produit d'un rapport de production? La distribution ne peut se faire qu'entre plusieurs classes. Si, comme le dit Rey, le «lieu» de la rente est un rapport de distribution, cela n'a de sens que si le salaire et le profit sont aussi un rapport de distribution au même titre que la rente.

Cependant, cette «critique» que l'idéologie universaliste nous fait, dit Marx, n'est pas très «poussée», pas très «consciente»; elle est *superficielle*. Il y en a une autre, plus sérieuse qui «naturalise» les rapports de production. Celle-là mérite qu'on s'y attarde parce que les rapports de production, c'est quelque chose de fondamental. «L'analyse scientifique du mode de production capitaliste démontre que ce mode est de nature particulière et comporte des particularités spécifiques déterminées . . . Enfin que les rapports *de distribution sont identiques, pour l'essentiel, avec ces rapports de production, qu'ils en constituent l'autre face,* de sorte que tous deux partagent le

---

force de travail, une autre au propriétaire du capital, une troisième au détenteur de la propriété foncière. Ce sont donc là des rapports ou des formes de distribution car elles expriment les proportions dans lesquelles la valeur globale nouvellement créée se répartit entre les possesseurs des différents agents matériels de la production» (*ibid.,* p.258).

27. *Ibid.*, p. 252.
28. C'est nous qui soulignons.
29. *Ibid.*, p. 252.

même caractère historique transitoire».[30]

Pourquoi ces rapports de distribution sont-ils identiques pour l'essentiel avec ces rapports de production?

«En étudiant les rapports de distribution, on part tout d'abord de l'affirmation, présentée comme un fait, que le produit annuel se répartit en salaire, profit et rente foncière. Présenté de cette manière, le fait n'est pas exact».[31]

En effet, une partie du produit annuel sert à la reproduction du capital constant. On sait que cette omission est à l'origine de la «folle bévue» de Smith, que Marx critique sévèrement dans de longs développements au tome II du Livre II, et qui permet d'établir cette ânerie, qui constitue toujours un dogme pour la théorie économique, selon laquelle ce qui est revenu pour les uns est capital pour les autres. C'est parce que les moyens de production du secteur II s'échangent contre le salaire et la plus-value du secteur I et que, d'autre part, le salaire est un équivalent de la valeur de la force de travail qui *entre les mains du capitaliste* est un capital, un capital variable, que cette illusion est aussi tenace, car l'essentiel est là: «L'un de ces revenus, le salaire, ne prend jamais la forme de revenu, revenu de l'ouvrier, *qu'après* avoir affronté ce même ouvrier sous forme de capital».[32] Le rapport de distribution est subordonné au rapport de production et n'en constitue qu'une «forme d'apparition» déterminée. Le salaire, le profit et la rente sont des rapports de distribution qui sont l'envers de rapports de production. Mais alors, de quel rapport de production la rente est-elle une forme d'apparition, un rapport de distribution? Ne nous laissons pas emporter par le juridisme. La rente foncière n'est pas le revenu d'un «titre juridique». Car si l'on suppose que le propriétaire foncier «touche un tribut», parce qu'il possède un titre juridique, rien ne nous empêche d'être tout aussi juridique pour le capitaliste qui possède bien un titre de propriété—et sur les moyens de production et sur les marchandises produites—et pour le salarié qui possède bien un titre de propriété sur la seule marchandise qu'il possède, la force de travail. «La *représentation* juridique elle-même *signifie simplement* que le propriétaire foncier peut user de la terre comme chaque possesseur de marchandises peut le faire de ses marchandises».[33]

Le titre de propriété juridique de la terre ne constitue qu'une représentation d'un véritable rapport de production, et ceci dans

---

30. *Ibid.*, p. 253.
31. *Ibid.*
32. *Ibid.*, Livre II, t. II, p. 88.
33. *Ibid.*, Livre III, t. III, p. 9.

tous les modes de production, capitaliste ou précapitaliste. Pour fonder sa thèse, Rey est condamné à inverser le rapport de détermination entre l'économique et le juridique: «Ainsi, l'obstacle est un obstacle juridique. Sa forme économique n'est que la manifestation au sein de la structure économique de sa forme juridique».[34] «Quand on passe du capital à la terre, le rapport de détermination entre l'instance juridique et l'instance économique s'inverse».[35]

Il ne faut pas céder à la facilité du juridisme mais rechercher l'origine du pouvoir et de la rémunération du propriétaire foncier dans le *monopole* de portions déterminées de la terre, monopole des propriétaires fonciers, qui permet à chaque propriétaire foncier de disposer de la terre «selon sa volonté particulière, exclusive, en dehors de toute autre personne». Ce monopole d'une classe détermine la fonction de chaque individu de cette classe dans le procès où intervient la terre.

La fonction du propriétaire foncier dans le procès de production est double:

A) Dans le procès de production immédiat, il dispose d'un élément essentiel à la constitution du capital nécessaire à la production agricole.

Les véritables agriculteurs sont des salariés employés par un capitaliste, le fermier[36], qui ne considère l'agriculture que comme un champ d'action particulier du capital, comme un investissement de son capital dans une sphère de production particulière.[37]

Ce capitaliste fermier paie au propriétaire foncier, qui possède la terre que le fermier exploite, à dates fixes, par exemple tous les ans, une somme d'argent fixée par contrat (tout comme l'emprunteur de capital monétaire paie un intérêt déterminé) pour avoir *l'autorisation* d'employer son capital dans cette sphère particulière de production. La somme d'argent versée s'appelle rente foncière: qu'elle soit versée pour des terres cultivées, des terrains à bâtir, des mines, des pêcheries, des forêts, etc.

---

34. P.-P. Rey, *Les alliances de classes*, p. 47.
35. *Ibid.*
36. «Ceux-ci ne recherchent pas la terre en tant que moyen d'obtenir leur subsistance; ils la recherchent en tant que base pour la production de marchandises agricoles, dont la vente doit rapporter un profit» (E. Mandel, *Traité d'économie marxiste*, Paris, 1969).
37. C'est pour cette raison que l'entrepreneur capitaliste ne peut être en même temps propriétaire foncier. S'il en était autrement, il perdrait la liberté de mouvement pour son capital. Il deviendrait *autre chose qu'un capitaliste.*

Le schéma ci-dessous, construit par Alquier,[38] formalise clairement les rapports qu'entretiennent les trois classes de la société
capitaliste «qui sont ici rassemblées et se font face»: ouvrier
salarié, capitaliste industriel et propriétaire foncier.

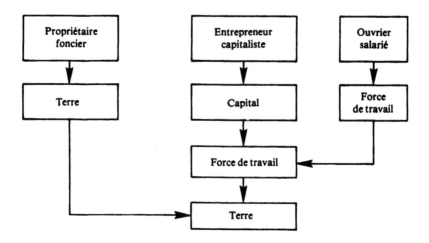

B) Une fonction d'expropriation des producteurs directs de
leurs moyens de production. Cette fonction ne s'est pas seulement
exercée dans les temps éloignés de l'accumulation primitive. Elle
doit toujours être remplie aujourd'hui, sous de nouvelles formes.
Elle se manifeste dans des phénomènes tels que l'exode rural,
même s'il n'est pas massif et s'il est contrôlé, et aussi dans un impossible retour à la terre, impossible et *impensable*.

S'interrogeant sur cette expropriation, Rey commente une
phrase par laquelle Marx résume les thèses qu'il a développées dans
la VIIIe section du Livre I (chapitre de l'accumulation primitive):
«Elle (la propriété foncière) dépossède les ouvriers de leurs moyens
de travail».[39]

Si cette phrase ne s'applique qu'à l'«accumulation primitive», Rey
a raison de lui objecter l'argument selon lequel ce ne sont pas les
ouvriers qui sont expropriés, mais les paysans. Mais il ajoute: «Au
contraire, en ce qui concerne les ouvriers, ce n'est pas la *pro-*

38. F. Alquier, «Contribution à l'étude de la rente foncière sur les terrains urbains»,
Espaces et Sociétés, n° 2, Paris, Anthropos, 1971.
39. K. Marx, *Le capital*, Livre I, t. III, p. 209.

priété foncière qui les exproprie, mais le *double moulinet* de la reproduction capitaliste lui-même».[40]

Peut-on opposer ainsi la propriété foncière et le «double moulinet» (appropriation du surproduit qui ne laisse à l'ouvrier que la stricte subsistance nécessaire à sa reproduction, en tant que salarié; propriété des moyens de production). Une des conditions du fonctionnement du double moulinet, condition objective, n'est-elle pas constituée par l'existence de la propriété foncière, qui rend impossible le «retour en arrière», quelle que soit la forme qu'elle prenne. Un prolétaire est un individu «déterminé et objectif» dépossédé de *tous* les moyens de production, non seulement de ceux qui entrent dans son procès de travail individuel, mais de l'ensemble des moyens de production sociaux. Le dos au mur, il est contraint de vendre sa force de travail, et, dans cette structure de déterminations, le monopole de la terre tient une place privilégiée.

On peut alors jouer sur les mots et remarquer que si le prolétaire avait les moyens de recouvrer les conditions d'exploitation de la terre, il redeviendrait alors un paysan («individu déterminé et objectif») tout en changeant de mode de production. Cela ne change rien à l'affaire.

Pourquoi les conditions qui font qu'un prolétaire ne puisse pas redevenir un paysan appartiennent-elles au mode de production féodal (propriétaire foncier-paysan) et non pas au mode de production capitaliste (capitaliste-salarié)?[41]

Mais pourquoi, si l'on considère la propriété foncière comme faisant partie du mode de production féodal, le «propriétaire foncier-sans paysan» résiste-t-il à la tourmente et échappe-t-il à la dissolution du mode de production féodal?

Si les classes exploitées du mode de production capitaliste ne

---

40. P.-P. Rey, *Les alliances de classes*, p. 36.
41. D'autre part, avancer cette thèse par analogie avec la terminologie du chapitre sur l'accumulation primitive du capital, c'est s'interdire de penser une transition en tant que transition; l'exploitation des *paysans* est caractéristique de la transition du mode de production féodal au mode de production capitaliste, parce que c'est un mouvement qui précipite *aussi* la désagrégation du mode de production féodal nécessaire à la constitution du mode de production capitaliste: la migration vers les centres industriels, la constitution d'une classe de prolétaires s'accompagnent de la dissolution de la paysannerie et de son remplacement par une classe d'ouvriers agricoles soumise aux capitalistes agricoles. Autrement dit, ce mouvement consacre la naissance d'un nouvel «individu déterminé et objectif» et la mort d'un ancien «individu déterminé et objectif»; le paysan cède la place à l'ouvrier. C'est l'unité de ce mouvement et ses conditions qui constituent en tant que tels la transition du mode de production féodal au mode de production capitaliste.

possèdent que leur force de travail, parce qu'elles sont séparées, à la ville comme à la campagne, de leurs «conditions de travail», elles ne peuvent apparaître qu'avec le mode de production capitaliste qui les *crée* en les *dépossédant.* Les classes exploitées n'ont aucune généalogie parce qu'elles ne disposent d'aucun moyen de production objectif susceptible d'entrer dans le procès de travail de modes de production différents. (Le seul qui leur reste, c'est le moyen subjectif de production: la force de travail de l'homme.) C'est le mode de production capitaliste qui est le seul à opérer cette séparation cruciale et, par conséquent, à *créer de toute pièce* la classe des salariés (avec la définition que Marx en donne).

Mais les classes qui possèdent, quant à elles, ne possèdent pas toutes nécessairement les mêmes moyens de production et parmi ces moyens de production, certains peuvent être communs à plusieurs modes de production. Alors si un partage capitaliste-propriétaire foncier peut être opéré, il ne peut que reproduire un partage à l'intérieur des moyens de production qui, pour sa part, ne peut se fonder que sur le mode d'intervention des moyens de production dans le procès de production envisagé sous ses deux aspects indissociables: procès de mise en valeur et procès de travail. Nous espérons montrer par la suite que les moyens de production, qui sont le produit d'un procès de production antérieur, et les moyens de production naturels, sont sous cet aspect complètement différents. N'est-ce pas suffisant pour expliquer que le propriétaire foncier qui dispose d'un moyen de production nécessaire au procès de production immédiat de modes de production différents, apparaisse, *sous des formes différentes,* comme un individu «déterminé et objectif» de modes de production successifs?

Nous avions, au début de cette introduction, annoncé deux «révisions» de Rey des thèses centrales du matérialisme historique. Nous venons d'examiner la première qui consiste à interroger la rente foncière sous les auspices du couple distribution/ production.

La seconde «révision», dont les liens de parenté avec la première sont évidents, concerne la conception que Rey se fait de la reproduction en tant que procès articulant un procès de production et un procès de circulation.

On conçoit aisément l'«articulation» de ces deux déviations: les rapports de production concernent le procès de production, les rapports de distribution, le procès de circulation. La domination des rapports de distribution sur les rapports de production est subordonnée à la domination du procès de circulation sur le procès de production dans l'unité du procès de reproduction. Rey traite de cette question dans un chapitre central pour l'exposé de ses thèses intitulé «Reproduction et domination» (le capitalisme est le mode de production dominant).[42]

Ce chapitre est traversé par une idée: «L'ouvrier est la propriété de la *classe* capitaliste; c'est la seule forme de propriété que le capitalisme exclut comme rapport juridique».[43]

Cette thèse apparaît sous d'autres formes: «Une fois mise en évidence, cette unité du procès de production et du procès de circulation, la différence entre l'entretien des machines et l'entretien de la machine ouvrière s'estompe. La vente de la force de travail au même prix que coûte son entretien, apparaît comme un échange non pas entre l'ouvrier et le capitaliste, mais entre les capitalistes qui fournissent des biens de consommation à l'ouvrier et ceux qui achètent sa force de travail».[44]

«La circulation apparaît telle qu'elle est (au sein du mode de production capitaliste), c'est-à-dire échange de marchandises entre les capitalistes eux-mêmes et eux seuls». Rey est très clair «la consommation de l'ouvrier n'est qu'une consommation productive parmi d'autres»[45] et lucide «ceci ne permet pas de mettre en évidence la différence entre le rapport social de production du mode de production capitaliste et celui par exemple, du mode de production esclavagiste».[46] Le «résultat» de la «mystification» capitaliste est de cacher qu'en dernière analyse, un ouvrier et un esclave, c'est la même chose. Cependant, ce «résultat» est atteint par une série de «mécanismes», dont le principal est la «promotion» du procès de circulation dans le procès de production.

Concédons un point à Rey: ces résultats ne peuvent être produits que par la confusion du procès de production et du procès de reproduction. Mais avant d'en arriver là, envisageons ces «résultats» pour eux-mêmes.

«L'ouvrier est la propriété de la classe capitaliste». Cette formulation s'appuie sur les développements de Marx du chapitre: «La reproduction simple».[47] Il est vrai que cette thèse ne trahit pas l'esprit de ces huit pages d'où, d'ailleurs, Rey extrait *toutes* ces citations. Il est même possible d'en trouver une formulation plus

42. P.-P. Rey, *Les alliances de classes*, p. 93-126.
43. *Ibid.*, p. 99.
44. *Ibid.*, p. 109.
45. *Ibid.*, p. 107.
46. *Ibid.*
47. K. Marx, *Le capital*, Livre I, t. III, p. 13-20.

radicale encore: «Les ouvriers de fabrique font partie du mobilier des fabriquants».[48]

Nous pensons, pour notre part, que ces huit pages sont polémiques et en opposition avec l'entreprise théorique du *Capital*. On peut ici se répandre en citations, en particulier lorsque Marx reproche à Smith (Marx n'est jamais polémique à l'égard des économistes classiques qu'il juge «scientifiques») de confondre les ouvriers avec les bêtes de somme: «Une autre partie paie le salaire et l'entretien des ouvriers (et des bêtes de travail! ajoute Marx en montrant qu'il s'offusque par un point d'exclamation) employés pour sa production»[49]—reproduction d'une citation de Smith par Marx et de son commentaire. Cette idée fonde tout *Le capital*: l'ouvrier n'est pas du capital et, si Smith commet cette erreur, c'est parce qu'il ne distingue pas suffisamment clairement le procès de production et le procès de circulation. Cette confusion l'amène, on l'a déjà dit, à la «formule la plus stupide» de l'économie politique selon laquelle ce qui est capital pour les uns est revenu pour les autres; idée que Marx expose longuement au début du Livre II pour mieux la combattre dans le tome II du Livre II en fondant la différence entre les secteurs de production: secteur I (production des moyens de production) et secteur II (production des moyens de consommation). Si l'ouvrier, c'est comme le mobilier de l'entreprise, rien ne distingue théoriquement ces deux secteurs et le *revenu* de l'ouvrier est bien du *capital* pour les capitalistes (cette thèse de Smith est reprise par Rey sous la forme la plus explicite: «La circulation apparaît telle qu'elle est, c'est-à-dire échange de marchandises entre les capitalistes eux-mêmes et eux seuls».

Où devons-nous aller chercher dans *Le Capital* les développements où Marx contredit ces huit pages du Livre I: partout où il cherche à différencier:

— le capital constant du capital variable: Livre II, tome I, p. 152;
— le capital variable du salaire: Livre II, tome II, p. 88;
— le salaire des moyens de subsistance: Livre II, tome II, p. 21;
— la force de travail des moyens de subsistance.

A quoi bon toutes ces nuances! Si l'on identifie l'ouvrier à ses subsistances, on voit mal comment la valeur pourrait être créée, à moins d'affirmer que ce sont les subsistances qui créent de la

---

48. *Ibid.*, Livre II, t. III, p. 28.
49. *Ibid.*, Livre II, t. II, p. 28.

plus-value dans «l'unité du procès de production social constitué du procès de production et du procès de circulation».

Certes, le capital variable «se compose substantiellement de moyens d'existence» mais ce ne sont pas des moyens d'existence que les capitalistes, que la classe capitaliste achète, c'est la force de travail qui seule parmi toutes les marchandises (non, ce n'est pas tout à fait une marchandise comme les autres, *elle seule* possède cette propriété de créer et de transmettre de la valeur; c'est une marchandise comme les autres dans la sphère de la circulation mais lorsqu'elle entre dans la sphère de la production et qu'elle se transforme en capital, sa valeur d'usage est bien particulière) possède la propriété de créer de la valeur.

Ces «résultats» de Rey, nous ne pouvons les admettre. Revenons-en alors à la racine du mal: la confusion du procès de circulation et du procès de production dans l'unité du procès de production sociale et «la détermination du procès de production par le procès de circulation».

«Une fois mise en évidence, cette unité du procès de production et du procès de circulation, la différence entre l'entretien des machines et l'entretien de la machine ouvrière s'estompe»[50], et nous pourrions ajouter: s'estompe aussi la production de plus-value (le rapport de production déterminant du mode de production capitaliste d'après Rey), car si l'entretien des machines est identique à l'entretien de la machine ouvrière, et si le «procès d'entretien des machines» n'est pas un procès de production de valeur, on voit mal comment le «procès d'entretien» de la machine ouvrière pourrait être producteur de valeur.

«Rien de plus simple alors, pour un hégelien, que de poser la production et la consommation comme identiques»[51], écrit Marx dans l'introduction à la *Critique de l'économie politique*. Nous ne pouvons que renvoyer à cette introduction, par laquelle d'ailleurs Rey commence son texte (mais on se demande quelle lecture il a bien pu en faire parce que c'est le texte où Marx fonde explicitement la différence entre production et circulation, et analyse leur relation dialectique). Marx y montre que si la production est immédiatement consommation[52], l'important est cependant de voir que «l'on considère la production et la consommation comme des activités d'un sujet ou de *nombreux individus*. Elles apparaissent en tout cas comme les moments d'un procès dans lequel la *production*

50. P.-P. Rey, *Les alliances de classes*, p. 109.
51. K. Marx, *Contribution à la critique de l'économie politique*, p. 158.
52. *Ibid.*, p. 109.

est le véritable point de départ et par suite aussi le facteur qui l'emporte».

Quant à la distribution: «la structure de la distribution est entièrement déterminée par la structure de la production».[53] Et aussi une phrase à opposer à la conception que Rey se fait de la rente foncière comme rapport de distribution:

«Dans sa conception la plus banale, la distribution apparaît comme distribution des produits, et ainsi comme plus éloignée de la production et pour ainsi dire, indépendante de celle-ci. Mais avant d'être distribution des produits, elle est:

1°) Distribution des instruments de production.

2°) Ce qui est une *autre détermination du même rapport*, distribution des membres de la société entre les différents genres de production (subordination des individus à des *rapports de production déterminés*). La distribution des produits n'est manifestement que le résultat de *cette* distribution, qui est incluse dans le procès de production lui-même et détermine la structure la production».[54]

C'est cette idée que tout *Le capital* développe, et tout particulièrement le Livre I pour terminer, et revenir en même temps, à la rente foncière. On a vu que Rey reprochait au texte de Marx sur la rente foncière de trahir le programme d'investigation de l'«Introduction de 1857», parce que dans le texte sur la rente foncière, Marx parle de trois classes, alors que dans l'«Introduction de 1857», il envisage deux modes de production différents et leur articulation (donc deux fois deux classes). Or, dans ce même texte, dans l'«Introduction de 1857», Marx écrit: «La place à adopter doit manifestement être le suivant: 1) et 2), les catégories qui constituent la structure interne de la société bourgeoise et sur lesquelles reposent les classes fondamentales: capital, travail salarié, propriété foncière. Leurs rapports réciproques—ville et campagne—les trois grandes classes sociales».[55]

Il nous semble avoir montré que maintenant, «pour nous, il est nécessaire d'examiner la *forme* moderne de la propriété foncière parce qu'il s'agit, d'une façon générale, d'examiner les *rapports déterminés de production* et de circulation, résultant de l'investissement de capital dans l'agriculture»[56], forme moderne, c'est-à-dire forme appartenant au mode de production capitaliste.

53. *Ibid.*, p. 160.
54. *Ibid.*, p. 161.
55. *Ibid.*, p. 172.
56. K. Marx, *Le capital*, Livre III, t. III.

2.2 Les catégories illusoires du marché foncier

2.2.1. *La valeur de la terre*

On sait que la valeur d'un produit quelconque est la somme de trois termes: le capital constant cristallisé dans la marchandise, le salaire versé aux ouvriers et la plus-value extorquée:

$$V = c + v + pl$$

V = valeur
c = capital constant
pl = plus-value extraite
v = capital variable

D'un autre point de vue, celui de la transmission de valeur et de la création de valeur au cours du procès de production immédiat, s'opposent alors:

— Le capital constant (c) = le capital mort, cristallisé, constitué des matières premières, de l'usure des machines, des bâtiments, etc. dont la valeur se *transmet* au produit au cours du procès de production immédiat. L'hypothèse selon laquelle aucun capital n'a été incorporé au sol conduit à la nullité de ce terme, dans le cas de la terre.

— La valeur *produite* au cours du procès de production (v + pl): le temps de travail est composé d'une partie effectivement payée, affectée à la reconstitution de la force de travail, à la valeur de sa reproduction évaluée en fonction de la valeur des biens nécessaires à la stricte subsistance du travailleur et de sa famille: aliments, logement, transports, etc. et d'une partie extorquée (pl) la plus-value appropriée par le capitaliste et destinée à sa jouissance individuelle ou à l'élargissement de son exploitation, sous la forme du réinvestissement.

La terre est un produit de la nature, et de la seule nature. L'histoire de sa production ne fait intervenir aucune contribution humaine. Elle n'est pas le produit du travail de l'homme, Le terme v + pl s'annule également.

Le résultat fondamental que l'on vient de mettre en évidence est énoncé par Marx en ces termes: «La terre n'est pas un produit du travail et par conséquent, sa valeur est nulle».[57]

---

57. *Ibid.*

2.2.2. *Le prix de la terre*

La valeur de la terre est nulle, et pourtant, lorsque des propriétaires fonciers se disputent un lot, ils ne donnent pas l'impression de s'étriper pour du vent! La transaction se conclut par la détermination d'un prix qui n'a rien de nul. Si pour les autres marchandises, le prix est la forme travestie de la valeur, pour la terre, l'origine de son prix est tout autre, elle répond à d'autres déterminations. Le fonctionnement normal du mode capitaliste de production dans l'agriculture suppose que l'exercice de son activité dans cette branche particulière conduise le capitaliste à verser chaque année une rente au propriétaire foncier en contrepartie de la libre utilisation de son patrimoine. Le détenteur du droit juridique de propriété considère les effets économiques de son titre: chaque année, celui-ci lui rapporte une somme d'argent (r). Les conditions de la mise en valeur de la terre, en régime capitaliste, l'assimilent à un capital fictif ou imaginaire, qui produit une rente annuelle (r), ou un capital, qui placé au taux d'intérêt courant (i), rapporte le même montant (r) d'intérêt.

Or, un capital r/i, placé au taux d'intérêt (i), procure à son propriétaire un intérêt annuel (r).

Toutes autres considérations exclues (le soi-disant goût universel pour la terre en particulier, la sécurité, la conjoncture), il est, sur le plan économique, équivalent de disposer d'un droit juridique ou d'un capital qui rapportent, l'un une rente, l'autre un intérêt de même montant (r).

Tel est le raisonnement suivi par le propriétaire d'un terrain au moment de la transaction. Si la rente qu'il perçoit est de 100 F, et si le taux d'intérêt s'élève à 11%, il n'acceptera de céder son droit juridique que si la somme de $\frac{100}{11\%} = \frac{10\,000}{11} = 909$, qui correspond au prix de son terrain, lui est versé en contrepartie. Ce que Marx traduit en ces termes: le prix de le terre, c'est *la rente capitalisée*.

Le résultat qui vient d'être établi présente un intérêt théorique capital, qu'il convient de souligner, étant donnée la confusion extrême entre le prix et la rente qu'entretiennent les théoriciens actuels de la rente foncière en milieu urbain.

La transaction foncière est un accident de parcours. Ses mécanismes sont totalement étrangers à ceux qui commandent la sphère de distribution des marchandises. Comment pourrait-il en être autrement? Sur le marché, des produits s'affrontent et s'échangent la valeur d'échange et la valeur d'usage des marchandises. Au niveau de l'économie entière, la valeur d'usage est déterminante[58], puisqu'elle correspond au «besoin social» qui fixe la part du travail total affectée à la branche de la production chargée de le satisfaire. Si cette part est surestimée, une crise de surproduction apparaît qui entrave la réalisation du profit; si elle est sous-estimée, la demande du bien dépasse l'offre, le prix de marché s'élève et permet de dégager un surprofit dû à la pénurie qui provoque une arrivée de capitaux dans cette branche particulière. Une baisse du prix de marché vers la position normale du prix de production se produit alors.

La terre, quant à elle, n'a pas de valeur d'échange; son prix de production est nul et pourtant, un prix apparaît sur un pseudo-marché. C'est que le sol est un bien particulier qui ne participe ni à la sphère de production, si ce n'est comme moyen de production naturel, ni à la sphère de distribution. Son prix est un pur et simple reflet, une apparence trompeuse, une catégorie économique illusoire. Il est possible théoriquement de démonter le fonctionnement du capitalisme dans l'agriculture sans faire intervenir, à aucun moment, le prix du sol. Ce qui est déterminant, fondamental, c'est la rente foncière en elle-même indépendamment du prix, telle qu'elle a été définie dans le cadre conceptuel comme support du rapport social qui lie le capitaliste au propriétaire foncier ou la classe des capitalistes à la classe des propriétaires fonciers. Marx est sur ce point sans ambiguïté: «Mais cette capitalisation de la rente suppose la rente, tandis qu'inversement, la rente ne peut être déduite de sa propre capitalisation, ni expliquée par elle. C'est son existence, indépendamment de toute transaction, qui est ici au contraire la condition préalable dont nous partirons».[59]

Ceci dit, le simple fait que dans l'agriculture le prix de la terre se forme par capitalisation de la rente conduit à des conclusions intéressantes concernant l'influence, sur le prix de la terre, de l'évolution du taux d'intérêt et des facteurs économiques qui le déterminent. Il a été établi que, d'une part, le taux de profit est toujours supérieur au taux d'intérêt et que, d'autre part, le taux de profit subit une baisse tendancielle due à l'augmentation de la composition organique du capital. (Nous reviendrons sur ce dernier point dans le cours de l'analyse.) Rappelons tout d'abord qu'aucune relation fonctionnelle ne lie le taux d'intérêt et le taux de profit et qu'ensuite, la baisse

---

58. Mais pas en dernière instance.
59. K. Marx, *Le capital*, Livre III, t. III.

tendancielle du taux de profit est parallèle à une augmentation globale de la masse totale du profit, compte tenu du développement des forces productives.

Partons de la baisse tendancielle du taux de profit qui provoque une diminution du taux d'intérêt. Si la rente foncière reste constante, alors que le taux d'intérêt baisse, le prix de tous les terrains subit dans ces conditions une hausse générale, étant donné que le prix du sol est inversement proportionnel au taux d'intérêt comme il apparaît dans la relation mathématique qui traduit la capitalisation $P = \frac{r}{i}$.

Prenons un exemple: une terre rapporte chaque année une rente de 100 F. Si le taux d'intérêt est de 10% son prix est de 1 000 F. Si le taux d'intérêt est de 20% son prix est de 500 F.

Indépendamment du mouvement propre de la rente foncière, le progrès social seul, qui se traduit par une baisse tendancielle du taux de profit et par suite, du taux d'intérêt, provoque une augmentation générale du prix des terrains sans qu'interviennent ni le propriétaire foncier, ni l'entrepreneur capitaliste, ni leur rapport.

2.2.3. *La spéculation*

Nous pouvons, dès maintenant, après avoir défini le prix de la terre agricole et avant d'approfondir la nature et l'évolution de la rente foncière, aborder les aspects principaux de la spéculation foncière et préciser en quoi consiste cette pratique.

La majorité des économistes estime que la hausse du prix du sol est due, pour l'essentiel, à la spéculation foncière provoquée par la pénurie des terrains. La spéculation serait donc un élément de la «pathologie» que secrète l'économie de marché, au même titre que l'inflation ou la paupérisation relative; une sorte de «tribut» que la société paie pour jouir des multiples avantages de la libre entreprise; un «coût social de la croissance».

En fait, il n'en est rien. La spéculation foncière est théoriquement une pratique marginale, dont l'effet sur les prix n'est pas déterminant, ce qui ne veut pas dire que dans certaines périodes, il ne devienne dominant. Toujours est-il que, même sans spéculation foncière, le prix de la terre augmenterait au même rythme que la rente foncière.

Plaçons-nous dans le cas d'un terrain agricole qui rapporte à son propriétaire une rente (r). Son prix théorique est donc $\frac{r}{i}$, prix normal, toute spéculation exclue.

Supposons maintenant qu'un autre propriétaire se propose d'acheter le terrain en espérant l'utiliser, ou plutôt le faire utiliser par un capitaliste, de telle manière qu'une rente annuelle r′ supérieure à la rente antérieure r soit dégagée. On peut imaginer un changement d'usage de la terre:

	même terrain		
	premier propriétaire	deuxième propriétaire	
rente	r	r'	r'
prix	$\dfrac{r}{i}$	$\dfrac{r'}{i}$	$>$ r
	usage I	usage II	

Si la transaction se réalise, le prix théorique du terrain *subit* une discontinuité en augmentant de $\dfrac{r}{i}$ à $\dfrac{r'}{i}$.

Le propriétaire du terrain peut très bien, dans certaines conditions, en particulier s'il sait que son terrain peut être affecté à un usage pour lequel la rente est supérieure, négocier avec l'acheteur éventuel sur la base de la capitulation de la future rente et non pas de l'ancienne. Le prix se fixe dans des conditions entre $\dfrac{r}{i}$ et $\dfrac{r'}{i}$, à une valeur $\dfrac{r''}{i}$, telle que $r < r'' < r'$.

Une rente d'anticipation égale à $\dfrac{r'-r}{i}$ apparaît.

De toute façon, il faut bien voir que le changement d'usage du terrain et l'augmentation de la rente créent une valeur fictive égale à $\dfrac{r'-r}{i}$. Les deux rentes, r′ et r correspondent à des valeurs effectivement créées, extorquées aux travailleurs, mais empochées par les propriétaires fonciers au lieu de l'être par les capitalistes; en revanche, la difference des prix $\dfrac{r'-r}{i}$ ne provient d'aucun travail; elle est indépendante, de toute spéculation. Elle résulte de la formation du prix du sol comme capital imaginaire (on voit parfaitement ici pourquoi il est imaginaire; il s'accroît comme par miracle lorsque la terre change d'usage); cette différence est l'enjeu de la négociation entre propriétaires fonciers et non pas l'objet, comme la rente, de la négociation entre des propriétaires fonciers et des capitalistes. Il y a spéculation lorsque cette valeur différentielle n'est pas appropriée dans son intégralité par le second propriétaire foncier, mais lorsque celui-ci se voit obligé de la partager avec le premier propriétaire foncier et de la répercuter au moment où il envisagera de revendre son titre, provoquant et entretenant ainsi un effet cumulatif inflationniste.

Cet aspect du problème foncier devient dominant lorsque, à cause de la situation du terrain ou d'une évolution continue et générale du changement d'usage du sol, la transformation de l'utilisation sociale devient transparente. Il en est ainsi pour les terrains situés en limite d'agglomération, qui de toute évidence de terrains agricole se métamorphoseront en terrains à bâtir, étant donné d'une part, que la rente urbaine est supérieure à la rente agricole et que d'autre part, la transaction est nécessaire; en effet, les propriétaires des terrains agricoles se heurtent alors aux promoteurs constructeurs qui sont à la fois propriétaires et capitalistes, et qui sont les seuls à être en mesure d'exploiter le terrain en tant que terrain à bâtir, puisqu'ils sont les seuls à disposer du capital suffisant aux opérations.

La spéculation se déploie largement à la périphérie urbaine en «opposant» deux catégories différentes de propriétaires terriens; les propriétaires de terrain agricole et les promoteurs. L'arme des premiers étant la rétention, celle des seconds la législation étatique, Z.A.D., Z.U.P., etc.

2.2.4. *Introduction du capital dans la terre*

Certains éléments viennent se confondre avec la rente foncière pour former le prix du sol tout en lui étant totalement étrangers. Il en est ainsi du capital incorporé à la terre, fumures, engrais, canaux d'irrigation, etc. que nous avons éliminés jusqu'à maintenant de l'analyse.

Prenons le cas d'un terrain loué par un propriétaire, les première et deuxième années à un entrepreneur capitaliste, la troisième année à un autre entrepreneur capitaliste, et vendu à la fin de cette troisième année.

Supposons, d'autre part, que le premier entrepreneur capitaliste investisse à la fin de la première année un capital A indissociable du sol, du type canal d'irrigation par exemple:

	bail 1	bail 2	bail 3	Vente
	année 1	année 2	année 3	
entrepreneur capitaliste	1	1	2	
capital investi	0	A	A′	A″
rente	r	r	r + dr	
prix		p^1	p^2	p^3

Il est possible, sans que cela soit inéluctable, que la rente augmente à l'année 3. Nous y reviendrons au moment de l'étude de la rente différentielle.

L'investissement initial A se déprécie au cours des années 2 et 3. A la fin de l'année 2, au moment du renouvellement du bail, il ne vaut plus que A′ et à la fin de l'année 3, au moment de la vente, il vaut A″, tel que $A > A' > A''$.

Le fait important qui concerne l'introduction du capital dans la terre apparaît, dans notre schéma, au moment de la signature du bail 3. Le propriétaire foncier ne dispose pas seulement de sa terre, mais aussi de l'élément qui lui est inséparable, le capital A′, et ceci bien que ce soit le capitaliste 1 qui ait investi le capital A. Le propriétaire foncier s'approprie tout ce qui est incorporé au sol, même s'il n'a pas participé à son financement. Si le propriétaire foncier fait mettre son terrain en valeur par un autre entrepreneur capitaliste, il inclut dans le contrat, non seulement l'obligation de payer une rente r′ proprement dite, mais aussi l'intérêt du capital A′ dont il est, de fait, le détenteur. Ainsi le bail 3 de notre exemple, sera constitué de trois clauses:

1°) Versement de la rente r.

2°) Versement de l'augmentation de la rente dr, due à l'augmentation de la productivité consécutive à l'investissement additionnel A, que l'on analysera ultérieurement avec plus de précision.

3°) L'intérêt du capital A′, soit iA′, si i est le taux d'intérêt (y compris l'amortissement).

Il ne faut pas confondre les points 2) et 3). Le point 2 provient du mouvement propre de la rente, en fonction des investissements effectués (rente différentielle II) et de la fertilité du sol (rente différentielle I). Le point 3 est provoqué par l'«appropriation» pure et simple par le propriétaire foncier d'un capital qui ne lui appartient pas. La différence apparaît clairement si l'on imagine le capitaliste 1 en mesure de faire valoir ses droits sur l'investissement qu'il a financé. L'augmentation de la rente proprement dite continue d'exister et de profiter au propriétaire foncier, seulement l'intérêt du capital A′ ira au capitaliste 1.

Le même phénomène se reproduit au moment de la vente. Le propriétaire foncier ajoute encore à son prix de vente $\dfrac{r + dr}{i}$, ce qui reste de l'investissement initial A, soit A″.

Lorsque l'entrepreneur capitaliste incorpore du capital dans un sol et si son contrat n'est pas reconduit, le bénéfice que le propriétaire foncier peut tirer de l'opération est double:
— augmentation de la rente,
— appropriation pure et simple de ce qui reste de l'investissement à la fin du bail.

On comprend, dans ces conditions, que les entrepreneurs capitalistes hésitent à «substituer du capital au travail», ce qui explique le fameux «retard» de toutes les activités liées au sol, agriculture et *construction*, pour lesquelles la composition organique du capital est inférieure à la moyenne (c'est une des causes de ce retard, il y en a de plus déterminantes: rente absolue). On s'explique également la volonté des capitalistes d'allonger les contrats.

2.3. La rente différentielle. généralités

2.3.1. *Prix individuel de production, prix de production et surprofit*

La rente foncière est une forme d'apparition de la plus-value. Le surtravail, la partie de la journée de travail qui n'a pas été payée à l'ouvrier, se matérialise dans un surproduit dont la circulation assure la répartition adéquate entre, d'une part, les différents membres de la classe dominante—la plus-value prend alors la forme du profit, de l'intérêt ou de la rente foncière—, et d'autre part, les différentes formes matérielles (Marx dirait formes naturelles) qui conviennent au partage de la plus-value en ses deux formes de consommation, consommation productive pour l'élargissement de l'échelle de la production, consommation improductive pour la reproduction naturelle du capitaliste et de sa famille augmentée de la consommation des biens de luxe. Sur la masse totale de la plus-value produite en une année les propriétaires fonciers exercent une ponction égale en valeur à la masse totale de rente foncière qu'ils s'accaparent en une année.

Cependant, l'entrepreneur capitaliste n'investit son capital qu'à condition qu'il lui rapporte au moins le taux de profit moyen. Sinon, des mouvements de capitaux se produiront des branches où le taux de profit «local» est moins élevé que le taux de profit moyen vers des branches où le taux de profit est au moins égal au taux de profit moyen.

Si l'on appelle taux de profit moyen le rapport entre la plus-value totale et le capital avancé par l'ensemble des capitalistes, si l'on suppose que la péréquation du taux de profit fonctionne en embrassant tous les capitaux, alors, par définition, la rente foncière, qui est de la plus-value, s'ajoute à la masse des profits du capital et est donc du surprofit.

Cependant, il existe deux types de surprofit qui apparaissent, l'un au niveau individuel, au niveau de l'entrepreneur particulier, l'autre au niveau d'une branche de production, au niveau d'un entrepreneur collectif. Dans le premier cas, le surprofit sera évalué par rapport au profit des entrepreneurs individuels de la même branche, dans le second cas, par rapport au profit de l'ensemble des entrepreneurs.

Le processus de formation de la rente doit s'analyser à ces deux niveaux.

2.3.1.1. *La rente différentielle*

L'analyse se limite à l'examen d'une branche de production. On suppose alors qu'un taux de profit moyen rémunère les capitaux investis dans un secteur pour lequel les conditions économiques et sociales individuelles sont comparables. Cependant, certains capitalistes individuels peuvent au moyen de procédures diverses échapper à la loi du partage «équitable» de la plus-value. On s'interrogera dans ce chapitre sur les conditions qui permettent à un entrepreneur capitaliste individuel donné de dégager un surprofit, c'est-à-dire de rémunérer son capital à un taux supérieur au taux auquel les capitaux des autres capitalistes de la même branche sont rémunérés.

On ne tiendra pas compte des spécificités de la branche agricole; la rente différentielle peut apparaître dans d'autres procès que le procès de production des marchandises agricoles.

2.3.1.2. *La rente absolue*

Le champ à explorer s'élargit. Le problème devient alors celui de la rente foncière en général, indépendamment des conditions propres au procès de production immédiat de chaque capitaliste. Si nous avons bien reconnu dans la rente foncière une forme d'apparition de la plus-value, nous ne savons toujours pas de quel procès de mise en valeur elle est le produit et surtout nous ignorons les conditions générales qui permettent que, de certains procès de mise en valeur du capital social, une rente foncière vienne s'ajouter au profit capitaliste pour former la plus-value totale.

On pratiquera alors deux découpages: on séparera l'agriculture du reste de l'économie et on cherchera à reconnaître la spécificité de son procès de production et de son procès de mise en valeur par rapport aux autres procès des autres branches. On construira une catégorie particulière de capitaliste, les entrepreneurs capitalistes agricoles, et on examinera les rapports qu'ils entretiennent avec les propriétaires fonciers et avec la classe des capitalistes en général.

De toute façon, la question, posée en termes économiques, se ramène dans les deux cas, rente différentielle et rente absolue, aux conditions de la transgression de la loi de la péréquation du taux de profit.

Dans le premier cas, pour la rente différentielle, péréquation du taux de profit d'un capitaliste agricole individuel avec le taux de profit des autres capitalistes agricoles.

Dans le deuxième cas, péréquation du taux de profit de l'ensemble des capitalistes agricoles avec le taux de profit du capitaliste collectif.

C'est donc de la loi de la péréquation des taux de profit que nous partirons.

2.3.2. *La péréquation du taux de profit*

Il ne s'agit pas pour nous de reprendre ici toute l'analyse de Marx sur la transformation du taux de plus-value en taux de profit.[60] Nous ne retiendrons que les grandes lignes des résultats de la démonstration; celles qu'il faut connaître pour comprendre l'analyse de Marx sur la rente foncière en général, et sur la rente absolue, en particulier.

Rappelons que le capitaliste individuel ne s'approprie pas directement la plus-value qu'il a extraite des ouvriers à qui il a acheté la force de travail; la plus-value est «centralisée» et «redistribuée» au prorata du montant de chaque capital individuel avancé, constant et variable. Nous pouvons «idéalement» décomposer le mécanisme en trois temps:

60. *Ibid.*, Livre III, t. I.

a) *Extraction de la plus-value.* La valeur de la force de travail nécessaire au procès de production immédiat étant V_i, la plus-value étant Pl_i, le procès de production immédiat a été concomitant à un procès de mise en valeur au cours duquel une valeur totale de $V_i + Pl_i$ a été créée. Il est inutile de considérer ici la valeur transmise égale à C_i, valeur des moyens de production.

b) *Formation du taux de profit moyen.* L'extorsion de la plus-value suppose dans le mode de production capitaliste des rapports sociaux spécifiques:

— un rapport de propriété du capitaliste sur le produit du travail,

— un rapport d'appropriation du capitaliste sur les moyens de production, qui se double d'un rapport de propriété.

Ces deux rapports, pensés par Marx dans les termes de la «séparation du travailleur et des conditions de travail», sont les conditions de l'appropriation de la plus-value par les capitalistes.[61] Cependant, la concurrence entre les différentes sphères d'investissement des capitaux et la division sociale et technique du travail ont pour résultat une «mise en commun» de l'ensemble de la plus-value extorquée par les différents capitalistes individuels.

Le capitaliste «juge une affaire», non pas en évaluant la plus-value produite au cours du procès de mise en valeur—il serait bien en peine de le faire d'ailleurs, bien incapable qu'il est d'évaluer le rapport entre le travail et le surtravail—, mais en rapportant le profit qu'il fait au capital qu'il avance.

Au niveau social, la classe capitaliste, le capitaliste collectif, raisonne comme le capitaliste individuel.

Le capital avancé est la somme des capitaux individuels avancés:

$$C_s = \Sigma\, C_i + \Sigma\, V_i$$

La plus-value sociale est la somme des plus-values individuelles:

$$P_s = \Sigma\, Pl_i$$

et le taux de profit moyen est égal au rapport entre la plus-value sociale et le capital social:

$$P_m = \frac{\Sigma\, Pl_i}{\Sigma\, C_i + \Sigma\, V_i}$$

c) *Redistribution du profit.* La plus-value totale sera partagée

61. E. Balibar, *op. cit.*, p. 99.

entre les capitalistes individuels au prorata du montant du capital que chacun d'entre eux a avancé. Le capitaliste qui a avancé un capital individuel $C_i + V_i$ et a extrait une plus-value Pl_i, ne recevra pas Pl_i, mais la part de la plus-value totale qui lui revient et qui est proportionnelle au capital qu'il a avancé, c'est-à-dire:

$$P_i = \frac{\Sigma\, Pl_i}{\Sigma\, C_i + \Sigma\, V_i}\, (C_i + V_i), \text{ soit }\quad P_i = Pm\, (C_i + V_i)^{62}$$

La redistribution de la plus-value s'effectue entre les capitalistes individuels en proportion du capital avancé par chaque capitaliste individuel dans son procès de travail.

Le processus de péréquation du taux de profit, qui s'achève par l'établissement d'un taux de profit moyen, ne procède pas du mécanisme idéal que notre découpage en trois temps laisse supposer. Au contraire, il n'est pas le résultat d'une *entente* entre capitalistes, mais d'un *antagonisme*, la concurrence, qui oppose les capitalistes entre eux à l'intérieur de l'économie. Il n'empêche que le résultat est parfaitement décrit par l'exposition qui précède. La concurrence a pour résultat essentiel, à condition qu'elle fonctionne, ce qui suppose que le capitalisme n'ait pas atteint son stade monopoliste, d'obliger l'entrepreneur capitaliste à substituer le taux de profit moyen

$$\frac{\Sigma\, Pl_i}{\Sigma\, C_i + \Sigma\, V_i}$$

à son taux de profit individuel

$$\frac{Pl_i}{C_i + V_i}$$

La péréquation du taux de profit ne peut d'ailleurs pas être réduite au résultat de la seule concurrence. Elle suppose une production marchande, une division sociale et technique du travail développée, c'est-à-dire un niveau de développement des forces productives suffisant. La péréquation du taux de profit est une conséquence et une condition de la reproduction sociale des conditions de production. On ne peut saisir le «procès de production» de la péréquation du taux de profit qu'à travers celui de la reproduction du capital social.

62. Pour un exposé rapide de la question, on se reportera à la lettre de Marx à Engels du 30 avril 1868 (*Le capital*, Livre II, t. III, p. 234-238).

Nous illustrerons cette remarque par un exemple: si le capitaliste individuel met sa plus-value dans le «pot commun» de la classe capitaliste, ce n'est pas qu'il y soit poussé par un sentiment de solidarité honorable. Le cycle de son capital, le cycle de la forme argent, par exemple,

$$A - M \begin{cases} T \\ Mp \text{———} P \text{————} M' - A' \end{cases}$$

montre que la réalisation de sa plus-value dont il n'a rien à faire si elle reste sous la forme marchandise M', suppose la réalisation de sa marchandise en tant que partie du capital-marchandise social.

De même, la reproduction de la force de travail qu'il a achetée et consommée dans ce cycle suppose que se trouveront sur le marché des biens de subsistance renfermant une partie de la plus-value sociale.

La réalisation de la marchandise qu'il a produite[63], qui renferme une partie de sa plus-value, s'entrecroise avec la réalisation de marchandises que d'autres capitalistes ont produites, et qu'il réalise. On voit donc que la péréquation du taux de profit est aussi le produit de la reproduction sociale dans son ensemble.

2.3.3. *Le surprofit permanent de quelques capitalistes à l'intérieur d'une branche de production*

Dans une branche de production isolée, quelles sont les conditions nécessaires pour qu'un capitaliste individuel soit en mesure de dégager un surprofit permanent par rapport au profit des capitalistes de la même branche?

La valeur d'une marchandise est la somme du capital constant, du capital variable et de la plus-value:

$$V_i = C_i + V_i + Pl_i .$$

— Le taux de plus-value est $\dfrac{Pl_i}{V_i}$. Considérons-le comme constant, indépendant et de la branche et du capitaliste individuel. Il représente en terme social le résultat de la «lutte de classes».

— Le taux de profit individuel est $\dfrac{Pl_i}{C_i + V_i}$.

---

63. On impute au capitaliste la production de marchandises pour plus de clarté et pour faire vite. Il est bien évident qu'il faudrait remplacer cette formule par «que ses ouvriers ont produites».

C'est le rapport entre la plus-value extorquée au cours du procès de travail et le capital total engagé dans le procès de travail.

— La composition organique du capital est $\dfrac{C_i}{V_i}$

Elle traduit le progrès technique et social. Le développement du machinisme, ou la substitution du capital au travail, l'augmentation de la productivité provoquent son augmentation.

On pose l'hypothèse, classique dans les analyses marxistes, $\dfrac{Pl_i}{V_i} = X =$ constant; il y a péréquation absolue du taux de plus-value.

Mais nous avons fait l'hypothèse supplémentaire selon laquelle la branche de production est isolée et «homogène». Les compositions organiques du capital de toutes les entreprises de la branche sont par conséquent égales. Si elles ne le sont pas, la différence est immédiatement réduite par la concurrence et le surprofit dégagé est passager (cas d'une innovation technique). En revanche, des différences notables entre les compositions organiques des capitaux peuvent apparaître entre les branches de production, mais cela n'entre pas dans le cadre de ce chapitre.

Pour satisfaire la «demande sociale» qui s'exprime pour le bien produit, l'entrepreneur (i) a engagé un capital $(C_i + V_i)$. Le prix de production d'un produit de cette branche (s) est donc:

$$Pp_s = \frac{C_s + V_s + Pm\,(C_s + V_s)}{N}$$

Où C_s est la somme des capitaux constants engagés dans les procès de travail par tous les entrepreneurs (i) de la branche(s).

Soit: $C_s = \Sigma\, C_i$
de même: $V_s = \Sigma\, V_i$

et N le nombre de biens produits par la branche.
Pm est le taux de profit moyen de la branche, soit:

$$Pm = \frac{\Sigma\, Pl_i}{\Sigma\, C_i + \Sigma\, V_i}$$

Il est formé par péréquation des taux de profit individuels des capitaux investis dans la branche.

Le prix de production d'un entrepreneur capitaliste sera:

$$Pp_i = \frac{V_i\left[(C_i/V_i + 1) + P_i\,(C_i/V_i + 1)\right]}{N'}$$

avec:

$$P_i = \frac{X}{C_i/V_i + 1}$$

Nous avons supposé que le capitaliste individuel engageait un capital dont les différentes parties, capital constant et capital variable, étaient proportionnelles aux parties correspondantes du capital total engagé dans la branche. En d'autres termes, la composition organique de son capital est égale à la composition organique moyenne de la branche:

$$\frac{C_i}{V_i} = \frac{C_s}{V_s}$$

Son taux de profit individuel est donc égal au taux de profit moyen de la branche: $P_i = Pm$.

Or son coût de production individuel est moindre que le coût de production moyen, c'est donc que $\left(\dfrac{V_s}{N}\right) > \dfrac{V_i}{N_i}$

La valeur de la marchandise produite par l'entrepreneur individuel correspond à une quantité de capital variable, partant d'une quantité de capital constant (on a supposé que $\dfrac{C}{V}$ était constant), donc une quantité de capital total plus faible que la quantité de capital de même nature, respectivement variable, constant et total, nécessaire à la production de la même marchandise dans les conditions sociales moyennes de la branche.

On en conclut alors qu'un capitaliste individuel peut dégager un surprofit du procès de mise en valeur, surprofit évalué par rapport au profit moyen des capitaux investis dans sa branche de production, même si des conditions très restrictives sont réunies:

— taux de profit individuel[64] identique au taux de profit moyen,
— composition organique du capital égale à la composition organique moyenne,
— taux de plus-value égal au taux de plus-value moyen,
— temps de rotation du capital égal au temps de rotation moyen.

---

64. Taux de profit individuel qui, appliqué au capital avancé pour la production d'une marchandise, détermine le prix de production individuel.

Remarquons qu'afin de bien souligner la similitude des conditions de la production individuelle du capitaliste envisagé, avec les conditions sociales moyennes, nous avons exploité toutes les hypothèses malgré les implications logiques qui les lient les unes aux autres. En d'autres termes, le corpus d'hypothèses n'est pas minimum.

Ce surprofit est réalisé par la circulation du capital. Ces marchandises ne sont pas vendues à leur prix de production. Sinon, les entreprises produisant dans les conditions moyennes fixeraient leurs prix de vente à P_p, et l'entrepreneur individuel à P_i. Aucun surprofit ne serait dégagé par quiconque. C'est dire donc que tous ces produits sont vendus au prix de production moyen, y compris les marchandises dont le prix individuel de production est $Pp_i + Pm$. C'est la différence entre ces deux prix qui constitue le surprofit. Il est dû au simple fait que le coût de production individuel de l'entrepreneur, la somme $C + V$ par produit, est inférieur au coût de production moyen par produit.

L'essentiel est de bien voir que si les différentes composantes des prix de production des marchandises du capitaliste individuel et du capitaliste moyen sont proportionnelles:

$$\frac{C'}{C} = \frac{V'}{V} = \frac{Pm\,(C' + V')}{Pm\,(C + V)}$$

les deux taux de profit, individuel et moyen sont identiques. Le surprofit du capitaliste individuel provient de la différence entre son prix de production et le prix de marché égal au prix de production des marchandises produites dans les conditions moyennes.

Les conditions pour qu'un tel type de surprofit apparaisse doivent être recherchées selon deux directions, dont on indiquera le sens par deux questions:

1°) Pourquoi la concurrence n'égalise-t-elle pas les prix de production?

2°) Quelles sont les conditions pour qu'à l'intérieur d'une même branche des coûts de production individuels soient différents?

Un surprofit de ce type là apparaît lorsque des différences de coûts de production ont pour origine des différences dans les conditions naturelles du procès de travail, sous la forme de biens monopolisables.

— *Conditions naturelles.* Le surprofit sera permanent si le capital ne peut ni créer, ni reproduire les conditions d'existence du surprofit. Car, par exemple, le surprofit, dû à l'introduction d'une nouveauté technique dans le procès de production, s'évapore au fur et à mesure que la nouveauté se généralise en se diffusant. Le surprofit est alors éphémère, sitôt il apparaît sitôt il disparaît. Les prix de production s'égalisent alors sans difficulté, parallèlement à l'augmentation de la composition organique du capital.

— *Conditions monopolisables.* Ces conditions ne se rencontrent qu'à certains endroits dans la nature. Elles sont rares et marginales par rapport aux conditions normales de la production (selon la demande de biens correspondants). Aussi, le prix de marché se fixe au niveau du prix de production social moyen, ce qui permet au producteur individuel, qui peut s'approprier les effets favorables de la nature dans son procès de travail, de dégager un surprofit. Ce surprofit est donc en dernière analyse un surprofit de monopole.

Marx illustre son analyse par un exemple: il expose en détail le cas des entreprises qui utilisent les chutes d'eau comme force motrice. Si leur nombre est négligeable, par rapport aux entreprises qui utilisent la machine à vapeur, ce sont les conditions de production de ces dernières qui déterminent les conditions sociales moyennes de la production et le prix de production moyen: «Le surproduit des producteurs utilisant comme force motrice des chutes d'eau naturelles (. . .) est égal à la différence entre le prix individuel de production de nos producteurs plus favorisés et le prix de production général social, qui régularise le marché dans toute cette sphère de production (. . .) Le travail employé ici est plus productif, sa force productive *individuelle* est supérieure à celle du travail employé dans la *grande masse* des usines du même genre».[65]

Seulement, ce surprofit ne doit rien au capital. Il doit tout à la nature. Il revient à celui qui s'est approprié le sol et ce qui est considéré comme ses accessoires: chutes d'eau, mines, etc. L'origine du surprofit est dans la terre et le propriétaire foncier ne cédera l'utilisation de son sol à l'entrepreneur capitaliste qu'à condition que celui-ci lui verse, sous forme de rente, le surprofit auquel le capitaliste est étranger et qu'il doit à des conditions de production privilégiées, indépendantes de sa pratique de capitaliste.

---

65. K. Marx, *Le capital*, Livre III, t. III, p. 33.

2.4. LA RENTE DIFFÉRENTIELLE I

2.4.1. *Première forme de la rente différentielle: la rente différentielle I*

Les considérations du chapitre précédent nous ont conduit à un résultat essentiel, qui nous servira maintenant de point de départ.

Lorsque le procès de production se déroule dans des conditions naturelles dont la forme matérielle autorise une monopolisation, la productivité du travail est singulière et dépend de ces conditions naturelles. Un surprofit peut être dégagé et il apparaît alors comme la différence entre le prix de production individuel du capitaliste, qui bénéficie des conditions favorables au procès de production, et le prix de production de la marchandise. Le surprofit qui ne doit rien au capital (ou qui ne peut pas *apparaître* comme devant quelque chose au capital, car en fait rien ni personne à part le capitaliste ne doit rien au capital), qui doit tout aux conditions naturelles, qui existerait sous d'autres formes quand bien même le mode de production capitaliste aurait disparu, est approprié par le propriétaire foncier qui possède ces moyens naturels. Nous avons dit que le surprofit se nourrissait de la différence entre le prix de production individuel du capitaliste bénéficiant des conditions favorables et le prix de production moyen. En fait, il faudrait substituer le prix de marché au prix de production moyen pour que la formule soit exacte. Mais comme le prix de marché oscille autour du prix de production moyen suivant le niveau des «besoins socialement reconnus comme nécessaires», le surprofit moyen s'ajuste sur la différence entre le prix de production individuel et le prix de production moyen.

Pour l'étude de la sphère agricole, on peut supposer que les différences de productivité du travail tiennent à deux causes principales:
— la fertilité du sol,
— la situation du terrain.

En outre, on supposera que le prix de marché n'est pas déterminé par le prix de production moyen. Cette hypothèse est générale; Marx la pose pour l'analyse de toutes les rentes différentielles: *le prix de marché est égal au prix de production du plus mauvais terrain cultivé.*

Nous nous sommes efforcés, à partir du texte de Marx, de formaliser les mécanismes qui interviennent dans la formation de la rente différentielle; l'intérêt de ce travail se fera surtout sentir lors de l'analyse de la rente différentielle II, notion qui, dans les textes de Marx, reste confuse.

Notre attention s'est essentiellement portée, pour la rente différentielle I, sur la notion de plus mauvais terrain; notre volonté était de nous libérer au maximum de sa contrainte en le faisant intervenir comme condition à la limite et non pas comme point de départ.

Les développements de Marx, si on les suit pas à pas, s'organisent autour des notions suivantes:

A. *La fonction de production*. La quantité de produits récoltés sur un terrain est fonction de trois variables:
— La fertilité : représentée par la variable X,
— la situation : représentée par la variable Y,
— le capital investi: représenté par la variable K.

Si dans le procès de production, un capital K est avancé sur une terre T de fertilité X_T, de situation Y_T, une quantité q_T de la marchandise considérée[66] sera produite. Une fonction, la fonction de production, reliera ces variables:

$$q_T = f(X_T, Y_T, K).$$

Marx élimine la «situation du terrain» qui n'intervient dans son esprit que pour les frais de transport selon l'éloignement du marché. On a alors:

$$q_T = f(X_T, K).$$

L'analyse de la rente différentielle I ne tient pas compte des différences dans le volume de la production correspondant aux différences dans le montant du capital total avancé dans le procès de production.

Autrement dit, K est supposé constant, indépendant du terrain considéré. On compare les résultats d'une même avance de capital sur différents terrains, suivant leur fertilité. K se fixe à K_o; dans ces conditions:

$$q_T = f(X_T, K_o)$$

B. *Le plus mauvais terrain mis en culture*. Tous les terrains ne sont pas identiques du point de vue de la fertilité. Aussi, il existe un terrain dont la productivité est la plus basse. Il sera, dans la suite, toujours appelé «terrain A».

Sur ce terrain A, on a :

$$q_A = f(X_A, K_o)$$

66. L'analyse de Marx porte sur la production du froment: « . . . nous parlerons du froment parce qu'il est le principal élément de subsistance des peuples modernes à système capitaliste développé».

Un capital K_o «investi sur» A produit une quantité q_A de biens considérés. Si l'on suppose d'autre part que le plus mauvais terrain ne rapporte pas de rente, l'hypothèse selon laquelle le prix de marché est égal au prix de production individuel du plus mauvais terrain permet la détermination de ce prix de marché.

Le terrain A constitue une base de référence. Il est loisible de fixer arbitrairement la quantité de biens produite par le procès de travail dont il est une des conditions. La portée des résultats ne s'en trouve pas limitée.

Posons donc $q_A = 1$. On a alors:

— *plus mauvais terrain:*

produit	: $q_A = 1$
capital	: K_o
taux de profit	: Pm
profit	: Pm K_o
prix de production:	$K_o + $ Pm K_o
rente	: O

Pm est égal au taux de profit moyen qui s'applique à une avance quelconque de capital, dans une branche quelconque de l'économie. Il résulte de la péréquation des taux de profit. Comme le capitaliste ne consent à investir son capital dans un procès de production quelconque qu'à condition que son investissement lui rapporte au moins le profit moyen, et comme cette loi s'applique aux capitalistes de la sphère de production agricole, y compris au capitaliste du terrain A, le prix de marché du produit agricole considéré est alors connu; il est égal au prix de production individuel du capitaliste du plus mauvais terrain. Il vaut:

$$\frac{K_o + Pm\ K_o}{f(X_A, K_o)} = K_o + Pm\ K_o \text{ puisque } f(X_A, K_o) = 1$$

— *la rente différentielle I*

Considérons un autre terrain de fertilité X_T:

Terrain T:		
	produit	: $q_T > 1$
	capital	: K_o
	taux de profit	: Pm
	profit	: Pm K_o
	prix de production: individuel	$\dfrac{K_o + Pm\ K_o}{q_T} \cdot (K_o + Pm\ K_o)$
	prix du marché	: $K_o + $ Pm K_o
	rente en produit	: $q_T - 1$
	rente en argent	: $(q_T - 1)(K_o + Pm\ K_o)$

La production de T est supérieure à 1, sinon il entre dans la catégorie des plus mauvais terrains: $q_T > 1$.

Le capitaliste, dont le procès de production se déroule sur le terrain T, n'attend de son capital que le profit moyen, le profit «normal», soit $Pm\, K_o$. Or, son investissement produit des marchandises qui se réalisent sur le marché à leur valeur égale à:

$$q_T\, (K_o + Pm\, K_o),$$

puisque le prix de marché s'identifie au prix de production individuel de A. Or, le capitaliste attend de son capital K_o qu'il se reproduise en $(K_o + Pm\, K_o)$, suivant le cycle normal. Si celui-ci rapporte $q_T\, (K_o + Pm\, K_o)$, la différence entre ce qui est «attendu» et ce qui se «réalise», qui ne doit rien au capital mais qui est due à la terre, revient sous forme de rente au propriétaire foncier.

$$r = q_T\, (K_o + Pm\, K_o) - (K_o + Pm\, K_o) = (q_T - 1)\,(K_o + Pm\, K_o)\,.$$

Or, $q_T = f\,(X_A,\, K_o)$, et comme nous avons posé f $(X_A,\, K_o) = 1$, on obtient ainsi l'expression générale de la rente différentielle I.

Si on modifie un tant soit peu cette formule:

$$r = f\,(X_T,\, K_o) - f\,(X_A,\, K_o) \times (K_o + Pm\, K_o)\,\frac{1}{f\,(X_A,\, K_o)} \qquad (1)$$

L'expression de la rente foncière différentielle I peut conduire à des considérations erronées. On peut en effet l'écrire:

$$r = \left[\,\frac{f\,(X_T,\, K_o)}{f\,(X_A,\, K_o)} - 1\,\right] \times (K_o + Pm\, K_o) \qquad (2)$$

Elle perd dans l'expression (2) son aspect différentiel. Elle n'est plus déterminée *par la différence de productivité des* terrains A et T, mais par le *rapport des productivités*. C'est que le terrain A joue deux rôles distincts:

— il fixe le prix de marché de la marchandise

$$(K_o + Pm\, K_o) \times \frac{1}{f\,(X_A,\, K_o)}\,.$$

— il sert de base de référence à l'évaluation de la rente différentielle I, perçue par le propriétaire foncier du terrain T. La rente que le terrain A «produit» est nulle.

Marx entretient cette confusion dans les tableaux qu'il présente. En supposant que le terrain A produit l'unité de marchandise, les différences de productivité et les rapports de productivité sont dans la même proportion. La hiérarchie des qualités des terrains peut se référer, dans ces conditions, à l'un ou à l'autre de ces deux critères. Engels essaie, à la fin du chapitre qui traite de la rente différentielle II, de rectifier la formulation de Marx. Il nous paraît utile d'en présenter une version moins confuse qui distingue les deux rôles que joue A.

2.4.2. *La rente différentielle I: deuxième version*

La caractéristique fondamentale de cette rente est d'être differentielle. Il n'est donc pas essentiel dans un premier temps d'en évaluer la «valeur absolue»: le terrain A n'intervient pas. Prenons deux terrains T et T′, dont les productivités respectives sont: $F(X_T, K_o)$, $F(X_{T'} K_o)$, lorsque le montant du capital investi est fixé. La rente différentielle du terrain T par rapport à T′ est:

$$r_T^{T'} = \left[\, f(X_{T'} K_o) - f(X_T, K_o) \,\right] \times p$$

où p est le prix de marché.

Telle est l'«essence» de la rente différentielle I. Pour un même capital investi et un prix de marché fixé, la différence des rentes perçues par les propriétaires des deux terrains est proportionnelle à la différence de fertilité de ces deux terrains.

Si l'on suppose qu'une gamme continue de terrains existe, selon la fertilité, l'équation ci-dessus s'écrit:

$$dr = \frac{\delta f}{\delta X_T} \times dX_T \times p$$

qui constitue l'équation différentielle fondamentale de la rente différentielle. Elle explique à elle seule la hiérarchisation des rentes selon la fertilité des terrains.

Marx cherche alors à évaluer une rente *différentielle I absolue*. Autrement dit, il se propose d'intégrer cette équation différentielle. Il rencontre deux obstacles:

1°) Se fixer une base de référence arbitraire: il la trouve dans le terrain A. Il suppose que pour $X_T = X_A$, $r = O$, le plus mauvais terrain ne rapporte pas de rente de *cette nature*.

2°) Eliminer la variable «capital». Il se place dans le cas où le capital investi est le même sur tous les terrains. f est alors une fonction d'une variable, et

$$\frac{\delta f}{\delta X_T} = \frac{d f}{d X_T}$$

L'équation différentielle devient:

$$dr = p.df$$

Si p est indépendant de f ou de X_T, l'intégration conduit au résultat: $r = p \times f(X_T, K_o) +$ constante. Or, si $X_T = X_A$, $r = O$ donc la constante est évaluée par cette condition aux limites, à

$$- p f (X_T, K_o),$$

d'où:

$$r = p \times \left[f (X_T, K_o) - f (X_A, K_o) \right]$$

Terminons la démonstration en évaluant le prix de marché. Si le prix de marché est égal au prix de production du plus mauvais terrain, l'expression de p est immédiate. Un capital K_o a été investi, il doit se reproduire en $K_o + Pm K_o$. Ce qui est assuré lorsque chaque marchandise se réalise sur le marché au prix:

$$\frac{K_o + Pm K_o}{f (X_A, K_o)}$$

Le prix de marché est donc:

$$P = \frac{K_o + Pm K_o}{f (X_A, K_o)}$$

d'où:

$$r = \left[f (X_T, K_o) - f (X_A, K_o) \right] (K_o + Pm K_o) \times \frac{1}{f (x_A, K_o)}$$

On retrouve le résultat de Marx.

Cependant, la manière de reposer le problème donne un éclairage différent aux questions qui concernent le terrain A. Elle re-situe les rôles joués par le plus mauvais terrain et surtout elle distingue très nettement ses deux fonctions. Il nous semble que l'équation:

$$dr = \frac{\delta f}{\delta X r} dX_T \times \frac{K_o + Pm K_o}{f (X_A, K_o)}$$

dans laquelle A n'intervient que comme l'élément qui détermine le prix de marché, traduit mieux le phénomène que la solution de cette équation différentielle,

$$r = \left[f(X_T, K_o) - f(X_A, K_o) \right] \times (K_o + Pm\, K_o) \frac{1}{f(X_A, K_o)} ,$$

dans laquelle sont mélangés dangereusement les deux rôles de A, dont l'un, la base de référence, n'est pas déterminant.

La confusion entre fertilité relative, que connote l'expression complète de:

$$R = \left[\frac{f(X_T, K_o)}{f(X_A, K_o)} - 1 \right] \ (K_o + Pm\, K_o)$$

et différence de fertilité, notion parfaitement saisie par l'équation différentielle, ne doit pas être commise, parce que le *niveau de la rente différentielle* est fonction de la *différence de fertilité.*

On ne peut bien distinguer le rapport et la différence qu'en supposant, ce que Marx n'a pas fait, que la production du terrain A peut être autre chose que l'unité de marchandise.

2.5. LA RENTE DIFFÉRENTIELLE II. DEUXIÈME FORME DE LA RENTE DIFFERÉNTIELLE

2.5.1. *Effet d'échelle ou effet différentiel*

La rente différentielle I, sur laquelle notre analyse vient de porter, prend sa source dans les différences qui distinguent les terrains cultivés au regard de la fertilité. Aussi a-t-on comparé les quantités de marchandises produites par des procès de production au cours desquels les grandeurs des capitaux engagés étaient les mêmes, mais pour lesquels les terrains, s'ils étaient de superficies identiques, présentaient des qualités différentes.

Que se passe-t-il lorsque la culture extensive cède la place à la culture intensive? Qu'advient-il de la rente lorsque le procès de culture des terres mobilise des quantités variables de capital et de travail par unité de surface et que, de plus, le supplément de marchandises produites par une addition de capital n'est pas avec ce capital additionnel dans un rapport égal à celui qui unissait la quantité de marchandises produites aux capitaux antérieurement engagés.

Les manuscrits de Marx, les multiples tableaux qu'il présente, reposent sur une ambiguïté. Les développements ne distinguent pas d'une manière suffisamment claire ce que l'on pourrait appeler l'effet d'échelle, *propre au capital* en général, de la particularité et de la spécificité des «réponses» de chaque terrain à une addition de capital, selon sa *fertilité, propre au capital dans la sphère agricole.*

Les recherches marxistes contemporaines ne s'aventurent d'ailleurs sur ce terrain qu'avec circonspection. On doit le regretter car cette question revêt une importance décisive dans le cas urbain et pour la transposition de la théorie marxiste de la rente foncière du «champ» agricole au «champ urbain».

Précisons d'abord les deux phénomènes, que la notion de rente différentielle semble recouvrir à nos yeux.

A. *L'effet d'échelle.* Il est bien connu des capitalistes. Il s'exprime ainsi: ce n'est pas parce qu'un capital engagé A se transforme en X marchandises qu'un capital 2 A se transformera en 2 X marchandises. Les volumes des capitaux additionnels et les volumes des marchandises supplémentaires produites ne sont pas dans des rapports proportionnels. Cette formulation a cependant des relents de marginalisme. Il faut la dépasser en considérant l'échelle de la production: considérons deux capitalistes dont les échelles respectives de production sont, pour le capitaliste 1, un capital engagé A et pour le capitaliste 2, un capital engagé 2 A. La production de leurs entreprises ne sera pas dans le rapport X et 2 X, mais X et 2 X + β. Autrement dit, l'addition d'un capital A au capital engagé précédemment A fait passer l'échelle de la production de marchandises d'une grandeur X à une grandeur 2 X + β.

On aurait tort cependant d'imputer, comme le font les marginalistes, l'élargissement de la production X + β au seul capital additionnel. On doit, dans une problématique marxiste, rapporter le *rapport des capitaux investis au rapport des marchandises* et non pas la *différence des capitaux engagés* à la *différence des marchandises produites.* Il faut faire l'inverse de ce qu'on fait pour la rente différentielle I. C'est là justement que se distingue le développement de Marx sur l'élargissement de la production dans une branche industrielle quelconque, des développements de Marx sur la rente différentielle II.

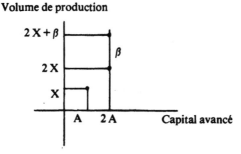

Dans le cas industriel, on ne peut pas imputer la production de β au seul capital supplémentaire parce que les formes du «capital productif» changent lorsque change l'échelle de la production.

Arrêtons-nous un instant sur ce que disent les marxistes contemporains sur la rente différentielle II.

Pour Alquier: «En dehors des causes particulières, telle que l'inégalité de la répartition de l'impôt sur les sols ou le développement inégal de l'agriculture selon les régions, il existe deux séries de causes générales aux résultats différents d'où naît la rente différentielle:

— la première comprend des causes indépendantes du capital—fertilité du sol, situation des terres.
— la deuxième provient de l'inégalité de la répartition du capital entre les exploitants capitalistes».[67]

La première série de causes est bien indépendante du capital et ses effets sont saisis parfaitement par la notion de rente différentielle I. La seconde série de causes requiert pour sa part un minimum d'explications.

Voyons celles que donne Alquier: «Bien entendu, la rente différentielle II suppose la rente différentielle I, ce que Marx exprime en déclarant que la rente différentielle I est la base historique qui sert de point de départ (. . .). En effet, la rente différentielle II a pour base et pour point de départ . . . la culture simultanée de terrains différents par la situation et la fertilité (. . .). Cependant, à la différence de fertilité s'ajoutent dans la rente différentielle II, les différences dans la répartition du capital entre les exploitants capitalistes».

Elles se résument à l'observation de cette évidence: la rente différentielle I «tient à des différences de fertilité alors que la rente différentielle II tient à des différences dans les capitaux engagés».

Rien ne nous paraît moins «bien entendu», même si l'on sait que: «Dans la manufacture, il se constitue bientôt, pour chaque branche d'industrie, un minimum d'affaires avec un minimum de capital au-dessous duquel aucune affaire ne saurait donner un rendement. Il se constitue également dans chaque branche d'industrie, un capital normal moyen supérieur à ce minimum et qui doit être et est réellement à la disposition des producteurs. Tout ce qui dépasse ce capital peut donner un profit supplémentaire: tout ce qui lui est inférieur n'arrive pas au profit moyen».

La propriété privée du sol protège partiellement les capitalistes agricoles de cette procédure. En tout état de cause, l'activité

67. F. Alquier, *loc. cit.*

capitaliste sur le plus mauvais terrain procure le profit moyen. C'est le fondement du développement théorique de Marx sur la rente foncière; l'élimination ne se fait pas par la concurrence, mais par le niveau des «besoins» à satisfaire, sous la haute autorité de la propriété foncière.

Alquier n'envisage pas *l'effet conjugué* sur la production, d'une augmentation de capital et d'une variation de la fertilité du terrain, fertilité qui varie en fonction du niveau de capital total investi (chapitre de Marx: «Productivité des capitaux additionnels croissante et décroissante»). C'est pourtant ces effets qui permettent de définir la rente différentielle II en tant qu'objet d'analyse spécifique différente en particulier de la rente différentielle I et du surprofit dû à l'élargissement de l'échelle de la production dans la sphère de production industrielle.

L'«effet d'échelle» ne suffit pas à rendre compte de l'origine de la rente différentielle II. Il s'y mêle, il s'y conjugue ce que nous allons provisoirement appeler un «effet différentiel».

B. *L'effet différentiel.* Pour que la phrase de Marx «la rente différentielle I est la base naturelle de la rente différentielle II», acquiert un sens, il convient de se souvenir que si la «productivité» d'un capital est dans toutes les sphères de production, en raison de son volume, dans la sphère de production agricole, elle doit être mise en rapport avec la «productivité», c'est-à-dire la fertilité, du moyen de production que constitue la terre.

A titre d'illustration, envisageons deux terrains:

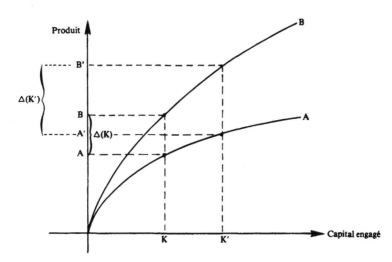

La rente différentielle, dans l'esprit de Marx, ne provient pas exclusivement du surprofit réalisé lorsque, par un volume plus important de capital engagé, un capitaliste élimine certains «faux frais» de la production. Si cela était, comment Alquier nous répéterait-il ce qu'il a si bien entendu: la rente différentielle II suppose la rente différentielle I, les surprofits dus à une économie d'échelle ne «supposent pas la rente différentielle I».

Perceval, pour sa part, commence par une définition: «La rente différentielle II est liée, à qualités naturelles égales, à l'effet d'un apport différent de capital sur le prix de revient d'un produit agricole en comparaison du prix général de production qui régit son prix de vente sur le marché».[68]

Il entrevoit la difficulté, mais ce qui était sous-jacent chez Alquier émerge ici au grand jour: la rente différentielle II est «réduite» à ce que nous venons d'appeler l'«effet d'échelle», puisqu'elle apparaît lorsqu'on compare des terrains de fertilité égale; la spécifité des investissements additionnels dans *l'agriculture* disparaît (ce point est important si l'on veut montrer que Marx est «marginaliste» pour sa seule analyse de la sphère de production agricole).

Perceval ajoute: «Cette rente est bien différentielle (. . .) et non conjoncturelle à la différence des rentes plus temporaires de l'industrie, compte tenu du monopole de la terre et de son exploitation».

Si une augmentation de capital entraîne uniformément (à «qualités naturelles égales») la production d'une rente différentielle II, il est difficile de saisir en quoi un processus de résorption, identique à celui qui fonctionne dans l'industrie, ne fonctionne pas dans l'agriculture étant donné que le surprofit tel que Perceval le perçoit ne doit rien à la terre puisqu'il se place à fertilités égales.

La rente différentielle II doit, à notre avis, son intérêt à cette propriété (que les rentes différentielles II d'Alquier et de Perceval ne peuvent pas présenter) que cherche à cerner Marx tout au long de son analyse: elle peut être négative.

Si le capital additionnel a une productivité inférieure à la productivité du capital investi sur le plus mauvais terrain, la rente différentielle I, définie antérieurement à l'investissement additionnel, s'en trouve d'autant réduite.

Pour Perceval, la rente différentielle II se réduit à deux *de ses aspects*:

— l'effet d'échelle,

68. L. Perceval, «L'analyse scientifique contemporaine de la rente foncière», *Economie et Politique*, n° 210, Paris, 1972.

— *à productivité constante* une augmentation de capital provoque une augmentation de la rente différentielle I (chapitre de Marx: «Productivités des capitaux additionnels constantes»).

La rente différentielle[69] est fonction, ne l'oublions pas, de la fertilité de la terre mais *aussi du volume du capital engagé.* Car, si dans le chapitre précédent où il a été question de la rente différentielle I, nous avons raisonné à un niveau de capital donné, seule la fertilité variant, nous n'avons pas examiné comment cette rente différentielle I évoluait lorsque le capital engagé variait (tout en restant le même pour tous les capitalistes agricoles). Nous aurions alors noté, ce qui est fondamental pour l'étude de la rente différentielle II, qu'un accroissement de capital sur la terre A ne provoque pas une augmentation de la production proportionnelle à celle d'un accroissement de capital sur la terre B, même si les niveaux de capitaux, les échelles de la production, sont les mêmes.

Ce que l'on pourrait alors appeler l'«effet différentiel» serait le résultat de la combinaison de l'effet d'échelle et des effets dus aux différences de fertilité ou plus précisément, des variations de l'effet d'échelle selon la fertilité propre à chaque terrain. Ce que veut saisir la notion de rente différentielle II, c'est la différence entre (OB − OA′) et (OB − OA), soit OB′ − OA′) − (OB − OA). Or, la différence (OB − OA) = Δ (K) nourrit la rente *différentielle I* (c'est sa forme marchandise) du propriétaire foncier de B par rapport au propriétaire foncier de A pour un capital engagé de montant donné K. De même, Δ (K′) représente la rente *différentielle I* du propriétaire foncier de B par rapport au propriétaire foncier de A lorsque le capital engagé n'est plus de grandeur K, máis de grandeur K′.

Ce que la notion marxiste de rente différentielle II semble «signaler» tient dans la différence Δ (K) − Δ (K′). On reconnaît la différentielle II de la rente différentielle I, ou la différentielle seconde de la rente totale.

Or, nous avons montré que la rente différentielle I, pouvait s'exprimer par:

$$dr = \frac{\delta f}{\delta x} \cdot dx \times p^{70}$$

69. Nous appellerons par la suite «rente différentielle» le tribut perçu par le propriétaire foncier, financé par le surprofit d'un terrain quelconque par rapport au plus mauvais terrain, sans distinction de nature, rente différentielle I, rente différentielle II. Nous utiliserons séparément ces deux catégories lorsque l'analyse les aura clairement distinguées.
70. Voir le chapitre sur la rente différentielle.

La signification de la rente différentielle II se «situerait» donc plutôt dans l'expression d'une différentielle seconde:

$$d^2r = p. \frac{\delta^2 f}{\delta x^2} dx^2 + p \frac{\delta^2 f}{\delta x \, \delta K} dx \cdot dk$$

Les textes de Marx ne permettent pas de se prononcer. Marx ne distingue jamais clairement la rente différentielle II[71] de la rente différentielle I. Dès qu'il examine les cas pour lesquels le capital engagé varie selon les terrains, la rente différentielle est appelée rente différentielle II et elle prend en compte, implicitement, les différences de rente dues à des différences de fertilité lorsque les capitaux engagés sont de même grandeur, c'est-à-dire de la rente différentielle I.

Mais pourquoi conduire la recherche dans cette voie? Pour rester fidèle à la problématique marxiste: ce qui est «dû» à la terre revient au propriétaire foncier, ce qui est «dû» au capital revient au capitaliste. Il est clair, dans cette perspective, que les surprofits qui proviennent des «effets d'échelle» et ceux qui proviennent des «effets différentiels» n'iront pas *théoriquement* dans les mêmes poches.

Envisageons deux terrains A et X paramétrés par leur fertilité respective X_A et X_x. A est le plus mauvais terrain.

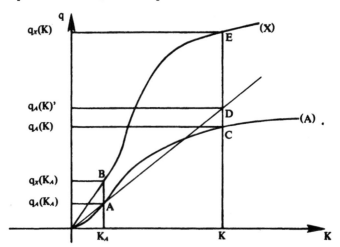

Dans le graphique ci-dessus, nous avons représenté les courbes de production des capitaux selon la fertilité des terrains, en portant

71. Telle qu'on l'entend dans ce qui précède.

en abscisse les capitaux engagés et en ordonnée les quantités de marchandises produites.

Nous allons les redéfinir:

$q_A (K_A)$: quantité de marchandises produites sur le terrain A pour un capital engagé de grandeur K_A

$q_x (K_A)$: quantité produite sur le terrain X pour un capital engagé de grandeur K_A

La rente différentielle I du terrain X par rapport au terrain A est proportionnelle au segment AB

$q_A (K)$: quantité de marchandises produites sur le terrain A pour un capital engagé de grandeur K

$q_x (K)$: quantité de marchandises produites sur le terrain X pour un capital engagé de grandeur K

$q_A (K)'$: quantité de marchandises produites sur le terrain A, si un capital K était engagé et si la productivité des capitaux était linéaire.

Si A est le plus mauvais terrain et si le capital engagé sur tous les terrains est de grandeur K la rente différentielle I est proportionnelle à la longueur du segment EC:

$$r_I (K) = EC$$

Si maintenant A est toujours le plus mauvais terrain et si le capital engagé sur A est de grandeur K_A et sur le terrain X de grandeur K, la rente différentielle que le propriétaire foncier du terrain X va percevoir est proportionnelle à la longueur du segment ED.

Nous allons le démontrer en nous attachant à éclairer la double origine de la rente différentielle, résultat de deux différences simultanées et confondues; différence de fertilité des terrains, et différence de volume des capitaux engagés.

A est le plus mauvais terrain. Son propriétaire ne perçoit donc pas de rente différentielle.

Supposons qu'un capital de volume K_A soit engagé dans le procès de production du terrain A, et que, de plus, A reste le plus mauvais terrain pour un niveau de capital engagé quelconque. Cette dernière hypothèse signifie que pour un même volume de capital engagé, quel que soit ce volume, tout terrain autre que A «produira» davantage de marchandises que le terrain A.

A constitue alors la base de référence des rentes différentielles. Il s'impose aux capitalistes agricoles pour la fixation du prix de marché et pour l'évaluation de la productivité de leurs capitaux individuels. Dans l'agriculture, il «apparaît» qu'un capital K produit «normalement» une quantité $Q_A (K)'$ de marchandises telle que:

$$\frac{K}{K_A} = \frac{Q_A (K)'}{Q_A (K_A)}$$

Or, un capital K «produit» sur le terrain X une quantité de marchandises égale à $Q_x (K)$.

La différence $Q_x (K) - Q_A (K)'$ constitue la rente sous sa forme marchandise, rente différentielle I et rente différentielle II confondues, que le propriétaire du terrain X va percevoir.

Pour évaluer la rente différentielle sous sa forme argent, il suffit d'appliquer à la rente différentielle, sous sa forme marchandise, le prix de marché du produit.

La rente différentielle est, pour revenir à notre graphique, proportionnelle à ED. Nous venons d'étudier le cas le plus simple, et certainement celui qui est dans la nature le plus probable. Nous pouvons cependant envisager d'autres configurations.

Rendements croisés

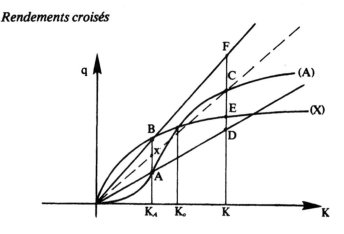

Pour un capital engagé K_A, le terrain A est le plus mauvais terrain, pour un capital K, X devient le plus mauvais terrain. Le point de rupture se situant en K_o.

Si le point D est en dessous du point E et si sur le terrain A est effectivement engagé un capital K_A, la rente différentielle est proportionnelle à ED. Car le prix de marché est égal au prix de production du plus mauvais terrain, compte tenu du capital total engagé, c'est-à-dire du prix de production du terrain A à un niveau de capital engagé K_A.

En revanche, si sur A est engagé un capital K égal à celui qui est engagé sur X, les conditions de la production déterminent alors un autre plus mauvais terrain X, qui impose son prix de production comme prix de marché. Le terrain A devient producteur de rente différentielle: elle est proportionnelle à CE.

Si sur le terrain X, est engagé K_A et sur le terrain A, est engagé K, le plus mauvais terrain est toujours A et la rente différentielle du terrain X est proportionnelle à BX.

La rente différentielle dépend, on le voit, de la position respective des 4 points D, E, C, et F du graphique, et du volume du capital engagé sur les différents terrains. On conçoit que le problème puisse se présenter sous des formes multiples, qu'une infinité de variantes puissent être imaginées.

Cependant, si cette représentation graphique rend compte de la complexité du phénomène, elle n'éclaire pas la distinction que nous nous proposions de pratiquer afin de séparer la rente différentielle I et la rente différentielle II. C'est à cela que nous allons maintenant nous attacher.

Signalons au passage une difficulté supplémentaire. Marx suppose implicitement que la productivité du capital est indépendante de sa forme matérielle, qu'elle ne dépend que de son volume. Or, la production de marchandises d'un terrain agricole varie selon la forme matérielle du capital qui entre dans le procès de production, engrais, canaux d'irrigation, etc. La solution théorique de ce problème se trouve peut-être dans la diversification des paramètres représentatifs du capital qui interviennent dans ce que nous avons appelé la fonction de production.

2.5.2. *La rente différentielle II*

Nous allons formaliser le raisonnement et les résultats de Marx dans un cas précis.

Par définition, A est le plus mauvais terrain et ceci, quel que soit le montant du capital investi. Autrement dit, un capital K quelconque étant engagé, sur chaque terrain, la quantité de marchandises produites sur le terrain A est toujours la plus faible. Les courbes de production des terrains sont toujours au-dessus de la courbe de production du terrain A. Les productivités que nous avons appelées croisées ne sont pas envisagées.

D'autre part, nous supposerons que tout investissement supplémentaire sur un terrain quelconque a une productivité au moins égale à la productivité moyenne du capital total engagé sur le plus mauvais terrain.

On montrera plus loin que cette hypothèse est superfétatoire. Il faut cependant la poser provisoirement. On s'assure ainsi de la constance du prix de marché en se gardant pour l'instant de discuter de son origine: prix de production des marchandises supplémentaires produites par les capitaux supplémentaires, ou prix de production des marchandises produites par le capital total engagé sur le plus mauvais terrain. Ici, avec nos hypothèses, il ne peut s'agir que du prix de production sur le plus mauvais terrain, qui est le prix de production le plus bas dans toutes les hypothèses de mode de fixation du prix de marché:

$$P = \text{prix de marché} = \frac{K_A + Pm\,K_A}{f\,(X_A,\,K_A)} .$$

Remarquons que nos hypothèses, qui sont aussi celles de Marx, nous situent sur le terrain de l'économie marginaliste.

— Le résultat, l'expression de la rente différentielle II, dépend du «procès d'investissement». La situation à un instant considéré ne suffit pas: la connaissance de l'histoire des investissements est partie intégrante du champ des hypothèses. Il sera difficile de se libérer de cet aspect diachronique de l'analyse économique. La conséquence la plus immédiate de cette constatation concerne l'incertitude qui entoure la définition des conditions initiales, et en particulier du capital K_A.

— Nous fondons cette analyse sur la notion de capital additionnel et de productivité du capital supplémentaire. L'analyse est délibérément marginaliste. Rappelons d'ailleurs que l'école marginaliste s'est inspirée pour une grande part de ce chapitre du *Capital* pour ensuite appliquer sa problématique à tous les secteurs de l'économie, sous la forme théorique achevée de «l'allocation optimale des ressources rares». Le bénéfice en a été considérable pour la bourgeoisie: la théorie de la valeur-travail a été officiellement mise au rencart à partir de la généralisation des hypothèses agricoles.

D'ailleurs, Marx admet dès le début de son analyse de la rente différentielle une hypothèse marginaliste, lorsqu'il postule que le prix de marché est égal au prix de production du plus mauvais terrain. Sur le terrain de «la loi de la valeur», le prix de marché d'un produit s'établit, pour toutes les autres branches économiques, sur les prix de production individuels moyens.

Toutefois, cet aspect marginaliste disparaît lorsqu'on suppose que «les plus mauvais terrains» constituent la majorité des terrains cultivés; le prix de production du plus mauvais terrain s'identifie alors à la moyenne des prix de production individuels, les meilleurs terrains n'ont qu'une influence négligeable sur la constitution de cette moyenne. Ils sont dilués; mais alors, la rente différentielle reste un cas d'exception.

Sinon, la justification marginaliste doit être admise: le prix de marché se fixe au prix de production du plus mauvais terrain parce que la marchandise agricole est «rare» et indispensable à la reproduction de la force de travail. Le terrain A est nécessaire à la «pleine satisfaction» des «besoins sociaux» et, à ce titre, le prix de marché est le produit des conditions de production les plus défavorables.

Mandel dans son *Traité d'économie marxiste* aborde cet épisode de l'histoire de la pensée économique.

Il reconnaît la similitude frappante de la théorie foncière de Marx avec le type de discours tenu par l'économie vulgaire: «La théorie de la rente foncière élaborée par Ricardo et mise au point par Marx a été le point de départ des théories marginales de la valeur qui, dans la 2e moitié du 19e siècle, remirent en question la théorie de la valeur-travail. D'après la théorie de la rente foncière de Marx, c'est en effet la demande de produits agricoles qui détermine en dernière analyse le prix de ces produits. Ce prix est basé sur la valeur de l'unité produite sur les champs travaillant dans les plus mauvaises conditions (prix marginal) dont les produits trouvent un acheteur».[72]

L'extension théorique est illicite. Il en cherche les raisons: «La transformation de cette théorie de la rente foncière en une théorie générale de la valeur se fonde sur deux erreurs d'analyse.

D'abord, elle fait abstraction des conditions particulières de la propriété foncière, qui font naître la rente foncière. Ensuite, elle fait abstraction des conditions, institutionnellement différentes de la propriété foncière, de la propriété du capital et de la 'propriété de la force de travail' dans le régime capitaliste».[73]

Il poursuit: «La rente foncière ne naît point parce que la terre est un élément de base du processus de production. Elle naît seulement parce qu'entre la terre et ce processus de production s'intercale un propriétaire foncier, qui réclame arbitrairement sa dîme sur la masse des revenus créés dans ce processus de production».[74]

L'argumentation porte à faux. Marx raisonne à la marge dans l'unique analyse de la rente différentielle. Il reprend pour l'analyse de la rente absolue l'ensemble de ses propositions économiques et sociales.

72. E. Mandel, *Traité d'économie marxiste*, Paris, 1969, p. 213.
73. *Ibid.*
74. *Ibid.*

Nous verrons qu'il est vrai que la rente absolue naît seulement parce qu'entre la terre et le processus de production s'intercale un propriétaire foncier. Cependant, la rente différentielle ne doit rien à cette cause alors qu'elle est l'objet unique de l'analyse marginaliste de Marx.

La rente différentielle et la rente absolue sont toutes deux des surprofits. Le passage surprofit—rente tient à la propriété foncière. Mais le surprofit qui génère la rente différentielle provient de la terre en tant que moyen de production alors que le surprofit, qui nourrit la rente absolue voit son existence assurée par la pérénnité de la classe des propriétaires fonciers.

Mandel justifie l'application du marginalisme à un sujet pour lequel Marx ne l'a pas mis en oeuvre: la rente absolue! la rente différentielle ne doit rien à la propriété foncière. L'existence de la propriété foncière permet simplement au propriétaire foncier de se l'approprier. Si la propriété foncière disparaissait, la rente différentielle irait au capitaliste. Mais malgré tout, elle est évaluée à la marge.

Ce que dit Mandel par la suite: «Dans une société capitaliste, d'où la rente foncière serait bannie, par exemple par la nationalisation du sol (. . .) on pourrait difficilement partir du néant, pour expliquer l'ensemble du mécanisme de la répartition des revenus et de la production de la valeur au sein du mode de production capitaliste»,[75] laisse supposer que la disparition de la propriété foncière entraînerait avec elle la disparition de la rente foncière. C'est juste à long terme, pour la rente absolue. C'est totalement faux pour la rente différentielle et rappelons ici encore une fois que c'est la rente différentielle et non pas la rente absolue qui est évaluée à la marge.

Marx le confirme sans ambiguïté: «La propriété de la chute d'eau n'a, en soit, rien à voir avec la création de la part de plus-value, donc du prix de la marchandise produite grâce à la chute d'eau. Ce surprofit existerait même s'il n'existait pas de propriété foncière, si par exemple, le fabricant utilisait le terrain doté de la chute d'eau, comme terrain n'appartenant à personne. Ce n'est donc pas la propriété foncière qui crée cette fraction de valeur se transformant en surprofit. Elle donne seulement au propriétaire foncier, possesseur de la chute d'eau, le pouvoir de faire passer ce surprofit de la poche du fabricant à la sienne».[76]

Marx ne justifie pas son corps d'hypothèses par l'existence de

75. *Ibid.*
76. K. Marx, *Le capital*, Livre III, t. III, p. 38.

la propriété foncière, mais par la position marginale des conditions de production favorables par rapport aux conditions de production moyennes.

2.5.3. *L'expression de la rente différentielle II*

Considérons deux procès de production se déroulant sur deux terrains différents:

terrain T	terrain A	
K_T	K_A	capital investi
X_T	X_A	fertilité
$q_T = f(X_T, K_T)$	$q_A = f(X_A, K_A)$	produit
$K_T + Pm\,K_T$	$K_A + Pm\,K_A$	reproduction
$f(X_T,\ K_T)\dfrac{K_A + Pm\,K_A}{f(X_A, K_A)}$	$f(X_A, K_A)\dfrac{K_A + Pm\,K_A}{f(X_A, K_A)}$	réalisation

C'est le terrain A, le plus mauvais terrain, qui fixe le prix de marché du bien produit.

La rente différentielle, que le propriétaire foncier du terrain T s'accaparera, apparaît comme la différence entre le volume de capital argent, qui correspond à la réalisation des marchandises produites sur le terrain T au prix de production individuel des marchandises produites sur le terrain A, et du volume du capital argent qui correspond à la reproduction du capital avancé par le capitaliste du terrain T, dans les conditions moyennes, c'est-à-dire reproduction du capital augmenté du profit moyen.

$$r = f(X_T, K_T) \times \frac{K_A + Pm\,K_A}{f(X_A, K_A)} - (K_T + Pm\,K_T)$$

Expression que Marx établit, sous une autre forme, dans le chapitre: «Rente différentielle II, prix de marché constant».

Nous allons essayer de séparer ce que nous avons appelé les «effets d'échelle» des «effets différentiels» en posant:

$$K_T = K_A + \triangle K_A$$

Ce qui revient à envisager l'effet sur la rente différentielle I, défini à un niveau de capital engagé K_A, d'un capital additionnel $\triangle K_A$.

$$r = f(X_T, K_A + \triangle K_A) \times \frac{K_A + Pm\,K_A}{f(K_A, K_A)} - (K_A + \triangle K_A + Pm\,K_A + Pm \triangle K_A)$$

ou encore:

$$r = \frac{K_A + Pm\, K_A}{f\,(X_A, K_A)}\left[\, f\,(X_T, K_A + \triangle K_A) - f\,(X_A, K_A)\,\right] -$$

$$\frac{K_A + Pm\, K_A}{f\,(X_A, K_A)}\left[\, f\,(X_A, K_A) \times \frac{\triangle K_A + Pm\, \triangle K_A}{K_A + Pm\, K_A}\,\right]$$

Soit sous une autre forme:

$$r = \frac{K_A + Pm\, K_A}{f\,(X_A, K_A)}\left[\left(f\,(X_T, K_A + \triangle K_A) - f\,(X_A, K_A)\right) - f\,(X_A, K_A)\frac{\triangle K_A}{K_A}\right] \quad (1)$$

Nous ne sommes pas parvenus à séparer rente différentielle I et rente différentielle II. En effet, $f\,(X_T, K_A + \triangle K_A) - f\,(X_A, K_A)$ ne représente pas la rente différentielle I, à quelque niveau de capital que ce soit K_A ou $K_T = K_A + \triangle K_A$.

Il aurait fallu isoler une expression de la forme:

$$f\,(X_T, K_A) - f\,(X_A, K_A) \text{ ou } f\,(X_T, K_T) - f\,(X_A, K_T),$$

représentant les rentes différentielles I aux niveaux K_A et K_T de capital.

Cependant nous savons que

$$f\,(X_T, K_A + \triangle K_A) = f\,(X_T, K_A) + \frac{\delta f}{\delta K}\,(X_T, K_A) \times \triangle K_A$$

[développement de Taylor de la fonction f au voisinage du point (X_T, K_A)].

On obtient alors:

$$r = \frac{K_A + Pm\, K_A}{f\,(X_A, K_A)}\left[\,[f\,(X_T, K_A) - f\,(X_A, K_A)] - \right.$$

$$\left. \triangle K_A\,[\frac{f(X_A, K_A)}{K_A} - \frac{\delta f}{\delta K}(X_T, K_A)]\,\right] \quad (2)$$

Nous sommes en présence alors de deux expressions différentes de la rente différentielle.

La première expression, expression exacte, peut être l'objet de l'interprétation graphique suivante:

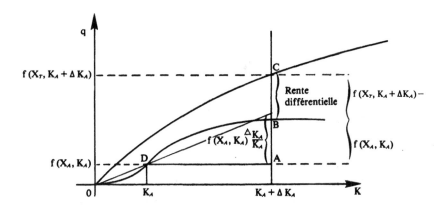

Si nous introduisons un coefficient d'affinité égal à $\dfrac{K_A + Pm\,K_A}{f\,(X_A, K_A)}$, ce qui réduit toutes les rentes proportionnellement à ce facteur ou qui les fait passer de la forme argent à la forme marchandise, les longueurs des segments représentés sur ce graphique sont alors proportionnelles aux rentes.

La longueur AC s'interprète immédiatement. Elle est proportionnelle à la quantité $f\,(X_T, K_A + \triangle K_A) - f\,(X_A, K_A)$, qui est la différence des quantités de marchandises produites sur les deux terrains, avec des capitaux de volume $K_A + \triangle K_A$ sur T et K_A sur A.

L'interprétation de AB est un peu plus délicate. La droite OD a pour équation:

$$q = \frac{f\,(X_A, K_A)}{K_A} \times K$$

IB est donc proportionnel à:

$$\frac{f\,(X_A, K_A)}{K_A}\,(K_A + \triangle K_A) = \frac{f\,(X_A, K_A)}{K_A}\,K_A + \frac{f\,(X_A, K_A)}{K_A} \times \triangle K_A$$

Or,

$$IA = f(X_A, K_A), \text{ donc } IB = IA + \frac{f(X_A, K_A)}{K_A} \times \triangle K_A$$

Or,

$$IB - IA = AB$$

Le segment AB est bien représentatif de la rente produite par le capital additionnel $\triangle K_A$.

A l'intérieur du champ d'hypothèses dans lequel nous nous sommes placé, la rente différentielle du terrain T par rapport au terrain A est donc *proportionnelle à BC*.

Démontrons maintenant que:

La rente différentielle totale due aux différences de fertilité et aux différences de volume des capitaux engagés est égale à la somme:

— de la rente différentielle I, égale aux différences de productivité d'un même capital sur deux terrains différents, mesurée au niveau de capital du plus mauvais terrain.

— de la rente différentielle II, égale à la différence entre la productivité du capital initial sur le plus mauvais terrain et la productivité marginale du capital additionnel sur le terrain qui rapporte une rente à son propriétaire.

Reprenons la deuxième expression de la rente différentielle qui n'est qu'approximative et ne peut mettre en évidence des résultats valables qu'autour du point (X_T, K_A); ce qui suppose une faible augmentation de capital $\triangle K_A$.

$$r = \frac{K_A + Pm\,K_A}{f(X_A, K_A)} \left[[f(X_T, K_A) - f(X_A, K_A)] - \right.$$

Rente différentielle I pour un
niveau de capital investi égal à K_A

$$\left. \triangle K_A \left[\frac{f(X_A, K_A)}{K_A} - \frac{\delta f}{\delta K}(X_T, K_A) \right] \right]$$

Doit représenter la rente différentielle II

La différence

$$\frac{f(X_A, K_A)}{K_A} - \frac{\delta f}{\delta K}(X_T, K_A)$$

s'interprète comme la différence entre la pente de la droite OD et la pente de la tangente en D' à la courbe $f(X_T)$ ou, traduction économique, comme différence entre la productivité du capital K_A sur la plus mauvaise terre et la productivité marginale du capital sur le terrain T (donc qui dépend de la fertilité) calculée pour la fertilité X_T et, pour le capital engagé, K_A, qui sert de base au calcul de la rente différentielle I.

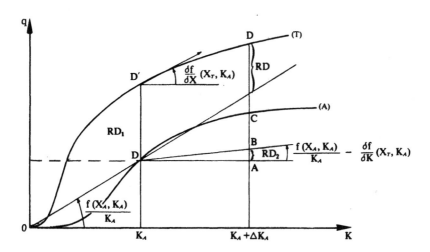

2.5.4. *Propriété fondamentale de la rente différentielle II*

Le résultat établi ci-dessus ne présente pas en soi une importance décisive. La rente différentielle II est distinguée de la rente différentielle I. Le progrès est notable par rapport à la confusion des developpements de Marx, cependant, il serait de peu d'utilité, sans la propriété que nous allons maintenant établir:

> *La rente différentielle II mesure les variations de la rente différentielle I selon le niveau de capital engagé.*

Tandis que la notion de rente différentielle II se distingue de celle de rente différentielle I, la rente différentielle II apparaissant comme une différence de rente différentielle I, *s'éclaire dans le même temps la phrase de Marx: la rente différentielle I est la base naturelle*

de la rente différentielle II. La démonstration tient maintenant dans une coquille de noix:
— la rente différentielle I vaut:

$$RDI = f(X_T, K_A) - f(X_A, K_A)$$

pour un niveau de capital engagé K_A
— la rente différentielle II vaut:

$$RDII = \Delta K_A \, RDII = \Delta KA \left[\frac{\delta f}{\delta K} (X_T, K_A) - \frac{f(X_T, K_A)}{K_A} \right]$$

Nous devons maintenant démontrer que pour un accroissement ΔK_A sur le plus mauvais terrain se réalise l'égalité:

$$RDII = d(RDI)$$

où d est le symbole de l'opération de différenciation. Or:

$$\frac{d(RDI)}{d K_A} = \left[\frac{\delta f(X_T, K_A)}{\delta K_A} - \frac{\delta f(X_A, K_A)}{\delta K_A} \right] \qquad (1)$$

C'est ici que doit être précisée la notion de plus mauvais terrain.

Nous avons dit que $f(X_A, K)$ représentait la fonction de production du plus mauvais terrain, du terrain A. Ce n'est pas tout à fait exact, ou plutôt il faut préciser ce que l'on entend par plus mauvais terrain.

Il ne s'agit pas d'un terrain *physiquement défini*, mais du terrain qui, *à un niveau de capital donné, joue le rôle* de plus mauvais terrain. Cette fonction théorique de plus mauvais terrain peut être assumée par des terrains matériellement différents, selon le niveau de capital engagé. *La fonction de production du plus mauvais terrain est donc l'enveloppe des courbes de production de chaque terrain suivant le niveau de capital engagé, lorsque varie le niveau de capital engagé socialement défini.*

$f(X_A, K_A)$ représente, à un stade déterminé du développement des forces productives de l'agriculture, les conditions les plus défavorables, le procès de production qui, étant donné le niveau moyen de développement des forces productives, engage le plus mauvais terrain.

Cette distinction, entre le *terrain A reconnu physiquement*, matériellement désigné, et le *terrain A théoriquement construit*, se résout à un instant donné dans la coïncidence ponctuelle des conditions de production concrètes du plus mauvais terrain A à l'instant pratique, et du plus mauvais terrain à l'instant théorique.

Une augmentation de capital sur le terrain A théorique entraîne alors une augmentation de production dans le rapport du capital initialement engagé aux marchandises initialement produites:

$$\frac{\delta f(X_A, K_A)}{\delta K_A} = \frac{f(X_A, K_A)}{K_A}$$

La formule (1) devient alors:

$$\frac{d(RDI)}{d K_A} = \frac{\delta f(X_T, K_A)}{\delta K_A} - \frac{f(X_A, K_A)}{K_A},$$

d'où

$$\boxed{d(RDI) = d K_A \left[\frac{\delta f(X_T, K_A)}{K_A} - \frac{f(X_A, K_A)}{K_A}\right] = RDII}$$

Le résultat que nous nous proposions d'établir est démontré si, bien entendu, les hypothèses posées en début de chapitre sont réalisées.

Interprétation graphique

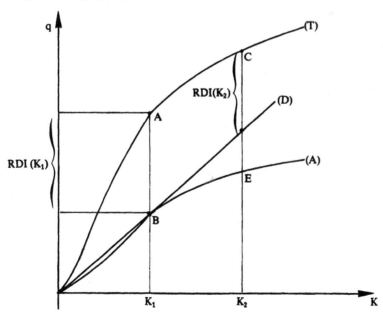

La rente différentielle I, qui se rapporte à la différence de productions de terrains pour un volume de capital engagé donné, doit être définie selon ce niveau de capital engagé. Lorsque le niveau du capital engagé sur le terrain A (pratique) augmente en passant de K_1 à K_2, la rente différentielle I du terrain T par rapport au terrain A (pratique) croît de RDI (K_1) à RDI (K_2). Ceci n'est pas comme il peut le paraître en contradiction avec le raisonnement tenu dans les pages précédentes, où la courbe (A) représentait l'évolution de production du plus mauvais terrain théorique. Ici, au niveau de capital engagé K_2, A est le terrain pratique qui pour le niveau de capital K_1 coïncide avec le plus mauvais terrain théorique.

Les considérations que nous avons exposées précédemment concernant les deux aspects du terrain nous amènent à distinguer la courbe (A) de la droite (D). La courbe (A) représente la production du terrain A, terrain défini comme étant le plus mauvais terrain, pour le niveau de capital engagé K_1. La droite (D) représente la production du plus mauvais terrain théorique, plus mauvais à tous les niveaux de capital, terrain qui coïncidait avec le terrain A lorsque le niveau de capital engagé était K_1.

RDI (K_1) = AB rente différentielle I du terrain T par rapport au
    terrain A pour les niveaux de capital K_1 et K_2
RDII (K_2) = CE

La rente différentielle II qu'empoche un propriétaire foncier d'un terrain quelconque par rapport au propriétaire du plus mauvais terrain, lorsque les niveaux de capital qui sont engagés dans les différents procès de production ne sont pas égaux, est proportionnelle à la différence des rentes différentielles I qui correspondent à deux niveaux différents de capital engagés.

Reprenons le cas de nos deux terrains.

Sur T est engagé K_2. Sur A est engagé K_1.

On voit donc la difficulté: le plus mauvais terrain qui sert de base à l'évaluation de la rente différentielle I pour le niveau de capital engagé K_1 ne correspond plus, ne coïncide plus avec le plus mauvais terrain qui devrait servir de base à l'évaluation de la rente différentielle I, au niveau de capital engagé K_2, alors que sur le plus mauvais terrain pratique au niveau de capital K_1 est effectivement engagé un capital K_1, et que sur le terrain T est engagé un capital K_2.

2.5.5. *Conclusion*

Nous sommes parfaitement conscients que ce travail de défrichage théorique est inachevé. Notre objectif était de distinguer les deux notions de rente différentielle I et de rente différentielle II de manière à se donner les moyens de penser la rente différentielle II à partir de la rente différentielle I. Nous n'y sommes que partiellement parvenus. Il serait maintenant nécessaire de reprendre toute la problématique et de redéfinir, avec plus de rigueur, les outils conceptuels que la théorie met en oeuvre. Nous nous sommes cantonnés dans un exercice de défrichage, qui nous semblait nécessaire, étant donné la confusion des textes primitifs et la pauvreté des exégèses.

Car, insistons une nouvelle fois sur ce point. Lorsqu'on se propose de transposer, en l'adaptant, la théorie de la rente foncière en terrain agricole, élaborée à un moment du développement du capitalisme pour lequel l'aspect général de la concentration du capital, dans l'agriculture, ne présentait pas encore de disparités significatives, pour jeter les bases d'une théorie de la rente foncière en terrain urbain à l'heure où la concentration du capital et l'intervention de l'Etat deviennent décisives, un préalable s'impose: approfondir la théorie au point où elle achoppe at où elle est essentielle: la rente différentielle II. «A la différence de fertilité s'ajoutent dans la rente différentielle II, les différences dans la façon dont est réparti entre les fermiers, le capital et la capacité de credit».

Ce remodelage théorique doit conduire, à notre avis, à remettre sur l'établi les notions les plus élémentaires que Marx utilise sans examen; nous pensons tout particulièrement à ce qui peut sembler le plus évident et qui pourtant se complexifie avec le développement de la pensée: *le plus mauvais terrain lorsqu'on parle de capital additionnel, le capital minimum* (ou capital moyen) K_A indispensable au fonctionnement de toute entreprise capitaliste s'employant dans l'agriculture. La base de référence, à partir de laquelle les rentes seront évaluées, doit être définie avec le maximum de rigueur. Nous pensons qu'en l'état actuel de la recherche il n'en est pas ainsi.

Une autre incertitude qui est de taille, tient à la manière dont Marx envisage l'agriculture. Elle a pour lui une fonction essentielle dans la division sociale et technique du travail, qui consiste à permettre cette division en prenant en charge la reconstitution de toute la force de travail. Il est ainsi amené à ne prendre en compte que la rente produite à l'occasion de la seule culture *de froment*, l'aliment de base de la nourriture des travailleurs de son époque. Les rentes, qui sont le fruit des autres activités liées au sol, autres cultures, mines etc. se rapportent à cette seule rente de base. Là aussi, il ne nous semble pas que le sujet soit épuisé. D'autre part, la transposition en terrain urbain présente quelques périls. Le logement entre-t-il dans la même catégorie de biens que la nourriture? Comment définir le logement de base? Si c'est le H.L.M., quel rôle joue l'Etat par rapport à la rente étant données l'histoire de la production de logements en France et la situation particulière de dépendance politique de la bourgeoisie par rapport à la petite bourgeoisie détentrice de la majorité des titres de propriété foncière.

Nous reviendrons plus concrètement sur tous ces points dans la suite de notre travail.

2.6. LA RENTE ABSOLUE

2.6.1. *La rente foncière absolue et la rente différentielle*

L'analyse de la rente différentielle n'est pas achevée. Nous avons supposé jusqu'à maintenant que le plus mauvais terrain, le terrain A, ne permettait pas au capitaliste de ce terrain de dégager du surprofit et par conséquent au propriétaire foncier de s'approprier de la rente différentielle. Nous avons donc été amené à poser que, par hypothèse, le prix de production des marchandises produites sur le terrain A, part du capital total qu'elles cristallisent, augmenté du profit moyen, constituait le prix de marché de toutes les marchandises de même nature, produites sur des terrains différents, dans des conditions différentes. Or cette hypothèse est trop restrictive et elle obscurcit la véritable nature de la rente différentielle. Il suffit pour analyser la rente différentielle de se donner le prix auquel les marchandises produites sur le terrain A se réalisent sur le marché, sans chercher à savoir si ce prix est le prix de production des marchandises de A ou ne l'est pas. Cette distinction n'est nécessaire que pour identifier qui du capitaliste ou du propriétaire foncier s'approprie le surprofit.

L'analyse de la grandeur de la rente différentielle suppose uniquement que le prix de marché auquel se réalisent les marchandises produites sur le terrain A est aussi le prix de marché des marchandises produites sur les autres terrains, quelles que soient la composition, l'évolution, la grandeur de ce prix. La rigueur et la cohérence du développement théorique conduisent, non pas à poser comme hypothèse, mais à déduire des hypothèses déjà posées, que par définition, la rente différentielle du propriétaire foncier du terrain A est nulle. Autrement dit: si une rente peut être produite sur le terrain A, elle ne peut pas être différentielle.

Montrons le dans le cas de la rente différentielle I.

L'interprétation de l'équation différentielle, qui nous semblait la plus propre à représenter le phénomène, laisse subsister une incertitude formalisée par la méconnaissance de la valeur de la constante d'intégration; la solution générale s'écrit:

$$r = p\,[f\,(X_T, K_o)] + r_o$$

dans laquelle p est le prix de marché, prix de réalisation des marchandises produites par A, et r_o une constante arbitraire que nous avons annulée en supposant que le terrain A ne produisait pas de rente. Cette hypothèse est superfétatoire. Si p est le prix auquel se réalise la production de A, r_o est nécessairement égale à zéro.

Raisonnons par l'absurde. Supposons que le terrain A rapporte une rente différentielle r_A. Pour $X_T = X_A$, $r = r_A$ et la rente que la mise en exploitation d'un terrain T, quelconque, permet d'allouer au propriétaire foncier, prend la forme:

$$r = p\,[f\,(X_T, K_o) - f\,(X_A, K_o)] + r_A$$

C'est formellement rigoureux. Les difficultés commencent lorsqu'on essaie de donner une signification économique à cette expression formelle de la rente. r_A, rente différentielle que le propriétaire foncier du terrain A s'octroie, arbitrairement fixée, doit se réaliser au cours du procès de circulation des marchandises; *autrement dit r_A se «répercute» sur p.* Si le propriétaire foncier du terrain A s'approprie une rente, celle-ci ne peut être différentielle. Elle ne peut être qu'absolue et partie intégrante du prix de marché.

Ainsi se trouve rejeté le schéma suivant lequel le terrain A rapporte une rente, arbitraire, à laquelle vient s'ajouter une rente différentielle déterminée par la différence de fertilité: *la rente différentielle est organiquement liée à la rente absolue.* Si la rente absolue augmente ou diminue, la rente différentielle augmente ou diminue dans les mêmes proportions; si les différences de fertilité constituent les bases naturelles de la rente différentielle, irréductibles, quand bien même la propriété foncière serait abolie, il n'en reste pas moins que le niveau de la rente absolue a un effet sur le niveau de la rente différentielle parce que le terrain A ne peut rapporter que la rente absolue; la rente absolue fixe le niveau général des rentes différentielles au-dessus du niveau minimum pour lequel le terrain A ne procure aucune rente, c'est-à-dire pour lequel sa rente absolue est nulle:

$$r_m = \frac{K_o + P_m K_o}{f(X_A, K_o)} [f(X_T, K_o) - f(X_A, K_o)]$$

Sinon:

$$r = P[f(X_T, K_o) - f(X_A, K_o)].$$

Une augmentation Δp de la rente absolue (liée à une augmentation Δp du prix de marché) provoque une augmentation de la rente différentielle sur le terrain T égale à:

$$\Delta r = \Delta p [f(X_T, K_o) - f(X_A, K_o)]$$

Telle est la loi organique liant le niveau général des rentes différentielle au niveau de la rente absolue.

Marx considère comme acquis le fait que la rente différentielle de A soit nulle. Lorsqu'il envisage le plus mauvais terrain, il suppose, dans ses développements sur la rente différentielle, que A ne rapporte pas de rente, $p = \dfrac{K_o + P_m K_o}{f(X_A, K_o)}$ et dans les développements sur la rente absolue, que A rapporte une rente qu'il répercute, sans explication, dans le prix de marché. Il ajoute, à juste titre, que les mécanismes de la rente différentielle fonctionnent sur le même mode, que la rente A soit nulle ou non. C'est laisser supposer que la rente différentielle et la rente absolue sont indépendantes et qu'elles *s'ajoutent* pour former la rente totale.

Nous pouvons reprendre la logique de l'analyse en la fondant sur les hypothèses minima qu'il est nécessaire d'intégrer pour préciser le cadre conceptuel.

2.6.1.1. *Rente différentielle*

Hypothèses:
Existence d'un prix de marché supérieur ou égal au prix de production du plus mauvais terrain

$$p \geqslant \frac{K_o + P_m K_o}{f(X_A, K_o)}$$

Ce qui est logiquement équivalent à:
— le plus mauvais terrain ne peut pas rapporter une rente de cette nature,
— la rente éventuelle que peut rapporter le plus mauvais terrain est un élément apparaissant dans le prix de marché p.
On en déduit:
— l'expression des rentes différentielles et leurs évolutions,
— la liaison organique rente différentielle et rente absolue.

2.6.1.2. *Rente absolue*

Problématique:
Constitution du prix de marché nécessaire à la réalisation d'une rente absolue.

C'est pourquoi nous avons commencé le chapitre en affirmant que l'analyse de la rente différentielle n'était pas achevée. Il lui manque un grand pan; l'origine et l'évolution de la rente absolue.

2.6.2. *Origine de la rente foncière absolue*

La rente foncière absolue que s'approprient tous les propriétaires fonciers ne peut être saisie que comme la rémunération du propriétaire foncier du plus mauvais terrain; là, elle est pure de toute rente différentielle; sa forme argent se confond alors avec les autres éléments de valeur qui apparaissent dans le prix de marché des produits agricoles, qui est par hypothèse le prix de marché auquel se réalisent les produits du plus mauvais terrain. La rente foncière absolue cristallisée dans chaque marchandise apparaît alors comme la différence entre le prix de production des marchandises du plus mauvais terrain, composé du capital total avancé et du profit moyen, et le prix auquel la marchandise se réalise sur le marché, le prix de marché.

En effet, le capitaliste n'investira dans l'agriculture qu'à la condition de recouvrer son capital augmenté du profit moyen. Le prix de marché évolue donc sur un segment dont la borne inférieure a pour valeur:

$$P_m = \frac{(c + v) + \left(\dfrac{x}{\dfrac{c_m}{v_m} + 1}\right)(c + v)}{f(X_A, c + v)}$$

où

x = taux de plus-value,

$\frac{c_m}{v_m}$ =   composition organique moyenne.

Si $P = P_m$, le taux de profit agricole est égal au taux de profit moyen, le capitaliste du terrain A, avance un certain capital, le retrouve en fin de circulation, élargi au taux de profit moyen. Le mode de production capitaliste dans l'agriculture fonctionne «normalement» en suivant la loi de la péréquation générale du taux de profit. La propriété foncière n'est pas rémunérée.

«Le fait que le fermier, s'il ne paie pas de rente, peut tirer de son capital le profit habituel, ne suffit absolument pas à déterminer le propriétaire foncier à lui prêter son terrain gratuitement».[77] Supposer que le terrain A est exploité au taux de profit moyen revient à abolir, de fait, la propriété foncière.

Le propriétaire foncier n'accepte de céder au capitaliste l'usage de son patrimoine que dans la mesure où celui-ci consent à lui verser, en contrepartie, un tribut dont l'origine est à rechercher.

Si les marchandises se réalisent au prix de production, pas de tribut pour le propriétaire foncier! Pour que la rente absolue existe, il faut donc que le prix de marché des produits agricoles soit supérieur à leur prix de production lorsqu'ils sont produits dans les conditions les plus défavorables.

Quatre possibilités apparaissent pour que le prix de marché de la marchandise agricole soit supérieur à son prix de production:

1) Le prix agricole est un prix-monopole. Le produit agricole est vendu au prix de production auquel s'ajoute une quantité arbitraire, sans rapport avec une quelconque production de valeur et payé en dernière analyse par la classe capitaliste. Une sorte de rapine qui s'inscrirait dans les limites économiques définies par:
   — la concurrence des capitaux additionnels investis dans les derniers terrains affermés,
   — la concurrence entre les propriétaires fonciers,
   — la concurrence étrangère,
   — les difficultés de réalisation et la nécessité de reproduire la force de travail.

2) Le taux de profit des capitalistes agricoles, inférieur au taux de profit moyen. Le taux de profit moyen appliqué au capital avancé est partagé entre un taux de profit réel rémunérant le

capitaliste agricole et un taux de profit complémentaire, source de la rente absolue. Le taux de profit réellement perçu par les entrepreneurs capitalistes, investissant dans la branche agricole, est inférieur au taux de profit moyen. La rente foncière naît alors d'un «sacrifice» du capital.

3) Le taux de plus-value dans l'agriculture est supérieur au taux de plus-value moyen. Les travailleurs agricoles sont surexploités. La loi de la péréquation du taux de salaire est transgressée. La longueur de la journée de travail, la pénibilité des conditions de travail, le bas niveau des salaires, constituent les aspects notoires des professions liées à l'usage de la terre: le bâtiment et les travaux publics ainsi que l'agriculture. Il serait erroné d'y découvrir le fruit du hasard ou d'une quelconque spécificité ouvrière. La rente foncière se nourrit aussi de cette surexploitation indiscutable.

4) Le taux de profit dans la branche agricole est supérieur au taux de profit moyen. Nous allons surtout nous attacher à éclairer les conditions qui fondent cette hypothèse, que de nombreux auteurs marxistes n'envisagent même plus, malgré l'importance sociale qui en découle. Elle permet en effet de relier le retard technique de la branche agricole et de la branche du bâtiment à l'existence de la rente foncière et par suite de la propriété foncière, quelle qu'elle soit.

Ces quatres circonstances ne sont pas exclusives l'une de l'autre; elles peuvent coexister et être ensemble à l'origine de la portion de valeur qui se cristallise dans les marchandises agricoles et que le propriétaire foncier s'approprie.

2.6.3. *Composition organique du capital, taux de profit, rente absolue*

Nous allons montrer que la rente absolue[78] *peut* consister en cette partie de valeur qui *peut* apparaître entre le prix auquel est réalisée la marchandise agricole et son prix de production.

Pour ce faire, nous utiliserons trois concepts fondamentaux: le prix de production, le prix de marché et la valeur.

Nous démontrerons successivement que:

1°) La valeur des marchandises agricoles est toujours supérieure à leur prix de production. Cette relation d'ordre est une

---

78. La «rente absolue» est prise dans un premier temps dans un sens encore vague de tribut versé au propriétaire foncier, indépendamment de la qualité du terrain et du montant du capital engagé.

conséquence du faible niveau de la composition organique du capital engagé dans la branche de production agricole.

2°) Le prix de marché oscille sur un segment dont la borne inférieure est le prix de production et dont la borne supérieure est la valeur.

3°) La différence entre le prix de marché et la valeur est la parcelle de valeur cristallisée dans la marchandise que s'approprie sous forme de rente foncière absolue le propriétaire foncier. La différence entre la valeur et le prix de marché *règle* la concurrence entre les capitalistes.

«Le rapport entre le prix de production d'une marchandise et sa valeur est exclusivement déterminé par la composition organique du capital producteur».[79]

La composition organique moyenne du capital engagé dans l'appareil de production est égale au rapport du capital constant total au capital variable total:

$$\left(\frac{C}{V}\right)_s = \frac{\Sigma C}{\Sigma V}$$

où la sommation porte sur tous les capitaux en activité.

Rappelons qu'au terme de la péréquation du taux de profit se constitue un taux de profit moyen égal au rapport de la somme des plus-values extraites au cours du cycle de production de chaque capital, à la somme des capitaux engagés dans ces cycles de production:

$$(P_r)s = \frac{\Sigma Pl}{\Sigma C + \Sigma V}$$

où la sommation porte également sur tous les capitaux en activité.

En divisant haut et bas par la somme des capitaux variables engagés dans les cycles individuels de production dont l'enchevêtrement constitue la reproduction du capital social, une autre expression formelle du taux de profit moyen s'établit:

$$(P_r)s = \frac{\dfrac{\Sigma Pl}{\Sigma V}}{\dfrac{\Sigma C}{\Sigma V} + 1}$$

Or

$$\frac{\Sigma Pl}{\Sigma V}$$

79. K. Marx, *Le capital*, Livre III, t. III, p. 143.

est égal au taux de plus-value que nous noterons Pe. Nous avons supposé que la détermination de son niveau était le résultat «massif» de la lutte de classes. Le marchandage du prix, auquel la classe ouvrière vend sa force de travail et la forme de ce marchandage, pouvant aller jusqu'à la mobilisation générale de la classe ouvrière, déterminent le niveau du taux de plus-value et ses discontinuités sectorielles.

D'autre part

$$\frac{\Sigma C}{\Sigma V} = \left(\frac{C}{V}\right)_s$$

est la composition organique moyenne du capital ou composition organique du capital social.

Le taux de profit prend alors la forme:

$$(P_r)s = \frac{P_e}{\left(\dfrac{C}{V}\right)_s + 1}$$

Lorsque le taux de plus-value se stabilise à un certain niveau, le taux de profit moyen ne dépend plus que de la composition organique du capital social.

Examinons maintenant une branche particulière de la production sociale. Nous la supposerons homogène: les entreprises qui la constituent fonctionnent dans des conditions semblables. La branche peut être dès lors assimilée à une entreprise. Les grandeurs qui se réfèrent à cette branche sont repérées, dans la suite, par l'indice i, alors que tout ce qui concerne les conditions moyennes de production[80] sera affecté d'un indice s.

La valeur d'une marchandise se décompose de la manière suivante:

$$V = \left[C_i + V_i + P_e\,V_i\right]\frac{1}{N} \quad (1)$$

N = volume de la production et P_e le taux de plus-value.

Le prix de production est composé des mêmes quantités. Cependant le profit individuel ne correspond plus à la plus-value directement extraite, mais à celle qui est redistribuée au prorata des capitaux avancés:

---

80. C'est-à-dire les conditions de reproduction du capital social.

$$P = \left[C_i + V_i + (P_r) \, s \, (C_i + V_i) \right] \times \frac{1}{N}$$

Le rapport $\dfrac{\text{prix de production}}{\text{valeur}}$ s'évalue alors:

$$f = \frac{C_i + V_i + (P_r) \, s \, (C_i + V_i)}{C_i + V_i + P_e \, V_i} = \frac{\dfrac{C_i}{V_i} + 1 + (P_r)s \quad \dfrac{C_i}{V_i} + 1)}{\dfrac{C_i}{V_i} + 1 + P_e}$$

P_e, le taux de plus-value est constant; $(P_r)s$ le taux de profit moyen est constant. (Il est en tous cas indépendant de la branche de production que l'on considère.) Le rapport entre le prix de production d'une marchandise et sa valeur est bien exclusivement déterminé par la composition organique du capital producteur.

Supposons maintenant que la composition organique du capital de la branche i soit inférieure à la composition organique du capital social:

$$\frac{C_i}{V_i} < \left(\frac{C_s}{V_s} \right)$$

que peut-on dire de f?

Si l'on compare le prix de production et la valeur en évaluant leur différence, on obtient après simplification:

$$P - V = \left[(P_r)s - (P_r)_i \right] \frac{(C_i + V_i)}{N} \qquad (1)$$

avec rappelons-le

$$(P_r)s = \text{taux de profit moyen} = \frac{P_e}{\left(\dfrac{C}{V} \right) s + 1}$$

$$(P_r)i = \text{taux de profit de la branche i} = \frac{P_e}{\dfrac{C_i}{V_i} + 1}$$

Si la composition organique du capital investi dans la branche i est inférieure à la composition organique moyenne, le taux de profit de la branche i est supérieur au taux de profit moyen et, par conséquent, d'après la formule (1) le prix de production des marchandises produites par la branche i est inférieur à leur valeur. Inversement si la composition organique de la branche i est supérieure à la composition organique moyenne, le prix de production des marchandises est supérieur à leur valeur.

On trouvera une formulation plus simple si l'on raisonne sur le capital avancé plutôt que sur le produit ou sa valeur, c'est-à-dire plus précisément sur la forme argent du capital plutôt que sur sa forme marchandise.

Un capitaliste dispose d'une somme d'argent A et il la transforme en capital en achetant des moyens de production et de la force de travail:

$$A = C + V$$

que l'on peut écrire:

$$\frac{A}{V} = \left(\frac{C}{V} + 1\right)$$

Or si P_e, le taux de plus-value, est indépendant du capitaliste individuel et des conditions dans lesquelles se déroule le procès de production qu'il organise, $A \times P_e$ qui est égal d'après la formule ci-dessus à $P \times \left(\frac{C}{V} + 1\right)$, où P est la plus-value extraite au cours du procès de production individuel, est constant. Donc, pour un même niveau de capital engagé, la plus-value extorquée sera d'autant plus importante que la composition organique sera plus basse. «Cela signifie qu'un tel capital employant plus de travail vivant, produit, avec la même exploitation du travail, davantage de plus-value, donc de profit qu'une part aliquote de même grandeur du capital social moyen».[81]

Pratiquement la composition organique du capital mesure le développement des forces productives, quel que soit le niveau auquel on se place, l'entreprise, la branche ou l'économie entière. Si la composition organique du capital engagé dans une branche de la production sociale est inférieure à la composition organique du capital social, il en résulte concrètement que le capitaliste individuel de cette branche avance, pour un capital de grandeur donnée, une partie variable supérieure à la moyenne de la partie variable du capital des autres branches de l'économie. Les forces productives sont relativement sous-développées. Il n'est point besoin de consulter les statisques pour les deux branches qui nous occupent, celles pour

81. K. Marx, *Le capital*, Livre III, t. III, p. 143.

lesquelles la terre entre dans le procès de production, l'agriculture et la construction, pour se rendre compte que la composition organique du capital y est notoirement plus basse que la composition organique du capital social. D'autre part, on comprend que si la rente absolue provient de la faiblesse de la composition organique du capital, toute politique qui tend à la réduire, sera, dans ses forces vives, combattue par les propriétaires fonciers. Sous cette incidence, s'expliquent les obstacles que rencontre l'«industrialisation» de l'agriculture et des travaux publics.

Le premier volet de notre démonstration s'achève. Nous avons bien prouvé que la valeur des marchandises agricoles était toujours supérieure à leur prix de production, et que la différence naissait de la faiblesse de la composition organique du capital agricole. Cependant cette constatation ne suffit pas à expliquer la rente absolue. De nombreuses marchandises ont un prix de production inférieur à leur valeur sans pour autant qu'une rente ou même qu'un surprofit apparaissent dans une partie de la valeur qu'elles incorporent. Nous allons montrer maintenant que pour les marchandises non agricoles la concurrence et les mécanismes de reproduction du capital social éliminent les différences des taux de profit sectoriels provenant des différences des compositions organiques des capitaux.

La composition organique du capital varie selon les branches. L'économie totale peut être artificiellement partagée entre les branches dont la composition organique du capital est inférieure à la composition organique moyenne et pour lesquelles la valeur des marchandises est supérieure à leur prix de production d'une part, et d'autre part les branches pour lesquelles la composition organique du capital est supérieure à la composition organique moyenne et pour lesquelles la valeur des marchandises est inférieure à leur prix de production.

$$\text{Groupe I}\quad \frac{c}{v} < \left(\frac{c}{v}\right)_s \qquad V > P_p$$

$$\text{Groupe II}\quad \frac{c}{v} > \left(\frac{c}{v}\right)_s \qquad V < P_p$$

où

V   valeur,

v   capital variable

P_p prix de production

Un troisième groupe peut être construit: celui qui rassemble les branches dont la composition organique du capital est égale à la composition organique moyenne et pour lesquelles la valeur est égale au prix de production.

La péréquation du taux de profit a pour résultat de fixer le prix de marché au niveau du prix de production, de telle sorte que tous les capitalistes, quelle que soit la composition organique de leur capital, soient logés à la même enseigne: après une période de rotation, tout capital individuel s'est reproduit augmenté d'un «surgeon», le profit, proportionnel à son volume. A taux de plus-value donné, la concurrence entre les capitaux détermine le taux de profit moyen.

La différence positive entre la valeur et le prix de production des marchandises du groupe I, constitué des capitaux individuels dont la composition organique est inférieure à la composition organique moyenne, représente une parcelle de la valeur sociale qui, en se transmettant des capitalistes du groupe I aux capitalistes du groupe II, comble la différence, négative, entre la valeur et le prix de production des marchandises du groupe II, constitué des capitaux individuels dont la composition organique est supérieure à la composition organique moyenne; le «surprofit» des entreprises du groupe I «finance» le «sous-profit» des entreprises du groupe II. Si une branche du groupe I réalise ses produits à un prix de marché intermédiaire entre le prix de production et la valeur

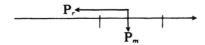

les capitaux de cette branche sont plus rémunérés que les autres. Dans ces conditions, des capitaux, attirés par une rémunération supérieure, s'investiront dans cette branche dont le procès de mise en valeur s'effectue dans des conditions favorables. Le volume de production augmentera, l'offre de biens dépassera le niveau des «besoins» sociaux, entraînant une baisse continue du prix de marché. Simultanément un mouvement contraire peut s'opérer pour certaines entreprises du groupe II, dont le prix de marché des marchandises est inférieur au prix de production. Le prix de marché peut alors dépasser le prix de production, compte tenu de la-sous-production conséquente à la fuite de capitaux, si la demande devient supérieure à l'offre.

Le transfert sans obstacle des capitaux d'une branche à l'autre est une force de rappel, qui perpétuellement ramène, dans le capitalisme concurrentiel, le prix de marché sur le prix de production. Le prix de production est une position d'équilibre autour de laquelle oscille le prix de marché. Dans ces conditions, et, malgré les inégalités de composition organique, les capitaux sont rémunérés au

même taux de profit. Un surprofit permanent destiné à prendre la forme d'une rente foncière absolue ne peut être dégagé dans le procès de mise en valeur agricole que si les marchandises agricoles sont réalisées à un prix de marché supérieur au prix de production. (Nous avons éliminé le cas du prix monopole.) Le prix de marché est donc inférieur à la valeur. Ainsi se trouve borné l'intervalle sur lequel évolue le prix des marchandises:
— supérieur au prix de production pour que la propriété foncière soit rémunérée,
— inférieur à la valeur pour que ce ne soit pas un prix monopole.

L'agriculture, comme le bâtiment, est une section de la production sociale, pour laquelle la valeur des marchandises est supérieure à leur prix de production; la composition organique du capital y est en effet plus basse que la moyenne. Le capital extorque davantage de plus-value. Un surprofit peut se réaliser, il est d'autant plus important que l'écart valeur-prix production est grand; lui-même déterminé par l'écart: composition organique dans l'agriculture-composition organique moyenne.

La question, qui se pose maintenant, est de savoir pourquoi ce surprofit est effectivement réalisé, ou en d'autres termes, pourquoi le supplément de plus-value extrait par le capital agricole ne participe pas à la péréquation du taux de profit? Quels sont les mécanismes économiques et sociaux qui rompent le mouvement d'oscillation du prix de marché autour du prix de production et lui assurent une position d'équilibre entre la valeur et le prix de production?

Nous avons montré que, dans les autres branches, la concurrence et le libre transfert des capitaux opéraient un rappel permanent du prix de marché vers le prix de production. Telle est l'origine fondamentale de la péréquation du taux de profit. Si cette dynamique de la redistribution de la plus-value est enrayée lorsqu'elle s'applique à l'agriculture, la raison en tient exclusivement à l'absence des mécanismes de régulation des taux de profit. *La branche est «protégée» de la péréquation.* La condition objective d'apparition d'un surprofit tient à la composition organique du capital. Mais le surprofit se réalise effectivement dans l'agriculture, sans participer à la péréquation, parce qu'un obstacle brise le fonctionnement de cette péréquation, empêche la concurrence d'ajuster le taux de profit sur le taux de profit moyen. «Cette force extérieure et cette entrave, le capital investi dans le sol les rencontre dans la propriété foncière, le capitaliste dans le propriétaire foncier».[82] La monopolisation de la terre consacre le pouvoir de la propriété foncière; c'est elle qui régule l'entrée des capitaux dans la section agricole de la production sociale. Tandis que le capitaliste n'investit dans l'agriculture qu'à condition que le procès de mise en valeur de son capital corresponde au procès de mise en valeur sociale, le propriétaire foncier, quant à lui, dispose, et n'accepte que sa terre entre comme moyen de production dans un procès de production capitaliste que si un tribut lui est versé; les conditions du procès de production dans l'agriculture impriment au procès de mise en valeur des caractères spécifiques, de manière à ce qu'il soit simultanément un procès de production du profit moyen et un procès de production de la rente absolue.

---

82. *Ibid.*, Livre III, t. III, p. 145.

3

Procès social de production et de consommation des marchandises de la branche bâtiment et travaux publics

La production, la circulation et la consommation des marchandises B.T.P. sont déterminées par un ensemble de rapports sociaux plus complexe que dans le cas des produits industriels, et même, comme nous allons le voir, que dans le cas des produits agricoles. Dans le cas des produits industriels, en effet, les rapports de production capitalistes sont dominants et déterminants pour la fixation du prix des marchandises—rapports d'exploitation entre capitalistes et salariés, rapports marchands entre capitalistes. Dans le cas des produits agricoles, Marx a déjà montré la dominance des rapports juridique et économique de propriété foncière sur les rapports de production capitalistes, dominance qui est un obstacle au développement de ces derniers rapports dans l'agriculture, et qui est la source d'une contradiction interne à la classe dominante entre propriétaires fonciers et capitalistes exploitants.

En effet, la terre en tant que moyen de production est monopolisée par la classe des propriétaires fonciers, et l'existence de la propriété foncière impose des limites à la possession de la terre par les capitalistes entrepreneurs. Ceci peut être exprimé de facon très claire en reprenant l'analyse de Bettelheim. La propriété foncière séparée de la possession foncière la domine, car la possession, en tant que rapport de production, ne domine que le procès de travail ou procès immédiat de production, dans lequel se situe le rapport d'exploitation, alors que la propriété foncière domine le procès de production ou procès social de production. Cette domination des rapports de propriété n'a pris cette forme capitaliste qu'au cours d'un processus historique que Marx retrace, dans sa genèse de la rente foncière. Comme le formalise Bettelheim, «dans le mouvement réel d'une formation sociale, possession et propriété sont soumises à des déplacements; ces derniers se relient aux modifications qui se produisent aux différents niveaux de la formation sociale donc aux effets de la lutte économique, politique et idéologique de classe».[1] Ainsi la possession de la terre en tant que rapport social de production permettant la domination du procès de travail est devenue un rapport de production capitaliste; la propriété foncière est, par contre, restée ou est devenue séparée de la possession. De ce décalage découle une contradiction entre propriétaires fonciers et capitalistes utilisateurs de la terre comme moyen de production nécessaire, entraînant une lutte de classes nécessitant l'intervention de l'Etat. Cette contradiction est révélée par la lutte de classes elle même et par les difficultés de développement des forces productives dans cette branche de production. Il est, de plus, important de voir que cette lutte de classes, interne aux classes dominantes, n'a rien de révolutionnaire; la contradiction décelée est secondaire, le rapport d'exploitation n'étant pas remis en cause. Elle ne peut être résolue à terme, qu'en faveur des capitalistes, par ce que Cottereau appelle un «mouvement de rationalisation, impliquant la négation des oppositions d'acteurs qu'engendre la structure (cause de la contradiction) visée, grâce à une distanciation entre un organe rationalisateur (l'Etat) et les supports de la contradiction»; il l'oppose ainsi, à juste titre, à un «mouvement social» au cours duquel les acteurs «sont répartis, s'affirment et s'opposent selon les termes de la contradiction principale».[2]

Cette contradiction, et ce mouvement de rationalisation, mis en évidence par Marx dans l'agriculture, existe aussi dans le domaine du bâtiment et des travaux publics; elle y est même amplifiée par l'accélération du développement urbain. De plus, l'imbrication des rapports sociaux de production s'y trouve complexifiée du fait de la nature du procès de travail spécifiquement lié à la forme des produits B.T.P., nécessitant une immobilisation prolongée du sol et une concentration de capital importante préalable à la production. Il y a ainsi une succession de possesseurs du sol, parmi lesquels seuls les capitalistes productifs n'ont pas le titre juridique de propriété. La branche de production B.T.P. est ainsi soumise à la propriété foncière; elle ne peut produire que moyennant le versement d'un tribut, ce qui l'oblige à faire un surprofit dont elle est immédiatement dépossédée.[3] Enfin, le fait que certains des propriétaires fonciers successifs (aménageurs et promoteurs) soient aussi des

---

1. C. Bettelheim, *Calcul économique et formes de propriété*, Paris, 1971, p. 122 *sq.*
2. A. Cottereau, «Les débuts de planification urbaine dans l'agglomération parisienne», *Sociologie du Travail*, n° 4, 1970, p. 389.
3. *Cf.* quatrième partie.

capitalistes qui commercialisent les produits de la branche, complexifie et dissimule à la fois les rapports sociaux réels entre les divers agents de la classe dominante. Il les complexifie car il y a superposition des rapports de propriété et des rapports marchands entre promoteurs et entrepreneurs (ou entre aménageurs et entrepreneurs). Il les dissimule, car il cache la véritable nature des capitalistes marchands de cette branche de production. Ceux-ci sont, en effet, en général considérés comme de simples capitalistes, capitalistes en rapport avec la propriété foncière, en amont de la production, capitalistes en rapport avec d'autres capitalistes, les entrepreneurs, au moment de la production, capitalistes en rapport avec les consommateurs en aval de la production. Or la mise en évidence de la nature de propriétaire foncier de cette catégorie d'agents est fondamentale pour comprendre la nature réelle de leurs rapports avec les divers agents précédents, nature réelle qui peut seule expliquer en profondeur la formation des prix des marchandises B.T.P. et par là le prix du sol urbain. Dans tout le circuit de production-réalisation-consommation des produits B.T.P., les rapports de production purement capitalistes ne peuvent jouer qu'entre salariés du bâtiment et du génie civil et leurs patrons capitalistes, et ceci de façon dominée; il s'en suit tout un ensemble d'obstacles au développement capitaliste dans cette branche, obstacles actuellement apparemment plus considérables que dans l'agriculture.

Devant ce constat, il nous paraît nécessaire, avant de nous attaquer à l'analyse de la formation des prix, d'étudier, d'abord les caractéristiques propres de la branche de production B.T.P. telles qu'on peut les observer actuellement, ensuite la nature spécifique de l'espace de consommation des divers produits de cette branche, enfin, la sphère de circulation intermédiaire entre la sphère de production et l'espace de consommation, c'est-à-dire, le rôle des promoteurs et des aménageurs ainsi que le rôle du capital de prêt. Dans ces trois points, on ne perdra pas de vue que le cadre de référence constant est l'utilisation du sol comme support de la production et l'appropriation privée de ce support.

3.1. La sphère de production bâtiment et travaux publics

La rente foncière provient de l'extraction de la plus-value lors de la mise en oeuvre de la force de travail au cours du procès de production des marchandises B.T.P. L'analyse de la branche spécialisée dans cette production revêt de ce fait une importance primordiale, puisque ce sont les capitalistes qui y investissent, qui rémunèrent la propriété foncière (compte non tenu des prix-monopoles).

Mais cette branche de l'économie nationale n'est pas sans poser de problèmes, précisément à cause de la propriété foncière. Il suffit pour s'en convaincre de parcourir le sommaire du rapport du Comité du VI° Plan, 1971-1975.[4] Dans le chapitre «Le bâtiment et les travaux publics au seuil du VI° Plan», l'Etat exprime ainsi son opinion:
— bâtiment et travaux publics, secteurs clefs de l'économie;
— bâtiment et travaux publics, secteurs sacrifiés;
— bâtiment et travaux publics, secteurs en mutation.

Le retard du développement des forces productives investies dans le bâtiment et les travaux publics, malgré la place centrale que cette branche occupe dans l'économie nationale—notamment pour la formation brute de capital fixe nécessaire aux autres industries, la reconstitution de la force de travail, l'emploi de main-d'oeuvre, le niveau des investissements, la place et le rôle de l'Etat—, tient à des conditions techniques indéniables: discontinuité des marchés, délocalisation de la demande, industrialisation et rationalisation difficiles. Certaines de ces raisons sont nécessaires au financement de la propriété privée du sol. La rente foncière absolue ne peut exister, nous l'avons déjà montré pour l'agriculture, que sur la base de la faiblesse relative du rapport capital constant/capital variable, comparé au rapport moyen, à savoir la composition organique moyenne du capital qui détermine le taux de profit moyen auquel est rémunéré le capital engagé dans une activé quelconque. La rente foncière peut, au sens large, être financée également par une surexploitation de la force de travail. La nature des ouvriers qui s'emploient dans les travaux du bâtiment, étrangers pour la plupart, facilite leur soumission en les isolant du reste des travailleurs français organisés. La loi de la péréquation des salaires n'est pas respectée. Les conditions de travail sont dangereuses, la journée est longue, les salaires bas, l'insécurité de l'emploi est la règle. L'analyse doit distinguer des causes techniques les causes sociales et politiques que sont la rente foncière et la situation socio-politique des capitalistes et des propriétaires fonciers, qui tendent à perpétuer le «sacrifice» de la branche.

Secteurs en mutation, le bâtiment et les travaux publics changent de structure. L'accumulation du capital, la généralisation de la sous-traitance, l'industrialisation, se font dans un climat de concurrence farouche. Les petites entreprises disparaissent, d'autres apparaissent. Comment dans ce processus évolue le rapport de

4. Comité B.T.P. du VI° Plan, *Bâtiment et Travaux publics*, Paris, 1971.

force, qui préside à la répartition du surprofit entre les capitalistes et les propriétaires fonciers? Comment évolue le surprofit lui-même?

Il est facile de deviner l'importance de la question en regard de la propriété foncière et de sa rémunération en terrain urbain.

Ajoutons que ce chapitre mérite à lui seul la rédaction d'une thèse[5] et que nous nous sommes principalement efforcés de décrire une situation au moyen des statistiques disponibles et de montrer que leur utilisation dans une optique marxiste est extrêmement problématique. Il nous est souvent apparu nécessaire de corriger les interprétations apocalyptiques de certains.

Enfin, une remarque méthodologique préalable est qu'il faut analyser séparément, d'une part, le bâtiment et les travaux publics, d'autre part, artisanat et entreprises capitalistes. Pour ce qui est de la séparation bâtiment et travaux publics, elle nous paraît motivée (et là nous anticipons sur des résultats à venir) par la position différenciée de chacune de ces sous-branches par rapport aux promoteurs, *position ayant son origine dans les modes de réalisation spécifiques des marchandises produites par ces sous-branches.* C'est en particulier le rôle de l'Etat comme promoteur et aménageur qui est en cause ici. Pour les travaux publics qui produisent essentiellement des équipements collectifs, seulement 17% des commandes, en 1969, proviennent du secteur privé pour les travaux neufs, alors que pour le bâtiment, 48% des commandes proviennent de ce secteur, comme le montre le tableau 4.

TABLEAU 4. *Pourcentages de travaux neufs par maître d'ouvrage en 1969*

Maître d'ouvrage	*Bâtiment*	*Travaux Publics*
Etat	4	18
Collectivités locales	10	39
Promoteur des logements du secteur aidé	34	9
Entreprises nationales	4	17
Secteur privé	48	17
	100	100

Source: Comité B.T.P. du VIᵉ Plan, *op. cit.,* p. 48.

Quant à la séparation entre artisanat et entreprises capitalistes, elle est liée directement à la différenciation du statut de la rente suivant

5. Voir sur ce sujet les travaux de F. Ascher, et notamment son article: «Contribution à l'analyse de la production du cadre bâti», *Espaces et Sociétés,* nᵒˢ 6-7, juillet-octobre 1972, p. 89-113.

que l'on se place dans la formation sociale française ou dans le mode de production capitaliste. Cette différenciation du statut de la rente, que nous ne pousserons pas dans ce texte, consiste dans le fait que l'on ne peut intégrer la petite production marchande dans une analyse menée dans le cadre du mode de production capitaliste. En ce qui concerne la rente foncière, en effet, le surproduit extorqué aux artisans sous la forme d'une rente foncière est de la catégorie d'une rente en argent précapitaliste, pouvant dépasser le niveau normal de la rente capitaliste qui permet au moins la reproduction élargie du capital au taux de profit moyen (c'est-à-dire que le surproduit conservé par l'artisan, ramené à l'unité de son capital, peut être inférieur au taux de profit moyen des entreprises concurrentielles capitalistes). Il faut alors ne considérer, dans l'analyse de la rente foncière urbaine capitaliste, que les entreprises capitalistes qui sont, elles, soumises à cet impératif d'une reproduction minimale du capital au taux de profit moyen. Il est cependant statistiquement difficile de tracer la frontière entre l'artisanat et la production capitaliste. Aussi l'étude qui suit ne présente qu'un caractère approximatif, utile néanmoins pour ce qui nous préoccupe le plus directement dans ce texte.

3.1.1. *Situation de la branche «Bâtiment et Travaux publics» dans l'économie nationale*

Le bâtiment et les travaux publics détiennent une place de premier rang dans l'économie nationale et y exercent un rôle de premier plan.

«L'essor démographique de la nation, gage de son dynamisme, la mobilité accrue de la main-d'oeuvre et la croissance de la productivité dépendront, pour une bonne part de l'amélioration de l'habitat (. . .) Le développement industriel des régions et du pays dans son ensemble a pour préalable la réalisation des équipements collectifs: communications, énergie, éducation, santé, sans lesquels tout effort d'investissement privé est condamné à l'inefficacité».[6]

En reprenant la séparation marxiste de l'économie en deux secteurs, le secteur I, producteur des moyens de production, et le secteur II, producteur des biens de consommation, on voit que la branche bâtiment et travaux publics participe également:

— au secteur I: production des capitaux fixes nécessaires à l'industrie et au commerce, et, pour partie, des équipements collectifs,

6. Comité B.T.P. du VIe Plan, *op. cit.*, p. 45.

— au secteur II: production des marchandises-logement en tant que moyen de subsistance et des équipements pour la consommation collective.

Ainsi la détermination qualitative de la branche B.T.P. s'assimile-t-elle à la branche agricole (reconstitution de la force de travail) et aux industries du secteur I (production des moyens de production). Toutes les activités nécessitent l'intervention de cette branche.

Le chiffre d'affaires des industries du B.T.P., en métropole, s'est élevé à 112 milliards de francs en 1969—taxes comprises—, selon la répartition suivante:

— 86 milliards pour le bâtiment,
— 26 milliards pour les travaux publics.

Ces deux secteurs représentent à eux seuls, environ le tiers du chiffre d'affaires de l'ensemble des branches représentées à la commission de l'industrie du VI⁰ Plan. «Dans la production intérieure brute, la valeur ajoutée par le bâtiment et les travaux publics représente près de 12%. Elle équivaut approximativement à celles de la mécanique, de la chimie, de l'automobile et de la sidérurgie réunies».[7]

Les entreprises du bâtiment et des travaux publics réalisent 60% de l'investissement national (formation brute de capital fixe, dont le logement fait partie). Pour les seuls investissements productifs, le pourcentage est de 30%. Il rend compte à lui seul de la dépendance des activités industrielles à l'égard du secteur de la construction. Le B.T.P. emploie près de deux millions de personnes, soit plus du quart de la population active de l'industrie française. Les salariés étrangers représentent plus de 30% de l'effectif total.

Les chiffres extraits du rapport du Comité du VI⁰ Plan situent parfaitement le secteur de la construction dans l'économie nationale et son rôle dans la reproduction de la force de travail et dans le procès de production-reproduction du capital industriel: ajoutons «qu'indépendamment de brevets et procédés, les entreprises ont réalisé en 1969 des travaux hors métropole pour un montant global d'environ 5 milliards de francs, le montant des travaux publics dépassant 4 milliards. Dans ce total, la part des devises rapatriables peut être estimée à 2,5 milliards de francs».[8]

7. *Ibid.*, p. 46.
8. *Ibid.*

Tableau 5. *Valeur de la production*

| | (en millions de francs 1965) | |
Production de la branche pour	1965	1975
Les investissements		
en logement	34 634	53 400
des administrations	14 658	30 210
des entreprises	21 112	42 500
L'entretien courant		
des logements	3 800	8 070
des administrations	3 940	5 190
des entreprises	8 930	17 560
Travaux hors métropole	516	1 060
Total		
Production globale de la branche	87 590	157 990

Source: *Ibid.*, p. 124.

Notons, cependant, que cette production est le fait des artisans et des entreprises de moins de dix salariés (concentrées dans le bâtiment) à concurrence d'environ 28%.

3.1.2. *Industrialisation et rationalisation*

«On a rationalisé le bâtiment, on ne l'a pas industrialisé».[9]

3.1.2.1. *La concentration des entreprises*

La structure de la profession du bâtiment est particulièrement atomisée. Les entreprises sont de taille relativement modeste. On cite[10] pour le bâtiment et les travaux publics le chiffre global de 300 000 entreprises dont 4 500 pour les travaux publics seuls. Sur ce total 107 000 n'ont aucun salarié, 100 000 n'en ont qu'un ou deux. Ainsi trois entreprises sur quatre ont moins de trois salariés et le nombre moyen de travailleurs par entreprise se situe autour de 2,5.

Cependant ce nombre moyen est le genre d'indicateur qui masque, plutôt qu'il ne met en évidence, les caractéristiques recherchées. Aussi, il convient d'opérer ici la double distinction dont nous avons parlé.

9. Barets, cité par A. Lipietz, *Circulation du capital et problème foncier dans la production du cadre bâti*, Paris, 1971, t. I, p. 45.
10. Comité B.T.P. du VI* Plan, *op. cit.*, p. 238.

TABLEAU 6. *Effectifs employés à des activités de travaux publics (répartition par tranche de chiffre d'affaires)*

Tranches de chiffre d'affaires (en millions de francs)	En nombre						En pourcentage		
	1965	1966	1967	1968	1969	1970	Répartition 1970	Taux de croissance 1970-1969	Taux annuel de croissance 1965-1970
Moins de 1	39 592	37 997	32 450	28 351	24 357	19 689	5,7	−19,2	8,5
1-2,5	51 257	48 746	44 290	43 000	38 480	35 934	10,4	−6,6	−5,4
2,5-5	35 066	39 712	41 740	41 571	40 049	38 290	11,1	−4,4	+1,8
5-10	40 575	42 119	42 440	41 502	39 901	40 016	11,6	+0,3	−0,3
10-25	44 294	45 253	50 950	55 714	54 484	52 217	15,1	−4,2	+3,3
25-50	34 171	40 754	39 130	35 445	44 212	36 616	10,6	−17,2	+1,4
50-100	33 212	35 539	35 990	32 610	29 172	38 765	11,2	+32,9	+3,1
Plus de 100	47 226	50 799	64 895	75 684	78 186	83 468	24,3	+6,7	+12,0
Total	325 393	340 919	351 895	352 577	348 846	344 995	100	1,1	+1,2

Source: T.P. Informations, n° 12, mars 1972.

Dans le génie civil (T.P.), il n'y a pratiquement pas d'entreprises de moins de dix salariés. Dans le bâtiment, par contre, on compte en 1968, par exemple, 590000 travailleurs répartis dans 230000 entreprises de ce type, qui font 27% du chiffre d'affaires de la sous-branche. Il n'en reste pas moins que, une fois mises de côté ces entreprises que l'on peut estimer relever de la petite production marchande, on continue de trouver une structure de la branche B.T.P. (au niveau des sous-branches) très concurrentielle et déconcentrée, comme le montrent les tableaux 6 et 7.

Dans ces tableaux, on remarque cependant une certaine évolution, notamment dans les travaux publics. Le tableau 6 montre bien que, dans les T.P., les petites affaires périclitent et qu'il s'opère une redistribution de la main-d'oeuvre selon la taille de l'entreprise. En effet, la main-d'oeuvre se concentre dans les entreprises dont le

TABLEAU 7. *Activité des entreprises suivant leur taille*

Nature et taille de l'entreprise	Nombre d'entreprises		Population active		Pourcentage de l'activité (chiffre d'affaires)	
	1959	*1968*	*1959*	*1968*	*1959*	*1968*
Bâtiment						
Artisans et entreprises de 0 à 10 salariés	195 000	230 000	360 000	590 000	30	27
Entreprises de 10 à 100 salariés	12 500	30 000	370 000	600 000	35	40
Entreprises de 100 à 200 salariés	700	1 000	95 000	160 000	10	10
Entreprises de plus de 200 salariés	400	600	180 000	280 000	25	23
Total du bâtiment	208 600	261 000	1 005 000	1 630 000	100	100
Génie civil						
Entreprises de 10 à 100 salariés	1 510	2 000	55 000	70 000	19	20
Entreprises de 100 à 200	220	250	30 000	35 000	11	10
Entreprises de plus de 200	220	250	155 000	200 000	69	67
Total génie civil	1 940	2 500	240 000	305 000	99	97

Source: d'après les données de la Direction de la Construction et les enquêtes de l'I.N.S.E.E. (tableau tiré de F. Ascher, *op. cit.*, p. 100).

chiffre d'affaires est supérieur à 50 millions de francs. En 1970, 50%
des effectifs employés dans les travaux publics l'étaient par des entreprises dont le chiffre d'affaires était supérieur à 25 millions de francs,
alors que pour 1965, le même pourcentage se situe à 30%. Pour le
bâtiment, on voit dans le tableau 7, qu'entre 1959 et 1968, les entreprises de 10 à 100 salariés augmentent leur part du chiffre d'affaires de
5%, et ce, principalement aux dépens de la petite production marchande, le mouvement de concentration étant très faible sur
l'ensemble de la sous-branche en ce qui concerne le secteur proprement capitaliste, sur cette période. Ce n'est que dans les années suivantes que le mouvement va être pris comme nous allons le voir ci-
après.

On voit, en fin de compte, que les entreprises définies comme capitalistes sur la base de l'extorsion de plus-value aux travailleurs
salariés, et d'une reproduction minimale du capital au taux de profit
moyen, dominent donc dans le B.T.P. par rapport à l'artisanat. Si
l'on peut parler de retard de la branche B.T.P., c'est par rapport au
stade monopoliste actuel du mode de production capitaliste, et non
par rapport au rapport social déterminant, constitutif de ce mode de
production à tous ses stades. Cependant il convient d'aller plus loin
en regardant ce qu'est réellement ce que l'on appelle généralement
l'industrialisation dans le B.T.P.

3.1.2.2. *L'industrialisation des entreprises*

Que peut-on déduire du mouvement de concentration quant à
l'industrialisation de la branche? Reprenons la distinction fructueuse
des forces productives de Balibar, déjà amorcée par Marx. Au stade
artisanal des forces productives, l'outil prolonge le bras de l'ouvrier,
alors qu'au niveau actuel, le travail est aliéné à la machine, il la sert.
Cette analyse des forces productives en tant que rapport du producteur direct au moyen de travail conduit Lipietz à conclure
que «le geste de l'ouvrier du bâtiment n'est pas un geste
industriel. La domination formelle[11] ne permet que la rationalisation et la concentration, mais pas l'industrialisation du procès
de travail».[12]
Le rapport Barets[13] pose le problème dans les même termes:
«Dans l'industrie, quand on change de dimension, on change le type

11. En opposition avec la domination réelle du mode de production capitaliste.
12. A. Lipietz, *op. cit.*, t. I, p. 45.
13. Cité par A. Lipietz, *op. cit.*, t. I, p. 45.

de matériel, donc aussi le geste de l'ouvrier. Entre l'artisan qui donnait quelques milliers de coups de marteau sur une tôle pour la transformer en aile de voiture, et la presse hydraulique actuelle qui modèle cette tôle en quelques secondes, il n'y pas de commune mesure: le geste industriel a changé. Il n'en est pas du tout de même dans le bâtiment; l'usine de préfabrication comporte des bétonnières assez comparables à celles qui fonctionnent sur les chantiers traditionnels, le béton est évidemment le même, l'épandage par les ouvriers peu différent (. . .) Entre rationalisation et industrialisation, poursuit Barets, la différence est considérable», et il conclut: «On a rationalisé le bâtiment, on ne l'a pas industrialisé, faute de marchés, et faute d'investissements suffisants (. . .) Le progrès technique n'est que le sous-produit de la politique des marchés.»

Ecoutons ce qu'en déduit Lipietz:

«Au stade de la domination formelle, le capital se contente de soumettre les modes de travail tels qu'ils étaient avant que n'ait surgi le rapport capitaliste (. . .) Ce mode de travail (artisanat) est caractérisé du point de vue du procès de valorisation, par le fait que la demande commande et précède l'offre. Or cette condition n'a pas changé, comme nous l'avons montré. Ce caractère 'archaïque' du procès de valorisation se répercute directement sur le procès du travail:

— minimisation du capital fixe, immobilisation dont l'amortissement continu n'est pas assuré par l'entrepreneur.

— maximisation du capital circulant, dont le préfinancement, assuré par le promoteur, ne coûte rien à l'entreprise.

— absence d'agressivité technico-commerciale, l'entreprise n'ayant pas à s'imposer directement sur le marché».

Et il conclut d'une manière péremptoire: «Résultat: il n'y a pas domination réelle du capital sur le procès de travail dans le bâtiment. Du point de vue des forces productives, cela signifie qu'il y a appropriation réelle de l'ouvrier sur le moyen de travail».[14]

Cette affirmation et le développement qui la précède méritent qu'on s'y arrête.

Tout d'abord sur le geste de l'ouvrier du bâtiment, le texte du rapport Barets, cité par Lipietz, nous paraît manquer de rigueur. La différence est notable entre l'ouvrier utilisant la pioche et le conducteur de bulldozer, ou l'ouvrier qui utilise un marteau-piqueur. A ce compte-là, en effet, les industries extractives ne se sont pas industrialisées quand les mineurs ont troqué la pioche contre les

---

14. *Ibid.*, t. I, p. 44.

marteaux-piqueurs et autres accessoires. D'autre part, ce n'est pas non plus parce que le béton qu'utilisent les usines de fabrication est le même que celui des bétonnières de chantier que l'on peut conclure, ou même que l'on peut commencer à conclure, que le bâtiment est artisanal. La fausse distinction opérée par Lipietz et Barets entre rationalisation et industrialisation ne permet pas d'y voir clair. Elle recouvre deux problèmes d'ordre différent:

— l'extorsion de la plus-value, la part de surtravail dans la journée de travail total, objet de la contradiction entre les capitalistes et les travailleurs, que l'idéologie dominante occulte sous le terme de rationalisation. Nous montrerons que sous cet angle le bâtiment et les travaux publics sont effectivement rationalisés.

— La normalisation du produit et l'industrialisation qui élimine les faux frais du capital, permet la parcellisation des tâches, conduit à la substitution du capital au travail et à l'aliénation de l'ouvrier à sa machine, non pas parce que son geste change, mais à cause de la socialisation de son travail alors que l'ensemble des moyens de production, de décision, et le produit de son travail échappent à son pouvoir réel.

En se développant, les forces productives de la société se socialisent et deviennent directement collectives, grâce à la coopération, la division du travail au sein de l'atelier, l'emploi du machinisme, et les transformations que subit le procès de production grâce à l'emploi conscient de sciences naturelles, de la mécanique, de la chimie, etc., appliquées à des fins technologiques déterminées, et grâce à tout ce qui se rattache au travail effectué à une grande échelle.

Si les transformations que subit le procès de production appartiennent aux manifestations de l'industrialisation, il semble que l'emploi du machinisme et le travail effectué à une grande échelle, résultat de la contradiction entre les capitalistes qui entrent en concurrence, constituent les critères majeurs de l'industrialisation.

Sous ce point de vue, des signes annoncent que l'industrialisation du bâtiment et des travaux publics est en cours. Nous avons déjà vu que les petites entreprises ferment leur porte (300 en 1971). Si l'on suit les tendances constatées durant le V⁰ Plan, on observe:[15]

La diversification, «on obtient ainsi un amortissement global au niveau de l'entreprise des variations conjoncturelles»:

15. D'après le rapport du Comité B.T.P. du VI⁰ Plan, *op. cit.*

a) *Par prise de contrôle, absorption et fusion:*
— prise de contrôle de Boussiron par la Compagnie Française d'Entreprise,
— prise de contrôle de Balency et Schuhl et S.G.F.B.A. par le groupe Pont-à-Mousson,
— prise de contrôle de l'entreprise Quille par Bouygues,
— prise de contrôle de Génie civil de Lens et Oger par Campenon-et-Bernard.

b) *Par groupement d'intérêt économique:*
— G.I.E.C. à Chablis,
— G.E.C.D.I. à Châteauroux.

La croissance à tout prix dans une spécialité donnée:

a) *Par prise de contrôle, absorption ou fusion:*
— prise de contrôle de l'entreprise Pegaz-et-Pugeat par la S.N.C.T.,
— prise de contrôle de l'entreprise Salmson par le groupe Cochery,
— prise de contrôle de Cogitec par S.A.E.,
— fusion d'Intrafor et Cofor.

b) *Par groupement d'intérêt économique:*
— Codepe Paris,
— G.B.A. Général bâtiment.

c) *Par fabrication de produits strictement normalisés.*
— La Maison européenne. Ce groupement comprend des entreprises de tous les corps d'état et a pour objet la construction et la commercialisation de maisons individuelles d'un type déterminé.
— Sepanor. Société anonyme créée par quatre grandes entreprises routières pour l'exploitation de deux centrales fixes d'enrobage dans la région parisienne.

La participation directe à la promotion de l'ouvrage:
Le mouvement était amorcé depuis longtemps, que ce soit dans la construction de logements (promotion immobilière) ou dans le génie civil (parkings urbains) ou les équipements collectifs.

La concentration des entreprises, qui résulte de la concurrence et de la domination du capital sur le procès direct de production, est organiquement liée à l'industrialisation qui procède de la socialisation des forces productives et du développement des sciences et techniques. Les deux mouvements ne sont pas séparés et indépendants, ils se nourrissent l'un de l'autre et leur relation est dialectique. Sous le rapport de la domination du capital, il n'est pas indifférent que l'ouvrier effectue le même geste dans une entreprise de 10 ouvriers ou dans une entreprise de 1 000 ouvriers. Il n'est pas indifférent non plus qu'il le fasse dans une entreprise indépendante ou dans une entreprise intégrée. De plus, la domination du capital ne se mesure pas au niveau d'une branche de la production, mais à l'échelle d'une formation sociale. Certains secteurs peuvent être partiellement à l'abri de la domination immédiate du capital dont le libre jeu, pour des raisons techniques, politiques ou sociales peut être enrayé. Il en est ainsi dans l'agriculture et dans le bâtiment, à cause de la propriété foncière, des rigidités, des lourdeurs des conditions de la production dont l'extension sur une grande échelle et selon des normes standardisées posent de réels problèmes techniques. C'est pour cette raison qu'il faut avancer à pas comptés. Il ne s'agit pas de sombrer dans l'idéologie techniciste. La question ne nous semble pas résolue. Les obstacles à l'industrialisation du bâtiment et des travaux publics proviennent pour l'essentiel de l'existence de la propriété foncière et du monopole de la terre qui dressent un barrage à la libre pénétration des capitaux et à la diffusion des techniques nouvelles.[16]

Cependant, il ne s'agit pas, à notre avis, d'élaborer une série de critères, destinés à évaluer le degré d'industrialisation de la branche du B.T.P., identiques à ceux qui sont communément utilisés pour les autres secteurs économiques. Une partie du retard de cette branche, réel répétons-le, peut être confondue avec la spécificité de la mise en oeuvre des forces productives, indépendamment de la propriété foncière. Marx ne parle jamais de la péréquation de la composition organique du capital. Il faut être clair. La propriété foncière se nourrit de la faiblesse de la composition organique du capital investi dans l'agriculture et dans la construction. Elle entrave son augmentation, la diffusion du progrès technique, en élevant un obstacle à la libre circulation du capital porteur, dans le mode de production capitaliste, des innovations scientifiques.

Le problème ainsi posé, il est possible d'envisager la domination réelle du capital. La domination d'un mode de production se révèle aux niveaux politique, idéologique et économique. Sous cet angle, il n'est pas contestable que la société française actuelle est soumise, corps et âme, au capitalisme sous sa forme achevée de capitalisme monopoliste d'Etat. Le procès social de production est réglé, régulé, dominé par le capital. Des secteurs économiques peuvent échapper à la pénétration totale de ce type de capital, le

---

16. L'article de P. Riboulet («Une construction primitive pour une société développée», *Espaces et Sociétés*, n⁰ 6-7, 1972, p. 115-124) peut alimenter la discussion.

commerce, l'agriculture, le bâtiment. La socialisation des forces productives y est moins intense que dans les autres branches. C'est une grave erreur scientifique, qui ouvre la voie à des catastrophes politiques, que d'y voir une «appropriation réelle de l'ouvrier sur le moyen de travail».

Au niveau micro-sociologique et, à la limite, psychologique, l'ouvrier dont l'outil prolonge le bras est davantage possesseur de sa machine que celui qui est fixé à sa chaîne. Il peut même en être le possesseur effectif, en détenir le titre de propriété. Son rapport au capital n'en est pas pour cela plus distendu. Au contraire, son isolement objectif et subjectif, l'individualisation de son moyen de travail le rend plus vulnérable à la domination autoritaire du capital renforcé par les menaces dont il est l'objet de la part du capital monopoliste. La condition de réalisation du mot d'ordre ouvrier «prolétaires de tous les pays unissez-vous!» qui ébauche la domination réelle et sociale de l'ouvrier sur les forces productives passe par la socialisation des moyens des production, par la domination du capital. Ainsi se résout dialectiquement la contradiction majeure du mode de production capitaliste. L'ouvrier du bâtiment est dominé par le capital investi dans le bâtiment, parce que l'articulation du mode de production de la branche du bâtiment sur le mode de production dominant l'économie française se résout dans la domination du second sur le premier.

Si on cherche comment «l'appropriation réelle de l'ouvrier du bâtiment sur le moyen de travail» se concrétise dans ces conditions de travail et de rémunération, on en vient vite à la conclusion que cette appropriation est fictive, subjective et que la distinction, appropriation formelle-appropriation réelle, opère ici encore, en sens inverse.

3.1.2.3. *Conclusion*

L'analyse concrète d'une formation sociale se heurte rapidement à toute une série de présupposés qui facilitent l'application mécaniste des schémas théoriques. L'argumentation est parfois fallacieuse et pourtant satisfaisante pour l'esprit. De nombreuses analyses présentent le bâtiment et les travaux publics dans un état quasiment artisanal, vierge de toute infiltration capitaliste, résidu d'un mode de production antérieur. Lipietz à la suite de Barets utilise une fausse opposition concentration-industrialisation qu'ils assimilent en fait au couple rationalisation-industrialisation. Ils présentent une image déformée de la profession.

Le développement du capitalisme dans la profession, la restructuration de la branche, son état actuel, se caractérisent par le degré d'accumulation du capital et sa distribution relative. Il est sûr que le bâtiment et les travaux publics utilisent une main-d'oeuvre abondante par rapport aux autres branches de l'économie. Nous montrerons que la composition organique du capital y est faible. Nous nous opposons à ce qu'on en conclut hâtivement que le capital ne domine pas le procès de travail social et les procès de travail individuels.

En effet, on observe dans les T.P. d'une part, un accroissement du nombre des entreprises moyennes et grandes traduisant un mouvement réel d'accumulation du capital: «En 1970, par exemple, les entreprises réalisant un chiffre d'affaires, travaux publics compris, entre 1 et 2,5 millions de francs n'ont vu leur nombre augmenter que de 0,4%. A l'opposé, le nombre d'entreprises réalisant entre 50 et 100 millions de chiffre d'affaires a progressé de 32,3% (. . .) La tendance à la constitution d'entreprises importantes apparaît de façon nette».[17] De même, dans le bâtiment, d'autre part, le rapport du Comité B.T.P. du VI' Plan signale que les nouvelles méthodes de dévolution de travaux (programmes pluri-annuels, modèles) ont «accentué la concentration et les groupements d'entreprises. Si l'on dénombre encore 90 000 travailleurs indépendants, 140 000 entreprises artisanales et 40 000 entreprises occupant plus de 5 salariés, 1 500 d'entre elles seulement réalisent 50% des travaux neufs».[18] Le même rapport précise que pour les travaux publics, «au seuil du VI' Plan, le secteur se révèle relativement concentré puisque les 90 premières entreprises, sur les 6 000 que compte la profession, réalisent plus de 50% du chiffre d'affaire».

Cependant, «malgré d'importants gains de productivité horaire (parfois supérieur au gain moyen dans l'ensemble de l'industrie pour certains types d'activité, T.P. notamment), la rentabilité nette a décru».[19] Ce paradoxe, qui est pour nous lié à la dépendance de la branche vis-à-vis de la promotion-propriété foncière, doit être éclairé. Pour cela, il nous semble nécessaire d'analyser les caractéristiques du procès immédiat de production ou procès de travail.

3.1.3. *Le procès immédiat de production*

Des difficultés techniques s'opposent à l'industrialisation du procès

17. *T.P. Informations*, n° 12, mars 1972, p. 23.
18. Comité B.T.P. du VI' Plan, *op. cit.*, p. 53.
19. *Ibid.*, p. 54.

immédiat de production ou procès de travail, et à la concentration des entreprises. Nous n'allons pas ici approfondir l'étude de ces difficultés essentiellement dues à la nature même de la marchandise produite (en un lieu donné et pour une durée très longue). Il s'agit simplement de donner quelques résultats de nature empirique, et non d'entreprendre une recherche des causes réelles, recherche qui conduirait à des développements longs et laborieux sortant largement du cadre de ce texte. Par contre, nous essaierons de mettre en évidence certaines caractéristiques du procès de travail, qu'on peut *a priori* estimer liées de façon plus étroite à l'existence de la propriété foncière et de la promotion immobilière, à savoir la nature et la qualité du capital et de la force de travail.

3.1.3.1. *Difficultés techniques inhérentes au procès de travail*

Ces difficultés peuvent se résumer dans les deux points suivants:
— Discontinuité de la production. Elle apparaît nettement dans le tableau 8, dans lequel ont été reportés les écarts qui séparent le taux de croissance en volume de la production intérieure brute (P.I.B.) et le taux de croissance de la production d'ouvrages de bâtiment et de travaux publics. Elle tient aux difficultés de stockage, aux répercussions immédiates sur ce secteur des périodes de difficulté économique et à la rigidité du marché. Elle se manifeste par des pratiques de dumping en période de récession et des difficultés de trésorerie. L'Etat y joue un rôle prépondérant en jouant de cette branche comme d'un levier de manoeuvre. Les caractéristiques du marché enfin et les difficultés de normalisation du produit empêchent la production de séries sur long terme.
— Délocalisation de la production. «L'activité des entreprises B.T.P. étant par excellence foraine, la continuité géographique du marché semble plus difficile à réaliser que dans d'autres secteurs».[20]

Aussi, par exemple, «sur les 345 000 personnes employées à des activités de travaux publics en 1970, 279 000 soit 80,7% pouvaient être considérées comme des effectifs proprement régionaux. Le solde (66 000) soit 19,3% représentait la main-d'oeuvre extra-régionale travaillant sur des chantiers temporaires».[21]

20. *Ibid.*, p. 114.
21. *T.P. Informations, op. cit.*, p. 29.

TABLEAU 8. *Discontinuités de la production du secteur B.T.P. au cours des dix dernières années. Taux de croissance en volume de la P.I.B. et écarts entre celui-ci et le taux de croissance de la production d'ouvrages du B.T.P.*

Année n par rapport à l'année n − 1	1960/ 1959	1961/ 1960	1962/ 1961	1963/ 1962	1964/ 1963	1965/ 1964	1966/ 1965	1967/ 1966	1968/ 1967	1969/ 1968	1970/ 1969
Taux de croissance de la P.I.B.	7,7	5,7	7,3	6,3	7,0	4,8	5,9	4,7	4,2	8,0	6,2
Ecart du taux de croissance B.T.P. et taux de croissance de la P.I.B.	−1,7	+4,1	+0,6	+0,8	+9,3	+4,4	+1,2	+3,2	+0,7	+0,3	+0,1
Taux de croissance B.T.P. des											
Investissements des entreprises privées	+1,4	+15,0	+0,5	5,4	−2,5	+8,0	+5,4	+6,2	−0,9	+5,6	+3,5
Constructions de logements neufs	−4,9	[3]2,1	−3,6	+6,8	+18,5	+4,5	−3,9	−3,8	[3]2,4	1,8	
Investissements des administrations	+7,1	+7,0	+12,5	+2,5	+8,4	+3,4	+2,7	+6,9	+0,8	−4,4	+1,0

Source: Comité B.T.P. du VIe Plan, *op. cit.*, p. 143.

3.1.3.2. *Le capital de production B.T.P.*

Il s'agit ici plus particulièrement de voir la nature et la qualité du capital constant consommé dans le procès de production. Ce capital est composé de l'amortissement du capital fixe de l'entreprise (grues, engins, camions, gros matériel) et de capital circulant (matériaux de construction, matériel dont la durée de vie est inférieure à la durée du procès de travail). Le rapport entre ces deux types de capitaux, qui peut être appelé composition technique du capital (constant), détermine, une fois donnée la durée moyenne du procès de travail, la vitesse de rotation du capital de production. En effet, la vitesse de rotation du capital circulant, dont le capital variable, est liée uniquement à la durée du procès de travail et au mode de commercialisation, tandis que celle du capital fixe, bien que dépendante de ces deux caractéristiques, est fonction de conditions plus générales qui déterminent la vitesse d'amortissement de ce capital: conditions techniques, comme l'usure, conditions économiques, comme l'obsolescence et la continuité des procès de travail successifs. Ainsi, plus est importante la part de capital fixe, plus est faible la vitesse de rotation du capital de production, et donc, plus est faible le taux de profit, toutes choses égales par ailleurs. Dans le rapport du Comité B.T.P. du VIe Plan, on trouve une estimation de la vitesse de rotation du capital des entreprises B.T.P. de quinze ans. Or, on ne sait si cette estimation tient compte seulement du capital fixe, ou aussi du capital circulant (on sait qu'elle ne concerne pas le capital variable). Comme de plus, on ne trouve pas aisément des statistiques retraçant l'importance en moyenne du capital circulant constant par rapport au capital fixe, il est difficile de corriger cette estimation. Il semble que ces quinze ans soient la vitesse d'amortissement moyenne du gros matériel B.T.P., compte tenu des ruptures de production et du gros entretien de ce matériel.

Il est donc, ici aussi, difficile d'aller plus loin. Cependant, on peut dire que la composition technique du capital augmente avec la taille des entreprises, et donc augmente en général puisque la proportion des grosses entreprises augmente elle-même. Ceci n'entraîne pourtant pas une diminution sensible de la vitesse de rotation du capital, étant donné d'une part, que corrélativement la durée du procès de travail doit diminuer, et d'autre part, que les grosses entreprises peuvent assurer une meilleure continuité entre les divers procès de travail. Il n'empêche que, vu les difficultés relatives d'accumulation dans cette branche comparée aux branches industrielles—difficultés dues essentiellement à l'existence de la propriété foncière—, cette augmentation de la composition technique du capital de production est faible. Ceci est d'autant plus vrai que le capital circulant ne pose pas, lui, dans cette branche, de problème d'accumulation (de financement), du fait de l'existence du système d'avances promotionnelles à la production ou des paiements sur situations mensuelles.[22]

3.1.3.3. *La force de travail B.T.P.*

Nous avons montré, lors de l'exposé de la rente foncière agricole chez Marx, que la rente absolue ne pouvait provenir, par définition, que de la faiblesse relative de la composition organique du capital investi dans la branche, conjuguée à l'action de la propriété foncière qui oppose un obstacle à la libre circulation des capitaux.

Cependant, nous avons noté qu'apparaissait une autre possibilité de dégager une rente, qui n'entre pas dans la problématique d'un mode de production capitaliste, mais qui intervient dans l'analyse d'une formation sociale dominée par ce mode de production. Il s'agit de la surexploitation des travailleurs engagés dans la sphère de production. Les schémas théoriques supposant que la libre circulation de la force de travail établit une péréquation du taux de plus-value, rapport du surtravail extorqué au travail réellement payé, le niveau des salaires et la durée de la journée de travail résultant, eux, de la lutte de classes. Il est évident que si surexploitation il y a, elle ne peut être appréhendée directement par comparaison du taux moyen de plus-value de la branche avec celui de l'économie; l'I.N.S.E.E. ne fournit pas le niveau général de ces catégories. Seule, une démarche détournée, s'attachant à évaluer les effectifs, les salaires, la productivité, et à apprécier les conditions de travail et de vie des travailleurs B.T.P. peut nous amener au résultat escompté.

Cependant, insistons, là encore, sur l'imperfection qui va nous gouverner. Nous avons présenté antérieurement une branche B.T.P. dont l'homogénéité était loin d'être réalisée. Les statistiques que nous allons utiliser et qui la concernent, vont recouvrir les distorsions et les aspérités qui l'affectent. Les grandes entreprises seront diluées dans la masse des petites, alors qu'elles constituent le noyau dur de l'analyse, son objet essentiel sous l'incidence de la réalisation

---

22. Pour ce qui est de l'importance du capital constant global par rapport au capital variable investi dans la force de travail, voir 3.1.3.4 après l'étude du capital variable.

des grands programmes, de l'intervention de l'Etat et de l'accumulation du capital, et par suite, de la rente foncière urbaine dans un mode de production capitaliste arrivé à son stade de développement dit monopoliste d'Etat. Le travail que nous présentons n'est donc qu'une esquisse, un profil grossier qui devrait être poursuivi et perfectionné dans le sens d'une ventilation par catégories d'entreprises, de programme et de mode de financement.

A. *Les effectifs.* La main-d'oeuvre employée dans les travaux publics et le bâtiment est nombreuse, et elle comporte une importante proportion de travailleurs étrangers:
   — 25% des salariés de l'industrie sont employés dans le secteur B.T.P.,
   — 30% de la main-d'oeuvre B.T.P. est étrangère.
   En 1969, d'après les comptes de la nation, 2 024 000 personnes travaillaient dans ce secteur, et parmi elles, 1 731 000 étaient salariées. Ces deux tendances, main-d'oeuvre nombreuse et importante proportion d'étrangers, se renforcent au cours des ans comme l'indiquent les tableaux 9 et 11.

TABLEAU 9. *Population active occupée dans la branche B.T.P.*

Années	Effectifs totaux		Effectifs salariés	
	En milliers	En % des effectifs de l'industrie	En milliers	En % des effectifs de l'industrie
1962	1 602	21,4	1 332	20,6
1965	1 964	24,9	1 683	23,4
1969	2 024	25,4	1 731	23,8

Source: Rapport sur les comptes de la nation, cité par ibid., p. 297.

On observe donc une augmentation absolue de la main-d'oeuvre B.T.P. et une augmentation relative par rapport aux effectifs de l'industrie. Cette double augmentation s'explique par le fait que, malgré des gains de productivité dans la branche, quelque peu inférieurs à ceux de l'industrie (hors B.T.P.), la croissance de la branche est suffisamment supérieure à celle de la production industrielle pour que l'emploi s'y développe plus vite (voir tableau 8).[23]

23. Notons que le rapport du Comité B.T.P. du VIe Plan a fait une grossière erreur en affirmant (p. 19), que «la productivité apparente de la main-d'oeuvre a progressé au cours du Ve Plan à un taux annuel moyen de 5,8%, analogue à celui enregistré dans les autres branches de l'industrie. En effet, si l'on reprend les

On voit ainsi que, dans le B.T.P., la croissance de la production n'est pas le fait exclusif d'une croissance de la productivité. Cependant, cette croissance de la productivité est une nécessité du capital, et ce, aussi dans le B.T.P. Il nous faut donc regarder quels sont les obstacles, spécifiques au B.T.P., à un accroissement de la productivité du travail. La productivité du travail peut se mesurer par la formule $\frac{C + V + pl}{V} = 1 + C/V + pl/V$. Elle est donc à la fois fonction croissante de la composition organique du capital et du taux de plus-value. Et, une augmentation de productivité que l'on ne pourra obtenir par une augmentation de la composition organique du capital pourra l'être au moins en courte période par un taux de plus-value accru. Or, justement l'entrepreneur B.T.P. aura tendance à jouer sur ce deuxième facteur, vu les difficultés qu'il a à jouer sur la composition organique de son capital du fait de la propriété foncière. Il le peut d'autant plus qu'il y a un faible taux de syndicalisation des travailleurs du B.T.P., et qu'il utilise un grand nombre de travailleurs immigrés plus facilement exploitables.

B. *Le taux de plus-value.* Comme nous l'avons déjà suggéré, la mise en évidence d'un taux de plus-value, supérieur à la moyenne de ce taux dans l'économie, ne peut se faire au niveau des chiffres bruts sur les salaires. Cependant, on voit déjà dans le tableau 10, la différence entre l'industrie et le B.T.P. en 1968.

TABLEAU 10. *Salaires moyens annuels*

(en millions de francs)

	Ouvriers	Employés	Cadres moyens	Cadres supérieurs	Toutes catégories
B.T.P.	9 872	12 049	23 308	48 838	11 671
Industrie	10 627	12 499	23 503	49 091	13 452

Source: F. Ascher, *op. cit.*, p. 108.

Rapports sur les comptes de la nation de 1971 et 1972, on trouve en refaisant les calculs un gain de productivité dans le B.T.P. de 4,9% et pour l'industrie de 7,1%. Cette différence est due au fait que le Comité B.T.P. prend comme valeur 1967-1969 de l'augmentation de productivité pour le B.T.P. 6,1% (p. 287), alors que le *Rapport sur les comptes de la nation* de 1971 donne une valeur de 2,7 pour la même période. C'est donc sans doute une erreur de prévision. Dans la même période, on a respectivement 8,2% (rapport B.T.P.) et 8,0% (*Comptes* 1971) pour l'industrie.

De plus, sur la période 1959-1969[24], les salaires ont augmenté moins vite dans le B.T.P. (7,7%) que dans l'ensemble des activités (7,9%). Enfin, en effet, il faut tenir compte de la durée moyenne de la semaine de travail et du nombre des travailleurs étrangers pour lequel le taux de plus-value est plus élevé que pour les travailleurs français, tout comme des risques, de la proportion des accidents du travail, de la qualification, etc. pour évaluer le prix de l'heure de travail B.T.P. nécessaire pour mettre en oeuvre un certain capital, et pouvoir le comparer ainsi avec le prix de cette même heure dans le reste de l'industrie. Nous ne pouvons, ici faute de moyens, chercher à établir de façon systématique une estimation de ce taux de plus-value B.T.P. et la comparer au taux moyen. Nous nous contenterons, pour l'instant, des quelques données suivantes.

La durée hebdomadaire du travail dans le B.T.P. est très largement supérieure à celle du reste de l'économie.[25] L'importance des travailleurs immigrés croît, comme l'indique le tableau 11.

TABLEAU 11. *Part des effectifs étrangers dans les effectifs totaux de la branche B.T.P.*

Années	Pourcentages
1963	22,25
1965	28,07
1968	28,12

Source: Caisse de compensation.

De plus, les travailleurs étrangers sont essentiellement employés dans certaines activités particulièrement mal rémunérées, car peu spécialisées.

TABLEAU 12. *Répartition des effectifs salariés de la branche B.T.P. entre étrangers et nationaux selon le type d'activité*

	En % d'étrangers	En % de Français
Gros oeuvre, génie civil	41,5	58,5
Génie civil spécialisé	25,1	74,9
Personnel de bureau	3,3	96,7
Techniciens-maîtrise	9,5	90,5

Source: Ibid.

24. D'après le Comité B.T.P. du VIe Plan, *op. cit.*, p. 288.
25. Par exemple, en 1970, 48,6 heures par semaine dans le B.T.P. contre 44,5 dans le reste de l'économie. En 1967, on avait aussi respectivement 48,9 et 45,1 heures par

On voit donc, sans pouvoir pour l'instant l'établir avec plus de précision, que le taux de plus-value a tendance à être plus élevé dans le B.T.P. que dans le reste de l'industrie, et que l'écart a tendance à augmenter, puisque le temps de travail est plus long et diminue moins vite, et que les salaires sont plus faibles et augmentent moins vite. Il faudrait aussi, à ce niveau, pour montrer que la rente (au sens large) peut être financée en dehors du surprofit capitaliste, tenir compte de l'ensemble des petits artisans n'employant aucun salarié, et dont le revenu, ramené au même temps de travail, ne permet pas une reproduction moyenne de leur force de travail. Leur situation est identique à celle des petits fermiers ou métayers qui ne peuvent payer la rente foncière sur le surproduit et doivent y laisser une part du prix de production de leurs produits.

3.1.3.4. *Productivité et composition organique du capital*

La productivité au sens marxiste, étant une fonction croissante de la composition organique du capital et du taux de plus-value, il est possible théoriquement de chercher à saisir la composition organique du capital à partir de celle-ci, une fois estimé le taux de plus-value. Mais une telle méthode se heurte, comme nous allons le voir, à la mesure de la productivité qui est utilisée dans les statistiques. Cette productivité mesurée, dite productivité apparente du travail, est la valeur ajoutée par heure de travail.[26] La valeur ajoutée est la valeur de la production diminuée des consommations intermédiaires en marchandises des autres branches produites dans la même année, et il manque donc, dans l'estimation de la productivité, une grande partie du capital constant circulant par heure de travail. De plus, ce n'est pas seulement à l'heure de travail, mais aussi au salaire horaire moyen, qu'il faut rapporter la production, pour avoir un indice proche de la catégorie marxiste recherchée. Enfin, les statistiques ne donnent que des évolutions de la productivité et non la productivité en valeur absolue, ce qui ne permet pas de conclure sur les écarts absolus de productivité entre branches.

Mais quels sont, tout d'abord, ces évolutions comparées? Les comptes de la nation pour les années 1969, 1970, 1971, 1972 nous donnent la série suivante:

---

semaine, d'après le Comité B.T.P. du VI⁰ Plan. Ces estimations minorent d'ailleurs la réalité, car elles ne tiennent pas compte des heures non déclarées vu qu'elles donneraient pour certains travailleurs une durée hebdomadaire de travail supérieure au maximum légal.

26. I.N.S.E.E., *Rapport sur les comptes de la nation*, chaque année (p. 53, des tableaux commentés).

TABLEAU 13. *Taux de croissance annuel de la productivité apparente du travail de 1965 à 1972*

	1965	1966	1967	Moyenne 1968-1969	1970	1971	1972	Moyenne 1959-1972
B.T.P.	5,5	5,2	7,4	2,6	6,8	5,8	6,7	4,8
Industrie (hors B.T.P.)	6,1	7,2	5,4	8,1	6,7	6,6	6,4	6,4

On observe donc une croissance à long terme de la productivité apparente du travail, plus faible dans le B.T.P. que dans le reste de l'industrie, même si certaines années il arrive que la productivité B.T.P. augmente plus vite que celle de l'industrie. Il semble, toutefois, si l'on en croit *T.P.-Informations* et même le Comité B.T.P. du VIᵉ Plan, que la productivité dans les travaux publics s'améliore plus rapidement que celle du bâtiment, et ce, à un rythme égal ou supérieur à celui des autres secteurs industriels: «. . . en trois ans (1968, 1969, 1970), la productivité horaire dans la profession a progressé de 20,6%, c'est-à-dire à un rythme annuel moyen de 6,5% supérieur à celui observé dans l'ensemble des industries françaises au cours de la même période».[27] Cependant, en plus de la non-homogénéité des sources statistiques, le fait de ne pas avoir de séries longues ventilant le B.T.P. en bâtiment d'une part et travaux publics d'autre part, ne permet pas de conclure à coup sûr. Il semble pourtant que cette différenciation des gains de productivité est assez logique, étant donné la concentration plus forte et plus rapide des travaux publics par rapport au bâtiment. «La productivité apparente horaire augmente avec la taille des entreprises. Cette corrélation s'explique, à la fois, par la concentration du capital par unité de chiffre d'affaires, qui croît avec la taille des entreprises, et par la dimension des chantiers traités».[28]

Finalement, on peut dire qu'il y a une croissance de la productivité dans le B.T.P. plus faible que dans le reste de l'industrie, mais que, de plus, il y a une assez forte disparité entre le bâtiment et les travaux publics, la productivité dans cette dernière sous-branche croissant à un rythme assez voisin du rythme général moyen.

D'un autre côté, comme nous l'avons déjà souligné, même si les gains de productivité étaient identiques, il n'en resterait pas

27. Notons que, d'après les chiffres des comptes de la nation reportés dans le tableau 13, l'augmentation de la productivité dans l'industrie (hors B.T.P.) est de 24,6 pour les trois années en question, et donc que la conclusion de *T.P. Informations*, citée ici, est erronée.

28. *Ibid.*, p. 39.

moins que l'écart existant entre les niveaux de productivité n'en serait pas annulé. Notre problème est, en effet, de connaître le sens de l'écart de productivité entre les deux secteurs industriels en cause, ainsi que l'évolution de cet écart. Notons tout de suite qu'un écart positif de productivité entre industrie et B.T.P. entraîne un écart plus fort encore des compositions organiques du capital puisque l'écart des taux de plus-value est négatif.

Le Collectif «Architecte» du Secours Rouge, dans un texte de mars 1971[29], met d'une certaine façon en évidence les écarts de productivité entre le B.T.P. et les industries de transformation. Cependant, il en tire trop rapidement des conclusions. En effet, comparant la contribution du B.T.P. à la production intérieure brute avec celle des industries de transformation («ce sont elles qui déterminent le taux de profit moyen servant de référence aux autres activités») ramenée au nombre des travailleurs employés dans chaque branche, il en tire les conclusions suivantes: «En 1968, la contribution des 3 840 000 ouvriers des industries de transformation à la P.I.B. était de 178 milliards, soit 37% du total. Ainsi 2,5 fois plus d'ouvriers contribuent à une part de la P.I.B., 3,5 fois plus grande que celle du B.T.P. . . . Ainsi, non seulement le bâtiment emploie beaucoup de main d'oeuvre, mais il ne cesse d'en employer plus».

Ceci exprime, d'une certaine façon, la différence des productivités entre les deux secteurs comparés. Mais on ne peut en déduire immédiatement, comme le fait le Collectif, que si l'on se pose la question «Pourquoi le B.T.P. ne peut-il se passer d'une main-d'oeuvre nombreuse?», il faut répondre que c'est à cause de la rente absolue foncière. Ceci, en effet, sous-entend que la productivité est, dans les données précédentes, uniquement fonction de la composition organique du capital qui conditionne la rente absolue. La réponse à la question posée n'est pas fausse, mais la démonstration est erronée. En effet, pour un certain nombre de raisons, on est obligé de compliquer le raisonnement. D'une part, il faut raisonner en valeur de la force de travail et non en travailleur; d'autre part, il faut réintroduire les consommations intermédiaires afin de raisonner sur la valeur de la production comprenant l'intégralité du capital constant et non sur la seule valeur ajoutée; enfin, dans la valeur ajoutée par le B.T.P. est comprise la part qui relève de la petite production marchande qu'il faut donc éliminer.

La prise en compte de ces divers facteurs donne la démarche suivante. Il faut tout d'abord retirer le secteur artisanal: or le chiffre

29. Texte ronéoté.

d'affaires B.T.P. se répartit en 1969 en 86 milliards pour le bâtiment et 26 milliards pour les T.P. sur un total de 112 et en supposant une répartition identique en 1968, ce qui ne doit pas être très erroné, on obti-pour le chiffre d'affaires du secteur capitaliste.[30]$\frac{0,73 \times 86 + 26}{112}$, soit 79% du chiffre d'affaires total. Si l'on admet que la consommation intermédiaire est identique proportionnellement dans la production capitaliste et la petite production marchande, on a la même part de valeur ajoutée pour le secteur capitaliste soit $0,79 \times 51 = 40$ milliards. Cette valeur ajoutée est le fait d'une population salariée de 1 345 000 (voir tableau 7), soit approximativement $1\ 345\ 000 \times \frac{1\ 537}{1\ 790} =$ 1 157 000 ouvriers en reprenant la proportion d'ouvriers calculable dans le tableau 15 pour l'année 1968 et en ne considérant que les ouvriers comme travailleurs productifs. On en déduit, en supposant encore que toute la production des industries de transformation est capitaliste, que 3 841/1 157 soit 3,3 fois plus d'ouvriers ajoutent une valeur 178/40 soit 4,45 fois plus grande dans l'industrie de transformation que dans le B.T.P. Un travailleur de la transformation ajoute donc une valeur identique à celle ajoutée par 4,45/3,3 soit 1,34 ouvriers du B.T.P. Ensuite, en introduisant le salaire annuel moyen ouvrier (voir tableau 10), on en déduit qu'un capital variable avancé de 11 franc dans la transformation ajoute une valeur identique à celle ajoutée par un capital variable de $\frac{9\ 872 \times 1,34}{10\ 627} = 1,24$ dans le B.T.P. Un même capital variable ajoute donc une valeur de 81 dans le B.T.P. et de 100 dans l'industrie de transformation. Or, une valeur ajoutée de 100 correspond à une consommation intermédiaire[31] de 130 dans la transformation et de 92 dans le B.T.P. (soit 75 pour une valeur ajoutée de 81). En définitive, un même capital variable correspond à un produit de 230 dans l'industrie de transformation et de 156 dans le B.T.P. Ceci signifie bien que les productivités B.T.P. et transformation sont dans le rapport de 1 à 1,5 environ.

On montre ainsi que la composition organique du capital dans le secteur capitaliste du B.T.P. est inférieure à celle des industrie de transformation, qui fixe le taux de profit moyen de référence. Pour

30. Dans le tableau 7, on voit en effet que le secteur artisanal représente 27% du chiffre d'affaires du bâtiment.
31. Voir *Rapport sur les comptes de la nation* (1971): tableau d'échanges inter-industriels pour 1968 aux prix de 1963. L'industrie de transformation regroupe les branches de 04 à 12 D.

TABLEAU 14. *Contribution à la P.I.B.*

(en milliards de francs courants)

	1962	1968	Accroissement
B.T.P.	32	51	60 %
Industries de transformation	125	178	42,5 %
P.I.B.	347	478	38 %

Sources: Comptes de la nation, 1971.

TABLEAU 15. *Evolution des effectifs salariés*

(en milliers)

	B.T.P.			Industries de transformation		
	1962	1968	Accroissement	1962	1968	Accroissement
Ouvriers	1236	1537	24%	3780	3841	1,5 %
Cadres moyens	76	118	54%	348	433	27 %
Employés	58	87	48%	501	587	17 %
Cadres supérieurs	36	48	30%	165	202	23 %
Total	1406	1790	28%	4794	5063	5,6 %

Source: Ibid.

analyser si l'écart va en augmentant ou en diminuant, il faudrait recommencer le calcul précédent sur plusieurs années en améliorant d'ailleurs les données statistiques. Ceci pourrait faire l'objet d'une recherche ultérieure, mais pour l'instant, le résultat essentiel recherché est qu'il y a une possibilité objective de rente foncière absolue dans le bâtiment et les travaux publics.[32]

Il nous faut maintenant continuer notre analyse du procès social de production des marchandises B.T.P. Cependant, il va sans dire que nous ne laissons pas pour autant de côté la sphère de production. Il nous semble pourtant indispensable, pour expliquer en profondeur les causes de crise dont souffre cette branche de production, d'avoir tout d'abord en main une analyse cohérente de la rente foncière urbaine. Nous ne reviendrons sur la branche de production proprement dite que dans un texte ultérieur, où nous analyserons les implications de l'analyse de la rente foncière urbaine sur le développement du capitalisme dans la branche B.T.P.

---

32. F. Ascher (*op. cit.*) arrive au même résultat avec une méthode sensiblement différente consistant à estimer directement le capital constant.

3.2. L'espace de consommation: nature spécifique des marchandises b.t.p.

D'un strict point de vue économique, l'analyse de l'espace de consommation revêt, dans le cas des marchandises B.T.P., une importance très grande quant à la formation du prix de ces marchandises et du prix du sol. En effet, la nature spécifique de ces marchandises, et le déficit structurel offre/demande sur le marché, sont la base de types et formes de rentes qui ne sont pas des rentes foncières au sens où Marx entend la rente foncière sous sa forme normale. Nous voulons parler ici des rentes immobilières et des prix-monopoles, rentes que nous analyserons en détail dans la partie suivante de ce texte, mais dont nous voulons montrer ici les assises. D'autre part, l'analyse de l'espace de consommation est fondamentale pour une recherche du statut des équipements collectifs. Cependant, de ce dernier point de vue, l'analyse suivante sera largement insuffisante, et devra être poursuivie ultérieurement.

Précisons tout d'abord ce que nous entendons par marchandise B.T.P. Sous le nom de marchandises B.T.P., on entend tous les produits de la branche de production bâtiment et travaux publics, c'est-à-dire principalement, les équipements d'infrastructure et les constructions. Les équipements urbains d'infrastructure sont des équipements collectifs nécessaires à la réalisation des constructions: voiries, réseaux divers comme assainissement, adduction d'eau, gaz, électricité, etc. Les constructions, quant à elles, sont de plusieurs types: on peut distinguer les logements, les bureaux, les commerces, les équipements collectifs de superstructure et les bâtiments industriels. Tous ces biens sont des *marchandises*, car ils sont produits, réalisés et consommés, et ce, bien que ce ne soit pas toujours l'agent qui les paye qui les consomme.[33] Ces biens sont, en outre, d'une part des biens durables, c'est à dire reproductibles seulement à long terme, d'autre part des biens dont la consommation immobilise une certaine surface de terrain. Aussi, en général, comme le sol qu'ils occupent, ils sont indistinctement considérés comme du capital par les «économistes».

Nous allons voir que c'est un abus de langage et que cet abus masque la nature réelle de la propriété immobilière; pour le montrer, il nous faut examiner les divers modes de consommation des pro-

---

33. Ainsi, les équipements collectifs promus et payés par les collectivités publiques et dont les valeurs d'usage sont consommées individuellement ou collectivement ne sont pas, dans bien des cas, payés *directement* par les consommateurs réels.

duits B.T.P. Ceci implique l'examen de la composition de la valeur d'usage de ces produits. Nous verrons enfin si cet espace de consommation est un espace de «souveraineté du consommateur», c'est-à-dire si la position des consommateurs par rapport à l'offre sur le marché est forte, leur permettant de choisir librement les produits et de peser sur les prix, comme c'est posé par hypothèse dans toutes les théories économiques du développement spatial.

3.2.1. *Consommation finale et consommation intermédiaire: le capital immobilier*

Suivant qu'un produit est consommé de façon finale ou intermédiaire, on peut dire que ce produit est un capital-marchandise ou non. En effet, la consommation finale d'une marchandise correspond à la consommation de sa valeur d'usage qui est une destruction pure et simple à plus ou moins long terme sans réinsertion directe dans un processus de production ou de distribution.[34] L'achat d'un produit pour consommation finale ne correspond donc pas à un investissement puisque le produit n'est pas utilisé comme capital-marchandise dans un but d'accumulation de capital-argent.[35] Ainsi l'achat d'un logement n'est pas un investissement, même si c'est un logement de rapport. La consommation d'un logement étant une consommation finale, un propriétaire immobilier n'est pas un capitaliste, mais un rentier.

Au contraire, la consommation des trois types de produits suivants, bureaux, commerces et bâtiments industriels, souvent appelés dans les statistiques officielles «bâtiments pour entreprises», est une consommation intermédiaire. L'achat ou la location de telles constructions est un investissement en capital fixe. En effet, elles ne sont achetées que dans un but d'accumulation du capital et non pour satisfaire un quelconque besoin de leur utilisateur ou consommateur. Ces trois types de construction sont donc du capital-marchandise.

Il est enfin important de remarquer que tous ces produits finals ou intermédiaires représentent un capital pour le promoteur tant

---

34. Nous précisons qu'il s'agit d'une non-réinsertion directe, car toute consommation des travailleurs, reproduction du capital qu'est la force de travail, revient à une réinsertion indirecte dans un procès de production.

35. La marchandise est payée par de l'argent fonctionnant comme moyen de circulation et non par de l'argent fonctionnant comme capital. Elle est réalisée par une dépense de revenu et non par une avance de capital.

qu'ils ne sont pas commercialisés, mais non dès qu'ils sont utilisés. Ceci est évident quand il y a vente de bâtiments: le promoteur réalise alors à la vente son capital reproduit et élargi. Il en est de même quand il y a location par le promoteur lui-même de ses produits, bien qu'il semble alors que son capital mette très longtemps à se réaliser. En effet, ceci n'est qu'une impression due au fait que le promoteur cumule dans ce cas plusieurs rôles économiques, et qu'il utilise la même somme d'argent dans deux opérations économiques successives et de natures différentes: une opération proprement capitaliste de type marchand, et une opération rentière correspondant à sa position de propriétaire immobilier (et foncier). Le promoteur capitaliste marchand vend à son double (le promoteur) propriétaire immobilier son produit, de façon non seulement à réaliser son capital au taux de profit du moment de mise en consommation, mais aussi à utiliser sa propriété foncière et immobilière; celle-ci lui permet en effet de s'accaparer toutes les augmentations de rente à venir dues au développement urbain.[36] Son capital promotionnel s'est transformé subrepticement en ce que nous appellerons «capital immobilier». Ceci n'est d'ailleurs pas différent du cas de l'achat, où souvent le capital promotionnel se transforme subrepticement en capital bancaire, permettant ainsi au consommateur qui l'emprunte de réaliser le capital commercial et foncier du promoteur. La même somme de monnaie rapporte dans ce cas non seulement le bénéfice commercial, mais aussi l'intérêt dont nous verrons la nature quand nous étudierons dans la quatrième partie ce que Castells appelle le statut institutionnel de la marchandise B.T.P., à savoir la location ou l'accession à la propriété.

Cette distinction entre capital promotionnel (capital commercial et foncier) et capital immobilier, suivant la place du capital-argent dans la vie du produit B.T.P., permet donc d'annuler la spécificité du promoteur-loueur par rapport au promoteur-vendeur. Ceci est important car permet de dénoncer comme étant erronée la thèse selon laquelle la vitesse de rotation du capital dans la branche B.T.P. est particulièrement longue (puisque la durée de vie du produit l'est), thèse que l'on trouve chez les chercheurs du C.E.R.M. et chez Castells notamment. La durée de rotation du capital productif et du capital promotionnel est, en fait, indépendante de la durée de consommation, durée qui peut être assimilée grossièrement à la vitesse de rotation du capital immobilier, en admettant qu'une vitesse de rotation d'un capital puisse se définir en dehors des

36. Voir 4.4.

sphères de production et de circulation.[37] Dans les deux espaces, ce n'est pas le même capital qui tourne; la vitesse de rotation du capital promotionnel qui ne contient pratiquement pas de capital fixe est d'ailleurs connue et estimée à environ trois ans (celle du capital des entreprises B.T.P. est estimée à environ quinze ans).[38]

Remarquons enfin que, si nous avons utilisé la catégorie «capital immobilier», c'est pour la commodité de l'expression, et que nous entendons par là, non un capital au sens strict du concept marxiste mais une somme d'argent capitalisée qui n'est pas plus un capital que le «capital foncier», et qui ne peut être rémunérée que par une rente[39], étant entendu que toute construction entrant dans le patrimoine d'une entreprise (industrie, commerce, bureau) est tout simplement du capital-marchandise fixe. Le capital immobilier est donc le patrimoine du propriétaire immobilier loué ou non consommé par celui-ci dans un procès de production ou de distribution.

D'après ce qui précède, il apparaît que la nature véritablement capitalistique d'un produit n'est pas fonction de sa durée de vie (la force de travail est un capital), ni même de la durée d'immobilisation du terrain supportant le produit, mais uniquement de son mode de consommation. Le fait que les économistes bourgeois considèrent le logement comme un capital (formation brute de capital fixe en C.N.F.[40]) est dû, en plus de raisons idéologiques, au fait que, pour eux, la terre elle-même a ce statut, et donc qu'un propriétaire foncier est un capitaliste comme un autre (depuis Boem-Bawerk, les rentiers aspirent à la dignité de capitalistes à part entière). Or, comme un propriétaire immobilier est aussi un propriétaire foncier, au moins pour quelques millièmes, et qu'il peut retirer du «profit» en vendant ou louant ses biens, c'est un capitaliste. En fait, un propriétaire immobilier est, soit un simple consommateur, soit un rentier parasite. Par la suite, nous limiterons l'utilisation de ce terme à l'appellation des agents qui utilisent leur droit juridique de propriété immobilière pour «se faire des rentes».

Il nous reste à examiner la façon dont sont consommés les divers équipements collectifs. Nous ne pouvons faire ici une étude

37. Le capital-immobilier correspond à un placement rentier de capital-argent.
38. Comité B.T.P. du VIe Plan, *op. cit.*, p. 267.
39. La vitesse de rotation du capital promotionnel n'est, par contre, pas indépendante de l'existence du capital immobilier. En effet, le capital immobilier peut jouer le même rôle d'accélérateur de rotation du capital marchand que le capital de crédit à la consommation pour d'autres biens durables. Cependant, de même que le capital promotionnel est plus qu'un capital marchand, le capital immobilier est plus qu'un capital de crédit à la consommation.
40. Comptabilité nationale française.

générale du statut des biens collectifs dans un système capitaliste, aussi nous bornerons-nous à un certain nombre de remarques utiles pour l'étude de la rente urbaine.

Il faut tout d'abord distinguer les équipements qui sont payés directement par les consommateurs et ceux qui sont payés indirectement, c'est-à-dire pas forcément par les utilisateurs ou alors de façon dissimulée. Dans la première catégorie, on trouve les équipements d'infrastructure secondaire, c'est-à-dire les réseaux divers et voirie de zone, que l'on peut résumer en viabilité secondaire, reliant les équipements primaires du même type aux équipements tertiaires des terrains (compris dans la construction). Il y a affectation de l'utilisation de ces équipements, et on considère qu'ils sont payés et consommés par ceux qui profitent de leur valeur d'usage, chaque utilisateur final du cadre bâti en supportant une partie théoriquement proportionnelle à sa portion de possession foncière. Cette portion est appelée dans le prix final le coût d'équipement. Il n'y a donc pas de différences avec les bâtiments quant à la nature commerciale de ses biens; ce sont des biens marchands circulants au même titre que les logements.

La seconde catégorie, par contre, est d'une nature différente; ce sont les équipements primaires d'infrastructure et les équipements de superstructure non commerciaux. L'utilisateur d'un tel équipement ne paye pas directement cette consommation. L'Etat ou les collectivités locales paient l'équipement et le mettent à la disposition de tous les utilisateurs capitalistes et consommateurs finals. Il est alors évident que, dans ce cas, les notions de consommation intermédiaire et de consommation finale n'ont plus guère de sens a priori, d'une part parce que le même équipement peut, suivant le consommateur, être à un moment consommé à des fins capitalistes et l'instant d'après à des fins individuelles de satisfaction; d'autre part parce que le concept de capital ne peut être directement appliqué. Ces équipements ne sont pas, en effet, du capital et pour leur propriétaire et pour les utilisateurs pris un par un. Le propriétaire (l'Etat) ne les utilise pas à des fins capitalistes, c'est-à-dire de façon à augmenter son capital initial; c'est un patrimoine social qui n'est jamais réalisé par son propriétaire. Ce n'est pas non plus du capital individuel pour un utilisateur capitaliste bien que, en tant que patrimoine social fixe, cet équipement participe à l'accumulation capitaliste; *la partie de ce capital fixe (au sens bourgeois) consommée dans un cycle de production ou de réalisation n'entre pas apparemment dans la formation de la valeur des produits du capitaliste, et celui-ci n'a pas à la reproduire directement.* C'est donc, d'un côté, un stock matériel social nécessaire à la reproduction sociale du capital et à la reproduction collective de la force de travail qui n'est jamais retransformé directement par son propriétaire en capital-argent. C'est, de l'autre, un capital—collectif—pour l'ensemble des capitalistes: il transmet sa valeur au *produit global,* soit directement pour les moyens de production, soit indirectement à travers celle de la force de travail pour les moyens de consommation, et ce en fonction des modalités de ses utilisations; il est alors reproduit, au niveau des capitaux individuels, non en fonction des usages réels par ceux-ci mais par les modalités du prélèvement fiscal assurant son financement.

Cependant, cette catégorie d'équipements collectifs est par ailleurs la source de gains monétaires pour les capitalistes de la sphère de circulation B.T.P. comme le montrent les études empiriques des marchés immobiliers, et du «marché foncier» et les essais de théorisation du développement spatial.[41] Il y a en quelque sorte appropriation indirecte de ces équipements collectifs. Nous allons essayer de montrer la base de cette appropriation en étudiant l'articulation des diverses marchandises B.T.P. dans l'espace urbain et sa résultante sur le prix de marché des produits de la branche de production B.T.P., qui sont des biens marchands circulants, c'est-à-dire, commercialisés.

3.2.2. *Qualité et valeur des produits B.T.P.*

On ne peut réduire la valeur d'usage des produits B.T.P. à la seule valeur d'usage de la construction. L'imbrication des diverses marchandises entre elles et leur complémentarité dans l'espace urbain impose une analyse plus fouillée de la valeur d'usage sociale des divers produits consommés dans cet espace. Ainsi, «le logement n'est pas à notre sens réductible au cadre matériel de l'appartement. Si l'on ne peut se loger sans disposer d'un abri, les conditions de logement, elles, ne se réduisent pas à la boîte à habiter. Si l'on veut juger les conditions de logement des masses, il faut évidemment prendre en compte l'existence et la qualité des appartements, mais aussi bien leur prix de location, les droits des locataires, les répercussions de la production sur le temps libre quotidien: transports, fatigue, l'existence et la proximité des équipements, la situation des appartements dans l'espace urbain: centre, périphérie, banlieues dortoirs, villes usines», écrit le Collectif «Architecte» du

---

41. *Cf.* première partie.

Secours Rouge.[42] Ce refus de limitation de la valeur d'usage du logement à celle du cadre bâti, est en fait, avec des nuances, généralisable aux bureaux, locaux commerciaux, bâtiments industriels. Pour ces derniers, le mieux est de renvoyer à l'analyse des facteurs d'implantation des activités industrielles faite par Castells.[43]

Cependant, l'analyse du Secours Rouge mélange divers types de facteurs de nature et d'effets différents. Pour formaliser l'analyse de la base des valeurs d'usage des produits B.T.P. commercialisables, il nous semble fructueux d'utiliser l'analyse théorique de Cottereau dont nous citons textuellement le passage suivant particulièrement intéressant: «Si l'expression 'économie de l'espace' est une absurdité dans la mesure où l'espace en tant que tel n'est pas objet d'appropriation et de transactions, on sait par contre qu'il est possible de s'approprier une localisation, et que circulent, sur un mode non marchand, des effets externes liés à la disposition spatiale des objets. La distinction entre objets et 'objets-média' permettra de mieux situer la singularité de l'organisation spatiale du point de vue des rapports économiques. Les objets dont traite habituellement l'économie politique ont une utilité, une valeur d'usage simple, univoque, non divisible dans la circulation et les transactions. On peut définir un objet de ce genre comme le support matériel d'une valeur d'usage formant une unité non divisible en d'autres supports de valeur d'usage. Dans le cas d'un mode de production marchand, l'objet prend le statut plus spécifique encore de support matériel par lequel s'articule une valeur d'usage et une valeur d'échange.

A ce type d'objet, on peut opposer l'objet-médium qui est une valeur d'usage dont l'unité est formée par l'articulation de supports matériels d'autres valeurs d'usage. Par exemple, un ensemble d'habitations de prestige forme par lui-même une utilité spécifique, cependant que chaque habitation garde une valeur comme machine à habiter. Les effets externes décrits par différentes théories économiques sont nécessairement internes à un objet-médium ainsi que les effets d'agglomération.

Par ailleurs, les objets dont on parle ici, dans le domaine de l'organisation spatiale, sont des objets immobiles, immobiliers (parmi lesquels doivent être inclus les réseaux d'échange). Pour désigner les objets composant un objet-médium, on parlera 'd'objets-médiés'. *Une caractéristique fondamentale des objets-média est que, s'ils peuvent donner lieu à des rapports d'appropriation et d'échange,*

---

42. Collectif «Architecte», *Place du logement dans le champ d'intervention du Secours Rouge*, Paris, novembre 1971, ronéo.
43. M. Castells, *La question urbaine*, Paris, 1972, p. 172 *sq.*

ils ne peuvent être produits directement par une transformation de matière première inutile en valeur d'usage, mais peuvent seulement être formés par l'intermédiaire d'une disposition d'objets. En ce sens, ils ne sont que les effets utiles d'objets déjà produits (ou déjà là quand il s'agit de la nature 'naturelle').[44]

La combinaison de l'appropriation des objets-média et des objets-médiés dépend du mode de production ou du stade du mode de production. Dans le mode de production féodal, par exemple, la propriété foncière constitue une appropriation globale (non fractionnée) d'objets-média, avec, selon les stades, une incorporation de la propriété des objets-médiés dans les objets-média ou une séparation entre propriété imminente des objets-média et propriété subordonnée des objets-médiés.

Une agglomération urbaine peut être considérée comme un système d'objets-média. La concentration urbaine capitaliste apparaît alors comme un effet spécifique du développement des forces productives: le développement des forces de production implique l'insertion des objets immobiliers de consommation (productive ou finale) dans des ensembles d'objets-média de plus en plus différenciés et interconnectés. La concentration écologique n'en est que la conséquence la plus visible. Les objets immobiliers tendent donc à être de plus en plus médiés; en termes moins barbares, mais dans ce sens seulement, la concentration urbaine consiste en une socialisation des objets immobiliers de consommation.

Dans le même temps, le stade capitaliste libéral entraîne une appropriation fractionnée des objets-média urbains. Les objets immobiliers prennent alors un statut double: à la fois supports simples d'une valeur d'échange, et supports d'effets utiles en tant que fraction d'objets-média. Ainsi *la propriété d'un logement, dans un tel système, représente à la fois l'appropriation d'une machine à habiter et la possession d'un ticket de participation au système d'objets-média.*[45]

Les contradictions de l'urbanisation capitaliste ont leur source dans une contradiction entre la socialisation des objets immobiliers de consommation et l'appropriation fractionnée des objets-média. L'appropriation des objets-média constitue en effet une entrave à la reproduction du système. Faute d'appropriation globale des objets-média, il ne s'instaure aucun contrôle (relation d'appropriation réelle) de ceux-ci en tant que tels. *Aussi les effets utiles nécessaires ne sont pas systématiquement formés, excepté dans les cas où il est*

---

44. C'est nous qui soulignons.
45. C'est nous qui soulignons.

possible de boucler un circuit de profit;[46] contrôle d'un objet-médié—effet utile sur l'objet-médium—retour d'un profit au contrôleur de l'objet-médié à un taux suffisant. Le mécanisme joue en sens inverse pour les déséconomies externes, les nuisances. Selon la logique des mêmes structures, les propriétaires des objets-médiés, dans la proportion où ils peuvent accaparer des effets utiles d'objets-média, établissent un rançonnement de leur usage».[47]

Il est donc clair que la valeur d'usage d'une marchandise B.T.P. n'est donc pas seulement la valeur d'usage de cette marchandise en tant qu'objet, mais aussi une fraction de la valeur d'usage du système d'objets-média dans lequel cette marchandise s'insère en tant qu'objet-médié. Cette incorporation à l'intérieur d'une valeur d'usage de la valeur d'usage d'autres objets qui lui sont articulés détermine finalement la véritable valeur d'usage sociale des marchandises B.T.P. commercialisables, donc leur «qualité». A cette qualité correspondra sur le marché des biens immobiliers un prix comprenant non seulement le prix de la construction en tant que marchandise, mais aussi le prix du ticket de participation au système d'objets-média dans lequel s'insère la construction. On a ici en fait la base de ce que nous appellerons, soit un prix-monopole différentiel de situation, soit une rente immobilière différentielle, différentiels car la valeur d'usage du système d'objets-média n'est pas la même en tout point de l'espace urbain.

Il est, de plus, évident que si les marchandises B.T.P. commercialisables participent toutes à la constitution d'objets-média, c'est surtout la juxtaposition de différents types de produits B.T.P. qui en est la base, et parmi eux essentiellement les équipements collectifs. Ainsi, un logement dans une zone où il n'y a que des logements du même type, sans équipements commerciaux suffisants et sans liaisons faciles avec le reste de l'agglomération, a un niveau de valeur d'usage média quasiment nul (banlieue-dortoir, grands ensembles), alors qu'une zone bien diversifiée où l'on trouve logements, commerces, emplois et de bons équipements collectifs aura un niveau de valeur d'usage média maximum, dans la mesure où les emplois ne créent pas de nuisances. Il y a ainsi une différenciation qualitative de l'espace où sont consommés les objets immobiliers. Enfin, parmi tous les objets-médiés dont l'articulation donne un système d'objets-média, il semble qu'il faille donner une place prépondérante au réseau de transports qui assure la circulation

---

46. C'est nous qui soulignons.
47. A. Cottereau, *loc. cit.*

intra-urbaine. En effet, ce sont les équipements de transport qui permettent essentiellement les liaisons, l'articulation entre les divers objets médiés comme le montre fort bien Castells.[48]

Cet auteur met en évidence l'ensemble des possibilités d'articulation des divers produits B.T.P. entre eux dans la mesure où on matérialise dans un objet les divers éléments de la structure urbaine: éléments P: bâtiments industriels et bureaux; éléments C: logements, commerces, équipements de superstructure; éléments E: commerces; éléments G: bureaux, équipements administratifs. C'est donc bien ce type d'équipement qui est la base même du système d'objets-média et qui sera un facteur prépondérant de prix-monopole différentiel de situation.[49]

Il apparaît donc, en conclusion, que les marchandises B.T.P., objets immobiliers de consommation ont des valeurs d'usages complexes que l'on ne peut réduire à la valeur d'usage du seul cadre bâti. Il importe alors maintenant de voir comment l'ensemble des rapports sociaux détermine la consommation de ces divers objets, et donc la possibilité de fixation de prix-monopoles.

3.2.3. *La position des consommateurs par rapport au marché; ségrégation et pénurie sur le marché du logement*

Nous nous attachons essentiellement ici au marché du logement de loin le plus important quantitativement et qualitativement. Ceci ne doit pas cependant faire oublier les problèmes qui se posent, notamment pour les équipements collectifs dont la pénurie est notoire. Nous verrons d'ailleurs que cette pénurie d'équipements collectifs est liée à la ségrégation en matière de logements.[50] En ce qui concerne les biens immobiliers consommés de façon intermédiaire, le problème ne se pose pas dans les mêmes termes, étant donné les possibilités de répercussion du prix de ces produits sur d'autres produits ou services.

Lorsque l'on rapproche les tableaux 16, 17, 18, 19, 20, on prend immédiatement conscience de ce que peut être le fonctionnement normal du marché du logement, et la «souveraineté du consommateur» sur ce marché.

48. M. Castells, *op. cit.*, p. 247.
49. Si prépondérant, que c'est en général le seul facteur qui est pris en compte par les théories néo-classiques; c'est en effet le plus apparent; il apparaît même sur les cartes des valeurs foncières.
50. Ségrégation elle-même liée intrinsèquement au prix-monopole de situation introduit ci-dessus.

TABLEAU 16. *Salaire mensuel minimum, au 4ᵉ trimestre 1970, pour acquérir un certain type de logement en ayant déjà épargné et en consacrant 30% de son salaire aux dépenses de logement*

Type d'appartement	Localisation	Type de promotion et de financement	Apport initial (en francs)	Salaire mensuel minimum (en francs)
4 pièces 70m²	Région parisienne	Secteur aidé: prêts spéciaux C.F.F.	10 600	2 230
2 pièces 50m²	Région parisienne	*idem*	15 140	1 538
4 pièces 70m²	Province	*idem*	8 480	1 778
2 pièces 50m²	Province	*idem*	12 120	1 200
4 pièces 75m²	Région parisienne	Secteur libre	27 500	3 625
4 pièces 75m²	Province	*idem*	22 600	3 025

Source: Rapport de la Commission de l'habitation sur le financement du logement au cours du VIᵉ Plan.

TABLEAU 17. *Taux d'effort* pour les ménages n'ayant pas droit à un logement social et se logeant dans des logements aidés par location*

Catégorie de ménage	Localisation	Taux d'effort† pour les ménages exclus des H.L.M.O.‡ se logeant en P.S.I. locatif du C.F.F.
1 personne	Région parisienne	20
2 personnes	Région parisienne	28
3 personnes	Région parisienne	23,5
4 personnes	Région parisienne	25
6 personnes et plus	Région parisienne	20
1 personne	Province	17
2 personnes	Province	24
3 personnes	Province	18,5
4 personnes	Province	19,5
6 personnes et plus	Province	15

Source: Commission de l'habitation du VIᵉ Plan.

*Taux net plus charges (c'est-à-dire une fois comprise l'allocation logement).

†Ce taux est le taux minoré dans les estimations d'après la Commission.

‡Les plafonds H.L.M.O. sont d'environ 2 000 francs par mois pour un seul revenu par ménage et de 2 500 francs par mois pour plusieurs revenus par ménage.

Le taux d'effort est le pourcentage du salaire affecté aux dépenses de logement. On voit donc que pour les salaires inférieurs à 2 000 francs par mois, il est très difficile de louer ou d'accéder à un logement aidé et encore plus à un logement du secteur libre. Or les salaires inférieurs à 2 000 francs par mois représentent l'énorme majorité des salaires comme le montrent les tableaux suivants. Sur 15 millions de salariés représentant 80% de la population active, il y en a 12,5 millions dans l'industrie et le commerce en 1970 dont les salaires se répartissent de la façon suivante:

TABLEAU 18. *Répartition par tranches de salaire mensuel des salariés de l'industrie et du commerce en 1970*

Salaire mensuel* (en francs)	Pourcentage/ensemble	Pourcentage cumulé
Moins de 400	4,4	4,4
400—500	2,5	6,9
500—600	5,3	12,2
600—800	15,8	28,0
800—1 000	17,6	45,6
1 000—1 500	30,9	76,5
1 500—2 000	11,3	87,8
2 000—5 000	10,6	98,4
Plus de 5 000	1,6	100,0

Source: *Le Monde de l'Economie*, 25.8.1970.
*Salaire annuel divisé par 12, y compris le 13ᵉ mois et répartition des bénéfices, déduction faite des cotisations sociales.

Les 2,5 millions restant sont employés par les administrations. La répartition des salaires y est la suivante, début 1971:

TABLEAU 19. *Répartition par tranches de salaire mensuel des salariés des administrations, début 1971*

Salaire mensuel (en francs)	Pourcentage/ensemble	Pourcentage cumulé
Moins de 1 011	14,3	14,3
1 011—1 350	28,2	42,5
1 350—1 801	27,3	69,8
1 801—2 281	16,3	86,1
2 281—3 469	11,4	97,5
Plus de 3 469 F	2,5	100,0

Source: *Ibid.*, 30.3.1971.

On voit que moins de 10% des salariés ne peuvent accéder à la propriété sur le marché libre et que moins de 25% ne peuvent obtenir un logement aidé. Quant à la location, on voit que l'effort nécessaire pour les ménages (qui représentent moins de 15% du nombre total de salariés) qui ont des revenus parmi les plus élevés est en moyenne supérieur à 20%.

Cet ensemble de chiffres, bien qu'assez peu précis et homogène, est toutefois suffisant pour montrer ce que peut être «la souveraineté du consommateur» sur le marché des logements, hypothèse théorique de tous les modéles explicatifs du développement urbain et de la formation du prix du sol.[51] Le prix du logement y est fixé par l'offre et la demande, étant admis que l'habitant choisit son logement en fonction de ses diverses qualités (surface, confort, situation) et de son prix. De cette confrontation générale des offres et des demandes, découle une localisation des divers types de logements (et des autres activités) et un certain prix du terrain.

Or, l'habitant choisit-il son logement? S'il y en a qui peuvent apparemment le faire (ceux qui peuvent accéder au marché libre), car ils peuvent payer pour obtenir ce qu'ils désirent, ils n'en sont pas moins localisés d'office par l'«offre» en fonction de leur niveau de revenu. En effet, il y a en général une étroite correspondance entre le niveau de revenu et l'endroit où habitera le titulaire de ce revenu, les prolétaires étant logés là où il reste de la place. L'ensemble des caractéristiques de l'habitat est, de fait, le produit des rapports sociaux de production; cela signifie concrètement que, quand on est salarié, que l'on a un certain type de travail, un certain niveau de revenu, on est obligatoirement logé dans certaines zones, on a un logement social ou un logement libre ou un logement aidé ou alors pas de logement (au sens produit industriel). Ceci est d'ailleurs officialisé partiellement par le système de plafonds de revenus permettant l'accès aux divers types de logements sociaux et de logements aidés.

La «ségrégation sociale» laisse d'autant moins de possibilités de choix que l'on est bas dans l'échelle des revenus et que l'on est plus nombreux dans sa couche sociale. Ce qui est à la fois la base économique et la conséquence de cette ségrégation est, comme nous l'avons déjà esquissé, la différenciation du système d'objets-média s'exprimant à travers l'échelle de «qualité» des logements, échelle correspondant en gros à la stratification sociale. On ne peut changer de type de logement que si l'on change de couche sociale.

---

51. *Cf.* première partie.

«Ainsi, toutes les enquêtes sur la mobilité résidentielle montrent la quasi-absence de choix sociaux; les mouvements se font en fonction des besoins de la famille, notamment suivant la taille et à l'occasion des possibilités financières, réglées par le rythme de la vie professionnelle».[52]

Il y a une différenciation sociale de l'espace urbain qui correspond à la différenciation qualitative[53] de ce même espace. «La distribution des résidences dans l'espace produit sa différenciation sociale et spécifie le paysage urbain, puisque *les caractéristiques des logements et de leur population sont à la base du type et du niveau des équipements et des fonctions qui s'y attachent* (. . .). La distribution des lieux de résidences suit les lois générales de la distribution des produits et par conséquent, opère des regroupements en fonction de la capacité sociale des sujets, c'est-à-dire dans le système capitaliste, en fonction de leurs revenus, de leur statut professionnel, du niveau d'instruction, de l'appartenance ethnique, de la phase du cycle de vie, etc.»[54]

Ainsi, la souveraineté du consommateur est ici comme ailleurs un mythe, la réalité sociale étant le fruit du système dominant des rapports sociaux capitalistes, qui modèlent la hiérarchie des revenus, modelant par là même la hiérarchie des qualités (objets médiés et objets-média) de l'habitat. *Ces rapports sociaux se reproduisent en reproduisant avec eux la ségrégation et la pénurie dans l'espace urbain.*

Après avoir parlé de ségrégation en matière d'habitat, il faut aussi insister sur la pénurie qui transparaît aussi dans les tableaux déjà présentés. En effet, si les marchés aidé et libre ne sont pas accessibles à tout le monde, il en est de même du pseudo-marché du logement social où l'on observe encore les deux causes principales de la pénurie, à savoir qu'une grande partie de la demande n'est pas solvable étant donné le prix du logement, et que la production elle-même est notoirement insuffisante. La première cause est connue et l'on en a pour preuve la prolifération des loyers non payés dans les ensembles H.L.M., des logements surpeuplés, insalubres et vieux, les bidonvilles, la faible surface moyenne des logements. Quant à la crise de production, elle apparaît fort bien dans les tableaux suivants:

52. M. Castells, *op. cit.*, p. 217.
53. Mise en évidence en 3.2.2.
54. M. Castells, *op. cit.*, p. 218. C'est nous qui soulignons.

TABLEAU 20. *Evaluation globale des besoins annuels de construction en France en 1965*

Motif	Nombre de logements nécessaires
Accroissement du nombre des ménages	140 000
Migration vers les villes	60 000
Immigration étrangère	40 000
Relogement des occupants d'habitations précaires en 5 ans	120 000
Relogement des rapatriés en 5 ans	20 000
Suppression totale du surpeuplement en 10 ou 15 ans	145 000—100 000
Suppression du surpeuplement critique en 5 ou 10 ans	170 000— 85 000
Renouvellement du parc immobilier en 60 ou 80 ans	265 000—200 000
Total	815 000—665 000
Moyenne de la fourchette	740 000 Logements/an

Source: G. Mathieu, *Peut-on loger tous les Français?,* Paris, 1963.

TABLEAU 21. *Réalisations de 1965 à 1970*

Année	1965	1966	1967	1968	1969
Nombre de logements réalisés (en milliers)	411,6	414,2	422,9	411,0	427,0

Source: Ministère de l'équipement et du logement.

Cette crise de production est une crise structurelle comme nous l'avons déjà noté en étudiant la branche de production B.T.P. Il nous reste maintenant à examiner comment se révèle cette crise dans la sphère de circulation des produits B.T.P., étude qui nous permettra ensuite d'analyser les structures résultant de l'ensemble des rapports sociaux existant dans l'espace urbain et plus spécifiquement dans le sous-espace de production-circulation-consommation des marchandises B.T.P.

3.3. LA SPHÈRE DE CIRCULATION

La sphère de circulation est l'espace de reproduction des rapports marchands où se reproduisent et s'accumulent le capital commercial et le capital bancaire. Dans le cas du procès de production des marchandises B.T.P., cette sphère joue un rôle prépondérant, car c'est le lieu où se décide réellement la production. Etant donné l'importance des produits, il doit y avoir un maître d'ouvrage qui décide de la production, quand il sait qu'elle pourra être écoulée sur le marché. Ce maître d'ouvrage, promoteur ou aménageur, est aussi le capitaliste commerçant qui réalise alors cette production. Il est, de plus, important de distinguer dans cette sphère le capital bancaire qui sert au financement de la production (crédits aux promoteurs et aux constructeurs) et celui utilisé comme post-financement, c'est-à-dire comme financement de la réalisation de la production ou encore comme financement de la consommation, (crédit d'accession à la propriété pour les ménages).

3.3.1. *Promotion immobilière et financement de la construction*

Nous n'allons pas refaire un historique de l'évolution de la fonction de promoteur; nous renvoyons pour cela à l'étude de Topalov.[55]
En effet nous nous sommes placés ici délibérément à un moment de l'évolution de la formation sociale capitaliste, au stade actuel. Notre analyse est essentiellement synchronique; ainsi nous n'avons considéré que les produits B.T.P. en tant que marchandises, alors que leur pleine essence de marchandise capitaliste n'est qu'assez récente. Elle correspond au stade actuellement atteint par la promotion immobilière, séparée à la fois de la propriété foncière purement rentière et de la consommation.

3.3.1.1. *Qu'est-ce qu'un promoteur actuellement?*

Le groupe «Organisation et structure de la profession» de la Commission habitation du VIe Plan[56], s'attachant aux diverses apparences juridiques et financières des promoteurs, est bien ennuyé pour trouver une définition de la «fonction de promoteur». Il finit par la donner comme une combinaison de quatre critères à plusieurs arguments à savoir, statut juridique, initiative de l'acte de construire, organisation financière et responsabilité économique de la livraison du produit terminé. Si cette définition permet de classer tout ce que l'on veut appeler promoteur, elle reste descriptive et peu utile du point de vue analytique, mélangeant des éléments relevant

55. C. Topalov, *Les promoteurs immobiliers*, Paris, 1973.
56. Commission habitation du VIe Plan, *Rapport Habitation*, Paris, 1972.

de niveaux différents. Topalov, à juste titre, considère uniquement le critère d'organisation financière, c'est-à-dire, en fait, qu'est promoteur le seul agent économique dont la fonction est «d'assurer la gestion du capital commercial dans sa phase de transformation en marchandise-logement.[57] Notons tout de suite que ce qu'il appelle capital commercial est l'ensemble du capital promotionnel qui, pour nous, ne se réduit pas à du capital commercial, au sens strict. Pour Lipietz, le promoteur désigne tantôt le gérant, tantôt le propriétaire du capital promotionnel. Ces deux dernières définitions qui ne font que renvoyer le promoteur à l'ensemble du capital qu'il met en oeuvre, sont bonnes, mais appellent une précision, à savoir la définition précise du *capital promotionnel* (ou commercial). Ce capital *est l'ensemble du capital nécessaire à la mise en oeuvre d'une opération immobilière, de l'achat de terrains jusqu'à la réalisation des produits, l'origine de ce capital à ce niveau de définition important peu. Il comprend donc les capitaux consacrés à l'achat de terrains et de son équipement, à l'achat de la production de l'entrepreneur B.T.P., y compris les frais de maître d'oeuvre et de bureaux d'études ainsi que les frais proprement commerciaux.* Castells privilégie, quant à lui, l'aspect commercialisation de la production dans la fonction de promotion: «A l'origine, le promoteur a été (jusqu'en 1963) un intermédiaire, opérant uniquement à partir des fonds des acquéreurs éventuels, et chargé de mener à bien une opération immobilière. Après la crise de mévente de logements, motivée par un excès d'euphorie en ce qui concerne la fabrication de la demande, la promotion est devenue une véritable entreprise, très souvent soutenue directement par une banque, et qui cherche à établir un marché de la construction, en préfabriquant la demande suivant des techniques publicitaires bien connues et en jouant sur l'insécurité entretenue par la crise du logement dans les couches moyennes de la population, susceptibles d'acheter un logement, si des mécanismes de crédit sont mis en place».[58] Toutes ces définitions, bien que justifiées, ont cependant le défaut de privilégier un aspect de la fonction de promoteur et de passer sous silence le fait que le promoteur n'est pas seulement en relation avec des entrepreneurs et des consommateurs, *mais aussi et tout d'abord avec un propriétaire foncier*, et que ces divers rapports interfèrent entre eux nécessairement. Il est donc nécessaire de spécifier notre concept de promoteur en tenant compte de ce rapport.

57. D'après A. Lipietz, *op. cit.*, t. I, p. 40.
58. M. Castells, *op. cit.*, p. 202.

Un promoteur est un propriétaire foncier-capitaliste marchand dont l'activité consiste dans «la création d'une opération, sa gestion administrative et la commercialisation du produit» (par création d'une opération, nous entendons non seulement conception, mais aussi acquisition du moyen de production principal: le sol). Cela signifie, en renvoyant le promoteur au capital qu'il reproduit et accumule, que le capital promotionnel est une combinaison de capital foncier et de capital commercial, et que seule la propriété du capital foncier permet aux promoteurs d'être les agents dominants du procès de production B.T.P.; ils commandent les produits, ils passent les marchés et choisissent les entrepreneurs, et cela, ils peuvent le faire parce qu'ils ont préalablement acquis le monopole du sol.[59]

Cette acquisition préalable du sol, et donc du monopole, nous ramène indirectement au critère de Topalov, à savoir l'organisation financière de la promotion. Les promoteurs doivent réunir un capital suffisant pour acheter le terrain et ensuite faire produire dessus.

---

59. Pour A. Lipietz (*op. cit.*, t. I, p. 47), le capital promotionnel est composé de capital foncier et de capital productif. S'il voit bien, ce qui est fondamental, qu'une partie du capital promotionnel n'est pas du capital commercial puisque le terrain n'est pas une marchandise qui ait une valeur, mais un capital qui sert à acheter une rente, il ne tire pas néanmoins toutes les conséquences de cette distinction; ce qui lui fait commettre l'erreur de faire disparaître en fait tout capital commercial du procès de production du cadre bâti. En effet, Lipietz, d'une part, va laisser inexpliqué le mode de rémunération (circulation) du capital foncier promotionnel, le promoteur n'étant pas considéré comme propriétaire foncier, d'autre part, ne voit pas que le caractère de «maître d'ouvrage» du promoteur est lié à sa position de propriétaire foncier, position qui lui permet de décider de l'usage du sol (c'est-à-dire, du type de production sur le sol) et donc de contrôler le procès de production. Le promoteur contrôle le procès de production en tant que propriétaire foncier, mais ne dirige pas le procès de travail, direction qui est le fait de l'entrepreneur B.T.P. qui avance le capital productif. Cependant, pour imposer un type de production dans le cadre bâti, le promoteur doit assurer une rotation convenable du capital productif, sinon il ne trouve pas d'entreprise B.T.P. pouvant supporter une rotation lente de son capital; c'est ce qu'il fait à travers sa fonction de capitaliste commercial dans le cadre de la procédure d'achat de la production au capital productif sur situation mensuelle. On ne peut pas, en effet, considérer l'avance mensuelle du promoteur comme une avance en capital productif puisqu'elle sert à réaliser la fraction de marchandise produite dans le mois précédent par l'entreprise B.T.P., celle-ci ayant préalablement avancé un capital productif pour produire cette fraction de marchandise; cette avance du promoteur est bien, il nous semble, une avance en capital commercial. Remarquons enfin que contrairement à ce qui peut ressortir de la méthode précédente d'exposition, c'est la fonction de capitaliste commercial qui est déterminante chez le promoteur, et que celui-ci n'utilise la propriété foncière qu'à des fins d'accumulation dans la sphère de circulation.

De ce point de vue aussi, le promoteur est alors un surgeon du capitalisme rentier. En effet, on voit maintenant que ses deux principales fonctions *a priori* sont, d'une part d'être un «bon» financier en réunissant du capital de prêt à son capital propre (l'existence d'un capital propre n'est pas d'ailleurs toujours nécessaire), d'autre part d'être un «bon» propriétaire foncier. De plus, dans la mesure où il délègue les responsabilités de création physique du produit aux maîtres d'oeuvre dans la plupart des cas, sa dernière fonction essentielle est celle de vendeur. Le capital promotionnel prend donc deux formes dichotomiques successives; en amont de l'opération on a:

$$\text{capital bancaire} + \text{capital propre} = \text{capital promotionnel}$$

au moment de l'opération, on a:

$$\text{capital promotionnel} = \text{capital foncier} + \text{capital commercial}$$

et en aval, après réalisation, on a:

$$\text{capital foncier} + \text{capital commercial} = \text{capital promotionnel} + \text{bénéfices}$$

celui-ci se ventilant en:

$$(\text{capital bancaire} + \text{intérêts}) + (\text{capital propre} + \text{bénéfices propres})$$

3.3.1.2. *Capital bancaire et capital propre: financement de la promotion et structuration des promoteurs sur les marchés de produits B.T.P.*

Il est nécessaire de voir concrètement les diverses modalités de financement de la promotion et les structures économiques du système promotionnel qui en découlent. Cependant, auparavant, il faut préciser ce que l'on entend par capital propre. *Le capital propre est un capital qui s'investit pour être rémunéré par du profit d'entreprise.* Le capital bancaire représente, lui, le capital de prêt qui est rémunéré par l'intérêt. Le capital propre peut donc, bien entendu, être du capital financier appartenant à une banque et le promoteur peut alors ne plus être une personne physique, mais une personne morale, par exemple une société de promotion pouvant réunir divers capitaux propres. La distinction faite ici entre capital propre et capital bancaire est donc du même type que celle faite juridiquement entre actions et obligations.

A. *Modalités de financement et structure financière des promoteurs: la relation promoteur-prêteurs.* Les modalités de financement

sont, de fait, dépendantes du marché de produits desservi. Or, en l'état actuel, il existe, en France, trois marchés complètement fractionnés de produits B.T.P. commercialisables:
— le marché H.L.M. englobant toutes les catégories de logements sociaux,
— le marché des logements aidés par primes et prêts du Crédit foncier de France (C.F.F.),
— le marché libre pour logements théoriquement de qualités supérieures, bureaux et commerces.

A ces divers marchés, correspondent des sources de financement de la promotion spécifiques. On voit dans le tableau suivant l'évolution de ces sources de financement au cours de ces dernières années.

TABLEAU 22. *Evolution des sources de financement du logement sur la période 1964-1969*

(en millions de francs)

Source de financement	1964	1965	1966	1967	1968	1969
Prêteurs à caractère public	5 048,2	6 008,1	6 574,2	8 090,2	8 963,3	10 034,5
C.F.F. et Comptoir des entrepreneurs	4 039,4	4 141,5	4 781,1	4 994,9	5 017,4	5 854,9
Secteur bancaire	4 546,1	5 925,3	7 878,3	10 721,8	15 752,9	18 812,2
Divers	1 893,9	2 267,3	2 205,8	2 004,7	1 400,1	1 982,0
Total	15 527,6	18 342,5	21 439,4	25 812,0	31 133,7	36 683,6

Source: Commission de l'habitation du VI⁺ Plan.

Sur ce tableau, on retrouve l'insuffisance du secteur libre pour satisfaire les besoins sociaux, mais on remarque une nette remontée du financement privé (il passe de 30% en 1964 à 52% en 1969) due au fait que, d'une part, la demande solvable a cru ces dernières années (recrudescence des placements immobiliers, politique d'épargne) du fait d'un accroissement considérable des disponibilités monétaires, et que d'autre part, l'Etat a pratiqué une politique facilitant l'entrée des capitaux privés dans la promotion du cadre bâti. De plus, dans ce tableau, en dehors du fait que ces données statistiques regroupent pré- et post-financement de la promotion, ainsi que le financement de l'acquisition d'anciens logements et du gros entretien (en 1969, 9 109,1 millions sur le total de 36 683,6 soit environ 25%), les prêteurs à caractère public correspondent en gros aux financeurs de l'offre sur le marché H.L.M., le C.F.F. à la majeure partie du financement sur le marché aidé, et le secteur bancaire (et divers) au financement du marché libre (avec le marché aidé pour le post-financement). Cependant, on observe souvent, et ce d'autant plus facilement que les promoteurs privés ont maintenant accès au marché aidé et bientôt au marché H.L.M., des combinaisons, dans chaque opération, de diverses sources de financement. A ces diverses combinaisons de capitaux propres et de capitaux bancaires correspondent des catégories de promoteurs. Ainsi, par exemple, «les prêts de l'Etat (C.P.H.L.M.) ne sont attribués qu'à des organismes H.L.M., *ad hoc*, au capital faible, (offices publics, sociétés anonymes), et sont assortis de conditions sur les prix des produits et sur la charge foncière, le financement complémentaire de ces promoteurs vient de la Caisse des dépôts et consignations (C.D.C.), du 1% patronal et des compagnies d'assurances». D'un autre côté, «les prêts du Crédit foncier peuvent se combiner avec des capitaux promotionnels propres de différentes types: semi-publics (sociétés d'économie mixte), collectés sur décisions publiques (Confédération interprofessionnelle du logement), para-publics (groupe de la Caisse des dépôts; S.C.I.C.)». Enfin, «les capitaux privés peuvent être français ou étrangers, flottants ou durablement investis».[60]

Les modalités mêmes d'intervention des capitaux privés sont nombreuses. Le rapport «Habitation», quant à lui, distingue trois types principaux de structure, chacune correspondant à des combinaisons différentes entre capital propre et capital bancaire. Le premier type est «*la structure classique de prestataire de services*», où le capital propre du promoteur est nul; elle représente environ 15% du total des promoteurs. Le second type est «*la structure organisée*», où il y a association de capital promotionnel propre et de capital bancaire provenant de personnes physiques, d'institutions financières ou encore des sociétés financières, mères des sociétés de promotion concernées. Enfin, «*la structure intégrée*», dans laquelle il n'y a pas de capitaux bancaires car tout le capital investi est du capital d'entreprise, rassemble soit des petits pro-

---

60. *Ibid.*, t. I, p. 56.

moteurs locaux ne «travaillant» qu'avec leur capital personnel, soit des promoteurs importants, directement dépendants de groupements financiers eux-mêmes importants. «Il semble que près de 30% des entreprises de promotion interrogées par les organisations professionnelles déclarent travailler avec leurs capitaux seuls, à l'exclusion de tout apport d'investissement extérieur». Dans le même ordre d'idées, Topalov distingue les promoteurs indépendants, les promoteurs sous contrôle et les promoteurs filiales. Si la structuration financière de la promotion immobilière est importante comme contrainte préalable, dans une période donnée de son fonctionnement et de son développement, elle n'est pas indépendante de sa structuration économique.[61]

B. *Structuration de la promotion en tant qu'offre de produits sur le marché.*[62] Il existe en France, en 1972, d'après l'I.N.S.E.E., environ 1 500 promoteurs privés de logement. Ce chiffre ne tient pas compte du nombre assez considérable de promoteurs «à existence locale et éphémère». En dehors de ce fait, la promotion se caractérise tout d'abord par un morcellement géographique considérable des entreprises. Ce morcellement, en ce qui concerne les promoteurs publics et semi-publics, est essentiellement dû à leur dépendance vis-à-vis d'autorités territoriales comme les communes ou les départements. Pour les entreprises privées, c'est une conséquence directe du morcellement géographique du marché des logements et de la caractéristique suivante: la production commercialisée par entreprise est réduite et «la petite et moyenne entreprise domine la promotion de logement».

Enfin, un grand nombre de promoteurs ne se contente pas des seules activités de promotion. Un grand nombre (40 à 50%) y associe des activités d'agent immobilier et d'administrateur de biens, et un nombre plus restreint (10 à 20%) y associe des activités d'entrepreneur B.T.P. ou d'études techniques.

De ces caractéristiques ressort le fait que la promotion immobilière est faiblement concentrée surtout dans le secteur privé. Cette atomicité du capital promotionnel, ainsi que le caractère aventurier et rentier de cette activité, sont dignes des débuts de la

---

61. Notons, de plus, que l'importance du capital bancaire est grande en ce qui concerne la concentration de la propriété foncière au sein du capital financier, la relation promoteurs/prêteurs étant une relation de transfert de la propriété foncière réelle. Sur ce point, voir ci-dessous.

62. Commission habitation du VI⁰ Plan, *op. cit.*, t. II, p. 252 *sq.*

formation sociale capitaliste. Le promoteur moyen est un débrouil-
lard qui sait prendre des risques parce qu'ils rapportent beaucoup et
vite; aussi ne s'embarrasse-t-il pas d'une moralité encombrante et
ne néglige-t-il pas les bénéfices extra-capitalistes. Cette image classique du promoteur de scandales, reflet des caractéristiques objectives précédentes, n'est que la traduction subjective de la projection dans la sphère de circulation, de conditions économiques liées
à la persistance de rapports sociaux de production «précapitalistes»,
à savoir essentiellement les rapports de propriété foncière. Ces conditions[63] se projettent d'ailleurs dans la sphère de production suivant
une structure comparable.[64]

La description des structures économiques de la promotion dans
leur état actuel, qui ne souligne que la position des promoteurs sur
le marché B.T.P., n'est pas suffisante. Elle ne permet pas de mettre
en évidence la superposition des rapports de propriété foncière et
des rapports marchands dans les relations qu'entretiennent les
promoteurs avec les propriétaires fonciers en amont et les entrepreneurs B.T.P. Pour cela, il faut étudier avec plus de précision le
procès de création des opérations immobilières.

3.3.1.3. *Capital foncier et capital commercial: création des opéra-*
tions immobilières, achat de terrain et choix d'une
entreprise B.T.P.

Nous avons vu, lorsque nous avons défini le concept de promoteur qu'une des conditions préalables de la promotion était
l'acquisition de terrain et avec elle, de la propriété foncière. Or, pour
participer au monopole de la propriété foncière, le promoteur,
n'étant pas en général, au stade actuel du capitalisme, propriétaire
lui-même, doit se mettre en rapport avec un propriétaire foncier.

A. *Le transfert de propriété foncière: la relation rentier/promoteur.*
Le propriétaire foncier avec lequel le promoteur entre en rapport est
soit un aménageur, soit un simple propriétaire foncier qui sera alors

---

63. Nous l'avons vu en 3.1.
64. D'ailleurs, la politique de «modernisation» de la production se retrouve ici. En
effet, on constate une «modernisation» de ces rapports «précapitalistes», menée par
la fraction de la promotion liée au capital financier. Diverses mesures juridiques tendent à empêcher l'entrée dans la promotion d'aventuriers assoiffés, et à pousser à la
concentration des entreprises: politique Chalandon, code de la profession, garantie
bancaire, etc.

appelé «rentier».[65] Laissons de côté pour l'instant le cas de l'aménageur que nous examinerons plus loin. On ne considère donc que le rapport rentier/promoteur. Quelle est la nature de ce rapport? A première vue, c'est un rapport de propriétaire foncier à capitaliste, le promoteur étant considéré par le rentier comme un capitaliste qui va produire sur son terrain. Or si l'on approfondit, ceci paraît erroné: c'est en fait un rapport de rentier à rentier. En effet, d'une part le promoteur ne produit pas lui même sur le terrain, il fait produire par un entrepreneur B.T.P., et entretient avec celui-ci de ce point de vue une relation de propriétaire foncier à capitaliste exploitant (voir ci-dessous); d'autre part, la base de détermination du prix du sol est le niveau atteint par la rente au moment de la transaction au mieux augmentée d'une rente d'anticipation sur les rentes à venir. Il est vrai que, dans la mesure où le promoteur a une activité de capitaliste marchand, il peut, sur le terrain, faire sur son capital commercial un surprofit commercial transformable en rente. Cependant, ce surprofit est secondaire, comparé à l'importance du surprofit de production et des prix-monopoles. *La relation rentier/ promoteur est plus une relation de transfert de la propriété foncière qu'une expression d'un rapport de propriétaire foncier à capitaliste exploitant.*[66] Ceci est très important car le capital investi par le promoteur dans l'achat de terrain, c'est-à-dire le capital foncier du promoteur, n'est donc pas une perte, une immobilisation passive comme il est considéré généralement, mais au contraire un capital producteur de rente; c'est ce capital seul qui permet au promoteur de confisquer à l'entrepreneur B.T.P. son surprofit. Le prix d'acquisition du sol, et donc la valeur du capital foncier, est alors fonction d'un rapport de force entre rentier et promoteur, rapport déterminé tant par des données subjectives qu'objectives. Le rentier cherche à anticiper le plus possible sur l'ensemble des rentes futures du promoteur, et ce, plus que sur son surprofit proprement commercial. Il est vrai que, pour les économistes bourgeois, cette distinction doit sembler abstraite, étant donné que, dans le bénéfice des promoteurs, ils ne distinguent pas profit et rente. Or, cette distinction est fondamentale, car elle est une base nécessaire d'explication de la crise de production et donc des difficultés de développement du capitalisme

---

65. Si le propriétaire foncier est aussi un propriétaire immobilier, cela ne change rien à la nature du rapport entre lui et le promoteur; cela ne fait que modifier la taille du capital foncier.
66. En tout état de cause, il y a superposition des deux rapports avec domination de l'un sur l'autre dans le rapport rentier/promoteur.

dans la branche bâtiment et travaux publics. On le voit immédiatement en étudiant la relation promoteur/entrepreneur.

B. *La mise en oeuvre de la production: la relation promoteur/ entrepreneur.* Ayant décidé d'une opération immobilière et étant propriétaire du terrain devant supporter la production, le promoteur fait alors intervenir une entreprise de production B.T.P. Il a alors la position d'un propriétaire foncier faisant intervenir un capitaliste exploitant sur son terrain. Cependant, ce rapport de propriété se double d'un autre qui est un rapport marchand capitaliste producteur/capitaliste commerçant. En effet, pour réaliser la rente foncière découlant du premier rapport, le promoteur doit organiser et commercialiser la production, puisque celle-ci immobilise le terrain (ceci peut d'ailleurs lui permettre, en outre, l'accaparement d'une rente immobilière). Ainsi la domination par le promoteur du procès de production est totale. L'entrepreneur ne voit jamais, en effet, le surprofit; celui-ci est automatiquement transformé en rente, le promoteur payant le produit au prix de production et ce, au fur et à mesure du procès de travail. Le capital commercial du promoteur consiste essentiellement en cet achat du produit au coût de production à l'entrepreneur, le reste étant constitué par les frais de conception, de contrôle et de surveillance des travaux, et par les frais de commercialisation.

La pratique des promoteurs est facilitée, autant qu'elle l'entretient, par la concurrence très vive entre les entreprises de production. En effet, les procédures de dévolution des marchés et les contrats de construction, reflets directs de la position de propriétaire foncier des promoteurs, rendent difficile l'accumulation rapide du capital des entreprises B.T.P. Elles ne bénéficient nullement de leurs augmentations de productivité. Elles sont obligées pour dégager un profit suffisant de peser sur le taux de plus-value.[67] La parcellisation des opérations entraîne une parcellisation des entreprises. Enfin, tout autant que découlant de la spécificité du procès de travail dans la branche, la procédure des avances à la production ou son équivalent, la procédure de paiement de la production sur situations mensuelles, est aussi une pratique traduisant l'état de dépendance des entreprises vis-à-vis de la promotion immobilière. Cette dépendance surveillée ressemble assez à celle qui était en vigueur dans les manufactures. L'entrepreneur, avec ses outils (capital et

---

67. Ou de prélever sur le surproduit des petites entreprises artisanales par la sous-traitance.

force de travail) vient s'installer chez le promoteur pour y travailler. Celui-ci le place sous la surveillance de son architecte et de son bureau d'études techniques et de coordination, et le paye tous les mois pour le travail accompli. Lorsque le travail est fini, l'entrepreneur s'en va avec ses outils; il a été payé comme prévu au contrat (il n'est pourtant pas quitte, il doit garantir le produit pendant un certain temps prévu au contrat lui aussi). Le promoteur dispose alors du produit comme il l'entend. Cette vision apitoyante des rapports entre promoteurs et constructeurs, bien que schématique, traduit assez correctement la réalité; on la retrouve dans le rapport du Comité B.T.P. du VIe Plan, rapport qui est le cahier de doléances le plus officiel des entrepreneurs.[68]

On voit que la superposition des rapports de propriété aux rapports marchands entre entrepreneurs B.T.P. et promoteurs immobiliers est l'obstacle majeur au développement du capitalisme dans cette branche de production. Elle entraîne, de plus, que la rémunération du capital promotionnel, rémunération qui a pour base l'extraction de plus-value dans les entreprises B.T.P. (et aussi des prix-monopoles sur le marché des produits), peut facilement dépasser le profit moyen normal. Cette rémunération est d'ailleurs composée de rente foncière, rémunérant le capital foncier, de profit rémunérant le capital commercial, et dans certains cas aussi de surprofit commercial et de rente immobilière.[69]

Ceci ne doit cependant pas faire oublier que le promoteur est un capitaliste au sens où le seul but de son activité est de faire fructifier son capital dans lequel il ne distingue pas en apparence le foncier du commercial, mais seulement le capital propre du capital bancaire. Ceci nous amène au modèle de Topalov.

C. *Le modèle de Topalov.* Topalov dans son étude[70] donne un

---

68. Cependant, ce n'est pas aussi simple que cela. On est, en effet, au coeur du problème de la caractérisation du rapport de propriété foncière comme rapport capitaliste de distribution ou comme rapport de production (*cf.* P.-P. Rey, *Les alliances de classes*). Disons simplement qu'on est en présence d'une double dépendance: dépendance des entrepreneurs vis-à-vis des promoteurs pour entreprendre la production, et dépendance des promoteurs vis-à-vis des entrepreneurs pour l'extorsion de plus-value. Le promoteur n'est pas uniquement un propriétaire foncier, et ce qui est plus important à nos yeux, c'est que par l'intermédiaire de l'agent promoteur, *le capital investit la propriété foncière et n'a plus dès lors intérêt à la détruire.*

69. *Cf.* la quatrième partie.

70. C. Topalov, *op. cit.*, p. 60-67.

modèle qui représente fidèlement la pratique immédiate du promoteur. Nous donnons ici textuellement l'exposé qu'en fait Lipietz: «Il s'agit ici d'une grande opération, où le capital qui circule effectivement comprend: le capital promotionnel proprement dit, du capital de prêt, et, progressivement, l'argent des premières ventes qui fonctionne en préfinancement des dernières tranches, le tout sous la 'propriété réelle' du promoteur.

Le capital propre C, auquel s'adjoint ici un capital de prêt C_b, fonctionne d'abord en capital foncier K_f. Puis la construction commence et le capital investi croît: $K(t)$. Puis les ventes commencent, le chiffre d'affaires cumulé $V(t)$ croît. On suppose le dernier appartement vendu à la date où il est fini. K est alors le prix de revient, V le chiffre d'affaires total, M la marge ($M = V - K$).

t_o: achat du terrain

t_f: mise en chantier

t_2: fondations, début des ventes (la législation actuelle interdit de vendre sur plans avant que les fondations ne soient réalisées)

t_b: fin de remboursement du prêt bancaire, début de la réalisation de C

t_m: début de la réalisation du profit

t_3: fin de l'opération

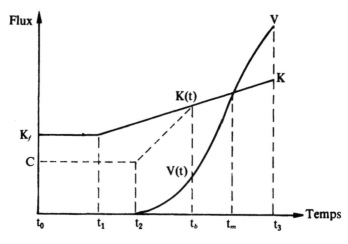

soient $T_b = t_b - t_o$ et $T = t_3 - t_o$. Ces deux temps dépendent du rythme des ventes, donc du prix de vente choisi P, et de l'état du marché (E). T_b et C_b dépendent du capital juridiquement promotionnel investi («capital commercial» de Topalov) et du capital total investi. Le profit du capital promotionnel est $M' = M - I$; I étant l'intérêt de C_b, assimilable à $I = i\,C_b.T_b$ (i, taux d'intérêt). Le taux de profit est donc: $pr' = M' / C.T$, d'où:

$$pr' = \frac{V - K - i.C_b(K,C,P,E).T_b(K,C,P,E)}{C.T(P,E)}$$

La tactique du promoteur peut donc jouer sur: la taille des opérations (K), la part de son investissement propre (C), le prix P (c'est-à-dire la marge)».[71]

Ce modèle, justement parce qu'il reste au niveau des apparences, c'est-à-dire de l'idéologie des promoteurs, ne peut expliquer fondamentalement le procès de production. Il met en avant le rôle de certaines variables dont essentiellement le temps du procès de production. Celui-ci, en effet, joue sur le niveau du taux de profit, et Topalov ne fait par là que montrer un résultat connu qui est l'influence de la vitesse de rotation du capital sur le taux de profit. Les variables à la disposition du promoteur mises en avant sont bien sûr importantes; cependant, il nous semble qu'il en manque une primordiale, à savoir la détermination du niveau du capital foncier, détermination qui ne peut être opérée dans le cadre ci-dessus présenté de cet auteur, pour qui tout le capital promotionnel est du capital commercial. Nous verrons dans la quatrième partie comment se détermine le niveau de K_f. Pour cela, nous supposerons un niveau donné de capital commercial, mis en oeuvre pendant toute la durée du procès de production; on négligera ainsi le pré-financement par les premières tranches de vente et l'introduction progressive du capital commercial, ce qui compliquerait l'explication. Il serait alors simple de les prendre en compte après, en considérant que, compte tenu de ces mécanismes, ce n'est pas tout le capital mais seulement une fraction qui a été investie dans le procès de production, tout en conservant une détermination du profit correspondant à l'ensemble du capital.

3.3.2. *L'aménagement: promotion d'équipement collectif*

Nous avons vu que, parfois, le promoteur n'entrait pas en contact directement avec un rentier pour l'achat de terrains; il traite avec un aménageur. La description de la sphère de circulation du capital promotionnel ne serait pas complète, si l'on oubliait les aménageurs, agents de plus en plus souvent présents entre rentiers et promoteurs proprement dits.

---

71. A. Lipietz, *op. cit.*, t. I, p. 52 *sq.*

L'aménageur est un promoteur d'aménagement, c'est-à-dire d'équipements collectifs. Il revend les terrains équipés suivant diverses modalités liées aux types d'équipements produits.[72] En effet, l'aménageur ne rentre en relation avec des promoteurs que pour ce qui est terrain équipé, c'est-à-dire terrain aménagé par des équipements d'infrastructure secondaire. Quant aux autres équipements, ils ne font pas en général l'objet d'une vente directe; ce sont des «biens collectifs». Il est toutefois possible que certains équipements de ce type puissent être considérés comme commercialisables (concessions), vu leur nature commerciale; il en est ainsi des piscines, des casinos, des théâtres, etc. Dans un tel cas, l'aménageur doit être considéré comme un pur et simple promoteur de commerces, alors que dans le cas d'équipements—biens collectifs non commercialisables—, l'aménageur public doit être considéré comme le propriétaire final de l'équipement, et il est alors promoteur-propriétaire immobilier. De toute façon, dans ces deux derniers cas, le procès de production s'arrête à l'aménageur. La relation rentier/aménageur est formellement du type rentier/promoteur analysé précédemment; cependant, le caractère le plus souvent public de l'aménageur de ces types d'équipements collectifs peut introduire un déséquilibre dans la relation en faveur de l'aménageur (bien que tout dépende, dans ce cas, de qui est expulsé-exproprié).

En fait, le cas qui nous préoccupe ici est surtout le premier décrit: l'aménageur s'intercale entre rentiers et promoteurs. Il y a dédoublement de la relation de transfert de propriété foncière en deux relations rentier/aménageur et aménageur/promoteur.

3.3.2.1. *La relation rentier/aménageur*

Cette relation ne peut qu'être exactement du type de celle existant entre rentier et promoteur. En effet, l'aménageur est un promoteur d'équipement; il achète un terrain, fait produire dessus par une entreprise de travaux publics, et le revend avec son équipement au promoteur. L'aménageur ne produit pas lui-même sur le terrain; il est propriétaire foncier et utilise ses droits de propriété foncière de la même façon qu'un promoteur de construction. Le rentier peut néanmoins considérer l'aménageur comme un commerçant s'installant sur son terrain et donc susceptible d'y faire du surprofit commercial transformable en rente. Or, en dehors du fait que, comme nous le verrons, il ne peut exister de rente absolue commerciale, le sur-

---

72. Voir à ce sujet les distinctions opérées en 3.2.1.

profit proprement commercial ne peut être que faible comparé à la rente foncière de production.[73] C'est donc un rapport secondaire que le rapport de propriété dans la relation rentier/aménageur; le rapport principal et dominant est un rapport de propriétaire foncier à propriétaire foncier, c'est-à-dire de transfert de la propriété foncière, et ceci même et surtout quand l'aménageur est un aménageur public.

3.3.2.2. *La relation aménageur/promoteur*

Il est ici plus difficile de trancher pour savoir si cette relation recouvre plus un rapport de propriétaire à capitaliste ou une cession de propriété. Si l'on suppose un aménageur capitaliste privé, il est clair qu'il ne fait intervenir un promoteur que comme capitaliste producteur de logement et donc pour en retirer une rente supplémentaire. Cependant, ce cas est rare. En effet, la fonction du promoteur est alors superflue, et un tel type d'aménageur aura intérêt à promouvoir lui-même la construction, sans faire intervenir de promoteur, car il pourra s'assurer ainsi l'intégralité de la rente extraite à l'entrepreneur de construction (en dehors, bien entendu, de la partie concédée au rentier). C'est d'ailleurs le cas des quelques exemples d'aménageurs privés que l'on a en France. Au contraire, en général, les aménageurs n'interviennent que pour coordonner et organiser, en tant que personnes publiques, l'action des divers promoteurs, afin de rationaliser le développement urbain. Ils ne se substituent pour ainsi dire jamais aux promoteurs, et dès leur tâche d'équipement et de zoning terminée, ils cèdent la place à ceux-ci, avec, bien entendu, la propriété foncière. Le coût d'équipement apparaît donc comme une composante du prix du terrain nécessitant une immobilisation de capital au même titre que le terrain lui-même. Cependant, on pourrait aussi considérer ce coût d'équipement comme un coût de production des produits B.T.P. finals, entrant donc dans le capital commercial du promoteur; ceci doit être notamment le cas quand le promoteur équipe lui-même son terrain (pas d'aménageur). Le problème qui se pose ici est celui, vu dans la deuxième partie, du capital incorporé dans le sol, propriété du propriétaire foncier. De toute façon, nous verrons que ces deux cas donnent le même résultat du point de vue de la reproduction du capital promotionnel.

Ainsi, dans le mesure où il y a superposition de deux types de rapports sociaux (transfert de propriété foncière et vente d'une marchandise) dans la relation aménageur/promoteur, il est difficile de

---

73. Voir à ce sujet ci-dessous nos observations sur le surprofit commercial en 4.1.

trancher pour savoir si le capital avancé par le promoteur dans l'équipement du terrain est rémunéré par de la rente ou du profit. Il peut très bien l'être par les deux.[74]

Enfin, dans le cas où l'aménageur est un aménageur public, tenu seulement à équilibrer son budget, il ne rémunérera pas son capital promotionnel au taux moyen de profit du secteur capitaliste. Il y aura alors transfert de rente et de profit en amont ou/et en aval, c'est-à-dire vers les rentiers (rente d'anticipation forte), ou/et vers les promoteurs. Il y a là une base d'explication de la largesse des juges fonciers en matière d'expropriation. Pour les promoteurs, cette intervention du capital public d'aménagement peut permettre des surprofits plus élévés. Notons enfin, que ceci s'applique aussi aux zones d'activité de pointe ou zones industrielles où les promoteurs sont alors des industriels promouvant leurs propres bâtiments industriels.

3.3.2.3. *La relation aménageur/entrepreneur T.P.*

L'aménageur fait produire des équipements sur son terrain par des entreprises de travaux publics. Il y a alors ici un rapport typique de propriété foncière, et il n'est pas nécessaire de répéter ce qui a été déjà dit.[75] Disons seulement que dans le cas de l'aménagement, étant donné le monopole des pouvoirs publics (80% du marché des travaux publics), dû à la concentration des fonctions d'aménagement et d'équipement collectif, les conditions d'appropriation du surprofit sont plus spécifiques.

3.3.3. *Post-financement de la production: capital bancaire et crédit d'accession à la propriété*

Il existe deux statuts principaux de consommation des produits B.T.P.: la location et l'accession à la propriété.

Dans le cas d'une location, le capital bancaire n'intervient pas directement pour post-financer la promotion en finançant la consommation puisque le consommateur paye au fur et à mesure pour consommer. Par contre, quand il y a accession à la propriété, il y a intervention du capital bancaire comme capital de prêts aux consommateurs ou aux propriétaires immobiliers. Cette intervention du crédit est surtout importante pour les secteurs aidé et libre où les

74. Voir deuxième partie.
75. Voir 3.1.3.2.

consommateurs sont les plus aisés, l'accession à la propriété dans le secteur social étant limitée et généralement du type location-vente.[76]

Il est difficile de donner des chiffres donnant l'importance et la répartition du capital bancaire post-financeur. En effet, la distinction n'est pas faite dans les statistiques entre pré-et post-financement de la construction en ce qui concerne la construction neuve. On peut seulement dire qu'il en existe essentiellement deux types; d'une part, les prêts à taux d'intérêt faible ou bonifié, comme les prêts spéciaux et familiaux du Crédit foncier correspondant au secteur aidé, c'est-à-dire alloués à des ménages dont le revenu est moyen, ou encore les prêts de la Caisse des dépôts ou des Caisses d'épargne destinés aux ménages ayant fait un effort d'épargne; d'autre part, les prêts du secteur bancaire, prêts complémentaires des précédents dans le secteur aidé, et crédits d'accession à la propriété dans le secteur libre. Notons que cette séparation a une base idéologique forte, dans la mesure où les prêts du premier type sont essentiellement destinés à faciliter l'accession à la propriété des couches moyennes de la population.

Si l'on appelle post-financement ce financement de la consommation, c'est qu'il est directement relié au financement de la promotion. On le voit par application directe du modèle de Topalov. Plutôt que d'investir directement son capital comme capital commercial dans la promotion, un promoteur a intérêt à l'utiliser d'abord comme capital de prêt à la consommation, en employant conjointement la procédure de vente sur plans. Ainsi, à la fin des fondations, le promoteur prête son capital aux acheteurs, futurs propriétaires des produits B.T.P., capital qui ne quitte pas son patrimoine dans cette opération puisque ces acheteurs s'en servent pour payer les produits. Le promoteur retrouve ainsi son capital instantanément, mais augmenté de l'intérêt; ce capital est alors utilisé comme capital commercial promotionnel, et rapporte donc pendant la durée du procès de production (ou partie) non seulement l'intérêt, mais aussi le profit commercial. Pour que le consommateur ne se doute de rien, il suffit que le promoteur post-financeur n'ait pas le même nom que le promoteur vendeur, le premier pouvant être par exemple un groupe bancaire, le second une société filiale.

De plus, quand la source de post-financement est vraiment

---

76. On observe cependant actuellement, corrélativement à une baisse de la part des logements sociaux dans la construction neuve, le développement des H.L.M. accession en maison individuelle.

indépendante du promoteur, avec ce système de vente sur plans, le capital commercial du promoteur peut être réduit à l'avance initiale pour fondations. Le capital post-financeur devient alors l'essentiel du capital commercial; il suffit au promoteur d'ajuster ses flux de capitaux rentrant à ses flux de dépenses. Le promoteur fait alors du profit sur un capital qui ne lui appartient pas et pour lequel il ne paye même pas d'intérêt (à moins de considérer comme un intérêt le rabais fait pour achat sur plans). Seulement, si les ventes ne s'écoulent pas au bon rythme, c'est la faillite.

Schéma présentant la nature et les liaisons entre les divers agents intervenant dans la vie des produits B.T.P.

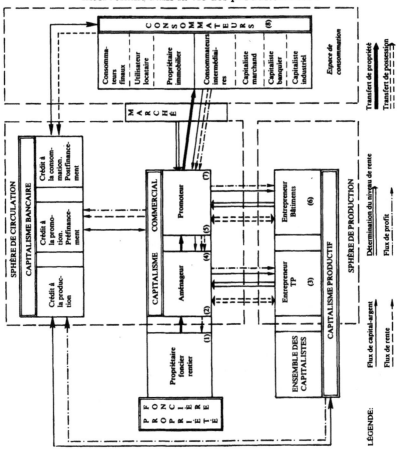

4

Rente foncière urbaine: formation et évolution du prix du sol urbain

A côté de la théorie de la rente foncière explicitée par Marx, pour les terrains agricoles, et seulement effleurée pour les terrains urbains, on disposait, comme point de départ, des contributions[1] d'Alquier et Lojkine du C.E.R.M.[2] Or ces contributions, bien qu'utiles, sont sujettes à caution, ceci étant largement dû au manque d'approfondissement de l'analyse des rapports sociaux intervenant à l'occasion de l'utilisation des sols urbains. En effet, ces auteurs n'analysent absolument pas les procès sociaux de production des marchandises logements, bureaux, bâtiments industriels, commerces, équipements collectifs. Ceci amène, par exemple, Alquier à considérer la rente foncière uniquement comme un tribut pour le droit au logement, c'est-à-dire qu'elle n'est alors nullement la forme que prend le surprofit d'un capitaliste exerçant ses activités sur le sol, mais un pur et simple prix-monopole dû à la rareté. Cette façon de voir réduit considérablement la portée de l'analyse de la rente, oubliant «les formes normales de la rente». De même, Lojkine, bien que se situant plus au niveau de l'activité capitaliste, la limite au niveau des rapports propriétaire immobilier/locataire capitaliste, ce qui peut expliquer l'incorporation d'une rente immobilière dans le loyer d'un bureau ou d'un commerce, mais laisse totalement inexpliquée la formation normale du prix des terrains et des immeubles dans le cas le plus courant d'affectation du sol comme support au logement. Ce

1. Nous avons eu, en outre, connaissance en cours d'étude de la contribution d'A. Lipietz, à laquelle nous avons déjà fait allusion. Cette contribution fort importante, avec laquelle cependant nous ne sommes pas toujours d'accord, est vraiment la seule qui pose le problème de la rente urbaine dans une problématique correcte et dans toute son ampleur.
2. F. Alquier, A. Cottereau, J. Lojkine et C. Topalov, «Contribution à l'analyse contemporaine de la rente foncière urbaine», *Cahier du C.E.R.M.*, n° 96, 1971. Les articles de F. Alquier et J. Lojkine sont parus dans *Espaces et Sociétés*, n° 2, mars 1971.

qui gêne ces auteurs semble être que la production de bâtiments et équipements n'est pas un procès répétitif annuellement alors que, pour eux, la rente, liée à un cycle annuel de production (le cycle de production agricole), est annuelle; ils ne peuvent alors relier la rente annuelle au procès de production B.T.P. En fait, nous verrons que dans le cas urbain, la rente foncière n'a pas besoin d'être capitalisée pour donner le prix du sol.

Le point de départ de l'analyse nous semble être que les rapports de propriété et de production, qui sont la base de la catégorie économique «rente foncière», sont uniquement dépendants de la spécificité des procès immédiats de production dans lesquels entre la terre comme moyen nécessaire de production. La spécificité du procès social de production permet alors d'expliquer l'appropriation des rentes et la circulation du capital dans la branche de production, circulation du capital qui peut en retour influencer la nature des rapports de propriété et de production dans cette branche.

Aussi, dans un premier temps, analysons-nous la nature et l'essence de la rente foncière urbaine, et dans un deuxième, son appropriation et la circulation du capital lié à la rente. Enfin, nous essayons de dégager les facteurs d'évolution du prix du sol à la lumière des analyses précédentes, gardant pour la fin l'étude des statuts de réalisation des marchandises B.T.P. commercialisables. L'analyse des effets dialectiques de la rente sur ses propres conditions d'existence est remise à un texte ultérieur.

4.1. La rente urbaine: rentes foncières, rentes immobilières, prix-monopoles

Nous avons vu, au moment de l'étude de la rente foncière chez Marx, que celle-ci a pour base normale un surprofit à la production de marchandises sur le sol. Ce surprofit présentant un caractère permanent est, soit un surprofit dû au fait que les produits du sol sont vendus à un prix compris entre leur prix de production et leur valeur—celle-ci étant supérieure à leur prix de production (rente absolue)—, soit un surprofit dû au fait que ces produits sont vendus à un prix de production «régulateur de marché»[3] supérieur à leur propre prix de production (rentes différentielles). La base de la stabilité, de la permanence et de l'appropriation de ces surprofits est la propriété juridique du sol. Il est donc nécessaire, pour comprendre la nature du prix du sol urbain, de centrer tout d'abord l'analyse sur la

---

3. En supposant la rente absolue nulle.

production des marchandises B.T.P. Il n'est en outre pas utile, à ce stade de l'analyse, de distinguer logements, commerce, bureaux . . . si ce n'est en ce qui concerne leur mode de consommation: biens finals (logements, équipements collectifs de superstructure), biens entrant dans d'autres cycles de production ou de distribution comme capital constant (bureaux, commerce, bâtiments industriels, certains équipements collectifs d'infrastructure). En effet, la nature spécifique de la marchandise B.T.P. ne modifie pas la nature de la *rente foncière*, mais seulement sa grandeur; elle peut cependant, suivant la distinction faite ci-dessus, être la base d'un type de rente spécifique bien qu'identique *a priori* à la rente foncière quant à sa forme: la *rente immobilière*. De plus, ce n'est pas parce que nous centrons tout d'abord l'analyse sur le procès de production, afin de mettre en évidence les formes normales de rente, que nous laissons de côté les autres types de surprofits et rentes, qui n'ont pas leur source dans le procès de production B.T.P., mais dans l'espace de consommation, c'est-à-dire dans des prix-monopoles[4], entraînant, comme les rentes différentielles d'ailleurs, des transferts de valeur venant des autres branches de production et allant vers la promotion immobilière et la propriété foncière. En effet, nous ne nions pas l'importance des prix-monopoles, bien au contraire, mais nous tenons à analyser la rente urbaine en respectant les concepts élaborés par Marx. Seule une analyse fine et un classement précis des diverses formes et types de rente permet d'aller plus loin dans l'analyse du développement spatial capitaliste, de mesurer l'impact d'une nationalisation du sol, de voir si la bourgeoisie peut sortir, et comment, de la crise du logement, de montrer les effets dialectiques du développement spatial capitaliste sur l'accumulation du capital et la reproduction de la force de travail, de mettre à jour les bases économiques des diverses politiques foncières, du logement et de l'aménagement de l'espace, toutes choses que nous essaierons de traiter ultérieurement.

4.1.1. *La rente absolue*

Pour qu'il y ait rente absolue (égale au maximum à la différence entre la valeur de la production et son prix de production), il est nécessaire, d'une part, qu'il y ait monopole de l'usage des terrains, c'est-à-dire qu'un propriétaire puisse retirer son terrain du circuit de

---

4. Dont nous avons montré les assises en 3.2.

production s'il ne peut espérer au moins la rente absolue de son exploitation, ce qui est bien le cas pour les terrains urbains; d'autre part que la valeur de la production soit supérieure au prix de production, c'est-à-dire que le taux de profit dans l'entreprise soit supérieur au taux de profit moyen, donc que la composition organique du capital dans l'entreprise de construction soit faible et inférieure à la composition organique moyenne dans l'ensemble des branches de production, ce qui est aussi le cas dans la branche B.T.P. comme dans l'agriculture.[5]

Le rôle du propriétaire foncier est, dans le cas des terrains à bâtir, tenu par plusieurs personnes successivement, au stade actuel du capitalisme; nous avons vu dans la troisième partie, en effet, qu'intervenaient successivement un propriétaire foncier-rentier (passif), un propriétaire foncier-aménageur et un propriétaire foncier-promoteur, ces deux derniers jouant seuls le rôle de propriétaire foncier de type agricole, c'est-à-dire entrant en rapport avec un entrepreneur capitaliste productif.

Il existe une différence supplémentaire avec le cas agricole, qui a trait au mode de perception de la rente. Cette différence est due au fait qu'aménageurs et promoteurs assurent eux-mêmes la commercialisation des produits B.T.P. Il en résulte que l'entrepreneur capitaliste ne verse pas de loyer pour l'utilisation du sol durant la construction. Il ne fait que céder son produit au prix de production (gardant le profit moyen sur son capital engagé) et c'est le propriétaire foncier direct (aménageur ou promoteur) qui le vend à sa valeur, la différence étant la rente absolue si les autres formes de rente sont supposées nulles.

Enfin, on peut déterminer une condition minimum pour qu'un terrain agricole puisse devenir terrain à bâtir. En effet, prenons un terrain pour lequel tous les autres types de rente (différentielle, prix-monopole, immobilière) sont nuls; c'est-à-dire qu'il est le plus défavorisé du point de vue construction et situation urbaine et que les entreprises de construction susceptibles d'intervenir ont une composition organique du capital égale à la moyenne dans la branche B.T.P. *Le propriétaire foncier n'acceptera de vendre son terrain comme terrain à bâtir qu'à un prix au moins égal à la rente agricole capitalisée, c'est-à-dire uniquement si la rente urbaine, ici simple rente absolue, est supérieure à la rente agricole capitalisée.* Car, comme nous l'avons déjà souligné, une rente absolue à la construction a nécessairement la taille d'une rente agricole capitalisée, la valeur d'une construction par unité de surface de sol étant

5. Comme nous l'avons vu en 3.1.

équivalente à la valeur de la production agricole sur la même surface pendant un nombre d'années comparable à celui qui sépare deux procès de production de la construction. La rente à la construction fixe donc directement le prix du terrain à bâtir sans capitalisation; le procès de production B.T.P. ne se renouvelant que dans un délai pendant lequel un grand nombre de procès de production agricole a lieu, la rente n'est générée qu'une fois, dans le B.T.P., quand la rente agricole l'est autant de fois que d'années séparant deux procès de production du cadre bâti.

Ainsi, si $\bar{p}$ est le taux de profit moyen dans l'économie, k_c le capital (constant et variable) engagé dans la construction par l'entrepreneur, p_c son taux de profit effectif (supérieur à $\bar{p}$), si k_a est le capital que le fermier exploitant investit dans un cycle de production agricole (supposé annuel), et p_a son taux de profit, on a les deux estimations de prix suivantes pour les deux utilisations possibles du sol:

agricole: $R_a = k_a(p_a - \bar{p})$, et, égal à R_a capitalisé, le prix du terrain

$$P_a = k_a(p_a - \bar{p})/i.$$

construction: $R_c = k_c(p_c - \bar{p})$, seul surprofit à l'horizon de vie du propriétaire foncier, donc totalité du tribut foncier à venir, et le prix du terrain

$$P_c = k_c(p_c - \bar{p}).$$

Aussi, pour qu'il y ait modification d'usage du sol, il faut que

$$k_c(p_c - \bar{p}) \geqslant k_a(p_a - p) \cdot \frac{1}{i}$$

Cette inégalité appelle une série de remarques:
— Comme p_c est fixé par le taux de plus-value dans la branche B.T.P.[6] puisque l'on suppose la composition organique du capital de l'entreprise égale à celle moyenne de la branche (ce qui est parfaitement justifié car le propriétaire foncier ne sait pas exactement quel type d'entreprise va intervenir sur son terrain, le promoteur potentiel de la construction jouant le rôle d'écran) et que p_a est donné avec k_a au moment de ce calcul par les résultats réels de l'exploitation agricole, il résulte[7] que l'inégalité précédente est une condition sur k_c, c'est-à-dire sur le niveau d'investissement désiré ou encore

---

6. Egal au taux de plus-value social, sinon le surprofit est différent de la forme normale de rente absolue (K. Marx, in *OEuvres*, Paris, 1971, t. II, p. 1367).
7. Le taux d'intérêt est aussi fixé au moment de la transaction.

plus concrètement sur la taille de la construction envisagée. Or, comme nous supposons ici qu'il n'y a pas de rente différentielle II, ce niveau d'investissement est en fait déterminé socialement à un moment donné comme étant le niveau minimum d'investissement permettant une construction. On a donc ici une condition minimum de mise en construction d'un terrain déterminé. Il se peut que cette condition ne soit pas satisfaite; cela semble être le cas de l'essai d'implantation de la ville nouvelle de Tigery-Lieusaint, à laquelle les grands betteraviers de la Brie se sont opposés, la culture industrielle de la betterave y étant plus rentable compte tenu de la nature de ce projet.[8]

— L'inégalité présentée a une valeur plus générale que celle réduite au cas où R_c n'est qu'une rente absolue. En effet, si l'inégalité n'est pas vérifiée dans le cas où k_c et p_c sont fixés par les conditions les plus mauvaises, et si il y a pourtant nécessité ou volonté de construire, il faut pour vaincre l'obstacle de la propriété foncière s'attacher à améliorer les conditions de construction, c'est-à-dire à créer des facteurs de rente (ou prix-monopole) différentielle (création d'équipements collectifs, densification des constructions, etc.) si on est dans le cas d'affectation volontariste du sol pour la construction. On peut encore, dans un tel cas, remettre en cause la propriété foncière et fixer autoritairement un prix. Enfin, dans le cas d'une nécessité de construction (pression de la demande), il peut y avoir ici aussi fixation autoritaire du prix du sol (demande peu solvable), ou alors ajustement du prix par simple formation d'un prix-monopole (demande solvable).

— Le fermier peut réagir à ce risque d'exclusion de sa possession en augmentant son surprofit, c'est-à-dire en augmentat k_a et p_a si possible simultanément, ce qui est possible s'il est dans une zone de sa courbe de productivité du sol où les rendements sont croissants. Il peut aussi agir sur sa composition organique du capital (momentanément).[9] Ce type de réaction nous semble pouvoir expliquer le développement des cultures maraîchères et des pépinières à la périphérie des agglomérations ainsi que la présence dans certaines zones excentrées d'îlots de ce type de culture.

---

8. A. Lipietz, *op. cit.*, t. II, p. 37.
9. Ce qui nous renvoie à l'étude de la rente différentielle.

— Une baisse du taux d'intérêt relève le niveau minimum de l'investissement de construction, ou bien exige une amélioration des conditions de production des marchandises B.T.P.

— Enfin, même si le taux de profit dans l'immobilier est inférieur au taux de profit agricole, il peut y avoir construction si le niveau de capital investi est suffisant pour que soit respectée l'inégalité ci-dessus.

— Le niveau requis de rente absolue est d'autant plus facile à obtenir que celle-ci est en général constituée de deux rentes dues à la succession sur le terrain de deux types d'entreprises, l'entreprise de travaux publics s'occupant de l'aménagement des infrastructures (sur le terrain et dans la zone), l'entreprise générale de bâtiment s'occupant de la construction proprement dite. La rente absolue peut donc être constituée par les surprofits de ces deux entreprises appropriés par l'aménageur et le promoteur. Ceci nous amène à distinguer trois types possibles de rente absolue suivant la nature de la marchandise B.T.P.:

a) une *rente absolue d'équipement* perçue directement par l'aménageur qui a fait intervenir sur le terrain des entreprises de travaux publics,

b) une *rente absolue de construction* perçue directement par le promoteur qui a fait intervenir sur le sol une entreprise de bâtiment,

c) une *rente absolue immobilière* qui serait perçue par le promoteur en tant que propriétaire immobilier quand il loue ses locaux à des entrepreneurs capitalistes marchands.

Si les deux premiers types de rente absolue ont la même base que la rente absolue agricole et existent bien comme nous l'avons vu, par contre, on doit se poser la question de savoir si le troisième type, qui a pour base non un procès de production mais un procès de circulation, existe réellement comme le pense Lojkine.[10] Une étude un peu plus approfondie va nous montrer que non.

En effet, Lojkine, lorsqu'il essaie de démontrer que l'on peut généraliser la rente absolue aux activités capitalistes non productives comme les banques et le commerce, confond deux choses, à savoir une «productivité du capital commercial et bancaire» qui est, en fait, le taux de profit rémunérant ce type de capital (en général le taux de profit moyen), et la productivité du travail. Cette confusion l'amène à con-

---

10. Lojkine, *loc. cit.*, p. 40.

sidérer les salaires distribués dans la circulation comme du capital variable, c'est-à-dire qu'*il introduit subrepticement dans son raisonnement une force de travail créatrice de plus-value à l'intérieur du capital marchand.* Cette erreur le conduit pratiquement à considérer les services commerciaux ou bancaires comme des marchandises ayant une valeur et un prix de production, leur valeur étant supérieure à leur prix de production puisque la «productivité du travail» est inférieure à la moyenne, que donc la «composition organique du capital» marchand est inférieure à la moyenne. Ainsi, pour cet auteur, qui accommode dans ce cas précis la macro-économie bourgeoise à la sauce marxiste, le surprofit commercial peut avoir pour base, comme dans la production agricole par exemple, une composition organique du capital plus faible que la composition moyenne. Ceci revient à dire que si les activités marchandes étaient productives, le capital marchand investi dans ses propres conditions de composition organique pourrait donner un surprofit transformable en rente absolue dans le cas d'un monopole de la localisation. Or, le capital commercial investi dans la force de travail n'est pas du capital variable, mais bien du capital constant, sinon il n'y aurait plus de distinction entre travail productif et travail improductif.[11] Le raisonnement de Lojkine revient donc à nier la spécificité du capital commercial ou bancaire et la nature du profit commercial.

Nous allons voir, en nous appuyant sur le chapitre de Marx, dans *Le capital*, consacré au capital commercial[12], que le profit commercial est en effet déterminé par, d'une part la répartition du capital social entre la sphère de production et la sphère de distribution, d'autre part par le niveau d'investissement nécessaire à la production des marchandises commercialisées par le capital commercial, une fois donné le taux de profit moyen. On a, en fait, pour taux de profit moyen dans l'économie, non

11. Le capital variable est le capital avancé dans l'achat de la force de travail lorsque ce travail est utilisé productivement. Ce capital n'est variable que dans la mesure où lui, et lui seul, permet l'extorsion de plus-value et ajoute de la valeur au capital total engagé dans le procès de production (y compris la réalisation) [K. Marx, *Le capital*].

Il n'y a donc pas de composition organique du capital marchand, au sens strict de ce concept, à savoir rapport du capital constant au capital variable, puisqu'il n'y a pas de capital variable. On parlera alors de composition technique du capital commercial, entendant par là le rapport du capital-marchandise avancé dans le procès de réalisation au capital-force de travail avancé au cours du même procès.

12. K. Marx, *Le capital*, in *Oeuvres. Economie*, Paris, 1968, t. II, Livre III, 4ᵉ section, chap. XI.

pas $\bar{p} = \dfrac{pl}{K}$, pl étant la plus-value totale extraite dans toutes les branches de production et K le capital total productif, mais $p' = \dfrac{pl}{K + K'}$, K′ étant le capital total investi dans la sphère de distribution. Si $a = \dfrac{K'}{K}$, on a $\bar{p}' = \dfrac{\bar{p}}{1 + a}$.

Le partage de la plus-value dans les deux sphères, se fait de la façon suivante si k et k′ sont respectivement les capitaux investis dans les entreprises produisant et commercialisant une certaine production: prix de production $= k + k' + k. \bar{p} = (k + k')(1 + \bar{p}')$, soit $k + k' + k(1 + a) \bar{p}' = k + k' + (k + k') \bar{p}'$, d'où $ak\bar{p}' = k'\bar{p}'$, soit *profit commercial* $= ak\bar{p}'$.

Si le capitaliste commerçant arrive à diminuer sa masse de capital k′ de façon à ce que $\dfrac{k'}{k} < a$, il fera un surprofit. En effet, on a alors $ak\bar{p}' = k' (1 + p)$ ak et on en déduit $p = \dfrac{a - a'}{a'} + \dfrac{a}{a'}\bar{p}'$, qui est

supérieur à $\bar{p}'$ tant que $a' = \dfrac{k'}{k}$ est inférieur à a.

Ainsi, sous cette forme, il apparaît que ce qui est nécessaire et suffisant pour qu'il y ait un surprofit commercial est que le coefficient de répartition du capital entre production et distribution soit inférieur au coefficient moyen, et que la composition technique du capital commercial ne peut être à l'origine d'un surprofit, quand elle est inférieure à la moyenne, que si elle entraîne une baisse du niveau nécessaire de capital commercial pour écouler une même production. Mais, d'une part, il semble plutôt que ce soit une amélioration de la productivité du travail[13], donc une augmentation de la composition technique du capital, qui autorise une telle baisse comme le montre le développement du grand capital commercial. D'autre part, l'action sur le niveau de k′ peut être obtenu, soit par l'intermédiaire des salaires versés aux employés augmentant le temps de travail non payé et diminuant ainsi la valeur du capital investi dans la force de travail, soit par l'intermédiaire du capital mort en essayant, par exemple, d'augmenter la vitesse de rotation du capital. Or, ce ne serait que dans la mesure où la position de monopole du propriétaire immobilier lui permettrait de grever le loyer d'un local commercial

---

13. Au sens quantité de produit écoulée sur le marché par unité de capital investie dans la force de travail.

d'une rente immobilière supplémentaire, et où cette rente trouve-rait sa source dans un surprofit financé par les salariés de l'entreprise locataire que l'on pourrait parler de rente absolue immobilière. Comme il est clair, et Marx nous le dit, que «si le fermage (le bail) payé est déduit du salaire normal des ouvriers (des employés), il ne constitue pas une rente, la rente étant une fraction du prix des marchandises indépendante et distincte du salaire et du profit»[14], il semble donc qu'un tel surprofit, dans la mesure où il vient d'une déduction sur le salaire normal des employés, ne puisse être la base d'une rente absolue, et ne peut qu'être la base d'une forme anormale de rente, à savoir un prix-monopole. Et ceci, d'autant plus que la rente absolue, si elle existait, devrait être payée pour l'usage de tous les locaux commerciaux, même les plus mauvais[15]; ce qui entraîne, en supposant qu'elle puisse être financée de façon normale sur le surprofit commercial mis en évidence plus haut: $\Sigma k' < a\Sigma k$ soit $\Sigma k'/\Sigma k < a$, ce qui est contraire à la définition de a qui est égal à $K'/K = \Sigma k'/\Sigma k$. Il est en effet évident que si les produits sont commercialisés à leur prix de production, le surprofit commercial des uns entraîne le sous-profit des autres. Enfin, la rente absolue immo-bilière, si elle existait, ne pourrait être financée par un surprofit commercial dégagé bien que les produits soient commercialisés à leur prix de production. Un tel surprofit commercial ne peut que, soit être la base d'une rente différentielle (hiérarchisation des coefficients a' due à des caractéristiques naturelles des locaux et à une inégale répartition du capital commercial total entre capitalistes), soit per-mettre le paiement d'une rente de prix-monopole sans augmentation du prix des produits au-dessus de leur prix de production (exploi-tation de la main-d'oeuvre au-dessous du taux normal). Finalement, pour qu'il puisse y avoir une rente absolue même sur le plus mauvais local commercial, il faut qu'il puisse se dégager de façon permanente un surprofit obtenu en augmentant le prix de vente des produits commerciaux au-dessus de leur prix de production. Cependant, cette condition n'est pas suffisante; il faut, en outre, que ce prix de vente soit inférieur ou égal à la valeur des produits, sinon le surprofit ne correspond qu'à un prix-monopole. Or ceci n'est en général pas possible. Car, d'une part, les produits agricoles sont déjà vendus à leur valeur maximum du fait de l'existence de la rente foncière absolue agricole, d'autre part, pour une grande partie des produits industriels, la composition organique du capital des unités de pro-duction n'étant pas inférieure à la composition du capital social, la

14. K. Marx, in *OEuvres*, t. II, Livre III, 6ᵉ section, chap. XXII, p. 1367.
15. Le surprofit commercial devant être alors permanent.

valeur est inférieure au prix de production. La rente immobilière ne peut donc être une rente absolue, car une rente basée sur la vente des produits à leur valeur ne peut être ici la loi générale. La loi générale sera plutôt que toute rente immobilière qui n'est pas différentielle sera une rente de monopole financée, soit par un prix-monopole sur les produits commercialisés, soit par une baisse des salaires réels des employés, c'est-à-dire toujours sur des salaires (ou autres revenus pour les produits de luxe).

La non-existence de la rente absolue immobilière apparaît aussi assez nettement si l'on examine la nature de monopole de la propriété immobilière. Cette propriété, en effet, ne confère pas un monopole sur un bien naturel, mais seulement sur un produit, une marchandise reproductible, moyennant paiement d'une rente foncière. Le propriétaire immobilier, en soustrayant son local à une utilisation capitaliste aussi longtemps que celui-ci ne peut lui donner un excédent par rapport à la rente foncière sous la forme d'une rente immobilière, peut perdre ainsi toute possibilité de récupération de la rente foncière qu'il a du avancer. Pour qu'une telle pratique soit fructueuse, il faut que sa situation monopolistique soit renforcée, soit par une situation économique de pénurie, soit par l'existence de caractéristiques naturelles au-dessus de la norme, qui sont alors, comme nous l'avons vu, la base d'autres formes de rente.

La rente absolue immobilière ne peut donc apparaître socialement car elle n'a, en fin de compte, ni base juridique ni base économique.

Finalement, nous avons donc seulement, à l'échelle sociale, deux types de rente absolue, toutes deux foncières[16] :

$$Ra_3 : \text{rente absolue d'équipement,}$$
$$Ra_6 : \text{rente absolue de construction.}$$

Et le consommateur paiera à l'achat d'une construction une rente absolue :

$$Ra_7 \; Ra_3 + Ra_6$$

4.1.2. *La rente différentielle*

Celle-ci, comme nous l'avons vu, est indépendante formellement de la rente précédente, étant uniquement due à des différences de productivité entre les terrains.[17] La rente absolue, étant pour un certain

16. Les indices 3 et 6 sont respectivement ceux des entreprises de génie civil et de bâtiment dans le schéma de la page 199.
17. Nous disons formellement, car elle n'est cependant pas indépendante en valeur monétaire puisqu'elle est fonction du niveau de la rente absolue par l'intermédiaire du prix régulateur de marché (*cf.* deuxième partie).

type d'activité liée au sol, une constante déterminée, à une époque donnée, par le niveau minimum d'investissement requis par ce type d'activité et, par l'écart positif entre le taux de profit dans la branche d'activité et le taux de profit moyen, on la supposera nulle dans la suite, c'est-à-dire que, sur le plus mauvais terrain, on suppose que les marchandises sont vendues à leur prix de production.

4.1.2.1. *Différences de prix entre terrains agricoles et terrains à bâtir à la périphérie des agglomérations*

Le premier problème qui se pose alors est celui des différences de prix entre terrains agricoles et terrains à bâtir à la périphérie des agglomérations, problème que nous avons déjà partiellement abordé au moment de l'étude de la rente absolue. C'est en fait le problème de la continuité du concept de rente foncière, lorsque l'on passe d'une zone rurale à une zone urbanisée, problème qui inclut celui de la détermination du prix du sol urbain de la périphérie vers le centre des villes.

Nous allons voir qu'en fait, la catégorie économique de la rente foncière ne subit pas de discontinuité de nature à la limite des agglomérations; la discontinuité terrain à batir-terrain agricole n'en est pas une du point de vue économique de la rente, c'est une simple rente différentielle.

En effet, le problème posé ici n'est pas différent de la réunion des deux cas suivants, internes à l'agriculture:

— modification de culture sur une terre agricole, le niveau d'investissement ne variant pas,

— passage d'une culture extensive à une culture intensive.

Le premier cas correspond à un effet qualitatif sur le niveau de productivité naturelle du capital investi. Il entraîne donc une modification (positive ou négative) sur le niveau de la rente différentielle, la modification de culture ayant pour but (ou pour effet) de changer la courbe de productivité naturelle du terrain[18] de la même façon qu'une variation de composition organique du capital à niveau constant de capital.[19] Une telle modification peut changer complètement à terme l'échelle de productivité des terrains.

18. La productivité naturelle d'un terrain est définie, pour un certain type d'utilisation du sol, comme le rapport du produit obtenu dans un cycle de production au capital total investi dans ce cycle, étant donné une certaine composition organique du capital dans la branche d'activité utilisant le sol.

19. En effet, une telle modification de la composition organique du capital dans la branche d'activité modifie le produit de la production, alors que la valeur du capital investi ne change pas; seulement dans ce cas, la modification de la productivité

Le deuxième cas correspond à un effet quantitatif et à un effet d'échelle dus au fait qu'il se dégage une possibilité, liée aux conditions générales du développement économique, d'augmentation du capital investissable par unité de surface du sol. On se déplace alors sur la courbe de productivité du terrain, s'il n'y a pas de modification de la composition organique du capital avancé. Sinon, il y a déplacement de la courbe de productivité comme dans le premier cas. Il y a donc aussi, dans ce deuxième cas, une modification du niveau de la rente différentielle.

Lorsqu'il y a, à la fois, modification du type de culture et du niveau d'investissement, les différents effets précédents peuvent s'ajouter, ou alors se compenser et même donner un résultat négatif.

Ceci s'applique directement au cas de la mise en construction d'un terrain agricole, comme on le voit facilement, une fois défini le concept de *constructibilité*. La constructibilité est tout simplement pour le sol-support ce qu'est la fertilité pour le sol-matière.[20] Elle est, comme la fertilité, fonction des conditions naturelles du terrain, étant donné un certain niveau de développement de la science et des techniques, mais elle est aussi, comme la fertilité, fonction du niveau d'investissement dans le terrain.[21] La constructibilité se mesure donc comme la fertilité par le rapport: valeur d'échange du produit/capital consommé = $k (1 + p) / k = 1 + p$[22]; elle est donc directement reliée au taux de profit réalisé à un niveau k d'investissement.

On voit alors qu'un terrain aura en général une productivité différente, suivant qu'il est utilisé comme terrain agricole ou comme terrain à bâtir; d'une part, sa fertilité naturelle est différente de sa

---

naturelle intègre une modification de la productivité du travail qui n'est pas «naturelle», mais liée directement au capital.

20. Ce sont toutes deux des caractérisations de la productivité du sol en fonction des types d'utilisation de ce sol.

21. Par ailleurs, on pourra différencier fertilité et constructibilité naturelles qui correspondent aux niveaux de la fertilité et de la constructibilité liés directement aux conditions naturelles des terrains dans une période donnée, compte tenu des conditions de production dominantes dans cette période, de la fertilité et la constructibilité au sens large qui peuvent faire intervenir des facteurs différentiels autres, tels que l'expérimentation de nouvelles méthodes de production jouant ou non sur la composition organique du capital, ou l'intervention de l'Etat jouant sur le niveau d'exploitation des dites conditions naturelles, tous facteurs liés directement au capital et non aux terrains. Pour une définition précise de la constructibilité naturelle, voir ci-dessous pages 216 et sq.

22. On suppose les procès immédiats de production B.T.P. et agricole de un an et les taux de profit annuels. On suppose aussi une rotation d'un an.

constructibilité naturelle, puisque ce ne sont pas les mêmes caractéristiques naturelles qui les déterminent, d'autre part, la composition organique du capital dans le B.T.P. n'est pas, sauf pure coïncidence, égale à celle de l'agriculture. Il y a donc bien effet qualitatif quand on modifie l'affectation du terrain (premier cas). De plus, la même modification d'affectation entraîne aussi une modification du niveau de l'investissement à l'unité de surface, pouvant entraîner les effets quantitatif et d'échelle du deuxième cas.

Ainsi, on a, pour qu'il y ait modification d'usage du sol[23]:

$$k_c(p_c - \bar{p}) . i \geqslant k_a(p_a - \bar{p})$$

Si $k_c . i = k_a$, $p_c \geqslant p_a$ et c'est l'effet dit qualitatif,
Si $p_c = p_a$, $k_c . i \geqslant k_a$ et c'est l'effet dit quantitatif.

L'autre effet de rente différentielle est dissimulé dans cette formulation dans l'effet qualitatif, dans le cas où l'on a à la fois:

$$p_c \geqslant p_a \text{ et } k_c . i \geqslant k_a .$$

Ces divers effets se mettent mieux en évidence sur le graphe suivant:

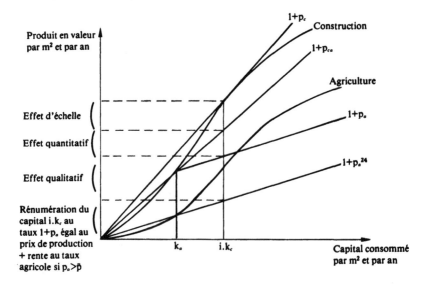

Ainsi analysé en termes de capital et de productivité, on voit que le problème du passage rural-urbain n'entraîne pas de discontinuité dans la nature de la rente foncière; la différence de prix entre un terrain agricole et un terrain à bâtir immédiatement adjacent est due au fait qu'il existe une rente différentielle entre ces deux terrains qui a pour base essentielle la différence de rentabilité du capital par unité de surface de terrain dans les deux espèces d'activités productives (construction et agriculture). Cette rente différentielle n'est fondamentalement pas différente de celle existant entre deux terrains agricoles ou deux terrains à bâtir comme nous allons le voir maintenant.

Enfin, on met ainsi en évidence que, comme la rente différentielle se détermine à partir du terrain le moins productif, c'est bien de la périphérie vers le centre que se détermine le prix du sol urbain, la rente absolue urbaine foncière s'ajustant sur la rente agricole périphérique, par l'intermédiaire du capital minimum à investir, comme nous l'avons vu précédemment.

4.1.2.2. *Rente différentielle I entre terrains urbains*

La plupart des auteurs qui se sont intéressés à l'étude de la formation du prix du sol urbain, qu'ils soient marxistes ou marginalistes, privilégient comme facteur de rente différentielle l'importance du réseau de transport.[25] Or ce facteur, s'il est très important, d'une part n'est pas unique à jouer sur la différenciation des prix des marchandises B.T.P. et des terrains à bâtir, d'autre part n'est pas à proprement parler uniquement un facteur de rente foncière différentielle au sens marxiste de ce concept. En effet, comme nous le verrons en étudiant les rentes de prix-monopoles, les surprofits réalisés dus à la situation par rapport au réseau de transport, et plus généralement par rapport à l'ensemble des équipements collectifs, n'ont pas principalement pour lieu le procès de production B.T.P. Bien sûr, dans la rente différentielle I, la situation joue un rôle, mais c'est uniquement la situation par rapport aux facteurs intervenant directement dans le procès de travail (proximité des sources de matières premières, facilité de transport des matériaux) et la situation par rapport au marché (liée à l'existence de moyens de communication et de transport) intervenant alors dans le procès de distribution, et dans la sphère de circulation en général (rente immobilière).

---

25. Pour l'étude des théories marginalistes, voir première partie.

Cependant, la situation joue bien plus encore sur la formation de prix-monopoles liés au contrôle de la valeur d'usage des objets-média.[27]

Marx cite bien comme facteurs de rente foncière différentielle I dans l'agriculture la fertilité naturelle et l'emplacement, mais ce dernier facteur ne fait l'objet d'aucun développement explicatif.[27] Aussi comprend-on les tâtonnements et, en particulier, la pente à remonter pour essayer de voir clair dans la nature des surprofits et rentes liées à la situation par rapport aux équipements collectifs, surprofits qui, à notre avis, ne doivent pas être engendrés uniquement par l'amélioration de la vitesse de rotation du capital commercial.[28]

Nous allons donc, sur ces bases, chercher à analyser les facteurs de rente différentielle I urbaine, à savoir la fertilité naturelle de construction et d'équipement ou constructibilité naturelle, et la situation ou emplacement influant directement sur le procès de production B.T.P. En effet, toute rente différentielle I a pour base des différences de qualité naturelle (à un moment donné, compte tenu de l'état des sciences et des techniques) entre terrains pour la production de marchandises sur le sol, ces différences de qualité étant appropriées par ceux qui ont un titre de propriété juridique sur les terrains et non par le capital qui s'est investi dans la production. Or, dans le cas des terrains à bâtir, il existe pour ces qualités naturelles une différenciation basée sur la constructibilité naturelle et une différenciation basée sur l'emplacement, et ces deux types de différenciation, que nous allons approfondir, sont la base de la rente foncière différentielle I urbaine.

A. *La constructibilité naturelle.* Notons immédiatement que cette notion, malgré son nom, ne fait pas uniquement appel à la «nature», mais plutôt à une nature, fonction du niveau de développement des forces productives.[29] Ainsi s'y trouve intégrés à la fois des facteurs relevant de l'état des techniques atteint dans la branche de production B.T.P., des facteurs relevant du niveau d'exploitation des ressources naturelles, des facteurs relevant du niveau de développement urbain et des facteurs relevant des qualités proprement

26. Voir en 3.2.2.
27. K. Marx, in *OEuvres*, t. II, p. 1318, pour les seuls développements sur l'emplacement (environ 20 lignes).
28. Dans le cas des terrains à bâtir, la situation par rapport au marché ne peut jouer par accroissement différentiel de la valeur des produits du fait du transport puisque les produits sont consommés sur place. Par contre, le transport joue directement sur le procès de production, déterminant une partie de la valeur du capital constant.
29. Nous renvoyons pour cela aux remarques de Marx (in *OEuvres*, t. II, p. 1319).

naturelles des terrains. Il apparaît d'ailleurs déjà ici que la distinction opérée entre constructibilité et emplacement n'a pas de frontière *a priori* très nette, dans la mesure où la constructibilité est souvent déterminée par la situation. En fait, dans la constructibilité naturelle, nous classerons les qualités naturelles des terrains délimités par les opérations de construction ou d'aménagement, tandis que par la situation, nous entendrons l'ensemble des facteurs naturels, ou relevant d'une production, extérieurs au périmètre des terrains précédents.

Ainsi, les facteurs de rente différentielle I composant la constructibilité naturelle sont les suivants:

— Nature géologique du sol déterminant le niveau d'investissement dans les fondations et la préparation du sous-sol.

— Nature morphologique du sol (forme de la surface) déterminant le niveau d'investissement en remblai et déblai.

— Nature de la surface du sol déterminant la nécessité ou non de libération des superstructures (déboisage, démolition).

— État des équipements tertiaires (secondaires pour les opérations d'aménagement) déterminant le niveau d'investissement dans ces équipements.

Sur cette base, il apparaît que deux terrains de même taille et de constructibilités naturelles différentes ne pourront, toutes choses égales par ailleurs, donner avec un même capital investi le même produit final, ou bien que pour construire le même type d'immeuble sur ces deux terrains, il faut investir des capitaux différents; les prix de production de ces immeubles pourtant identiques seront différents. Dans la mesure où ces terrains ont toutes leurs autres caractéristiques semblables, ces deux immeubles se vendront au même prix, prix qui sera celui sur le plus mauvais terrain, soit le prix de production le plus élevé des deux (on suppose qu'il n'y a pas d'autres terrains moins bons, ce qui n'influe pas sur le calcul de la rente différentielle entre les deux terrains supposés). L'immeuble sur le meilleur terrain sera donc réalisé à un prix de marché supérieur à son propre prix de production; cette différence entre prix de vente et prix de production constitue un surprofit, qui est accaparé en fait par le propriétaire foncier sous la forme de rente différentielle I. Cependant, sous cette forme, on a introduit subrepticement une création de rente différentielle II, étant donné que les niveaux d'investissement ne sont pas les mêmes sur les deux terrains. Pour isoler vraiment la rente différentielle I, il faut raisonner à niveau d'investissement égal sur les deux terrains.

Aussi, supposons deux terrains de mêmes dimensions, mais sur lesquels un même capital ne permet de construire, sur l'un qu'un immeuble de trois logements alors que sur l'autre, on en construit un de quatre logements; cette différence étant due à de lourds travaux de fondation sur le premier. On a donc:

Sur le 1er terrain qui n'est pas forcément le plus mauvais dans l'ensemble des terrains, on a	Sur le 2e terrain, on a
$(c + v)(1 + p) = 3P_v$	$(c + v)(1 + p') = 4P_v$

Comme $p \geqslant \bar{p}$, taux de profit moyen, P_v est supérieur ou égal au prix de production régulateur du marché, $3P_v$ peut contenir déjà un surprofit par rapport à un plus mauvais terrain pour le capital $c + v$. La rente différentielle I, qui explique l'écart des prix de nos deux terrains, et qui n'est donc pas forcément le total de rente différentielle I compris dans le prix du terrain 2, est donnée par $4P_v - 3P_v = (c + v)(p' - p)$ et le taux de rente différentielle I par unité de capital est $p' - p = (1 + p') - (1 + p)$ égal à la différence entre les constructibilités calculées à un même niveau d'investissement. Le taux global de rente différentielle I de constructibilité est $p' - \bar{p}$, différence de constructibilité naturelle d'un terrain avec la constructibilité naturelle minimum, déterminée par le taux de profit moyen et le niveau minimum d'investissement (plus mauvais terrain à bâtir).[30]

B. *L'emplacement.* Les facteurs différentiels d'emplacement ou de situation peuvent se distinguer de la façon suivante:

— Situation par rapport aux sources de matières premières et aux marchés de matériaux déterminant l'importance de l'avance en capital constant (influence de la valeur des transports de marchandises).

— Situation des terrains par rapport aux terrains immédiatement environnants déterminant le niveau d'investissement dans les frais de chantiers (mauvaise accessibilité au terrain en chantier, difficultés d'organisation du chantier occasionnant des frais supplémentaires).

— Situation par rapport aux équipements secondaires, pour les opérations de construction, déterminant le coût d'équipement (viabilité de zone ou de quartier).

— Situation par rapport au marché des marchandises B.T.P.,

---

30. Comme on l'a vu dans l'étude de la rente absolue, ce niveau minimum est fonction du prix des terrains agricoles péri-urbains et du taux de profit moyen *dans la branche B.T.P.*

se caractérisant par la situation par rapport à des équipements ou une «nature» améliorant la vitesse de rotation du capital promotionnel, c'est-à-dire proximité des équipements collectifs ou de caractéristiques naturelles améliorant la valeur d'usage médium des marchandises B.T.P.: proximité d'écoles, de lycées, d'hôpitaux, de services sociaux et administratifs, de bois, d'espaces verts; proximité de centres commerciaux et de centres d'emploi; et comme la proximité se définit en fonction des possibilités de transports (routes et transports collectifs), existence d'un réseau primaire de transport et niveau de saturation de ce réseau.

Les caractéristiques d'emplacement peuvent aussi se ventiler suivant la sphère où elles permettent de dégager du surprofit, sphère de production pour les deux premières caractéristiques isolées ci-dessus et sphère de circulation pour les dernières.

a) *Les caractéristiques de situation jouant dans la sphère de production.* Nous avons ici différencié deux types de facteurs de rente différentielle I; voyons plus précisément comment ils opèrent.

Le premier est relatif à l'influence, différenciée suivant l'emplacement du terrain, du transport des matériaux et des matières premières de la construction (ou de l'équipement) sur la valeur du capital constant avancé dans la production. En effet, le transport étant une activité productive, il modifie la valeur d'échange, et partant le prix de production, des marchandises consommées comme capital constant dans le procès de production. Le capital constant avancé pour le transport est variable suivant la situation des terrains, et cela entraîne une différenciation des compositions organiques des capitaux avancés (et donc des taux de profit) pour des productions identiques ou, sous une autre forme, une différenciation des valeurs des produits pour une même avance de capital.

Le deuxième facteur, qui est relatif aux caractéristiques de la zone dans laquelle est menée une opération, joue de la même façon, par augmentation de la part du capital constant dans l'ensemble du capital avancé, augmentation abaissant le taux de profit. Sont visés dans ce cas, les investissements spéciaux nécessaires dans certaine zones denses pour aménager les chantiers (chemins de grues, difficultés de mise en place des centrales à bétons, etc.), ainsi que ceux dus à la nécessité de loger les travailleurs sur place (logements de chantiers). C'est donc la différenciation des frais de chantier liée à l'emplacement de l'opération qui est ici un facteur de rente différentielle I.

b) *Les caractéristiques de situation jouant dans la sphère de circulation.* Nous avons, dans notre présentation des facteurs différentiels de situation, séparé la situation par rapport aux équipements secondaires d'infrastructure de celle par rapport aux équipements primaires (transports, grands réseaux) et équipements de superstructure (grands équipements, équipements d'accompagnement). La raison de cette distinction est dans la nature spécifique de ces deux catégories d'équipements.[31] Les premiers sont des marchandises commercialisées et jouent donc sur la valeur du capital promotionnel par l'intermédiaire de leur coût dit «coût d'équipement», tandis que les seconds restant dans le patrimoine des collectivités publiques ne jouent que par l'intermédiaire de la vitesse de rotation du capital promotionnel. Enfin, si nous avons placé les équipements commerciaux et les centres d'emplois dans la deuxième catégorie, bien que ce ne soient pas des équipements collectifs à proprement parler, c'est parce qu'ils interviennent aussi sur la vitesse de rotation du capital promotionnel comme éléments de reproduction de la force de travail constitutifs du marché du logement.

> — *Différences de coûts d'équipements et variations du surprofit des promoteurs.* Supposons deux promoteurs disposant de capitaux égaux et de terrains en tous points identiques et payés au même prix, à ceci près que l'un, le promoteur 1, doit payer un coût d'équipement plus élevé que l'autre[32], le promoteur 2. Le promoteur 1 ne pourra donc promouvoir qu'une opération de plus faible dimension, son capital proprement commercial étant plus faible que celui du promoteur 2 de la différence des coûts d'équipement.[33] Ceci entraîne que, d'une part, le profit commercial du promoteur 1 est plus faible puisque la masse de capital est plus faible, et que, d'autre part, le surprofit à la production étant plus faible aussi sur le terrain 1 du fait que le capital productif (égal au capital commercial divisé par une constante $1 + p$) y est plus petit (il y a donc une rente différentielle II entre les terrains 1 et 2), la rente foncière accaparée par le promoteur 1 est plus faible que celle accaparée par le promoteur 2. Le profit global, et donc le surprofit, du promoteur 1 est donc en définitive inférieur à celui du promoteur 2. Si l'on considère le

---

31. Mises en évidence p. 170.

32. Ce cas est parfaitement possible dans la mesure où le coût d'équipement prend la forme d'une taxe d'équipement qui ne tient pas compte de la valeur réelle de la viabilité secondaire mise à la disposition des promoteurs.

33. Le coût d'équipement est considéré comme correspondant à un capital incorporé au sol: *cf.* la deuxième partie.

propriétaire foncier en amont du promoteur (aménageur), cette différence de surprofit à la promotion est susceptible d'être accaparée sous la forme d'une rente différentielle I entre les deux terrains, puisque les capitaux des deux promoteurs sont identiques. Le prix du terrain 2 aura donc tendance à être plus élevé que celui du terrain 1. D'un autre côté, l'hypothèse d'égalité des prix des deux terrains peut aussi être remise en cause si l'on considère que le promoteur 1 exige, pour se lancer dans l'opération, un taux de profit sur l'ensemble de son capital égal à celui du promoteur 2. Il aura alors tendance à peser sur le prix du terrain 1 à la baisse, de façon à rétablir son capital proprement commercial au niveau 2. Il y a donc, dans un pareil cas, un processus potentiel d'ajustement du prix des terrains en fonction du taux de profit global requis par les promoteurs, la fixation du prix des terrains se faisant en définitive en fonction des rapports de force entre les divers propriétaires fonciers successifs.[34] Notons cependant que la méthode de démonstration suivie met en évidence un mécanime de création de rente différentielle II, mais que pour montrer qu'il n'y a pas nécessairement une rente différentielle II, il suffit de supposer que le promoteur 1 avance un capital global plus élevé de la différence des coûts d'équipements. Dans ce cas, en effet, la masse des profits et rentes accaparées par les deux promoteurs est la même[35], mais par rapport à des capitaux engagés différents; le surprofit du promoteur 1 est alors inférieur à celui du promoteur 2, comme dans le cas précédent.

— *Diminution du temps de rotation du capital promotionnel.* C'est ici le rôle des facteurs de situation rassemblés dans la quatrième caractéristique, pour la création d'un surprofit dans la sphère de circulation que nous voulons montrer, car, dans ce cas, il y a aussi la base d'une rente différentielle I. Pour cela, il nous faut rappeler la place centrale du promoteur dans la sphère de circulation. Le promoteur est un capitaliste marchand, et bien qu'il soit aussi en général propriétaire foncier successif, participant à ce titre au partage de la rente, il entretient au moment de l'achat du terrain avec le propriétaire foncier initial (ou l'aménageur) des rapports propriétaire foncier/capitaliste utilisateur du sol. Aussi, tout ce qui est susceptible de lui procurer du surprofit est

34. Voir 4.2.
35. Il n'y a pas de rente différentielle entre les deux terrains 1 et 2 à la production.

aussi susceptible de se transformer en rente foncière. C'est bien le cas des facteurs de situation, jouant dans ce cas en tant que situation par rapport au marché. L'investissement du capital commercial du promoteur commence en même temps pratiquement que la production puisque, de par la nature de la construction, il doit payer par partie le produit (situations mensuelles). Aussi son capital commercial est-il immobilisé pendant un temps fonction du délai de construction et du délai de commercialisation. Le délai de construction étant difficilement compressible pour un niveau donné d'investissement, si ce n'est par une action volontaire des capitalistes B.T.P.[36], c'est sur le délai de commercialisation que jouent les facteurs de situation. En effet, deux sommes égales de capital commercial investi, pour l'achat de deux immeubles identiques, sur des terrains différents uniquement par l'emplacement, donneront des profits différents, si la meilleure situation relative d'un des terrains permet un raccourcissement du délai de commercialisation. Si le délai de production des deux immeubles est de dix mois, et le délai de commercialisation sur le premier terrain de deux mois, alors que le même délai sur le second est de huit mois, et si le capital commercial sur le second terrain est rémunéré au profit moyen seulement, soit $3/2\ k\bar{p}$, en supposant pour simplifier que le capital commercial k est immobilisé entièrement du début à la fin du procès de production-commercialisation, soit dix-huit mois pour le second terrain, et douze mois sur le premier; le promoteur sur le premier terrain fait un surprofit de $1/2\ k\bar{p}$ égal à la différence entre ce qu'il touche réellement comme profit soit $3/2\ k\bar{p}$, déterminé par le plus mauvais terrain, et ce qu'il aurait dû toucher pendant le même délai s'il n'avait pas bénéficié d'une situation plus favorable soit $k\bar{p}$. Ce surprofit déterminé par les caractéristiques «naturelles» des terrains est bien, de plus, différentiel, et peut donc être accaparé par le propriétaire foncier sous forme de rente différentielle I foncière.

— *Rente immobilière différentielle I.* Ce mécanisme de création de rente différentielle I de situation est en fait plus général, et il est notamment la base d'une *rente différentielle I immobilière.* Dans ce cas, c'est alors le promoteur qui a le rôle de propriétaire vis-à-vis de capitalistes commerçants, occupant ses locaux et bénéficiant de situations différentes

36. Voir l'étude de la rente différentielle II, p. 234 et sq.

affectant différemment la vitesse de rotation de leur capital. Notons qu'aux facteurs de situation précédents s'ajoute ici la situation du local dans l'immeuble: pas-de-porte, front de rue, vitrine. Le promoteur dans ce cas fait supporter à son locataire ou acheteur une rente différentielle I de situation supérieure à la rente différentielle I proprement foncière correspondant au procès de production et au procès de circulation des marchandises B.T.P. En effet, dans un tel cas, comme dans le cas de la rotation du capital promotionnel, la loi de rotation du capital commercial, qui veut qu'une rotation plus rapide de ce capital se répercute sur le prix de vente sur le marché par une baisse, ne s'applique pas. Il nous suffit ici de citer Marx qui a bien mis en évidence ce type de rente:

«Abstraction faite de l'alternance de rotations lentes et rapides qui se compensent mutuellement, il va de soi que la loi de la rotation n'a de validité dans chaque branche du commerce que pour la moyenne des rotations de tout le capital investi dans cette branche. Dans une branche donnée, le nombre de rotations d'un capital donné peut être supérieur à la moyenne, et, dans ce cas, la vitesse de rotation des autres capitaux sera inférieure à celle-ci. Cela ne change rien à la rotation du capital total investi dans cette branche, mais c'est d'une importance décisive pour chaque commerçant ou détaillant. Dans ce cas, il réalisera un surprofit, tout comme le capitaliste industriel qui produit dans des conditions meilleures que la moyenne. Si la concurrence l'y oblige, il pourra vendre meilleur marché que ses confrères sans que son profit tombe au-dessous du profit moyen. *Si les conditions qui lui permettent d'accélérer la rotation de son capital sont de nature vénale, par exemple—un emplacement favorable de son local de vente—, il pourra les acheter au prix d'une rente supplémentaire, autrement dit une partie de son surprofit se convertira en rente*».[37]

Ceci d'ailleurs ne se limite pas au capital commercial, mais au contraire s'étend aussi au capital bancaire et financier pour l'utilisation des bureaux. En effet, en ce qui concerne les bureaux, ils peuvent aussi payer une rente immobilière différentielle I dans la mesure où une situation plus favorable permet, par rapport à leur capital, une participation au partage de la plus-value sociale plus

37. K. Marx, in *OEuvres*, t. II, p. 1084. C'est nous qui soulignons.

large, soit par augmentation du chiffre d'affaires et diminution corré-
lative des frais fixes entraînant un taux de profit plus élevé que la
moyenne (rôle de la situation dans le prestige et la confiance
accordée à une société de bureau, rôle de l'emplacement dans les
centres de décision), soit par augmentation de la vitesee de rotation
du capital de telles sociétés. Le cas des banques, dont les activités
sont fortement liées à des localisations, est particulièrement net.
D'une part, leurs sièges sociaux doivent être localisés à proximité des
marchés financier et monétaire, cette proximité jouant sur leur part
dans la redistribution de la plus-value sociale; d'autre part, pour leurs
activités de collecte et d'émission de monnaie, elles doivent localiser
leurs succursales dans des emplacements très fréquentés, comme
des centres d'emplois tertiaires, centres commerciaux ou encore
zones d'habitat ou carrefour de communications.[38] Le rôle de la
situation est donc, pour elles, très important. Il faut cependant, pour
être clair, distinguer le cas de la rente différentielle I du cas où la
rente de situation est à la base d'une rente différentielle II. On peut
dire que, si le chiffre d'affaires augmente du fait d'un accroissement
de la vitesse de rotation du capital commercial ou bancaire, dégageant ainsi un surprofit, il y a rente différentielle I de situation; par
contre, si le chiffre d'affaires augmente par accroissement de la
quantité investie de capital, dégageant un surprofit, la situation est la
base d'une rente différentielle II.[39]

C. *Augmentation de la rente différentielle I en cours d'opération.* Il
nous faut pour terminer sur la rente différentielle I, mettre en
évidence le fait que certains facteurs de cette rente peuvent varier
plus ou moins rapidement, entre l'achat des terrains aux rentiers et la
vente des produits B.T.P. aux consommateurs, modifiant ainsi le
niveau de la rente différentielle I exigible par le promoteur au moment
de cette vente.

En effet, d'une part, il apparaît que, bien que l'échelle de constructibilité naturelle ne puisse pratiquement pas évoluer pendant le
délai de la production, puisque ses variations sont liées essentiellement à l'évolution des sciences et techniques conditionnant le procès
de travail, et que cette évolution assez lente ne peut changer les

38. Une bonne situation peut diminuer les frais fixes nécessaires à la collecte de la
monnaie et de l'épargne liquide, et donc permettre une augmentation des prêts et de
la création monétaire de ces banques sans augmentation du capital fixe et circulant
engagé, soit en fin de compte, induire une part de la plus-value redistribuée au capital
bancaire supérieure à la moyenne pour ce type d'activité.
39. Voir p. 239.

conditions moyennes de production dans un délai aussi bref (de l'ordre de deux ans, si l'on suppose la rétention à des fins de spéculation foncière inexistante), il n'empêche que le développement urbain peut amener à mettre en valeur pendant cette période des terrains tout à fait en bas de l'échelle de constructibilité naturelle, et relever ainsi, par augmentation du prix de production régulateur de marché, le niveau de la rente différentielle de constructibilité naturelle. Il apparaît, d'autre part, que la situation par rapport au marché peut, elle, varier considérablement pendant le délai de construction et d'équipement, car une opération est rarement menée isolément, si ce n'est pour les opérations privées de petite taille de remplissage du tissu urbain préexistant. Dans beaucoup de cas où il y a aménagement d'une zone, l'intervention d'un aménageur améliore la situation par rapport au marché pour les terrains proches de ces aménagements (infrastructure primaire et superstructure) et donc les surprofits dans la sphère de circulation, c'est-à-dire les rentes différentielles I pour l'aménageur. De même, sans aménagement spécifique, ou en plus de l'effet précédent, le fait de mener plusieurs opérations simultanément, comprenant des marchandises B.T.P. complémentaires tels que commerces, bureaux, logements, crée un effet d'agglomération améliorant la situation des diverses marchandises par rapport à leurs, propres marchés par réalisation d'un marché spécifique. C'est d'ailleurs très souvent comme cela que certains gros promoteurs procèdent pour créer, quand ils sont initialement faibles, des facteurs de rente différentielle I de situation (foncière et immobilière): par exemple les réalisations de Balkany, notamment Parly II, ou certains grands ensembles de luxe de la S.C.I.C.[40]

Cependant, s'il y a lieu de distinguer la rente foncière différentielle I au moment de l'achat du terrain au rentier (basée sur l'échelle de constructibilité naturelle des terrains effectivement mis en chantier au moment de la transaction[41] et sur la situation objective du terrain au même moment) de ses variations en cours d'opération, cela n'a pas de sens pour la rente immobilière qui est, elle, entièrement déterminée au moment de la réalisation de la marchandise B.T.P. De plus, le propriétaire foncier (aménageur ou promoteur), responsable des augmentations de rente, cherchera à se les approprier; il nous faut alors distinguer l'augmentation de rente entre

40. Notons aussi enfin, que cette évolution de la situation, notamment de celle due à la mise en place d'équipements collectifs, joue beaucoup sur le niveau des prix-monopoles différentiels de situation que nous examinons plus loin.

41. Ou sur les résultats réels de l'ancienne utilisation agricole du terrain.

l'achat du terrain au rentier et la vente au promoteur par l'aménageur, et l'augmentation entre l'achat à l'aménageur du terrain équipé et la vente aux consommateurs des produits B.T.P. par le promoteur.

On est donc amené en définitive à présenter le total de la rente différentielle I finalement inclus dans le prix des marchandises B.T.P. de la façon suivante[42]:

$$RDI = RDI_{3+6} + RDI_{4+7} + DRDI_2^5 + DRDI_5^7 + RDI_8$$

RDI_{3+6} représentant la rente différentielle I ayant pour base un surprofit à la production (équipement et construction) compte tenu des conditions initiales de constructibilité et de situation.

RDI_{4+7} représentant la rente différentielle I ayant pour base un surprofit à la commercialisation (aménagement et promotion) compte tenu des conditions initiales de situation.

$DRDI_2^5$ représentant l'augmentation de rente différentielle I entre l'achat du terrain nu et la vente du terrain équipé par l'aménageur.

$DRDI_5^7$ représentant l'augmentation de rente différentielle I entre l'achat du terrain équipé et la vente des produits B.T.P. par le promoteur.

RDI_8 représentant la rente différentielle I immobilière.[43]

4.1.2.3. *Rente différentielle II urbaine*

Cette forme de rente a pour base, comme nous l'avons vu en étudiant la théorie de la rente foncière chez Marx, en plus de l'existence de la rente différentielle I, une inégale répartition du capital entre les capitalistes usagers du sol. Cette inégale répartition du capital entraîne des productions de valeurs inégales sur les divers terrains ainsi que des différences de taux de profit. Une différence importante entre la rente agricole et la rente B.T.P. existe cependant concernant l'appropriation de la rente. Dans le cas agricole, le capitaliste peut conserver, au moins pendant la durée d'un bail, le bénéfice de ses investissements, alors que dans le cas urbain, le bail à la construction n'existant généralement pas, le capitaliste B.T.P.

---

42. Les indices de 3 à 8 sont ceux du schéma de la page 199.
43. Il est évident que certaines de ces rentes peuvent rester à l'état de surprofit sans être transformées en rente, c'est-à-dire, accaparées par un propriétaire foncier en amont du capitaliste qui fait le surprofit, ainsi surtout pour RDI_{4+7} et $DRDI_5^7$. Cependant, on peut considérer dans ces cas, que c'est le promoteur dans sa fonction de propriétaire foncier qui accapare le surprofit du promoteur commerçant.

voit immédiatement confisquer par le promoteur ses surprofits.[44] Ceci permet d'expliquer l'état permanent de crise existant dans cette branche de production et les doléances des entrepreneurs améliorant leur productivité et voyant leur taux de profit stagner et même diminuer.[45] Une autre différence existe aussi concernant les possibilités d'investissement sur les terrains; dans l'agriculture, l'investissement n'est limité que par des contraintes techniques et économiques (nature du sol, état des techniques, possibilités du fermier), alors que pour les terrains à bâtir, il est en plus réglementé par une intervention publique. Il y correspond une différenciation spatiale des terrains à bâtir fixant objectivement le niveau de la rente différentielle II sur chaque terrain à bâtir. Nous appellerons cette rente, *rente différentielle II de constructibilité réglementaire*[46]. Sur la base de cette rente, on peut connaître le niveau moyen de la rente différentielle II urbaine, une fois connue la rente différentielle I et le taux de profit moyen dans la branche B.T.P. Cependant, les promoteurs peuvent agir au-delà pour améliorer leur rente différentielle II; ils peuvent jouer à l'intérieur des limites fixées par le règlement, d'une part sur la valeur d'usage et d'échange des produits, suivant la classe de consommateurs qu'ils veulent toucher, d'autre part sur la concurrence entre entrepreneurs capitalistes et sur les différences de productivité des entreprises. Il existe donc, dans le cas urbain, trois espèces de limites différentielles à l'investissement sur le sol:

— limite réglementaire: coefficient d'occupation du sol (C.O.S.), zonage, réglement d'urbanisme, cahier des charges, plans d'occupation du sol (P.O.S.), plans de modernisation et d'équipement (P.M.E.), permis de construire.

— limite due à la solvabilité des demandes, c'est-à-dire des classes et couches de consommateurs à «satisfaire», limite corrélée avec le mode de financement ou la nature juridique et sociale du promoteur, elle-même liée à la rente différentielle I et au prix-monopole différentiel de situation.

---

44. D'une part, le promoteur étant aussi commerçant, c'est lui qui réalise les marchandises; d'autre part, alors que dans l'agriculture le capital incorporé au sol est du capital fixe, dans le B.T.P. tout le produit est incorporé au sol, et donc tout capital incorporé au sol est circulant. De plus, ce n'est pas l'entrepreneur qui décide de la quantité de capital incorporé mais le promoteur. Ainsi, tout surprofit dû à une incorporation supplémentaire de capital est confiscable immédiatement par le promoteur sous forme de rente différentielle II.

45. Comité B.T.P. du VIe Plan, *op. cit.*

46. A. Lipietz (*op. cit.*) met bien en évidence ce type de rente différentielle II et parle de différences d'investibilité.

— limite due à la productivité et à la capacité d'investissement des entreprises de bâtiment et travaux publics.

A. *Différences de constructibilité réglementaire.* Cette notion traduit l'intervention des «pouvoirs publics», de l'Etat, sur le niveau d'investissement dans la construction par l'intermédiaire essentiellement d'une limitation de la taille des produits. Cahiers des charges et autres règlements imposent des normes, mais l'indicateur le plus synthétique de cette constructibilité réglementaire est le C.O.S. rapport de la surface développable (en mètre carré de plancher) à la surface du terrain (en mètre carré de terrain). Les constructibilités des divers terrains sont donc limitées *a priori* et ce, de façon variable. Les règlements opèrent une hiérarchie des possibilités de construction qui se projette spatialement sur les terrains à bâtir. Il est évident que de tels règlements expliquent une grande part des différences de prix entre terrains suivant la valeur du C.O.S.[47] Le C.O.S. fixe pratiquement le nombre d'étages et la surface au sol du produit, limitant l'investibilité à une concentration de capital à l'intérieur des produits dans la mesure où elle est possible, compte tenu du marché et de la «clientèle» recherchée.

La rente différentielle II, entre terrains de C.O.S. différents, toutes autres caractéristiques égales par ailleurs, se met facilement en évidence. Supposons pour cela un C.O.S. double sur le terrain 2 de celui sur le terrain 1. Cela signifie que la surface de plancher habitable peut être double, ou encore, que si le C.O.S. sur le terrain 1 permet la construction d'un immeuble de quatre logements, sur le terrain 2, on est autorisé à construire un immeuble de huit logements de mêmes caractéristiques. Plusieurs cas peuvent être alors distingués suivant d'une part, la position des terrains en question dans la hiérarchie de constructibilité naturelle et de situation (existence d'une rente différentielle I ou non) au niveau de capital investissable sur le terrain 1, soit k_1; d'autre part, suivant la courbe de constructibilité de ce type de terrain au-delà du niveau k_1 d'investissement (économie ou déséconomie d'échelle).

a) Les terrains sont du type le plus mauvais, au niveau k_1, et l'ensemble du capital engagé (productif et commercial) ne peut produire plus que le taux de profit moyen[48]. Comme la construction des huit logements ne fait pas intervenir un capital double, car l'on suppose que seuls le capital variable et la partie circulante du capital

---

47. Voir les ajustements de J.-C. Dutailly (*op. cit.*).
48. On suppose la rente absolue nulle.

constant doivent doubler (pas de capital fixe supplémentaire pour les étages supérieurs), il y a économie d'échelle, la composition organique du capital baissant, donc le taux de profit augmentant. Ce sont ces économies d'échelle qui vont être appropriées sous la forme de rente différentielle II. En effet, on a:

Terrain 1	*Terrain 2*
$k_1 (1 + p) = 4P$	$(1 + a) k_1 (1 + p) = 8P$
P prix de vente d'un logement au prix de production sur le terrain 1	avec $0 < a < 1$
	Le prix de production sur le terrain 2 est inférieur à celui sur le 1, il est $(1 + a) k_1 (1 + p)/8 < 2k_1 (1 + p)/8 = P$

La rente différentielle II sur le terrain 2 est égale au prix de vente de toute la production moins le prix réel de production sur ce terrain soit:

$$RDII = 2k_1 (1 + p) - (1 + a) k_1(1 + p) = (1 - a) k_1(1 + p)^{49}$$

C'est l'économie de capital en équivalent-produit, c'est-à-dire le capital économisé plus le profit moyen sur ce capital.

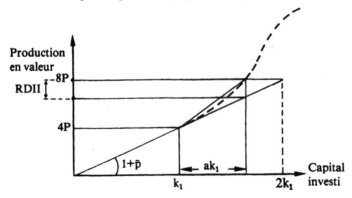

b) Il n'y a pas d'économie sur le capital constant fixe (frais supplémentaires pour les étages), mais par contre les terrains ne sont pas les plus mauvais au niveau d'investissement k_1; il y a donc un taux positif de surprofit sur les terrains 1 et 2. On a alors, si P_p est le prix de production, et P_v le prix de vente sur le marché:

---

49. C'est bien une différence de rentes différentielles I à ceci près que $RDI(k_1) = 0$. On a, en effet, $RDII = RDI[(1 + a)k_1] - RDI(k_1) = RDI[(1 + a)k_1]$ (voir deuxième partie).

Terrain 1	Terrain 2

$p > \bar{p}$

$k_1(1 + p) = 4P_p + RDI = 4P_v$ | $2k_1(1 + p) = 8P_p + RDI + R = 8P_v$

soit $R = RDII = k_1(p - \bar{p})$; dans ce cas, on voit que RDII a bien pour base la rente différentielle I; c'est une différence de rentes différentielles I, soit $RDI(2k_1) - RDI(k_1)$.

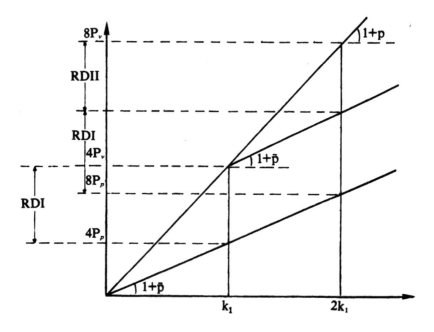

c) Il y a à la fois rente différentielle I et économie d'échelle; les deux formes de la rente différentielle II précédentes s'ajoutent. On a:

Terrain 1	Terrain 2

$k_1(1 + p) = 4P_p + RDI = 4P_v$ | $(1 + a) k_1(1 + p') =$
$8P_p + RDI + RDII = 8P_v$

d'où: $RDII = 2k_1(1 + p) - (1 + a) k_1(1 + p - p + p) - k_1(p - p)$

$RDII = (1 - a) k_1(1 + p) + a k_1(p - \bar{p})$, qui est bien la somme des deux types de rente des cas précédents, effet d'échelle au taux p, effet quantitatif au taux de surprofit initial $(p - \bar{p})$.

Soit sur le graphique:

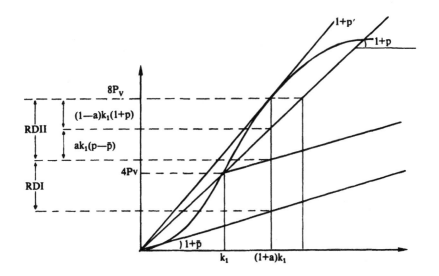

On voit donc bien ici que la rente différentielle II est le résultat de deux espèces de surprofit, l'un obtenu uniquement par augmentation de la masse d'investissement à taux de surprofit constant, supposant donc l'existence *a priori* d'un surprofit, l'autre résultant d'une amélioration de la productivité du terrain en fonction de l'investissement.

Remarque. Rappelons que ces deux effets que l'on a appelé effet quantitatif et effet d'échelle, peuvent ne pas toujours s'ajouter. L'effet quantitatif peut être nul sur le plus mauvais terrain, mais jamais négatif; au contraire, l'effet d'échelle peut, lui, être négatif dans la zone des rendements décroissants de la courbe de production [quand la courbe passe au-dessous de la droite $(1 + p)$], nul ou positif; l'effet est maximum quand le taux de profit marginal du capital est égal au taux de profit moyen. Il résulte de cela qu'une augmentation d'investissement sur un terrain peut augmenter et même créer la rente différentielle II, mais qu'elle peut aussi la diminuer pour créer une rente négative; dans ce cas, ou bien elle se soustrait de la rente différentielle I, ou bien, si c'est sur le plus mauvais terrain, elle provoque une augmentation du prix de production régulateur de marché. Le promoteur doit donc, compte tenu de la constructibilité naturelle et de la situation de ses terrains, chercher un niveau d'investissement optimum dans les limites du C.O.S. et même parfois légèrement au-delà, s'il veut maximiser sa rente différentielle II de constructibilité réglementaire. Cependant, un autre genre de contrainte s'exerce sur lui suivant son statut juridico-social.

B. *Différences de mode de financement des constructions.* Ces modes de financement sont au nombre de quatre:
— financement de type H.L.M.,
— financement avec primes et prêts du Crédit foncier de France (C.F.F.),
— financement privé avec primes du C.F.F.,
— financement privé non aidé.

A ces divers financements correspondent de fait et logiquement des qualités différentes de construction et, bien sûr, des prix de marché différents. Or ces prix différents ne sont pas pour l'essentiel dus à des différences de coût de construction comme le révèlent certaines études statistiques.[50] En effet, comme nous allons le voir, ces différences de financement sont la base d'une rente différentielle II. Ceci doit nous permettre de comprendre comment un promoteur peut payer un prix d'autant plus élevé pour le terrain que son opération de construction est de meilleure qualité, de plus «haut standing», c'est-à-dire fait intervenir un capital plus important. Il y a en fait une espèce d'ajustement dialectique entre la qualité des immeubles et le niveau de la rente foncière, la qualité d'un immeuble se réglant sur le niveau de la rente foncière atteint, et déterminant en retour son évolution. Ainsi le type de financement d'une construction en un lieu donné est déterminé en pratique par l'existence ou l'absence de règles d'affectation spéciale de la zone dans laquelle se situe le lieu (procédures de Z.A.C., Z.U.P., rénovation, opérations ponctuelles privées, etc.).

Les divers modes de financement diffèrent essentiellement par le niveau du taux de profit recherché pour le capital promotionnel; pour les H.L.M., ce taux est inférieur au taux de profit moyen et égal au taux d'intérêt (particulièrement bas) payé sur le capital emprunté essentiellement au secteur d'Etat; pour le secteur privé, le taux de profit est aussi limité par des contraintes réglementaires de prix de marché. Pour le secteur libre, il doit être maximisé.

Supposons alors deux terrains de mêmes caractéristiques «naturelles» et de C.O.S. égaux; sur le terrain 1, une société H.L.M. et sur le terrain 2, un promoteur privé. C'est le cas d'une zone de

50. L. Bastiani, «Le prix de revient de la construction neuve», *Economie et Statistiques, n° 9*, 1970.

rénovation, genre XIIIe arrondissement de Paris. Sur le premier terrain, on construit donc un H.L.M. de trente logements dont le prix de vente est fixé par des normes, ce qui limite le capital à consommer dans la production. Sur le terrain 2, le promoteur construit un immeuble de luxe de trente logements, de même surface que les logements H.L.M., mais dont le prix de vente n'est fixé que par les conditions du marché. Il cherche à investir au maximum pour augmenter son profit et si possible son surprofit. Il opère une concentration du capital à l'intérieur de la construction et autour, sur le terrain: emploi de matériaux nobles (marbre, verre, etc.), ascenseurs luxueux, rapides et nombreux, jardins, éclairages, isolation phonique et thermique, sanitaires et cuisine de grand standing, etc. Finalement, on a respectivement les données suivantes:

Terrain 1	*Terrain 2*
$k_1(1 + p_1) = P_1$	$k_2(1 + p_2) = P_2$

avec $k_2 > k_1$ et $P_2 > P_1$, puisqu'on peut supposer, dans un premier temps, que $p_2 \geqslant p_1$ pour que le promoteur 2 lance l'opération 2, sous cette forme.

On a donc dans ce cas le graphe suivant:

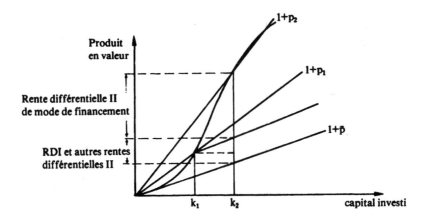

La rente différentielle II a comme toujours deux sources, et si on suppose que, bien que $p_1 > \bar{p}$, $k_1(p_1 - \bar{p})$ sert à payer la rente différentielle I et la rente différentielle II de constructibilité réglementaire, c'est-à-dire qu'il n'existe pas de plus mauvais mode de financement, on trouve pour rente différentielle II de mode de financement, RDII = $k_2(1 + p_2) - k_1(1 + p_1) - (k_2 - k_1)(1 + \bar{p})$, soit encore RDII

$= k_2(p_2 - \bar{p}) - k_1(p_1 - \bar{p})$, qui est bien une différence de rentes différentielles I.

Si on pose $k_2 - k_1 = Dk$ et $p_2 - p_1 = Dp$, on a $RDII = k_2 . Dp + (p_1 - \bar{p}). Dk$, mettant ainsi en évidence sous une autre forme les deux sources de RDII.

Nous pouvons alors nous affranchir de notre hypothèse sur p_2, qui revenait à supposer que l'on était dans la partie des rendements croissants de la courbe de constructibilité naturelle (pour un C.O.S. donné). En effet, cette hypothèse ne modifie pas le calcul algébrique de la rente, mais permet de construire le graphe en spécifiant un cas de figure. Il est maintenant facile de montrer que même si la concentration du capital dans la construction entraîne une diminution du taux de profit sur le capital investi, c'est-à-dire si p_2 devient plus petit que p_1, le promoteur 2 peut avoir intérêt à opérer cette concentration. En effet, la rente différentielle II de mode de financement reste positive tant que $k_2 . Dp + (p_1 - \bar{p}) Dk > 0$, soit tant que:

$$\frac{Dk}{k_2} > - \frac{Dp}{p_1 - \bar{p}}$$

c'est-à-dire tant que l'accroissement relatif du capital sur le terrain 2 reste supérieur à la diminution du taux de profit rapportée au taux de surprofit initial. Ceci signifie simplement que, tant que l'effet quantitatif est supérieur à l'effet d'échelle négatif, il peut y avoir intérêt à investir; il faut donc que la rente différentielle au niveau k_1 soit déjà assez grande, puisque l'effet quantitatif est basé sur le taux de surprofit au niveau k_1.

On a donc bien une rente différentielle II due à une inégale répartition du capital promotionnel. Nous allons maintenant examiner comment l'inégale répartition du capital entre entreprises B.T.P. peut aussi être la base d'une rente différentielle II.

C. *Différences de répartition du capital entre entrepreneurs B.T.P.*
La différence de taille entre diverses entreprises due à des capacités d'investissement et de production diverses est, en effet, du fait de la concurrence entre les entreprises, la base, et d'un surprofit sur le capital promotionnel commercial, et de l'accaparement par le promoteur, en tant que propriétaire foncier, des gains de productivités qui donnent un surprofit sur le capital productif. Nous n'allons mettre en évidence ici que le cas où la différence de répartition du capital entre les entrepreneurs se traduit par des différences de com-

position organique du capital. Le cas où cette répartition différentielle suppose aussi que la composition organique du capital est la
même dans toutes les entreprises ne sera pas approfondi. D'une part, en
effet il n'est pas différent du cas agricole mis en évidence par Marx et
des cas précédemment traités (C.O.S. et mode de financement); effet
quantitatif et effet d'échelle y apparaissent en fonction des caractéristiques naturelles des terrains et des divers niveaux d'investissement. D'autre part, le niveau d'investissement du capital productif n'est pas, en général, déterminé par l'entrepreneur, mais par le
promoteur qui décide de la taille et de la forme du produit et qui
choisit l'entrepreneur et ceci nous ramène au cas examiné précédemment.

Ce que nous voulons montrer maintenant, c'est comment, une
fois choisis le type de production et ses dimensions, peut être
engendrée, par le fait de la différenciation du capital entre entreprises B.T.P., une rente différentielle qui peut être à la fois un critère
de choix des entreprises pour le promoteur et un obstacle au
développement du capitalisme dans la production. Le cas suivant où
l'on met en évidence les possibilités d'apparition d'une rente différentielle II lorsqu'il y a différenciation des compositions organiques du
capital entre les entreprises peut paraître plus une forme de
rente différentielle I que II dans la mesure où, comme dans notre
exemple, cette différenciation peut jouer à niveau d'investissement
égal sur les divers terrains. En fait, nous pensons qu'il est plus clair
et plus logique d'y voir une forme de rente différentielle II, étant
donné qu'il y a intervention des capitalistes sur la productivité du
terrain et que cette intervention n'est possible et ne permet un
surprofit que dans la mesure où il y a une inégale répartition du
capital entre les capitalistes. Il y a, dans un tel cas, modification de la
courbe de constructibilité du terrain exploité par rapport à la constructibilité naturelle, celle-ci correspondant au type de production le plus
courant dans le période considérée, c'est-à-dire, étant donné la
composition organique moyenne du capital dans la branche, déterminée essentiellement par la grosse masse des entreprises les plus
courantes dans la branche, à savoir les petites et moyennes entreprises. Nous étudions donc l'influence sur la rente différentielle de
l'existence d'entreprises qui produisent dans des conditions de
productivité du travail supérieure à la moyenne. De plus, le cas
présenté est un cas limite qui a pour seul but de mettre en évidence
le simple effet de composition organique du capital (effet qualitatif).
En pratique, une entreprise rationalisée et de grande taille consom-
mera moins de capital pour la production d'un même produit qu'une

entreprise moyenne; le surprofit et la rente n'en seront que plus élevés.

Supposons donc deux terrains identiques où l'on construit deux immeubles identiques nécessitant les mêmes investissements en capital productif. Sur le terrain 1, le promoteur ne peut recourir qu'à une entreprise de caractéristiques moyennes, alors que sur le terrain 2, le promoteur fait appel à une grosse entreprise rationalisée et coordonnée, où la productivité du travail est supérieure à la moyenne. Le taux de plus-value est supposé, d'autre part, identique dans les deux entreprises. On a alors:

$$c_2 + v_2 = c_1 + v_1 \text{ avec } c_2 > c_1 \text{ et } v_2 < v_1, \text{ on suppose } v_2 = 1/2 \,.\, v_1$$

Ces conditions peuvent se traduire concrètement des deux façons suivantes:

a) L'entreprise 2 fait intervenir deux fois moins d'ouvriers, et le temps de construction est le même sur les deux terrains. Il y a une productivité du travail en 2 deux fois plus forte qu'en 1, et ce gain de productivité fait baisser la valeur d'échange du produit sur le terrain 2 et entraîne un sous-profit par rapport au profit moyen pour l'entrepreneur 2. Le promoteur 2 doit financer ce sous-profit sous la forme d'une rente différentielle négative, car le capital productif doit être rémunéré au moins au taux de profit moyen, sinon l'entreprise 2 ne produirait pas dans ces conditions.

On a en effet, $c_1 + v_1 + pl_1 > c_2 + v_2 + pl_2$, puisque $v_2 = 1/2 \,.\, v_1$, et donc $pl_2 = 1/2 \,.\, pl_1$. Le sous-profit sera: $RDII = pl_2 - pl_1 = 1/2 \,.\, pl_1$.

Les surprofits commerciaux et les rentes du promoteur sont alors amputés de cette rente différentielle II négative, et le promoteur n'a pas intérêt à faire appel à une telle entreprise. Aussi, ce cas tel qu'il est présenté est-il assez irréel; voyons dans le cas suivant comment l'intervention d'une telle entreprise à haute productivité peut tout de même générer une rente différentielle II positive.

b) L'opération sur le terrain 2 dure deux fois moins longtemps (autant d'ouvriers sur les deux terrains mais deux fois moins longtemps sur le terrain 2). La construction sur le terrain 1 dure douze mois et sur le terrain 2 six mois. L'entrepreneur 2, dans ces conditions, peut théoriquement produire deux fois dans l'année, sa vitesse de rotation du capital étant deux fois plus grande que celle de 1. Bien que son taux de profit dans chaque procès soit deux fois plus petit que le taux moyen annuel (taux de profit sur le terrain 1, en supposant la rente absolue nulle), son taux annuel est le taux moyen $(pl_1/c_1 + v_1)$ puisque la plus-value totale qu'il extorque dans l'année est $2 \,.\, pl_2 = pl_1$. La capital productif tourne deux fois plus vite, le

taux de profit de l'entrepreneur s'ajuste au taux moyen et le promoteur, qui n'achète le produit qu'au prix du capital productif rémunéré
sur six mois au taux moyen de profit et peut le commercialiser au
prix de production correspondant au même capital rémunéré sur un
an au même taux, fera un surprofit qui est en fait une rente, extorquée à l'entrepreneur, égale à la différence entre ces deux prix,
soit $(c_2 + v_2)\bar{p}/2$. Mais cette rente différentielle II n'est pas la seule,
car, si la vitesse de rotation du capital productif augmente, celle du
capital commercial aussi. L'immobilisation du capital commercial est
diminuée de six mois; la durée de rotation de ce capital devient douze
au lieu de dix-huit mois. Le profit sur ce capital, au lieu de devenir
$3/2 \cdot \bar{p}(c_2 + v_2)(1 + \bar{p})$ en dix-huit mois, le devient en douze,
puisque le promoteur commercialise le produit au prix de production
régulateur de marché qui tient compte des conditions moyennes de
rotation du capital; cela donne un surprofit commercial égal à
$\bar{p}/2(c_2 + v_2)(1 + \bar{p})$.[51]

L'analyse que nous venons de développer nous semble pouvoir
expliquer ou renforcer l'explication des faits suivants:

— le développement, au service des promoteurs, des bureaux
spécialisés dans la rationalisation des chantiers et l'ordon-
nancement; en effet, d'après ce qui précède, la compression
des délais de production ne fait pas qu'améliorer le profit
commercial, mais permet aussi, dans la mesure où elle oblige
les entreprises à se rationaliser, un surprofit aisément confiscable par le promoteur.

— les difficultés permanentes des entreprises B.T.P., qui se
voient confisquer toute amélioration de leur productivité se
traduisant par une accélération du procès de travail, et ne
pouvant concentrer leur capital si ce n'est en devenant promoteur. En effet, d'une part, les entrepreneurs ne sont pas
sûrs de pouvoir réemployer leur capital immédiatement du
fait de la discontinuité de la production; d'autre part,
l'intérêt à améliorer leur productivité est surtout grand pour
les entreprises qui peuvent accéder à la promotion, récu-
pérant ainsi tous les surprofits qu'ils génèrent par extorsion
de plus-value. Notons cependant que les promoteurs n'ont
pas, en définitive, intérêt à accaparer tous les surprofits aux

---

51. Notons, que, comme nous l'avons déjà fait remarquer, note 43, que ce surprofit
commercial ne se transforme pas obligatoirement en rente, sauf si l'on admet la
séparation interne du promoteur en propriétaire foncier et commerçant.

entrepreneurs s'ils veulent encourager les gains de productivité qui leur sont profitables dans leur fonction de capitalistes marchands. Ils ont néanmoins intérêt à maintenir la disparité dans la branche de production pour maintenir les positions monopolistes des entreprises à haute productivité.

— les caractéristiques mêmes de l'industrialisation dans le B.T.P., à savoir que le développement du capital productif se fait par augmentation de la taille des entreprises, c'est-à-dire de la masse de capital, la composition organique de celui-ci ne variant pratiquement pas, plutôt que par une augmentation du capital fixe constant par rapport au capital variable. En effet, ne pouvant pas espérer des surprofits, sauf cas exeptionnels, les entrepreneurs ont intérêt à chercher à augmenter la masse des profits, le taux de profit variant faiblement.

Enfin, on peut noter qu'il peut y avoir une tendance contradictoire à l'augmentation de la vitesse de rotation du capital productif et commercial, dans la mesure où les promoteurs sont aussi des propriétaires fonciers qui peuvent être tentés par la spéculation. En effet, il peut leur être plus profitable d'attendre pour vendre leur construction, de façon à profiter de hausses dues à l'amélioration de la situation de leur terrain ou à une conjoncture permettant des prix-monopoles. Il suffit pour cela que la hausse escomptée soit supérieure au montant des intérêts sur le capital promotionnel.

Remarque. Dans tout ce qui précède, nous n'avons parlé que de la rente différentielle II de construction, mais l'étude reste en fait valable pour les autres produits du sol urbain, les produits d'aménagement: équipements collectifs d'infrastructure et de superstructure. En effet, quand un aménageur achète des terrains pour les faire équiper et, soit les revendre à des promoteurs, soit donner à ceux-ci un niveau de services permettant la construction en échange, ou pas, d'une taxe d'équipement, soit enfin exploiter ou louer les équipements, il peut s'approprier sous la forme d'une rente différentielle II les surprofits des entreprises B.T.P., s'ils existent et s'ils sont dûs, non pas seulement aux caractéristiques naturelles des terrains (dans ce cas, c'est une rente différentielle I), mais aussi à une possibilité d'investissement supérieure à celle de la plus mauvaise zone urbaine. Cette possibilité, comme pour les constructions de bâtiments commercialisables, est différenciée par les règlements urbanistiques (plans de modernisation et d'équipements, autorisation ou non de création d'équipements privés, etc.), par la nature de l'aménageur (public: Etat, collectivités locales; semi-public: O.S.P.A.E., S.E.M.; privé[52]) et par la concurrence entre entreprises.

D. *Rente différentielle II immobilière.* Nous avons vu au moment de l'étude de la rente différentielle I, que la rente différentielle II immobilière avait pour base essentielle la rente différentielle I de situation. La propriété d'un local ne donne en effet un droit sur le surprofit du locataire-capitaliste (ou acheteur) que si le surprofit du capitaliste a vraiment pour base les caractéristiques naturelles du local. Il faut, de plus, pour que l'on puisse parler de rente différentielle II, que les divers capitalistes bénéficiant de potentialités identiques de surprofit, les exploitent différemment du fait d'une inégale répartition du capital entre leurs mains, le capitaliste le moins bien doté dans sa branche ne faisant que le surprofit minimum correspondant à la rente différentielle I. La rente différentielle II aura donc pour base, hors la rente différentielle I, les différents types d'activités pouvant utiliser le local, êt ce, plus ou moins productivement (effet qualitatif), ainsi que l'investibilité de ces divers capitalistes[53] (ce qui est d'ailleurs souvent corrélé avec le type d'activité), dans la mesure où on définit les caractéristiques naturelles d'un terrain comme étant celles données pour le type d'activité le plus général.[54] Ainsi un changement d'activité, qui, pour un même niveau de capital, améliore la production commercialisée (cas d'un capital commercial) ou encore la masse de plus-value confisquée (cas d'un capital bancaire), c'est-à-dire le taux de surprofit et donc sa masse, apparaît comme un facteur de rente différentielle II et non de rente différentielle I. De même, un accroissement de l'investissement d'un capitaliste suivi d'un accroissement de la masse de surprofit peut donner lieu à l'extorsion d'une rente supplémentaire par le propriétaire immobilier sous la forme différentielle II. Il n'est pas nécessaire de détailler encore le processus; il suffira de montrer la possibilité d'une telle rente dans le cas d'une activité capitaliste non productive comme un commerce.

Nous avions vu, au moment de l'étude de la rente absolue, comment se fixait le profit commercial en fonction du coefficient a de répartition sociale du capital entre les sphères de production et de circulation et la quantité de capital productif k investie dans les marchandises commercialisées au moyen du capital commercial k'.

52. O.S.P.A.E.: Organisme semi-public d'action économique; S.E.M.: Société d'économie mixte.
53. Effet quantitatif, effet d'échelle.
54. Voir ci-dessus.

Il ne peut y avoir surprofit, les produits étant vendus à leurs prix de production, que si $k'/k < a$. Si $k'/k = a'$, le taux de surprofit est donné par $t = \dfrac{a - a'}{a'} (1 + \bar{p})$. On voit bien que le surprofit du commerçant est fonction essentiellement de son propre coefficient de répartition du capital et que l'emplacement de son commerce peut jouer sur ce coefficient en lui évitant, par exemple, des dépenses de publicité, des frais de stockage, etc. Dans la mesure où le commerçant augmente son capital, son surprofit ne peut augmenter que si $dk'/dk < a$. En effet son surprofit est $tk' = (ak - k')(1 + p)$ et $d(tk')/dk' > 0$ entraîne $(adk/dk' - 1)(1 + p) > 0$, soit la relation précédente; $a' < a$ suppose donc l'existence de RDI, et l'on en déduit que:

si $\dfrac{dk'}{dk} < a'$, il y a effet quantitatif et effet d'échelle s'ajoutant;

si $\dfrac{dk'}{dk} = a'$, il y a effet quantitatif > 0 et effet d'échelle $= 0$;

si $a' < \dfrac{dk'}{dk} < a$, il y a effet quantitatif > 0 et effet d'échelle < 0, la somme des deux étant néanmoins > 0.

Par contre, si $a' = a$ et $\dfrac{dk'}{dk} < a$, il y a effet d'échelle seulement.

Tout ceci est parfaitement possible pour un commerçant bien placé, pour lequel une simple augmentation marginale de son capital permet une augmentation considérable de son chiffre d'affaires, c'est-à-dire de la valeur des marchandises écoulées sur le marché. La rente différentielle II immobilière a donc bien une base, même dans une activité non productive.

Conclusion. La variété des composantes de la rente différentielle II urbaine entraîne aussi une variété des niveaux d'appropriation de cette rente; la rente de constructibilité réglementaire, qui sert en quelque sorte de cadre aux deux autres, est celle qui remonte le plus facilement jusqu'au propriétaire foncier initial (le rentier), dans la mesure où celui-ci connaît (ou peut anticiper sur) les règlements et politiques urbanistiques; les rentes de nature de financement et de productivité sont plus des rentes d'aménageurs et de promoteurs, sauf si les règlements permettent une anticipation sur ces deux composantes par le rentier. De plus, dans le cas de l'aménagement, du fait du caractère public de l'aménageur, un surprofit peut générer une rente non pas en amont, mais en aval de la production. En effet, d'une part, lorsque les produits d'aménagement ne sont ni vendus ni source de taxes, et que pourtant il y a eu surprofit non approprié par le capitaliste, on ne peut dire qu'il y a rente différentielle II, mais, de fait, celle-ci apparaît, avec les prix de production des produits d'aménagement, comme une variation de la rente différentielle I entre l'achat de terrain et la vente des constructions (DRDI$_5^i$); d'autre part, lorsque les produits d'aménagement sont vendus à leur prix de production par l'aménageur, la rente différentielle II est transférée à l'acheteur ou au locataire de l'équipement, qui peut l'inclure dans le prix final, à condition, bien sûr, qu'elle n'ait pas déjà été intégrée dans le prix du terrain à l'achat par le propriétaire foncier initial.

Compte tenu des développements précédents, nous sommes amenés à regrouper les divers types de rentes différentielles II de la façon suivante:

RDII$_0$ rente différentielle II de constructibilité réglementaire,
RDII$_{3+4}$ rente différentielle II d'équipement due à l'intervention de l'aménageur et de l'entreprise B.T.P. d'équipement,
RDII$_{6+7}$ rente différentielle II de construction due à l'intervention du promoteur et de l'entreprise B.T.P. de construction,
RDII$_8$ rente différentielle II immobilière.

Dans le prix final du produit B.T.P. commercialisé, on a donc la rente différentielle II totale:

$$RDII = RDII_0 + RDII_{3+4} + RDII_{6+7} + RDII_8$$

Enfin, pour compléter la ventilation du prix des marchandises B.T.P., et par là même celle du prix du sol urbain, il nous faut maintenant aborder la question des prix-monopoles.

4.1.3. *La rente de prix-monopole*

On dit qu'il y a rente de prix-monopole quand la rente n'a pas pour base un surprofit à la production de marchandises sur le terrain, mais seulement un déséquilibre entre l'offre et la demande des marchandises sur le marché.[55] Les marchandises ne sont alors pas vendues à leur valeur sur le plus mauvais terrain, mais à un prix supérieur. La rente n'est donc pas alors, comme dans le cas de la rente absolue, une partie de la plus-value des salariés de la branche de production

55. «En dehors d'elles (les rentes absolue et différentielle), la rente ne peut résulter que d'un prix de monopole, c'est-à-dire d'un prix déterminé par la demande solvable des acheteurs et non par le prix de production ou par la valeur des marchandises (K. Marx, in *OEuvres*, t. II, p. 1375).

liée à l'usage des sols (agriculture, bâtiments et travaux publics), mais est financée par un transfert de valeur en provenance de l'ensemble des entreprises capitalistes via les salaires de l'ensemble des travailleurs, ce qui peut entraîner à terme, si le prix-monopole persiste, une augmentation du coût de reproduction de la force de travail et donc une baisse du taux de plus-value et du taux de profit. Dans ce cas, il s'opère un transfert de plus-value de l'ensemble des capitalistes et non pas des seuls capitalistes B.T.P. vers les propriétaires fonciers (ou immobiliers).[56] Ce type de rente, qui est aussi celui du capitalisme des monopoles, a pour effet de déplacer les contradictions entre propriétaire du sol et capitalistes d'une branche particulière et de les étendre à l'ensemble des capitalistes. Aussi un telle situation, tout comme le développement des monopoles capitalistes, entraîne assez rapidement une intervention de l'Etat: *contrôle des prix, aide au développement de la production, limitation du droit de propriété, blocage des loyers, politique du logement social et aidé, procédures de Z.A.D., Z.A.C., recours à la déclaration d'utilité publique, expropriation, impôt foncier, aide au regroupement et à la concentration des entreprises B.T.P. pour les terrains à bâtir,* et mesures du même ordre pour les terrains agricoles; toutes mesures visant, soit directement les prix-monopoles, soit les conditions d'un rééquilibrage offre-demande sur les marchés.

Pour les terrains à bâtir, cependant, la rente de monopole qui existe toujours dans certains secteurs peut prendre deux formes plus ou moins distinctes, la forme foncière et la forme immobilière, suivant le type de pénurie, le type d'utilisation du produit B.T.P., ou encore suivant la position de monopole du propriétaire. Il faut, en outre, distinguer, comme le fait Marx, le cas où c'est le prix-monopole qui crée la rente et le cas inverse où c'est la rente qui crée le prix-monopole. Ainsi, « . . . il faut distinguer les cas où la rente provient d'un prix de monopole, les produits du sol et le sol lui-même se vendant à ce prix indépendamment d'elle, et les cas où le prix de monopole provient précisément de la rente. Par prix de monopole, nous entendons un prix uniquement déterminé par le désir d'acheter et la solvabilité des acheteurs, et indépendant du prix

56. C'est aussi le cas des rentes différentielles, lorsque les compositions organiques du capital des différentes entreprises productives sont les mêmes; seulement, dans un tel cas, le transfert de plus-value a pour base des *conditions naturelles de production* différenciées et non des *conditions sociales de réalisation* anormales. A notre avis, Lipietz commet une erreur, lorsqu'il soutient que la rente différentielle «reste une fraction de la plus-value produite par les ouvriers» qui produisent les marchandises sur le sol (A. Lipietz, *op. cit.*, t. II, p. 7).

général de production et de la valeur des produits. Le vin d'un vignoble de qualité exceptionnelle, mais de productivité relativement réduite, se vend à un prix de monopole. L'excédent de ce prix sur la valeur du produit est uniquement déterminé par la richesse des distingués amateurs de vins, mais il procurera au vigneron un important surprofit. Celui-ci provient du prix de monopole et se convertit en rente pour le propriétaire de la parcelle dotée de qualités si particulières: on peut donc dire qu'ici c'est le prix de monopole qui crée la rente. Inversement, c'est la rente qui crée le prix de monopole dans le cas où des grains sont vendus non seulement au-dessus de leur prix de production, mais au-dessus de leur valeur, du fait que, sans la contrepartie de la rente, la propriété foncière s'oppose à l'investissement de capital dans les terres en friches».[57] Le premier cas de prix de monopole correspond à une pénurie différentielle liée à la stratification sociale, le second étant plutôt une caractéristique de pénurie massive qui renforce la position des propriétaires fonciers, celle-ci ayant en général comme corollaire un taux de plus-value plus élevé dans la branche de production où un tel prix-monopole est imposé par la propriété foncière.[58]

4.1.3.1. *Les prix-monopoles fonciers*

Un premier cas, que nous pouvons appeler prix-monopole de pénurie, s'identifie pour les terrains urbains à celui des terrains agricoles. Il s'observe indépendamment du type d'utilisation des constructions. On dira, en plagiant Marx, que la rente crée le prix-monopole dans le cas où des logements, des bureaux, des commeries sont vendus, non seulement au-dessus de leur prix de production, mais au-dessus de leur valeur, du fait que, sans la contrepartie de la rente, la propriété foncière s'oppose à l'investissement de capital sur les terrains. Cela signifie notamment que, sur le plus mauvais terrain, le prix du sol dépasse la rente absolue. Ce type de rente foncière peut s'observer dès qu'il y a une pénurie entretenue par une rétention des terrains basée non sur un comportement économique-capitaliste des propriétaires fonciers, mais plutôt sur des

---

57. K. Marx, in *OEuvres*, t. II, p. 1384 *sq.*

58. En effet, une telle hausse du taux de plus-value dans la branche où la propriété foncière impose un prix-monopole est un moyen pour l'ensemble des capitalistes de déplacer leur contradiction avec les propriétaires fonciers sur le dos des travailleurs; le prix-monopole est financé dans un tel cas, non par hausse du prix de marché mais par baisse de la valeur et du prix de production du produit, ce qui n'entraîne pas un renchérissement de la force de travail dans les autres branches.

raisons affectives et historiques (cas des P.F. «alléchés *a priori* non disposés» et «non-vendeurs affectifs»). Elle est de plus difficilement distinguable quantitativement en pratique de la rente absolue dont elle est le prolongement. Enfin, elle peut être aussi une rente de spéculation sur la pénurie des logements qui, étant donné l'état permanent de crise dans la production, est une composante persistante des loyers et prix des logements (non contrôlés) dans les grandes agglomérations. C'est, il nous semble, dans le prix-monopole de pénurie qu'il faut voir la base des gains des agences immobilières. C'est aussi ce type de rente «anormal», qui est la base quasi exclusive des prix du logement dans les foyers-taudis et les «hôtels meublés» pour travailleurs immigrés. Cependant, alors que ce prix-monopole était la quasi-totalité du prix des logements à l'époque où propriétaires fonciers et propriétaires immobiliers étaient confondus, et où la production B.T.P. n'était pas très développée (généralisation des taudis et des logis-tannières), il tend à devenir, en dehors de secteurs réservés comme les logements d'immigrés, une simple composante d'appoint, étant donné l'accroissement considérable des autres types et formes de rente. Ce type de prix-monopole ne se retrouve pas forcément, d'ailleurs, sous forme de rente dans le prix du sol, dans la mesure où il peut se trouver dans des logements complètement délabrés et dans des quartiers où le prix des terrains est bas. Il constitue alors une rente immobilière de pénurie dans la mesure où le propriétaire a plus intérêt à louer son immeuble dans de telles conditions que de le vendre à un promoteur pour une reconstruction. Ceci peut alors éclairer la nécessité d'opérations semi-publiques de rénovation des zones insalubres, quand la classe dominante veut se réapproprier cette portion de l'espace. Ces opérations ont pour but d'améliorer avec des fonds publics les conditions de production et de promotion, essentiellement en revalorisant la situation de ces îlots par des équipements collectifs, et le relèvement du statut de consommation de la zone; ils permettent ainsi un réajustement en hausse des autres types et formes de rente foncière au niveau de ce prix-monopole de pénurie.

Le second cas correspond à ce que Marx signifie quand il dit que c'est le prix de monopole qui crée la rente, c'est-à-dire quand le produit du sol est d'une qualité telle qu'il peut être vendu à un prix complètement indépendant de son prix de production, et fixé par la seule richesse des amateurs du produit. Il est clair, comme le dit Marx, que la qualité exceptionnelle, ou différente de la moyenne, du produit est due au terrain ou à son emplacement, et donc que le surprofit de monopole peut être accaparé sous forme de rente foncière. C'est le cas, il nous semble, de ce que nous avons appelé le prix-monopole différentiel de situation qui a pour base les mêmes caractéristiques de situation que la rente différentielle I de situation par rapport au marché; mais ici le mécanisme de génération du surprofit est différent.[59]

Essayons de l'expliciter: comme nous l'avons vu dans la troisième partie, les marchandises B.T.P. n'ont pas une valeur d'usage que l'on peut réduire à celle de la boîte à habiter, mais au contraire, sont des objets-médiés intégrant une fraction des valeurs d'usage de leur «environnement» ou système d'objets-média: équipements collectifs, équipement commercial et situation naturelle (ou site: bois, lac, etc.). Or, cet environnement est hiérarchisé; la valeur d'échange des équipements collectifs réalisés par les collectivités publiques n'est pas la même en tout point de l'espace urbain, car la valeur d'usage de ces équipements est différenciée dans l'espace, de même que les qualités naturelles des divers emplacement.[60] *L'appropriation privée par les promoteurs des valeurs d'usage de l'environnement, à l'intérieur des produits qu'ils commercialisent, leur permet l'intégration dans le prix de ces produits d'une fraction de la valeur d'échange de cet environnement sous la forme d'un prix-monopole dit différentiel de situation;* c'est le prix du ticket de participation au système d'objets-média dont parle Cottereau, celui-ci étant différent suivant la situation du produit, et donc du terrain, dans l'espace urbain. Ce prix du ticket de participation est bien un prix de monopole, car il est absolument indépendant des conditions du procès de travail dans le B.T.P. De plus, ce prix-monopole ne peut exister que dans la mesure où il y a une demande solvable s'exprimant sur divers marchés, correspondant, à la fois, aux diverses classes et couches sociales consommatrices et au divers niveaux de prix-monopoles acceptables par ces classes et couches étant donné leurs revenus. La situation sélectionne spatialement la demande par l'intermédiaire du prix-monopole différentiel de situation, et donc sur la base de la hiérarchie des revenus: c'est la ségrégation sociale.

59. Remarquons que statistiquement, il est difficile de distinguer cette forme de rente de la rente différentielle I de situation, puisque ce sont les mêmes facteurs qui sont explicatifs dans les deux cas.

60. Celles-ci ont aussi, en fait, une valeur d'échange, car, quand elles n'existent pas naturellement, il faut les produire pour assurer un niveau équivalent de valeur d'usage: constructions de lacs, espaces verts, boisement, etc. On peut donc considérer que ces qualités naturelles ont eu un coût de production et ont donc une valeur d'échange qui, bien sûr, ne circule pas sur un mode marchand.

En schématisant, on peut estimer, à un coefficient proportionnel près, l'ampleur de ce type de prix-monopole; le coefficient proportionnel est fonction de la seule richesse des amateurs du produit sur le marché libre, alors que la méthode d'analyse suivante permet d'estimer les différences de prix-monopoles suivant la situation. En effet, le promoteur, qui vend ou loue un logement par exemple, livre à la consommation une valeur d'usage complexe comprenant non seulement l'habitation, mais aussi une fraction des biens collectifs d'accompagnement, une fraction des biens collectifs communaux, une fraction des biens collectifs de l'agglomération. Ainsi, par exemple, s'il existe une maternelle pour 200 logements, le promoteur pourra incorporer dans le prix du logement, à la vente, $1/200$ de la valeur de l'école. S'il existe un lycée pour 5000 logements, il pourra incorporer $1/5000$ de sa valeur dans le prix du logement. Et ainsi de suite . . . La fraction de la valeur incorporable diminue évidemment en fonction de la proximité de l'équipement considéré, et de ses possibilités objectives d'utilisation par le consommateur du logement. Supposons alors que l'ensemble des équipements collectifs incorporables dans une zone où il y a n logements a une valeur d'échange de C_1, le promoteur ayant avancé un capital total de C_2 par logement. Le prix de marché du logement sera $C_2(1 + p) + \dfrac{C_1}{n}$, p étant le taux de profit incorporant tous les autres types de surprofit. Le surprofit de prix-monopole différentiel de situation est C_1/n si, pour la plus mauvaise situation, le prix-monopole est alors zéro, ce que l'on peut supposer pour les zones où le sol, bien qu'ayant le statut de terrain à bâtir, est complètement démuni d'équipements collectifs. La rente de prix-monopole différentiel de situation tend donc à s'ajuster sur une estimation de la part du capital social investi en équipements collectifs qui est imputable à la marchandise B.T.P., et ceci, bien entendu, à un coefficient multiplicatif près. Ceci n'est qu'une thèse, mais qui permet un certain nombre de remarques correspondant à des observations concrètes:

— L'augmentation du niveau absolu d'équipement collectif peut s'accompagner d'une diminution relative du prix-monopole différentiel de situation. En effet, la spécificité de l'augmentation de C_1 peut être telle que n croît plus vite et que finalement C_1/n diminue en certains emplacements; c'est ainsi que la création d'un réseau de transports de la périphérie vers le centre ville doit diminuer l'écart des prix des terrains entre le centre et la périphérie, puisqu'elle met à la portée des logements de la périphérie touchée une plus grande part des équipements collectifs et commerciaux du centre, et qu'elle diminue corrélativement la part des logements du centre où C_1 n'augmente pas (faible utilisation du transport par les habitants du centre) mais où n augmente. Comme cette amélioration du transport améliore la situation de la périphérie, par rapport aux divers marchés du centre, la construction d'une ligne de transport entre deux zones de situations différentes tend à diminuer les rentes différentielles de situation de forme I et de prix-monopole entre les deux zones, et aussi tout au long de la ligne. Si toute la périphérie est touchée par cette amélioration du transport, il peut y avoir baisse en valeur absolue de ces rentes différentielles, puisque c'est de la périphérie la plus défavorisée vers le centre que se fixent les différences entre prix des terrains.

— La masse de rente différentielle de situation du type «prix-monopole» n'est qu'indirectement liée, et ce, de façon assez lâche, avec le niveau d'investissement sur le terrain. En effet, ce niveau ne joue que par l'intermédiaire de n, c'est-à-dire du nombre de logements construits, ce qui est souvent marginal, compte tenu du stock existant de logements, sauf dans les opérations de grande taille et sur de grandes surfaces de terrain. C'est donc une rente qui varie non proportionnellement avec la taille des terrains. Elle varie extrêmement peu tant que la taille du terrain ne permet que la construction d'un nombre réduit de logements (effet sur n très faible) et ce n'est que quand la taille des opérations projetées devient importante que le niveau de la rente de situation doit paradoxalement diminuer, et ce d'autant plus que la taille des terrains pour ces opérations est grande. Ceci suppose cependant qu'il n'y a pas d'anticipation sur la création de nouveaux équipements.

— L'existence des rapports sociaux qui permettent l'accaparement privé de la valeur d'usage du système d'objets-média, avant la consommation, est ainsi à l'origine d'une perte considérable de pouvoir d'achat pour les travailleurs. En effet, ils permettent de dissimuler le caractère de bien collectif du logement tout en affirmant celui des équipements, ce qui entraîne que la production des premiers est réservée au capital privé, alors que celle des seconds non directement marchands est réservée à la collectivité. C'est, de fait, cette séparation des tâches de production, qui non seulement est

un facteur de renchérissement du prix du sol et des logements, mais aussi entraîne que les travailleurs payent deux
fois les biens collectifs nécessaires à la reproduction de leur
force de travail; une première fois, par l'intermédiaire de la
fiscalité; une deuxième fois dans le prix payé pour pouvoir
habiter, sous la forme du prix-monopole différentiel de situation. Ceci, qui n'est pas sans conséquences indirectes sur
l'ensemble des capitalistes qui utilisent aussi des marchandises B.T.P., et pour qui l'augmentation du coût de reproduction de la force de travail est préjudiciable à terme, ne
leur échappe donc pas. Ainsi, la Commission habitation du
VIe Plan relève-t-elle que «très souvent ces équipements sont
payés deux fois lorsqu'il s'agit de terrains constructibles
dans les grandes agglomérations: une première fois au propriétaire foncier qui prend en compte l'existence réelle ou
future de ces équipements pour fixer la valeur de son terrain;
une seconde fois à la collectivité locale qui cherche à transférer la charge de ces mêmes équipements sur le promoteur».[61] Bien entendu, la collectivité locale a du mal à trouver
comment transférer cette charge au promoteur; par contre,
le promoteur ne cherche pas mais trouve très facilement le
moyen de la transférer sur le travailleur ou le capitaliste utilisateur du bureau ou du local commercial, sans avoir eu une
telle charge à assumer.

4.1.3.2. *Les prix-monopoles immobiliers*

Ce type de prix-monopole dépend, de fait, des types d'utilisation des
produits B.T.P. Il n'existe que pour une utilisation capitaliste des
marchandises B.T.P. comme capital fixe; il consiste en une rente
immobilière perçue par le propriétaire immobilier, et il entraîne soit
une augmentation des prix de marché des produits et services du
capital marchand, soit une compression des salaires payés par le
même capital, dans le cas où le prix des produits ne peut, compte
tenu du marché, dépasser le prix de production. A l'échelle sociale,
dans le premier cas, cette quasi-taxation privée peut s'analyser
comme un transfert de valeur, et donc de plus-value, de la poche des
capitalistes vers celle des propriétaires immobiliers et surtout comme
un tribut payé à la propriété privée pour avoir le droit d'utiliser la
marchandise B.T.P. Dans le dernier cas, il s'analyse comme un obs-

---

61. Commission habitation du VIe Plan, *op. cit.*, t. II, p. 240.

tacle à la péréquation du taux d'exploitation de la force de travail entre les sphères de production et de circulation des marchandises. Il est ainsi possible de trouver une explication partielle au maintien dans le secteur tertiaire d'une composition technique du capital faible, et d'un fort taux d'exploitation de la force de travail, dans la nécessité pour le capital commercial de faire supporter par cette main-d'oeuvre le financement d'une rente immobilière de monopole; la composition technique faible du capital marchand jouera alors par le fait que, plus grande est la part du capital investie dans la force de travail, plus grande est la masse de surprofit commercial dégagée en comprimant le taux de salaire, et, non pas, comme semble le penser Lojkine en y voyant la base d'une rente absolue, par le fait que la valeur fictive du service est supérieure à son prix de production.

La rente immobilière de prix-monopole est en quelque sorte le prolongement ou le substitut des rentes immobilières différentielles, celles-ci prolongeant les rentes foncières. Ainsi, si une situation naturelle remarquable permet à un commerçant de vendre ses produits à un prix-monopole uniquement fonction de la demande sélectionnée par cette situation exceptionnelle, il y aura dans le bail de ce commerçant une rente immobilière de prix-monopole. De même, la propriété immobilière peut exiger un prix-monopole, bien que les conditions de marché ne permettent pas un dépassement des prix de production; celui-ci est alors financé par une baisse de la partie du capital commercial investi dans la force de travail et une exploitation plus intensive de cette force de travail. Dans le premier cas, il y a prolongement de la rente différentielle immobilière; dans le second, il y a substitution. Bien entendu, ces deux cas ne sont pas exclusifs l'un de l'autre, et peuvent se superposer.

Cette rente immobilière est fixée au moment de la mise en vente ou de la location du bureau ou du commerce et ne change pas, tout au long du procès de production de ce bureau ou de ce commerce, bien qu'elle puisse faire l'objet d'anticipations. Par contre, la rente foncière de prix-monopole, tout comme la rente différentielle I de situation, évolue tout au long du procès de production comme nous allons le voir maintenant.

4.1.3.3. *Augmentation de la rente foncière de prix-monopole en cours d'opération*

Nous avons vu au moment de l'étude de la rente différentielle I que le niveau de cette rente pouvait varier en cours d'opération du fait de facteurs extérieurs à l'opération de production du produit B.T.P. proprement dite (évolution des facteurs de situation). Comme ce sont les mêmes facteurs qui sont à la base du prix-monopole différentiel de situation, il est clair que le niveau imposable de ce prix-monopole est aussi susceptible de varier pendant l'opération. De même, le prix-monopole foncier de pénurie pourra varier, suivant la conjoncture du marché du logement par exemple.

Aussi, différenciera-t-on la rente de prix-monopole de la façon suivante:

Rm_1 représentant la rente foncière de prix-monopole au moment de la vente du terrain par le rentier, compte tenu des conditions initiales des marchés des produits B.T.P. et de la situation au moment de la transaction,

DRm_2^4 représentant l'augmentation de la rente précédente entre l'achat du terrain au rentier et la vente du terrain par l'aménageur,

DRm_5^7 représentant l'augmentation de la même rente entre l'achat du terrain à l'aménageur et la vente du produit B.T.P. par le promoteur,

Rm_8 représentant la rente immobilière de prix-monopole.

On a alors

$$Rm = Rm_1 + DRm_2^4 + DRm_5^7 + Rm_8$$

4.1.4. *Récapitulation des divers types et formes de rente*

Récapitulons les diverses formes et types de rente analysées ci-dessus:
— *Rente foncière*

Ra_3 rente absolue d'équipement
Ra_6 rente absolue de construction
RDI_{3+6} rente différentielle I initiale de production
RDI_{4+7} rente différentielle I initiale de commercialisation
$DRDI_2^4$ augmentation de la rente différentielle I pendant l'aménagement
$DRDI_5^7$ augmentation de la rente différentielle I pendant la promotion
$RDII_0$ rente différentielle II de constructibilité réglementaire
$RDII_{3+4}$ rente différentielle II d'équipement
$RDII_{6+7}$ rente différentielle II de construction
Rm_1 rente de prix-monopole initiale

DRm$_2^4$ augmentation de la rente de prix-monopole pendant l'aménagement

DRm$_5^7$ augmentation de la rente de prix-monopole pendant la promotion

— *Rente immobilière*

RDI$_8$ rente différentielle I immobilière

RDII$_8$ rente différentielle II immobilière

Rm$_8$ rente immobilière de prix-monopole

Les indices numériques renvoient aux divers agents intervenant dans le procès social de production et aux divers moments de ce procès, l'indice *0* étant l'indice de référence pour la collectivité publique planificatrice.[62] Le prix final, de marché, d'un produit B.T.P. aura donc la forme générale suivante:

$$P_v = C_1 + C_2 + (Ra_3 + Ra_6) + (RDI_{3+6} + RDI_{4+7}) + DRDI_2^4 + DRDI_5^7 +$$
$$RDII_0 + RDII_{3+4} + RDII_{6+7} + Rm_1 + DRm_2^4 + DRm_5^7 +$$
$$(RDI_8 + RDII_8 + Rm_8)$$

C$_1$ étant le coût d'aménagement et C$_2$ le coût de construction aux prix de production.

Cependant, il n'est pas suffisant de savoir comment se forme le prix des produits B.T.P. Il faut, de plus, savoir comment, à partir du prix des produits B.T.P., se forme le prix du sol supportant ces produits, c'est-à-dire quelle part de la rente peut remonter en théorie jusqu'au propriétaire foncier initial pour donner le prix du sol, ou en pratique, quelle part de rente est retenue *a priori* par ce propriétaire foncier.

4.2. LE PARTAGE DE LA RENTE ET LA FORMATION DU PRIX DU SOL URBAIN

Il est important ici de remettre en avant la différence qui existe entre l'agriculture et la production B.T.P., différence fondamentalement liée à la spécificité du circuit de production B.T.P. Dans l'agriculture, la rente est calculée à partir de l'état de la production sur le terrain, donc par le résultat d'exploitation du cycle de production précédent, le décalage ne dépassant pas un an. Le fermage est la forme normale que prend la rente foncière, ce qui permet théoriquement un ajustement annuel de la rente appropriée par le propriétaire foncier. Quand le terrain est vendu, c'est encore le niveau de rente connu qui est la base du prix du sol, même si le propriétaire foncier

---

62. Voir schéma, p. 199.

la majore par anticipation. Dans le B.T.P., la fixation du niveau de rente donnant le prix du sol ne peut être connue ni ajustée de la même façon, le bail à la construction n'existant pas en général ou alors étant de nature emphytéotique, c'est-à-dire à très long terme. Le prix du produit, déterminant la rente, n'est connu en moyenne que deux ans après l'achat du terrain, au moment de sa vente, et il ne peut y avoir réajustement annuel, puisque la consommation du produit immobilise le terrain pendant un long délai, et donc que la production ne pourra recommencer que des dizaines d'années plus tard. Aussi, le mécanisme de détermination de la rente, et donc de la formation du prix du sol, est-il sensiblement différent; une partie de la rente est déterminée par référence aux autres terrains, c'est celle qui n'est pas dépendante de la production à venir sur le terrain, mais qui est liée plutôt aux qualités intrinsèques de celui-ci (rente différentielle I au moment de la vente, rentes absolues, et parfois rente différentielle II réglementaire); le reste doit être calculé par anticipation, par un compte à rebours: «Contrairement à ce qui se passe dans le secteur des biens de consommation (biens mobiliers), le prix de revient ne conditionne pas le prix final en fonction de la demande, mais le prix de vente possible détermine les prix de revient. Les prix de vente étant une donnée fixe, la concurrence intervient alors sur un autre terrain. Elle intervient en amont entre les différents participants à la construction des logements, qui imposent un partage de la plus-value. C'est le fameux compte à rebours que font notamment tous les propriétaires de terrain. Chacun sait que les hausses de prix de terrains suivent immédiatement les hausses de prix des logements. Mais ce compte à rebours est fait aussi, quoique d'une manière moins voyante, par tous les autres participants à la construction: entrepreneurs, notaires et banquiers, administration fiscale et même les collectivités locales avec les équipements qu'elles mettent à la charge des promoteurs. L'augmentation des prix de vente entraîne inéluctablement une hausse des prix de revient».[63]

Un autre facteur vient aussi jouer sur la formation du prix du sol urbain, une fois donné le prix du produit B.T.P.; c'est la nature économique complexe des promoteurs (et aménageurs). Ceux-ci sont, en effet, comme nous l'avons vu dans la troisième partie, à la fois, propriétaires fonciers et capitalistes marchands vis-à-vis des propriétaires fonciers rentiers et des entrepreneurs, propriétaires immobiliers et capitalistes marchands vis-à-vis des consommateurs. *Cependant, leur comportement est essentiellement capitaliste, et ils*

---

63. *Ibid.*, t. II, p. 233.

utilisent leur droit de propriété à des fins capitalistes, à savoir réalisation et accumulation du capital. Aussi, dans la répartition de l'appropriation de la rente, aménageurs et promoteurs ne rationalisent pas leur comportement en essayant d'arracher la part de rente la plus grosse possible comme de purs propriétaires fonciers rentiers. *Pour les promoteurs privés, est nécessaire une répartition de la rente qui assure l'accumulation du capital au moins au taux de profit moyen, important peu que cette accumulation se fasse sur de la rente ou du profit commercial.* «Dès l'instant qu'une opération assure le minimum de profit requis, au degré d'incertitude accepté, le promoteur la réalise sans rechercher celle qui assurerait le profit maximum dans des conditions comparables».[64]

A partir de ces remarques, nous avons été amenés à procéder en deux étapes pour étudier la formation du prix du sol, la première consistant à chercher les conditions de reproduction du capital promotionnel, tandis que la seconde consiste à projeter ces conditions sur le contenu de la rente foncière urbaine.

4.2.1. *Parts de rente appropriées par les divers propriétaires successifs du sol et formation du bénéfice commercial des aménageurs et promoteurs*

Le consommateur du produit B.T.P. paye au promoteur $R_3 + C_1 + C_2$, R_3 représentant le total de rente compris dans le prix de vente, et C_1 et C_2, respectivement, comme nous l'avons vu, le coût d'aménagement et le coût de construction aux prix de production. Le promoteur a payé à l'aménageur $R_2 + C_1$, R_2 étant la part de rente qui a été exigée par ce dernier et donc celle qui, rétrospectivement, remonte jusqu'à lui; R_3-R_2 sera alors la part de rente conservée par le promoteur. Enfin, l'aménageur a payé au propriétaire foncier rentier R_1, qui est donc le prix du terrain; $R_2 - R_1$ étant la part de rente conservée par l'aménageur. Si celui-ci n'existe pas, il suffit de le considérer comme intégré au promoteur et cela ne change rien au schéma général, si ce n'est que R_2 disparaît, se retrouvant dans $R_3 - R_1 = R_3 - R_2 + R_2 - R_1$. Ainsi, sur un total R_3 de rente, seulement R_1 remonte jusqu'au rentier et $R_2 - R_1$ jusqu'à l'aménageur, tandis que $R_3 - R_2$ reste dans les mains du promoteur, chaque part de rente rémunérant la propriété foncière de ces divers propriétaires successifs. On peut alors compléter le schéma présenté dans la

64. F. Taieb, *Contribution à l'élaboration d'un modèle de développement spatial. Un modèle de localisation des logements neufs*, Puteaux, 1968, p. 38.

troisième partie avec l'ensemble des flux de valeur-argent entre agents (voir page suivante).

Ces diverses parts de rente existent-elles vraiment, et alors sont-elles déterminées de façon aléatoire? Il faut, pour le montrer et connaître ainsi les lois de répartition de la rente urbaine, analyser la formation de l'ensemble des bénéfices de ces agents centraux du procès social de production que sont les promoteurs. Aussi, allons-nous donc analyser cette formation des bénéfices dans la sphère de circulation des produits B.T.P., en faisant tout d'abord abstraction du capital bancaire. Nous introduirons seulement après ce capital dans le circuit; ceci n'est pas gênant théoriquement dans la mesure où ce type de capital soit ne fait qu'exercer une ponction sur les bénéfices des promoteurs, soit n'intervient qu'après la commercialisation, c'est-à-dire comme crédit à la consommation; il n'est pas un intermédiaire nécessaire.

On supposera, de plus, un procès de production et de réalisation de deux ans, un an pour l'équipement et un an pour la construction et on note $\bar{p}$ le taux de profit annuel moyen.

4.2.1.1. *Formation du bénéfice des aménageurs*

L'aménageur avance en tout un capital $R_1 + C_1'$; R_1 pour payer le terrain et C_1' pour payer l'entreprise d'aménagement et les frais divers de commercialisation (non compris les frais financiers). Seul le capital C_1' est un capital véritablement commercial et peut donc participer au partage de la plus-value créée par les travailleurs de l'entreprise d'aménagement et correspondant au profit. Par contre, R_1 est un capital immobilisé dans un fonds de terre et ne peut donc rapporter que de la rente foncière et non pas du profit. Or, l'aménageur touche, après vente du terrain aménagé, $R_2 + C_1$, payé par un promoteur, R_2 étant pour le promoteur le prix du terrain et C_1 le coût d'équipement. On a $C_1 = C_1' (1 + \bar{p})$ puisque C_1, coût de production de l'équipement, correspond à C_1' réalisé au taux de profit moyen dans la société. Le bénéfice de l'aménageur est alors: $(R_2 + C_1) - (R_1 + C_1') = R_2 - R_1 + C_1' \cdot \bar{p}$ = rente foncière de l'aménageur + profit commercial. On en déduit que $R_2 - R_1$ est ce que rapporte à l'aménageur son capital R_1. Pour l'aménageur, qui raisonne en capitaliste, il faut que l'ensemble de son capital engagé soit rémunéré au moins au taux de profit moyen, c'est-à-dire que R_1 lui rapporte au moins le profit moyen, soit:

$$R_2 - R_1 \geqslant R_1 \cdot \bar{p} \text{ ou } R_2 \geqslant R_1(1 + \bar{p})$$

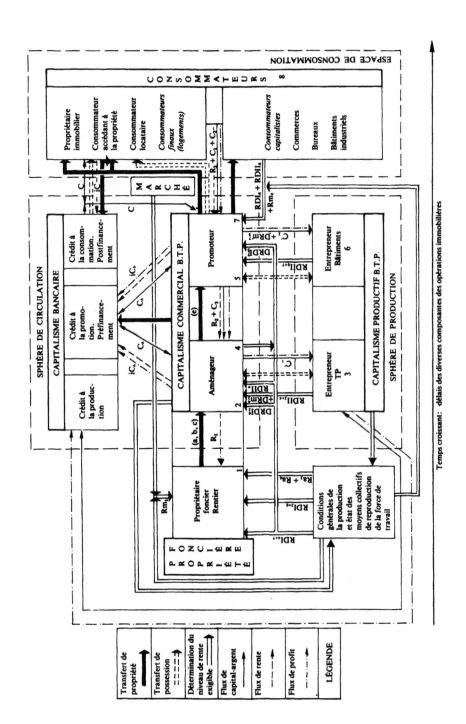

Cette inégalité détermine véritablement le comportement d'un aménageur capitaliste vis-à-vis du rentier et vis-à-vis du promoteur et de l'entrepreneur d'aménagement. Il dispose, en effet, pour maximiser son bénéfice d'un ensemble de possibilités d'actions que nous détaillerons lorsque nous examinerons le contenu des parts de rente revenant aux divers agents dominant le procès de production B.T.P. Mais déjà ici, on voit que R_1 sera fixé au minimum possible par l'aménageur et que R_2 a une borne inférieure une fois R_1 fixé. On peut, de plus, établir à partir de là le contenu exact de ce qui est appelé coût d'aménagement ou coût d'équipement dans l'économie bourgeoise. Ce n'est pas en fait C_1, mais une grandeur $C_1' = R_2 - R_1 + C_1$, qui contient donc de la rente foncière et non seulement du profit. La charge foncière est $R_1 + C_1'$, prix d'achat du terrain plus coût d'équipement (au sens bourgeois). Cette présentation de la charge foncière masque complètement le mécanisme de fixation du prix du terrain, car elle ne tient compte que du calcul économique de l'aménageur, qui, pour se lancer dans l'opération, exige au moins le profit moyen sur l'ensemble de son capital. En réalité, dans la charge foncière, il y a, à la fois, une rémunération capitaliste et une rémunération rentière.

Cependant, nous venons de supposer un aménageur typiquement capitaliste, cas qui, s'il existe et notamment aux U.S.A., n'est pas répandu en France. Les cas les plus courants sont soit un aménageur public, soit pas d'aménageur du tout.

Dans le premier cas, l'aménageur revend le terrain au promoteur au prix coûtant, c'est-à-dire que la charge foncière que supporte le promoteur, ne correspond pas à la reproduction normale du capital de l'aménageur, mais à ce capital augmenté de la seule charge financière. Ces frais financiers sont d'ailleurs pour l'aménagement inférieurs à la moyenne, vu l'existence de prêts spéciaux à intérêt très faible (prêts fonciers de la Caisse des dépôts et consignations et de la Caisse autonome d'équipements des collectivités locales). La charge foncière est alors au maximum $(R_1 + C_1') (1 + i)$, en supposant nulles les subventions. Ceci revient à transférer une partie du profit normal, soit $C_1' (\bar{p} - i)$, et une partie de la rente foncière, soit $R_2 - R_1 - R_1 . i$, au promoteur dans la mesure où une telle transaction ne s'accompagne pas de contraintes sur le prix des produits B.T.P. Dans ce dernier cas (Z.A.C. publique), la rente que ne s'approprie pas l'aménageur bénéficie soit au rentier propriétaire initial, soit aux consommateurs qui n'ont pas à la supporter en dernier ressort.

Dans le cas où il n'existe pas d'aménageur dans le circuit de production, les transactions se passent directement entre rentiers et promoteurs; il n'y a pas d'intermédiaire et cela nous amène à étudier la formation du bénéfice des promoteurs.

4.2.1.2. *Formation du bénéfice des promoteurs*

Le promoteur, dans le cas le plus général, avance $R_2 + C_1$ pour la charge foncière et C'_2 pour la construction, soit:

R_2 pour le terrain
C_1 pour l'équipement
C'_2 pour acheter à l'entrepreneur la construction et la commercialiser.

$R_2 + C_1$[65] est un capital foncier immobilisé dans le sol et C'_2 un capital commercial. Le promoteur reçoit un total $R_3 + C_1 + C_2$ à la vente des produits B.T.P. sur le terrain, ce qui doit, pour lui, représenter au moins une réalisation de son capital (foncier et commercial) au profit moyen. On a donc:

$$R_3 + C_1 + C_2 \geqslant (R_2 + C_1 + C'_2)(1 + \bar{p})$$

or $C_2 = C'_2(1 + \bar{p})$, reproduction normale du capital commercial en un an (prix de production de la construction égal à C_2).
D'où

$$R_3 - R_2 \geqslant (R_2 + C_1)\bar{p}$$

Les bénéfices du promoteur se ventilent donc en:
— profit moyen sur capital commercial égal à $C'_2 \cdot \bar{p}$,
— rente rémunérant la propriété foncière et immobilière égale à $R_3 - R_2$.

Cette rente doit au minimum représenter pour le promoteur le profit moyen sur son capital foncier immobilisé dans le fonds de terre équipé. Pour obtenir un niveau maximum de $R_3 - R_2$, le promoteur peut agir comme l'aménageur en amont et en aval, c'est-à-dire sur R_2 (ou R_1 quand il n'y a pas d'aménageur) dans sa transaction avec l'aménageur et sur R_3 dans ses rapports avec l'entrepreneur de construction et les consommateurs. Nous examinerons plus en détail ces rapports quand nous étudierons le contenu des diverses parts de rente appropriées. Nous ne faisons ici que déterminer un niveau minimum de rente foncière (et immobilière) nécessaire à la

---

65. C_1 est de même nature que le capital incorporé dans les terres agricoles et pour lequel le propriétaire foncier perçoit aussi une rente.

reproduction des rapports de production dans la branche B.T.P., compte tenu d'un certain niveau initial du prix du terrain (R_1), d'un certain type de produit (C_1 et C_2) et d'un cycle de production-réalisation de deux ans. On en déduit le prix minimum du produit au-dessous duquel ne peut descendre le promoteur sans perte relative par rapport au niveau moyen social de reproduction du capital soit:

$$P_v = [R_1(1 + \bar{p}) + C_1] \, (1 + \bar{p}) + C_2$$

Si maintenant l'aménageur public n'optimise pas son comportement capitaliste, la charge foncière du promoteur n'est plus $R_2 + C_1 = (R_1 + C_1')(1 + \bar{p})$, mais $(R_1 + C_1')(1 + i)$, et le promoteur voit son capital immobilisé diminuer, ainsi qu'une rente foncière possible plus élevée. Le taux de bénéfice sur son capital foncier croît par double effet par rapport à ce qu'il serait dans le cas d'un aménageur privé capitaliste. On a en effet:

$$\frac{R_3 - R_1(1 + i)}{R_1(1 + i) + C_1'(1 + i)} > \frac{R_3 - R_1(1 + \bar{p})}{(R_1 + C_1')(1 + \bar{p})}$$

Le prix minimum de la production diminue aussi car il est égal à:

$$P_v' = (R_1 + C_1')(1 + i)(1 + \bar{p}) + C_2$$

Si, enfin, il n'y a pas d'aménageur et que le promoteur équipe lui-même le terrain, il y a alors cumul des rentes d'aménageur et de promoteur entre les mains du promoteur. En effet, le capital avancé par le promoteur est:
— la première année, R_1 immobilisé dans le fonds de terre
$\qquad\qquad\qquad\quad$ C_1' investi pour payer l'entreprise d'équipement
— la deuxième année, C_2' investi dans la construction.

Le promoteur reçoit à la fin du cycle de production et de circulation $R_3 + C_1 + C_2$, avec $C_1 = C_1'(1 + \bar{p})$ et $C_2 = C_2'(1 + \bar{p})$. Le promoteur doit assurer au moins le profit moyen annuel sur l'ensemble de son capital, ce qui donne:

$$R_3 + C_1 + C_2 \geqslant (R_1 + C_1') \, (1 + \bar{p})^2 + C_2' \, (1 + \bar{p})$$

et donc:

$$R_3 - R_1 \geqslant R_1 \cdot \bar{p} \, (2 + \bar{p}) + C_1' \cdot \bar{p} \, (1 + \bar{p})$$

Cette rente de promoteur n'est pas différente du cumul des rentes $R_3 - R_2$ et $R_2 - R_1$, calculées dans le cas général d'existence des trois agents fonciers successifs. On avait

$$R_3 - R_2 \geqslant (R_2 + C_1)\bar{p} \text{ et } R_2 \geqslant R_1 \, (1 + \bar{p})$$

d'où

$$(R_3 - R_2) + (R_2 - R_1) \geqslant R_1\bar{p} + R_1 (1 + \bar{p})\, \bar{p} + C_1\bar{p} =$$
$$R_1\bar{p}\, (2 + \bar{p}) + C_1'\bar{p}\, (1+\bar{p}).$$

On voit, de plus, que ce type d'analyse peut s'appliquer à toutes les situations observables de production de marchandises B.T.P.: H.L.M., logements aidés, marché libre, Z.A.C., Z.U.P., etc. Il permet, en fonction du taux de profit désiré par un certain type de promoteur et de la nature de l'opération effectuée, de déduire les parts de rente des divers agents économiques du procès de production, et de déterminer ainsi le prix du terrain, support de l'opération, ou du moins son niveau maximum. Cette analyse doit cependant être complétée par une brève analyse de l'intervention du capital bancaire et par une détermination plus précise du contenu des rentes de propriétaire-rentier, d'aménageur et de promoteur.

4.2.1.3. *Intervention du capital bancaire*

Nous ne nous préoccupons ici que du capital bancaire intervenant comme financement de la promotion immobilière, laissant pour plus tard[66] l'analyse du crédit à la consommation. L'aspect essentiel, que nous voulons souligner ici, est que cette intervention est un facteur important pour le comportement du promoteur quant à ses transactions et donc pour la fixation du prix du sol. En effet, le niveau du capital emprunté par rapport au capital personnel du promoteur est une variable importante qui influe sur son profit. Ce qui constitue un profit normal sur le capital total du promoteur, constitue un surprofit sur son capital propre dans la mesure où le taux d'intérêt payé est inférieur au taux de profit moyen.

En effet, si k_1 est le capital propre du promoteur et k_2 le capital bancaire emprunté au taux i, le promoteur récupère à la fin du procès de production $(k_1 + k_2) (1 + \bar{p})$ avec lequel il rembourse le capital emprunté. Il lui reste alors:

$$(k_1 + k_2) (1 + \bar{p}) - k_2 (1 + i) = k_1 (1 + \bar{p}) + k_2 (\bar{p} - i)$$

Son profit total est $k_1\, \bar{p} + k_2\, (\bar{p} - i)$, alors que le profit normal sur son capital propre est seulement $k_1\bar{p}$; $k_2\, (\bar{p} - i)$ représente pour le promoteur un surprofit bancaire par rapport à son capital propre et son taux de profit n'est plus $\bar{p}$, mais $\bar{p} + k_2/k_1\, (\bar{p} - i)$.

Ainsi, à la limite, dans la mesure où un promoteur peut se procurer du capital de prêt à un taux inférieur au taux de profit

---

66. Voir 4.4.

moyen, il peut se permettre de mener une opération apparemment déficitaire, mais en réalité aussi avantageuse que n'importe quel autre investissement tant que $k_1 \bar{p} \leqslant k_1 p + k_2 (p - i)$, p étant le taux de profit réalisé dans l'opération sur l'ensemble du capital investi, et tel que $i \leqslant p \leqslant \bar{p}$, soit sous une autre forme tant que:

$$p \geqslant \frac{k_1\bar{p} + k_2 i}{k_1 + k_2} \quad \text{limite inférieure du taux de profit acceptable.}$$

Cette limite est une fonction décroissante de k_1/k_2. Deux remarques s'imposent alors:

— D'une part, l'importance considérable du capital de prêt dans la promotion immobilière est la cause de l'énormité des profits de certains promoteurs, lorsqu'il n'y a pas répercussion du surprofit bancaire sur la part de rente concédée. La cause des surprofits des promoteurs n'est pas forcément la spéculation.

— D'autre part, plus la taille d'une opération est grande, plus un promoteur aura tendance à se comporter en capitaliste et non pas en rentier. Une grande opération nécessite un recours plus important au capital bancaire, le capital du promoteur restant faible. L'importance du surprofit bancaire permet au promoteur d'être moins regardant sur le prix du terrain et donc sur la part de rente qui lui revient. Un petit promoteur, par contre, ayant difficilement accès au marché financier et utilisant essentiellement son capital propre, devra au contraire récupérer sa part de rente, et sera par ailleurs plus tenté par la spéculation. On remarque enfin, que l'intérêt sur le capital bancaire n'est pas obligatoirement du profit, mais peut être aussi de la rente. Ainsi l'intérêt sur le capital foncier emprunté peut, par exemple, être payé par la rente foncière rémunérant ce capital.

Après avoir mis en évidence *la nécessité d'un partage de la rente foncière globale pour une reproduction élargie «normale» du capital promotionnel,* et certains facteurs influençant ce partage, il est nécessaire de revenir à la décomposition de la rente pour affiner l'analyse et comprendre plus précisément les mécanismes de formation du prix des terrains à bâtir.

4.2.2. Contenu des diverses parts de rente appropriées et formation du prix du sol

Nous avons vu, d'une part, que la rente totale R_3 supportée par le consommateur d'un produit B.T.P. se compose, de façon générale, de la manière suivante:

$$R_3 = (Ra_3 + Ra_6) + (RDI_{3+6} + RDI_{4+7}) + Rm_1 + (DRDI_2^4 + DRm_2^4) + (DRDI_5^7 + DRm_5^7) + RDII_0 + RDII_{3+4} + RDII_{6+7} + (RDI_8 + RDII_8 + Rm_8).$$

D'autre part, nous venons de voir que toute cette rente n'est pas appropriée par le seul propriétaire foncier dit rentier, mais aussi qu'une partie permet la rémunération des capitaux fonciers des aménageurs et promoteurs. Nous allons retrouver le même résultat en étudiant les possibilités d'appropriation, par les divers agents précédents, de chaque type et forme de rente, vu les conditions techniques et sociales des transactions entre ces agents.

4.2.2.1. *Prix minimum et prix maximum du sol*

Le rentier est l'agent le plus passif et le moins renseigné des trois acteurs successivement en présence, mais il a, cependant, une position de force reposant sur la nature essentiellement non économique de sa propriété foncière; il ne cherche pas à vendre coûte que coûte (cette position est affaiblie quand il y a une déclaration d'utilité publique pouvant l'obliger à vendre). Sa part de la rente doit comprendre les rentes absolues, équivalentes au moins au prix du terrain dans son ancienne affectation agricole, et la rente différentielle I au moment de la vente[67], puisqu'il connaît la situation et la constructibilité de son terrain par comparaison avec des terrains du même type. Il fixe aussi le niveau de Rm_1, prix-monopole foncier initial, fonction de la conjoncture du marché des produits B.T.P. et de l'emplacement du terrain, prix-monopole qui se traduit théoriquement par un écart positif entre le prix d'achat du terrain et la somme de toutes les rentes foncières, au sens strict, réalisables; un écart négatif entre ces deux grandeurs traduit, lui, l'appropriation partielle de ces rentes foncières par les deux autres agents et l'inexistence d'un prix-monopole foncier initial. En pratique, il est très difficile de le mettre en évidence, étant donné, d'une part, le secret entourant les transactions foncières et donc la grande difficulté à calculer ce qui est rente foncière correspondant à de la plus-value B.T.P. et ce qui est rente foncière reflétant simplement un déséquilibre offre/demande de marchandises B.T.P.[68]; d'autre part, le fait que ce qui est prix-monopole au moment

---

67. Soit $RDI_{3+6} + RDI_{4+7}$.
68. Voir, en outre, note 59, p. 245.

de la vente du terrain peut très bien se fondre dans un accroissement ultérieur des rentes différentielles. Enfin, il peut être difficile de le différencier du prix-monopole immobilier.

La part de rente appropriée par le rentier, c'est-à-dire le prix de vente du terrain est donc au minimum (sans anticipation):

$$R_1 = Ra_3 + Ra_6 + RDI_{3+6} + RDI_{4+7} + Rm_1 = Pmin$$

que nous appellerons encore D dans la suite.

Le propriétaire rentier ne cédera pas son terrain à un prix inférieur à Pmin. Il peut, de plus, anticiper sur les autres types et formes de rente non inclus dans ce prix minimum, et ce, d'autant plus facilement que l'occultation sur les conditions et les types des opérations à venir sur son terrain est faible. Ainsi, il peut s'approprier par anticipation une part a de la rente différentielle II réglementaire (RdII$_0$), dans la mesure où le règlement et le C.O.S. lui sont connus; il peut anticiper sur la rente d'aménagement[69], et ce, dans une proportion b plus faible que pour RDII$_0$, étant donné la méconnaissance *a priori* plus grande qu'a le propriétaire-rentier de ce type de rente; il peut enfin, de façon encore plus floue, s'approprier une part c de la rente foncière et immobilière de promotion, c'est-à-dire (RDII$_{6+7}$ + DRDI$_5^7$ + DRm$_5^7$) + (RDI$_8$ + RDII$_8$ + Rm$_8$), rente générée par l'intervention du promoteur et l'évolution de la situation et du marché pendant cette intervention. Si C est cette rente de promotion et B la rente d'aménagement, alors que RDII$_0$ est remplacé par A pour simplifier l'écriture, on a:

$$R_1 = D + aA + bB + cC$$

avec $0 \leqslant c \leqslant b \leqslant a \leqslant 1$, ces inégalités traduisant que, plus le processus de création de rente est éloigné du moment de la vente du terrain et plus il est dépendant de la spécificité des agents dominant le procès de production, plus il est difficile, pour le rentier, d'anticiper.

Quant à l'aménageur, sa rente sera alors

$$R_2 - R_1 = (1 - a)\,A + (1 - b)\,B + (1 - c)\,eC$$

e étant un coefficient de l'ordre de b, quoique sans doute supérieur en moyenne, puisque l'aménageur connaît mieux l'état de la branche B.T.P. et de la promotion que le rentier celui de l'aménagement. De plus, le promoteur ne peut escompter aucune part de la rente

69. Cette rente correspond à RDII$_{3+4}$ + DRDI$_4^3$ + DRm$_4^3$, rente consistant dans les surprofits et rentes que l'aménageur peut générer, étant donné son intervention et l'évolution de la situation et du marché.

d'aménagement, étant en aval de sa production, ni de la rente différentielle II réglementaire, celle-ci étant parfaitement connue de l'aménageur (on suppose ici, bien entendu, un aménageur capitaliste maximisant son propre bénéfice). Il reste donc au promoteur une rente $R_3 - R_2$, donnée par la formule ci-dessous:

$$R_3 - R_2 = (1 - e)(1 - c)\,C$$

On a donc pour les trois agents dominant le procès de production B.T.P. les trois parts de rente suivantes:

Rentier: $\quad\quad\quad R_1 = D + aA + bB + cC$
Aménageur: $(R_2 - R_1) = (1 - a)A + (1 - b)B + e(1 - c)C$
Promoteur: $\quad (R_3 - R_2) = (1 - c)(1 - e)C$

$$\text{avec } 0 \leqslant c \leqslant b \leqslant e \leqslant a \leqslant 1$$

a,b,c, et e étant des coefficients d'anticipation représentant des rapports de forces entre ces trois agents, lorsque l'on considère la répartition *a priori* de la rente totale, c'est-à-dire avant production, et des coefficients d'appropriation si l'on considère la répartition *a posteriori* (après production) de R_3. Ils sont fonctions, à la fois, de facteurs subjectifs tels que les niveaux d'occultation ou d'information sur les règlements et les operations donnés pour chacun des agents, connaissance de la vitesse de développement urbain dans son ensemble et dans la zone, psychologie des agents, pressions morales, etc., et de facteurs objectifs[70] tels que la nécessité de reproduction du capital, la taille et la nature des aménageurs et promoteurs, l'importance du capital financier, l'état du marché des produits B.T.P., etc. Les facteurs objectifs fixent des limites à ces coefficients, alors que les facteurs subjectifs fixent la valeur de ces coefficients à l'intérieur des limites précédentes. En effet, les inégalites $R_2 - R_1 \geqslant R_1\bar{p}$ et $R_3 - R_2 \geqslant (R_2 + C_1)\bar{p}$ se traduisent sur les coefficients a,b,c, et e par les relations suivantes:

en posant $\quad d = (1 - e)(1 - c)$ soit $e(1 - c) = 1 - c - d$

on a:

$$(1 - a)\,A + (1 - b)B + (1 - c)eC \geqslant (D + aA + bB + cC)\bar{p}$$

et

$$(1 - e)(1 - c)C \geqslant [D + A + B + e(1 - c)C + cC + C_1]\,\bar{p}$$

70. Ceux mis en évidence en 4.2.1.

Après calcul et remplacement par d, on obtient:

$$aA + bB + cC \leqslant \frac{A + B + C - D\bar{p}(2 + \bar{p}) - C_1\bar{p}}{(1 + \bar{p})^2} \qquad (1)$$

et

$$dC = (1 - e)(1 - c)C \geqslant \frac{(A + B + C + D + C_1)\bar{p}}{1 + \bar{p}} \qquad (2)$$

Ces deux inégalités (1) et (2) déterminent objectivement, d'une part, la portion maxima de rente que peut anticiper le rentier (aA + bB + cC) et, d'autre part, la portion minima de rente qu'exige le promoteur. Cette répartition assure la reproduction normale des divers capitaux engagés par le promoteur et l'aménageur. On en déduit immédiatement le prix maximum auquel pourra être payé le terrain au rentier, soit:

$$Pmax_1 = \frac{A + B + C + D - C_1\bar{p}}{(1 + \bar{p})^2} \qquad (3)$$

avec $A + B + C + D = R_3$

On a donc une fourchette de prix dans laquelle doit se fixer le prix du terrain, compte tenu de la nature du terrain et de l'opération immobilière:

$$D = Pmin \leqslant P = R_1 \leqslant \frac{R_3 - C_1\bar{p}}{(1 + \bar{p})^2} = Pmax \qquad (4)$$

la différence entre P et Pmin étant la rente d'anticipation.

S'il n'y a pas d'aménageur, la fixation du prix maximum ne change pas. En effet, dans ce cas, le promoteur est son propre aménageur, ce qui entraîne qu'il peut bénéficier des rentes de l'aménageur. On a alors seulement deux parts de rente à savoir R_1 et $R_3 - R_1$ avec:

$$R_3 - R_1 = (1 - a)A + (1 - b)B + (1-c)C$$

et

$$R_1 = D + aA + bB + cC$$

On doit avoir[71]:

$$R_3 - R_1 \geqslant R_1 \cdot \bar{p}(2 + \bar{p}) + C_1\bar{p}, \text{ soit}$$

$$(1 - a)A + (1 - b)B + (1 - c)C \geqslant (D + aA + bB + cC)(2 + \bar{p})\bar{p} + C_1\bar{p}$$

donc

---

71. Voir 4.2.1.2.

$$A + B + C - D\bar{p}(2 + \bar{p}) - C_1\bar{p} \geqslant (aA + bB + cC)(1 + 2\bar{p} + \bar{p}^2)$$

donc

$$aA + bB + cC \leqslant \frac{A + B + C - D\bar{p}(2 + \bar{p}) - C_1\bar{p}}{(1 + \bar{p})^2}$$

ce qui est bien le même résultat que lorsque l'on suppose l'existence d'un aménageur, et qui est, cette fois, la seule inégalité déterminant les parts respectives de rente du promoteur et du rentier.

Enfin, quand l'aménageur est un aménageur public dont le rôle principal est d'empêcher la spéculation foncière et d'organiser un développement urbain «rationnel», il n'y a pas pour l'aménageur recherche d'un bénéfice maximum, mais seulement d'un équilibre budgétaire. Cette situation ne change en rien les limites mises en évidence ci-dessus pour les diverses parts de rente appropriées; il y a seulement, d'une part, limitation théorique de la rente d'anticipation (les coefficients a, b et c sont limités par le juge foncier), et d'autre part, transfert d'une partie de la rente d'aménageur aux promoteurs comme nous l'avons vu précédemment.

L'analyse précédente et la mise en évidence d'une fourchette de détermination objective du prix du sol urbain appelle de plus une série de remarques.

1°) En pratique, les coefficients a, b et c n'ont pas beaucoup de sens, seule l'entité aA + bB + cC en a un: c'est de la rente d'anticipation ou de spéculation. En effet, si le rentier s'approprie plus que la rente Pmin, niveau de rente exigible compte tenu de la situation au moment de la transaction sur le terrain, on ne peut dire exactement si cette rente d'anticipation est due à une anticipation sur la rente différentielle II réglementaire, ou sur un accroissement de la rente différentielle I, ou encore sur les rentes différentielles II d'aménagement et de promotion. Il en est de même pour d (ou e), qui, lui, pourrait néanmoins être isolé si l'on pouvait connaître la rente de promotion C.

2°) Dans la mesure où un promoteur pourra escompter une rente immobilière forte, il aura tendance à concéder une part plus grande de la rente foncière en amont. On peut ainsi comprendre certaines remarques de rapports officiels: «C'est dans la mesure où les promoteurs sont assurés d'une forte rentabilité de la construction, résultant de la situation tendue du marché du logement (Rm$_s$ élevé), qu'ils acceptent ou font payer des prix élevés pour le terrain d'emprise».[72] Ceci peut même aller plus loin: «On perçoit ainsi une

72. Rapport de l'Inspection des finances, cité dans le rapport de la commission des problèmes fonciers du Ve Plan, dit *Rapport Bordier* (Paris, 1967).

certaine complaisance intéressée de nombreux opérateurs envers la hausse des prix du sol: non seulement de la part des propriétaires traditionnels et des capitalistes, mais aussi de celle des promoteurs et constructeurs; le renchérissement, entretenu, des valeurs foncières est pour la plupart de ces derniers non pas une charge mais un moyen d'augmenter les bénéfices, par le jeu des cessions successives à des sociétés civiles, ainsi qu'un argument, contestable certes, utilisé pour justifier les prix élevés de l'habitation, lesquels ne résultent en réalité que de l'excès de demande solvable».[73] On peut trouver un complément d'explication de ce phénomène, d'une part, dans le fait que plus est gros le capital investi, plus est grosse la masse de profit, d'autre part, dans le fait que le prix-monopole foncier et la spéculation des rentiers (forte anticipation) dans la mesure où ils accroissent la pénurie de terrain à un moment donné et donc la pénurie de produits B.T.P., peuvent permettre une augmentation des prix-monopoles à la promotion (DRm$_i^2$). La rente immobilière est en effet liée à la rente foncière, et, en valorisant les situations exceptionnelles et en renforçant la pénurie, un prix-monopole foncier peut renforcer le prix-monopole immobilier.

3°) Dans le cas de promoteurs publics ou semi-publics, qui ne doivent pas faire de bénéfices (H.L.M.), et pour lesquels le prix des produits est contrôlé, il s'effectue alors automatiquement un transfert de rente vers le propriétaire foncier rentier puisque le niveau de la part de rente nécessaire au promoteur pour rémunérer son capital s'abaisse, le capital ne devant être (et en partie seulement quand il y a des subventions) rémunéré qu'à un taux d'intérêt spécialement faible (C.P.H.L.M. et C.F.F.). La rente d'anticipation du rentier peut atteindre son niveau maximum qui est dans ce cas, en supposant que tout le capital d'aménagement et de promotion est emprunté au taux d'intérêt i, égal à

$$\frac{A + B + C - Di(1+i) - C_i i}{(1+i)^2}.$$

Ainsi s'explique une remarque paradoxale d'un rapport d'enquête: «Il est même vraisemblable que pour rentabiliser au maximum les opérations de construction, compte tenu de la situation locale du marché, la plus-value acquise sur le sol est d'autant plus élevée que le prix de la construction proprement dite fait l'objet d'un certain contrôle, dans le secteur des opérations primées. Le phénomène apparaît nettement à l'occasion même de programmes

73. *Ibid.*

sociaux réalisés sans bénéfices et sans dépassements: pour ces habitations édifiées à la périphérie des villes, on constate que les normes de prix de revient ont conduit les constructeurs à accepter de payer le sol à un prix normal de terrain à bâtir, alors que ces parcelles étaient jusqu'alors cotées comme terrain de champ».[74]

4°) Dans la mesure où l'importance du capital de prêt dans l'ensemble du capital du promoteur lui permet des surprofits bancaires, celui-ci peut être amené à accepter une part plus faible de rente foncière. On pourrait établir assez facilement le prix maximum acceptable par le promoteur compte tenu du critère du profit sur capital propre; cependant, cette formule complexe ne présente pas un grand intérêt au niveau où nous restons.

5°) La formule (4) donne, en faisant apparaître le prix de vente de la production B.T.P. sur le terrain:

$$R_3 \geqslant R_1 (1 + \bar{p})^2 + C_1 \bar{p}$$

soit

$$P_v = R_3 + C_1 + C_2 \geqslant R_1 (1 + \bar{p})^2 + C_1 (1 + \bar{p}) + C_2$$

soit encore

$$R_1 \leqslant \frac{P_v - C_1 (1 + \bar{p}) - C_2}{(1 + \bar{p})^2}$$

Sous cette dernière forme, on a une représentation très explicite du calcul économique fait par les promoteurs pour déterminer, *ex ante*, le prix maximum concédable pour un terrain devant recevoir une certaine opération. Une estimation du prix vente de la production et des coûts de production C_1 et C_2 leur donne cette limite. Ainsi le prix d'acquisition du terrain est majoré par une fonction linéaire du prix de vente de la production B.T.P. On peut même aller un peu plus loin dans l'analyse du comportement des promoteurs vis-à-vis de la fixation du prix du sol urbain, dans la mesure où l'on sait empiriquement que le prix du terrain ne peut dépasser un certain pourcentage du prix total des constructions.[75] En effet, une telle observation implique que, pour fixer le prix du terrain à bâtir, le promoteur estime son prix de vente de la production en fonction de ses coûts de production (équipement et construction) et applique au coût total un coefficient de majoration pour autres frais et bénéfices, ce qui donne $P_v = (1 + q)[C_1(1 + \bar{p}) + C_2]$ et donc $R_1 \leqslant q . P_v/$

74. *Ibid.*
75. *Cf.* à ce sujet les études déjà citées de J.-C. Dutailly et L. Bastiani.

$(1 + \bar{p})^2$, C_1 apparaissant avec le coefficient $(1 + \bar{p})$, puisque nous avons pris comme hypothèse que l'équipement (ou l'aménagement) dure un an, avant construction. Une augmentation du prix d'acquisition du terrain au-delà de cette limite implique un relèvement de P_v, soit par simple incorporation d'un prix-monopole si le marché le permet, soit par modification de l'opération permettant de dégager plus de surprofit. On a ainsi le graphe suivant (avec $q < 1$):

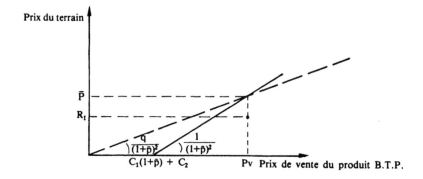

6°) Le prix du terrain urbain n'est pas seulement déterminé par le niveau global de la rente foncière, mais aussi par celui de la rente immobilière et par les possibilités et nécessités qu'ont les divers propriétaires fonciers successifs de s'approprier une certaine partie de la rente totale. Il en résulte que le total de la rente n'apparaît pas dans le prix du sol et que le bénéfice des promoteurs contient une rente qui n'est pas seulement une rente de prix-monopole immobilier. Ainsi le promoteur, de par son triple visage de propriétaire foncier, de capitaliste marchand et de propriétaire immobilier, est bien la plaque tournante qui détermine en dernier ressort le prix des produits B.T.P. et le prix des terrains à bâtir en fonction de ses diverses possibilités de bénéfice: profit commercial, surprofit bancaire, rente foncière et rente immobilière. Il peut, de plus[76], avoir un quatrième visage qui sera celui de capitaliste finançant la consommation des produits B.T.P.

7°) Il semble enfin important de pouvoir procéder à une estimation des tailles relatives des différentes composantes de R_3, ce qui permettrait une hiérarchisation des facteurs de formation du prix des terrains à bâtir, tout comme de vérifier, en tendance, les analyses précédentes. C'est ce que nous allons aborder maintenant.

76. Comme on le verra en 4.4.

4.2.2.2. *Importance relative des diverses formes et types de rente*

Nous nous limiterons ici à un certain nombre de remarques, permises par la confrontation immédiate de l'analyse précédente avec certaines études empiriques dont surtout celle de Dutailly faite à partir de données sur la région parisienne.[77] En effet, il est difficile, artificiel et facilement trompeur de s'appuyer sur des données statistiques et des études respectivement recueillies et élaborées à partir de bases théoriques floues ou encore inexistantes. Nous ne voulons pas reprendre ici la critique de l'empirisme logique, mais il nous semble nécessaire de rappeler les limites d'une telle confrontation, limites qui apparaissent dès l'instant qu'il s'agit de retrouver un mécanisme basé sur des rapports non apparents.

Ainsi, la première remarque qui s'impose est que ne sont mis en évidence que les seuls types et formes de rente se retrouvant dans le prix des terrains. Les rentes formant essentiellement les parts de l'aménageur et du promoteur, à savoir les rentes différentielles II, les accroissements de rente différentielle I et de prix-monopoles, et les rentes immobilières[78], ne peuvent être retrouvées, si ce n'est globalement dans la rente d'anticipation, puisqu'elles n'apparaissent qu'à l'intérieur du prix des produits B.T.P. et ce, non en tant que rente, mais en tant que coût; le prix de vente des produits B.T.P. apparaît sous la forme $R_1 + C'_1 + C''_2$ et non sous la forme $R_3 + C_1 + C_2$. Pour pouvoir isoler ces diverses rentes, il faudrait tout d'abord isoler dans le prix des produits B.T.P., ce qui est, en dehors du prix d'acquisition du terrain et des coûts de production, profit et rente. Ceci nécessite pour chaque opération la connaissance de la répartition du capital en capital foncier et capital commercial, et en capital propre et capital bancaire. Il faudrait ensuite effectuer des comparaisons entre opérations en cherchant à dégager l'importance des divers facteurs que l'analyse théorique précédente a permis de mettre en évidence.

Cependant, dans la mesure où des fractions de ces rentes sont incluses dans le prix des terrains par anticipation, il est possible d'essayer de mettre en évidence leur existence; le fait qu'elles ne se manifestent pas dans le prix du terrain ne sera pas néanmoins la

---

77. *Op. cit.* On peut aussi citer les données sur Lyon recueillies par le C.E.R.A.U. pour l'établissement d'un modèle de localisation des logements neufs dans une agglomération (L.O.L.A.), ainsi que les données sur Nancy recueillies par la S.E.M.A. en 1966.

78. Pour ce qui est de la rente différentielle I immobilière, étant une rente de situation, elle n'est pas différenciable, par les méthodes de régressions utilisées, des autres rentes de situation.

preuve de leur inexistence, mais seulement la preuve que les propriétaires rentiers n'ont pu se les approprier.

Il est donc possible, d'utiliser partiellement les données existantes; à cette fin, on peut distinguer les rentes entrant dans la formation du prix minimum du sol et celles composant la rente d'anticipation. Ainsi, la rente absolue totale (équipement et construction) peut facilement être estimée par le niveau maximum atteint à la périphérie urbaine par le prix des terrains encore agricoles; la rente différentielle I et de prix-monopole de situation au moment de la transaction constituent, quant à elles, l'essentiel des différences observées entre les prix des terrains lorsque l'on raisonne sur des moyennes communales ou de quartiers de communes, moyennes qui, comme le remarque Dutailly[79], atténuent considérablement les différences de prix dues aux autres facteurs, y compris d'ailleurs les différences de constructibilité naturelle. C'est ainsi que sont directement mesurables, sur les courbes isochrones-isoprix, les rentes différentielles de situation. Il apparaît alors que la majeure partie des écarts entre prix des terrains à l'échelle des agglomérations est du ressort de ce type de rente. Ceci a, cependant, besoin d'être pondéré dans la mesure où il nous semble que la disposition quasi radiocentrique, traduisant des différences de situation, est superposée à une disposition quasi radiocentrique de la rareté des terrains et donc à une hiérarchisation radiocentrique des rentes de prix-monopoles fonciers de pénurie (ceci est surtout vrai pour l'agglomération parisienne et l'est moins pour les agglomérations de province, où la rareté des terrains est réduite à la zone centrale). Il est donc impossible en pratique de distinguer la rente différentielle I des prix-monopoles fonciers.

Quant aux types et formes de rente entrant dans la rente d'anticipation, il est possible de mettre en évidence leur existence au niveau des facteurs de micro-localisation. C'est ainsi que Dutailly insiste sur l'importance du coefficient d'occupation des sols que ce soit le réglementaire ou l'effectif. La dispersion (importante car autour de 25 à 30%) autour des moyennes communales ou de quartiers pour les grosses communes traduit essentiellement le degré d'anticipation sur les rentes d'aménagement et de promotion ainsi que la dispersion des niveaux de ces rentes, exception faite des cas où cette dispersion est due à des différences «naturelles» négligées dans les moyennes lorsque celles-ci sont faites sur des zones très peu homogènes de ce point de vue. La valeur moyenne de zone

79. J.-C. Dutailly, *op. cit.*

correspond alors, à la fois, à un niveau moyen d'anticipation (que l'on peut en première approximation considérer comme identique dans toutes les zones) et à un niveau moyen des rentes composant la rente d'anticipation, qui, lui, peut difficilement être considéré comme identique dans toutes les zones étant donné la différenciation qualitative et sociale de l'espace urbain.

En dehors de ces quelques remarques, il nous semble difficile et hasardeux de pousser plus loin, en l'état actuel, cette confrontation. Les principaux résultats sont jusqu'à maintenant, d'une part à l'échelle de l'agglomération, la mise en évidence de la prépondérance des rentes différentielles de situation de forme I et de prix-monopole, ainsi que la faiblesse relative de la rente absolue par rapport au niveau que peuvent atteindre ces formes de rente différentielle de situation, et d'autre part à l'échelle des communes, l'importance de la rente différentielle II réglementaire.

4.3. LES FACTEURS D'ÉVOLUTION DU PRIX DU SOL URBAIN

Les prix des terrains à bâtir dans les agglomérations en extension ont accusé depuis une vingtaine d'années des hausses considérables continues et accélérées. «Ainsi une enquête sur treize départements de province révèle que la valeur du sol urbain ou en voie d'urbanisation atteinte en 1962 n'est pratiquement jamais inférieure à six fois celle de 1950. A l'opposé, on observe des mutations récentes conclues à des prix de cinquante à cent fois supérieurs à ceux d'une précédente cession intervenue pendant cette période. Entre ces mêmes dates de 1950 et 1962, les multiplications moyennes de valeur vont de huit à quinze, avec une fréquence maximum comprise entre dix et douze fois les valeurs de 1950. Les majorations sont beaucoup plus fortes encore lorsque, pendant cette période, des terrains ont été viabilisés, équipés en adduction d'eau et assainissement, ou lotis. Mais il n'a pas été tenu compte des cas où de telles améliorations ont eu lieu et les écarts de prix indiqués concernent des terrains géographiquement et techniquement comparables. Il faut rappeler qu'en 1962, l'indice général des prix de gros était au coefficient 1,74 par rapport à 1950».[80] De même, une autre enquête sur la région parisienne, faite en 1969, révèle que de 1965 à 1968, soit en quatre ans, l'augmentation des prix en moyenne a été de 45%, et que ces variations sont d'autant plus surprenantes que la

---

80. Rapport Bordier, *op. cit.*

conjoncture des années 1965-1968 pouvait laisser espérer une stabilisation des cours.[81]

Ces deux enquêtes, qui posent ainsi le problème de l'évolution des prix fonciers, le posent de plus d'une façon satisfaisante en montrant, d'une part que la rapidité de l'augmentation du prix du sol urbain est plus forte que celle de l'ensemble des marchandises et, d'autre part, en entrevoyant qu'il peut y avoir augmentation du prix du sol sans augmentation correspondante de la rente foncière. En ce qui concerne le premier point, à savoir quelle peut être la part de l'inflation normale dans l'évolution des prix fonciers, nous ne sommes pas en mesure d'apporter de réponse complète et précise n'étant pas en possession d'une théorie satisfaisante de l'inflation. On peut simplement dire que l'effet direct d'inflation des coûts ne se conçoit pas pour le sol, qui n'est pas une marchandise. D'autre part, l'inflation par la demande, en dehors d'une inflation par la demande des produits B.T.P., est soit du ressort d'une augmentation du prix-monopole, soit de celui du placement de capitaux dans les valeurs-refuges ayant pour propriété d'avoir un prix qui n'est pas régi par la loi de la valeur, soit enfin de la spéculation; ces deux types de renchérissement du prix du sol ne sont que très indirectement liés au processus inflationniste «courant» affectant les marchandises, leur principale liaison étant qu'ils sont, tous, le fruit du développement du capitalisme.

Par contre, une certaine partie de l'augmentation du prix du sol est le résultat de l'inflation sur les produits B.T.P. En effet, une augmentation du prix des produits B.T.P. peut se répercuter automatiquement sur le prix du sol.[82] Ainsi, le fait d'indexer un loyer sur le coût de la construction entraîne que la rente augmente au même rythme que le coût de la construction. C'est encore ici la propriété juridique du sol qui permet cette appropriation de l'augmentation. Cependant, si l'inflation constante des marchandises se répercute sur le prix du sol, elle ne représente qu'une faible partie de l'augmentation totale de ce prix. *Il y a une inflation propre et autonome des terrains à bâtir.*

Il est facile à la lumière de ce qui précède de mettre en évidence les facteurs de cette évolution des prix fonciers. Ces facteurs sont de deux sortes: facteurs de rente au sens strict et facteurs non liés à une création de rente au sens strict, mais à l'offre et la demande.

81. I.A.U.R.P., *op. cit.* Voir aussi l'enquête du C.I.N.A.M. utilisée par Dutailly à l'I.N.S.E.E.

82. Etant donné que tout accroissement du taux de profit qui est à la base de l'inflation rampante peut être accaparé par le propriétaire foncier.

4.3.1. *Augmentation du prix du sol due à une modification du rapport entre l'offre et la demande de produits B.T.P.*

Nous avons déjà cité, au passage, deux de ces types d'augmentation du prix du sol urbain, à savoir l'augmentation par accroissement du prix-monopole foncier et l'augmentation par afflux de capitaux à la recherche de placements sûrs et rentables. Il faut y ajouter les augmentations du prix des terrains urbains consécutifs à une augmentation de la rente d'anticipation (spéculation foncière). Enfin, on montre qu'il peut y avoir augmentation statistique du prix du sol alors qu'il n'y a pas d'augmentation réelle de ce prix.

4.3.1.1. *Augmentation des prix-monopoles foncier et immobilier*

Prenons, tout d'abord, le cas classique traduisant une pénurie des produits B.T.P. En effet, la pénurie proprement dite des terrains n'est qu'un facteur mineur (sauf peut-être à Paris): «Il est vrai que les acheteurs de terrains à bâtir éprouvent des difficultés à trouver des parcelles immédiatement disponibles répondant à des exigences précises et urgentes. Mais cette pénurie instantanée est seulement apparente dans les agglomérations de province: l'offre potentielle de terrains y est importante».[83] Par contre, c'est bien la pénurie des logements qui a provoqué un développement des prix-monopoles fonciers; en effet, entre 1950 et 1962 «le dèveloppement accusé des encaisses particulières a considérablement accru la demande solvable de logements. Mais le rythme de la construction est demeuré en deçà et la situation de pénurie économique a provoqué un renchérissement sans précédent des prix des habitations. Cela se marque non seulement sur le marché libre, mais aussi dans le domaine de la construction primée, où les dépassements de plafond et les soultes occultes sont de pratique courante».[84] Cette source d'augmentation du prix du sol qu'est la pénurie de logement ne peut actuellement que se développer puisque l'écart entre les besoins et la production ne cesse d'augmenter; par ailleurs, toute tentative pour rendre solvable une plus grande partie de la demande (politique d'épargne-logement, politique Chalandon, etc.) ne peut qu'accentuer l'effet de la pénurie sur le niveau des prix.

    Quant aux prix-monopoles fonciers de situation et aux prix-monopoles immobiliers, ils peuvent augmenter sans qu'il y ait modification de la situation, si «la richesse des distingués amateurs» de

83. Rapport Bordier, *op. cit.*
84. *Ibid.*

produits B.T.P. et de produits de luxe (ou services) commercialisés dans ces produits B.T.P. augmente; c'est le cas quand il y a abondance de capitaux à la recherche d'un placement, ou quand la demande sur le marché libre immobilier croît, c'est-à-dire quand la fortune bourgeoise et des couches moyennes, en hausse, se porte sur des produits et services non nécessaires à la reproduction de la force de travail.

4.3.1.2. *Augmentation du volume de capital à la recherche d'un placement*

Marx note que le prix des terrains agricoles ne peut qu'augmenter à long terme étant donné la baisse tendancielle du taux de profit et le fait que le prix des terrains agricoles est de la rente capitalisée. Or, pour les terrains urbains, la rente foncière donne directement le prix du sol sans capitalisation: celui-ci n'est donc pas une fonction du taux d'intérêt. Cependant, c'est bien la même loi tendancielle qui explique une certaine partie de la hausse du prix des sols urbains. Il ne s'agit pas de rentrer dans des considérations théoriques sur la suraccumulation du capital et ses liens dialectiques avec la baisse tendancielle du taux de profit, mais seulement de constater l'accroissement permanent du capital monétaire sous diverses formes: capital de prêt, capital flottant spéculatif, capital rentier. Cette masse de capitaux à la recherche de placements sûrs ou hautement rentables, ou encore d'investissements, se traduit dans la sphère immobilière de deux façons: afflux de capital dans la promotion immobilière, d'une part; afflux de capital foncier et immobilier, d'autre part.

1°) **Afflux de capital dans la promotion.** C'est dans ce cas l'accroissement du capital de prêt qui peut générer une augmentation du prix du sol. En effet, un promoteur qui utilise beaucoup de capital de prêt par rapport à son capital propre peut, tout en faisant un surprofit sur celui-ci, ne pas rémunérer l'ensemble du capital qu'il met en oeuvre au taux de profit moyen[85]; la différence entre profit moyen et profit réel du capital promotionnel est alors accaparée sous forme de rente (anormale) par le propriétaire rentier et ce d'autant plus qu'une telle situation d'abondance au sein du capital améliore la position du propriétaire foncier.

2°) **Afflux de capital foncier et immobilier.** Dans ce cas, ce sont les fractions spéculative et rentière du capital qui interviennent. Il y a, en effet, deux raisons possibles d'un tel afflux, plus ou moins

---

85. Voir 4.2.1.3.

importantes suivant la conjoncture. D'une part, la nature extra-économique de la «valeur» du sol fait que, comme pour une oeuvre d'art, le placement foncier d'un capital est un placement sûr, d'où pendant les périodes troublées, l'afflux de capitaux à la recherche de securité (1968), et en temps normal, un afflux constant pour cause de dévalorisation de la monnaie. D'autre part, les possibilités de placement spéculatif qu'offre l'achat de fonds de terre et d'objets immobiliers, possibilités qui résultent de la nature cumulative de hausses régulières escomptées (quelle que soit leur origine), sont à la base de l'afflux de capitaux flottants à la recherche d'une haute rentabilité. On voit cependant ce que peuvent avoir d'instables ces deux phénomènes; le premier est essentiellement conjoncturel alors que le second est étroitement dépendant des possibilités des marchés de produits B.T.P. La demande solvable de logements étant de fait limitée, on remarque d'ailleurs que ce sont surtout les marchés des logements de luxe, des bureaux et des commerces qui entretiennent ce mouvement.

Malgré cette instabilité, l'abondance des disponibilité monétaires est un facteur essentiel de la hausse des prix du sol au cours de ces dernières années: «Les encaisses et l'épargne liquide ou à court terme ont connu ces dernières années un développement accéléré: les disponibilités nouvelles ont presque quadruplé de 1957 à 1962. Voilà une progression qui est à l'échelle des hausses des prix du sol. L'observation des faits a montré que ce phénomène est dominant sur le marché foncier (. . .) L'abondance des disponibilités agit sur le marché foncier de manière à la fois directe et indirecte (points 2 et 1). L'effet direct est celui des placements de capitaux en valeurs foncières et immobilières. Par suite de la déficience bien connue des moyens d'orientation de l'épargne vers les investissements industriels, les capitaux à la recherche de placements réalisables se tournent vers les opérations foncières. Cette tendance est évidemment amplifiée et encouragée par l'extraordinaire rentabilité des placements immobiliers. Par l'intermédiaire souvent des notaires, un nombre de plus en plus considérable d'épargnants y participe. On a même observé un développement marqué des placements purement fonciers opérés par certains groupes bancaires. La rentabilité privilégiée des placements fonciers constitue l'explication technique essentielle du mouvement de hausse des prix du sol: non pas au niveau des causes profondes, puisque cette rentabilité résulte pour une large part de la hausse elle-même, mais à celui des facteurs intermédiaires sur lesquels peut efficacement porter une action appropriée de l'Etat. L'effet indirect des disponibilités monétaires sur le marché foncier s'exerce à travers le marché de la construction».[86]

4.3.1.3. *Augmentation de la rente d'anticipation*

Nous avons vu que le prix du sol comportait une partie dite «rente d'anticipation». Nous voulons ici montrer comment, sans variation de rente, il peut y avoir augmentation du prix des terrains urbains. Il suffit pour cela que la valeur des coefficients d'anticipation augmente. C'est bien ce qui se produit avec les spéculateurs professionnels. Ces spéculateurs sont de purs et simples rentiers spécialisés, c'est-à-dire en fait informés autant que les promoteurs. Aussi achètent-ils des terrains à un prix correspondant à leur affectation et leur situation au moment de la transaction, sachant qu'en peu de temps ces terrains, d'agricoles, vont devenir terrains à bâtir, ou vont avoir un C.O.S. relevé, ou encore vont être aménagés ou lotis, etc. Ils revendent alors aux aménageurs ou aux promoteurs, en tant que propriétaires fonciers rentiers au prix maximum, compte tenu de toutes les augmentation de rentes différentielles et de prix-monopoles.

On voit qu'une telle spécialisation des propriétaires fonciers peut, si elle est opérée à grande échelle, entraîner une augmentation conséquente du prix du sol, cette augmentation se faisant dans ce cas aux dépens de la promotion immobilière. Notons cependant, que si ce type de pratique existe, il est assez localisé et n'est pas la base principale des augmentations.

4.3.1.4. *Augmentation statistique du prix du sol ne correspondant pas à une réelle hausse*

Il s'agit de mettre en évidence le rôle trompeur de certaines statistiques dites «moyennes». Soit, en effet, une commune ou un quartier que l'on peut diviser en zones i dans lesquelles le prix du sol est uniforme et ne varie pas: soit r_i francs par mètre carré. Les zones ne sont en général pas complètement urbanisées, soit alors h_i la surface urbanisée dans la zone i. Le prix moyen du mètre carré de terrain dans la commune ou le quartier est alors:

$$r = \frac{\sum_i h_i \cdot r_i}{\sum_i h_i}$$

---

86. Rapport Bordier, *op. cit.*

Supposons alors qu'il y ait urbanisation dans la zone q, soit Δh_q l'accroissement de surface urbanisée dans cette zone. On a alors pour prix moyen du sol dans la commune ou le quartier:

$$r' = \frac{\sum\limits_{i} h_i \cdot r_i + \Delta h_q \cdot r_q}{\sum\limits_{i} h_i + \Delta h_q} = \frac{r + r_q \cdot \dfrac{\Delta h_q}{\sum\limits_{i} h_i}}{1 + r_q \cdot \dfrac{\Delta h_q}{\sum\limits_{i} h_i}}$$

Alors, si $r_q > r$, on a $r' > r$ car

$$r' > \frac{r + r \cdot \dfrac{\Delta h_q}{\sum\limits_{i} h_i}}{1 + \dfrac{\Delta h_q}{\sum\limits_{i} h_i}} = r \times \frac{1 + \dfrac{\Delta h_q}{\sum\limits_{i} h_i}}{1 + \dfrac{\Delta h_q}{\sum\limits_{i} h_i}} = r$$

On voit donc que, si l'urbanisation se fait dans une zone où le prix du terrain est supérieur à la moyenne communale, cette moyenne communale augmente, alors que le prix du terrain n'a augmenté nulle part. Inversement, si l'investissement se fait dans une zone où le prix est plus faible que la moyenne communale, il y a baisse du prix moyen. On peut tirer de ce phénomène statistique deux remarques:

— pour calculer des moyennes, il faut choisir des communes ou des quartiers où la dispersion autour de la moyenne est très faible, de façon à atténuer l'effet statistique précédent.

— ce phénomène statistique peut avoir pour effet d'élargir l'éventail des prix entre les zones périphériques et le centre des agglomérations. En effet, au centre, l'urbanisation est intensive et l'investissement pourra avoir lieu dans les parties où le prix est le plus fort. En fait, vu la faible dispersion intra-zone au centre des agglomérations, le calcul de moyenne sera plutôt neutre. Par contre, à la périphérie, l'urbanisation sera plutôt extensive et se développera dans les parties de communes où la densité est la plus faible, et où, donc, en général le prix est plus faible que la moyenne (effet de C.O.S.). L'effet de moyenne sera alors négatif. Il y a ainsi un risque d'accentuation de l'écart entre communes périphériques et centre-ville du seul fait de la spécificité du développement urbain dans chacune de ces zones. Cependant, il est évident que ce biais statistique se superpose à

de véritables augmentations de la rente, et il joue alors seulement comme atténuateur ou amplificateur de celles-ci.

4.3.2. *Augmentation du prix du sol due à une modification des conditions de la production des marchandises B.T.P.*

4.3.2.1. *Augmentation des rentes différentielles I et des rentes de prix monopole foncière et immobilière*

C'est là une des composantes principales de la hausse des prix. Elle
a pour cause essentiellement le développement de l'urbanisation. On
peut distinguer à ce niveau deux effets: un effet majeur qui est à
l'échelle de l'agglomération, et un effet qui prend un aspect plus
localisé.

L'effet majeur est en quelque sorte un effet de l'extensivité du
développement urbain. La périphérie de l'agglomération est re-
poussée. Il se crée alors automatiquement une rente différentielle de
situation entre l'ancienne et la nouvelle périphérie, le prix des terrains périphériques étant lui aussi repoussé plus loin. Cette rente
différentielle se répercute alors jusqu'au centre, l'écart entre les différentes zones, caractérisées par les courbes isochrones-isoprix,
devant rester constant, toutes choses égales par ailleurs. «Certes on
peut toujours acheter des terrains à bâtir à 30 francs par mètre carré
dans la région parisienne. Mais ceux qui étaient vendus à ce prix en
1965 atteignent aujourd'hui (1969) 45 francs (50%). Et ceux qu'on
peut acquérir aujourd'hui valaient alors 10 à 20 francs. Tout se passe
comme si l'on faisait glisser sur la région parisienne une carte de prix
pratiquement inamovible, les mêmes terrains étant recouverts par
des zones successives de cette carte. La hausse des prix se mesure
donc moins à la hausse des prix moyens dans l'ensemble de
l'agglomération qu'à la vitesse de glissement de cette carte».[88]

L'effet plus localisé est, lui, dû à l'aspect plus qualitatif du
développement urbain, c'est-à-dire à l'augmentation de la valeur
d'usage des divers systèmes locaux d'objets-média: amélioration du
niveau d'équipement urbain, rénovation, modification d'affectation
des objets immobiliers, etc. Il y a alors accroissement de l'écart de
prix entre quartiers ou alors diminution vers le haut de certains autres

---

87. Nous intégrons ici le prix-monopole différentiel de situation, car il n'est pas
seulement fonction de l'offre et de la demande de produits B.T.P. mais aussi de la
situation qui est, par ailleurs, un facteur de rente au sens strict.
88. I.A.U.R.P., *op. cit.*

écarts, ou encore annulation, suivant que la zone dont la situation s'améliore s'écarte ou se rapproche de la situation des autres zones. Il y a augmentation localisée des rentes différentielles de situation.

Il peut enfin y avoir augmentation de la constructibilité naturelle, compte tenu du développement des techniques, ce qui permet, à prix de vente des produits B.T.P. stable, une augmentation du surprofit et donc de la rente différentielle I de constructibilité naturelle. Sous l'aspect local, le développement urbain agit aussi sur le niveau des rentes différentielles II.

4.3.2.2. *Augmentation de la rente différentielle II*

L'effet le plus sensible et aussi le plus apparent est bien sûr l'effet local de densification de l'urbanisation. Celui-ci se répercute sur le C.O.S. et donc sur la rente différentielle II de constructibilité réglementaire. Cependant, d'autres facteurs sont susceptibles d'agir sur le niveau des autres types de rentes différentielles II. Ainsi, le développement du marché libre, par rapport aux marchés H.L.M. et «aidé», peut augmenter la rente différentielle II des zones où se développe ce marché. Pourtant, il n'est pas évident que ce facteur agisse sur les prix fonciers, dans la mesure où d'une part, il existe un effet antagoniste[89] et où, d'autre part, une telle modification de la structure globale du financement de la construction, étant donné son caractère diffus, ne peut être connue que difficilement par les rentiers et donc donner lieu à une augmentation de la rente d'anticipation. Il en sera de même pour les modifications de la répartition du capital entre entrepreneurs et les gains de productivité. Il y aura bien augmentation de la rente différentielle II, mais cette augmentation remontera difficilement de la poche des promoteurs jusqu'à la poche des rentiers.[90]

4.3.2.3. *Augmentation du niveau de la rente absolue*

Il est possible qu'à long terme il y ait déplacement du niveau de la rente absolue. On peut y voir deux causes; d'une part, une augmentation du prix des terres agricoles peut nécessiter un ajustement de la rente absolue urbaine par déplacement du niveau minimum de capital devant être investi dans l'aménagement et la construction (si

---

89. Voir remarque 3, p. 266.

90. Ce sera aussi, sans doute, le cas d'une augmentation de la rente différentielle II immobilière.

le taux de surprofit doit rester constant[91]); d'autre part, la baisse tendancielle du taux de profit moyen étant plus rapide que celle du taux de profit dans la branche B.T.P., vu son faible développement capitaliste et donc la faible vitesse d'accroissement de la composition organique du capital dans cette branche comparée au reste de l'économie, l'écart entre valeur et prix de production des produits B.T.P. a tendance à augmenter, entraînant une augmentation de la rente absolue et donc du prix des terrains à bâtir.

Il paraît clair, d'après ce qui vient d'être présenté, que l'évolution du prix du sol urbain est quasi automatique, c'est-à-dire liée à la croissance urbaine et au développement du capitalisme dans son ensemble. Cette évolution met en évidence le caractère parasitaire de la propriété foncière et montre que la spéculation n'est pas un phénomène anormal qui serait le fait de quelques brigands ne respectant pas la loi ou tout au moins les normes de la décence. La spéculation, en l'état actuel des rapports sociaux, est un phénomène aussi normal que l'accumulation du capital; elle traduit une lutte entre rentiers et capitalistes, ou entre plusieurs rentiers, tout comme l'accumulation du capital traduit une lutte entre capitalistes et salariés. Si le rentier ne s'approprie pas la rente d'anticipation, de toute façon le consommateur la paiera, et le promoteur l'empochera. La spéculation foncière n'est pas tant le fait de professionnels—ceux-ci sont finalement peu nombreux et leur rôle n'est pas primordial—que celui d'une situation. De plus, la spéculation, si souvent stigmatisée par les instances officielles, n'est pas la base des décalages entre besoins et production de logements; elle n'en est qu'un effet. La base de la crise se trouve essentiellement dans le système des rapports sociaux capitalistes, aussi bien au niveau de l'ensemble de l'économie qu'au niveau du secteur de production B.T.P.

4.4. Rente et statut institutionnel de consommation des marchandises B.T.P.: comment se réalise la rente

Les produits B.T.P. de construction commercialisables sont des biens durables (capital fixe pour les bureaux et locaux commerciaux), qui se consomment de façon continue et qui ont un prix élevé. Aussi, souvent, ils sont payés comme ils sont consommés, c'est-à-dire aussi de façon continue: c'est la location.

---

91. Voir 4.1.1.

4.4.1. *La location*

Comment alors se fixe le loyer? Le loyer se fixe à partir du prix du produit, c'est-à-dire à partir des coûts de production d'équipement et de construction, et de la rente. Dans le loyer, on retrouve toutes ces composantes, et il consiste alors dans l'amortissement périodique de ce prix, actualisé sur la base de la durée de vie du produit. Il comprend donc l'amortissement calculé au taux d'intérêt, ou plutôt d'actualisation des coûts de production actualisés, et une part de rente telle que celle-ci, capitalisée sur la durée de vie du produit redonne R_3 actualisé. On a ainsi pour un loyer mensuel, t étant le taux d'actualisation et n la durée de vie du produit[92]:

$$\text{Loyer} = 1/12 \cdot (R_3 + C_1 + C_2) \cdot \frac{t \cdot (1+t)^n}{(1+t)^{n+1} - 1}$$

Cependant, ce loyer est le loyer pour un produit neuf, et, par la nature juridique même du statut de location, le loyer n'est pas fixe pour la durée de vie du produit; il peut augmenter. Cette augmentation peut s'interpréter comme une modification du taux d'actualisation dans le sens de la hausse due à une inflation généralisée. On est ainsi ramené au problème de l'inflation, et comme nous l'avons vu[93], si l'inflation rampante joue un certain rôle dans l'augmentation des produits B.T.P. et donc du prix du sol, ce n'est pas le facteur primordial. Celui-ci doit plutôt être vu dans l'augmentation de la rente elle-même (rentes au sens strict et prix-monopole). De plus, une augmentation des loyers ne peut pas correspondre à une «dévalorisation du futur» dénuée de tout support dans le procès social de reproduction du capitalisme dans son ensemble. L'inflation traduit au moins une lutte contre la baisse tendancielle du taux de profit. Le taux d'actualisation a sa détermination située, non dans l'avenir du capital, mais dans son histoire. Aussi, malgré notre manque de théorie en ce qui concerne l'inflation[94], il nous semble plus utile de

---

92. Le propriétaire doit retrouver à la fin de la vie du produit B.T.P. sa mise de fonds $R_3 + C_1 + C_2$ actualisée en francs de l'année terminale soit $(R_3 + C_1 + C_2) (1+t)^n$. Le loyer mensuel est donc donné par:

12. Loyer. $[(1+t)^n + (1+t)^{n-1} + \ldots + (1+t) + 1] = (R_3 + C_1 + C_2)(1+t)^n$

93. Voir 4.3.

94. L'actualisation faite dans le calcul du loyer tient déjà compte d'une certaine évolution de la rente qui peut représenter pour partie l'évolution plus proprement due à l'inflation rampante généralisée et non spécifique du secteur B.T.P. Les ajustements de loyer apparaissent eux alors comme intégrant des augmentations réelles de rente (en francs constants).

fonder l'explication de ces augmentations de loyer sur une évolution de la rente, comme le fait Engels.[95]

En effet, pour le logement tout d'abord, la location consiste à payer par période, en général le mois, une certaine somme calculée donc sur le prix de la construction, pour avoir le droit de consommer les valeurs d'usage de cette construction. Cette somme ne donne en aucune façon un droit de propriété sur la construction et son support; c'est uniquement un droit de possession qui est conféré au locataire en échange du loyer. Aussi, la location permet-elle au propriétaire immobilier (donc foncier) de conserver son droit de propriété. Celui-ci lui permet de réajuster quand il le veut, et compte tenu de l'état du marché, c'est-à-dire en fonction de l'état de satisfaction des besoins et de l'évolution générale de la rente foncière urbaine, le prix du loyer. Ainsi, bien que le «produit logement» s'use et se dégrade, le prix de son loyer peut augmenter. Pour les bureaux et locaux commerciaux, le statut de location est encore plus intéressant pour un propriétaire immobilier, étant donné la nature de capital matériel fixe de ces objets immobiliers. Dans ce cas, en effet, la propriété immobilière permet un certain contrôle du procès de circulation effectué dans ces immeubles; elle permet l'accaparement de surprofit d'entreprise sous la forme de rentes différentielles immobilières, comme nous l'avons vu; le loyer peut alors s'ajuster au jour le jour à ce surprofit.

La location de logements, ne permettant pas l'accès à la propriété immobilière, apparaît alors pour ce qu'elle est, c'est-à-dire une espèce de crédit-logement pour pauvres n'ayant pas les moyens d'accéder aux formes classiques de crédit comme les prêts à intérêts. Le locataire paie une somme mensuelle plus faible que le remboursement d'un prêt y compris les intérêts pour obtenir le même logement, mais ceci, sans fin et sans possibilités de récupération d'une parcelle de propriété foncière. La dépendance du locataire vis-à-vis du propriétaire immobilier est alors totale, et c'est elle, uniquement, qui permet à ce dernier, en période de crise, d'imposer des augmentations de loyer du type prix-monopole. Pour les produits B.T.P. de consommation intermédiaire, le statut de location est surtout justifié par son caractère éminemment lucratif. Il y a, en effet, dans ce cas, monopolisation d'un moyen de production nécessaire à la circulation du capital commercial, permettant la domination par le propriétaire immobilier de ce procès. Ainsi, lorsque les conditions de monopolisation sont favorables, on voit se généraliser ce mode de consomma-

95. F. Engels, *La question du logement*, Paris, 1967.

tion intermédiaire; un exemple caractéristique en est le centre commercial de Parly II.

Le produit B.T.P. loué est alors un capital immobilier pour son propriétaire, et ce capital est productif de rente: prix-monopole pour les logements, bureaux et commerces, et rentes différentielles aussi pour ces derniers. La base des prix-monopoles peut être une augmentation réelle du niveau de rente au sens strict dans la zone où se situe l'immeuble locatif, rente qui ne pourrait être normalement réalisée et appropriée que par un changement de propriété et un nouveau procès de production. Ainsi, dans des conditions correctes de pénurie, un propriétaire foncier-immobilier quand il revend son terrain, touche une seconde fois une rente qu'il a déjà perçue sur les locataires sous la forme d'un prix-monopole.

Revenons alors au concept de capital immobilier et avec lui au statut d'accession à la propriété par crédit de post-financement. Dans ce cas, nous avons vu que le capital de post-financement est aussi un capital immobilier, et on peut se poser la question de savoir si le détenteur réel de la propriété immobilière, et donc foncière, n'est pas le détenteur du capital immobilier dans l'accession comme il l'est dans la location. Cette question en appelle une autre, à savoir: l'accession est-elle un statut fondamentalement différent de la location pour le capital rentier? ou sous une autre forme; d'une part, l'accession à la propriété est-elle une accession à la propriété au sens d'un rapport économique réel? d'autre part, l'accession à la propriété immobilière est-elle toujours une accession à la propriété foncière?

4.4.2. *L'accession à la propriété*

Essayons d'apporter tout d'abord des éléments de réponse à la première partie de la question, c'est-à-dire l'accession à la propriété en tant que rapport économique.

4.4.2.1. *Concentration de la propriété immobilière réelle au sein du capital financier*

Le principal matériau pour éclairer cette question est la critique de la notion de propriété, appliquée à un agent alors que celui-ci paie à crédit son fonds de terre, faite par Kautsky dans *La question agraire*: «Le système hypothécaire (crédit foncier, crédit hypothécaire) est moins clair et moins simple (que le cas où la propriété foncière est séparée de l'exploitation capitaliste), mais au fond il revient au même (. . .) La rente foncière, qui, dans le système du fermage, échoit au propriétaire foncier, revient dans le système hypothécaire au créancier. Celui-ci est le propriétaire de la rente foncière, et par suite le vrai propriétaire du sol. Le propriétaire nominal est au contraire, en réalité, un entrepreneur capitaliste, qui perçoit le bénéfice de l'entrepreneur et la rente foncière, et restitue la rente sous forme d'intérêt hypothécaire. Si son entrepriee échoue, s'il ne peut payer la rente foncière qu'il doit, il doit abandonner sa prétendue propriété, tout comme le fermier qui ne paie pas son fermage doit abandonner sa ferme; bien plus, la seule différence entre le système du fermage et le système hypothécaire consiste en ceci que, dans le second cas, le propriétaire réel porte le nom de capitaliste, et l'entrepreneur, capitaliste réel, celui de propriétaire foncier».[96] Kautsky note ensuite un développement considérable du crédit hypothécaire qui permet «une concentration énorme de la rente foncière au profit de quelques institutions centrales».[97] Il remarque enfin, que la principale différence entre le fermage et la créance hypothécaire est que le taux de l'un est directement lié à l'évolution de la rente alors que le taux de rémunération du second est lié au taux de l'intérêt, et que ceci entraîne souvent une différence entre prix du terrain et montant du crédit hypothécaire.

Cette analyse, qui remet en question la coïncidence du rapport juridique et du rapport économique de propriété, est fondamentale pour ce qui nous préoccupe ici. D'une part, en montrant la véritable nature de l'intérêt hypothécaire comme rente foncière résultant d'un procès de production, elle remet à leur juste place sur ce terrain les théories de l'actualisation et permet une meilleure compréhension des mécanismes réels de fonctionnement du crédit foncier (comme du crédit immobilier). D'autre part, elle permet de réduire la différence entre location et accession à ses justes dimensions. En effet, il est clair que cette analyse peut s'appliquer assez simplement au crédit hypothécaire ou foncier aux promoteurs, quand ce crédit sert à la formation du capital foncier promotionnel. Cependant, elle est moins évidente dans le cas du crédit post-financeur, et surtout dans le cas des logements. Le propriétaire immobilier, qu'il soit loueur ou non, n'est pas un capitaliste exploitant son patrimoine pour faire du profit, puisque le capital immobilier n'intervient pas dans un procès de production. Quelle est donc la nature de l'intérêt sur le capital post-financeur? Pour répondre, il faut revenir au concept de

---

96. K. Kautsky, *La question agraire*, Paris, 1900, p. 129-130.
97. *Ibid.*, p. 133.

capital immobilier et à notre analyse de la location; en effet, le capital post-financeur, ou crédit d'accession à la propriété, est la forme argent du capital immobilier. Et si q est la durée du crédit en années, le propriétaire juridique du produit B.T.P., emprunteur du capital post-financeur, paye finalement au bout de ces q années, un total de $(R_3 + C_1 + C_2)(1 + i)^q$, et les mensualités de remboursement sont exactement de la même forme que le prix du loyer mensuel, avec i à la place de t, et q à la place de n, soit:

$$M = 1/12 \, (R_3 + C_1 + C_2) \; \frac{(1+i)^q \cdot i}{(1+i)^{q+1} - 1}$$

Si, alors, on considére *a priori* que t = i, c'est le seul fait que $q < n$ qui entraîne que, pour un logement neuf, la mensualité de remboursement est plus forte que le prix du loyer mensuel. Ceci n'est d'ailleurs vrai qu'au début de la consommation du produit B.T.P., car un propriétaire immobilier loueur peut augmenter le loyer, tandis que le créancier ne peut plus modifier en général le plan de remboursement. Ceci se traduit en retour par le fait que i a tendance à être plus élevé que t. Cette tendance du taux d'intérêt immobilier à être plus élevé que le taux d'actualisation, qui est en quelque sorte un taux d'intérêt moyen, est donc la traduction urbaine et immobilière de la tendance mise au clair par Kautsky pour l'agriculture de ce que le montant du crédit hypothécaire est inférieur au prix du terrain alors même que l'hypothèque porte sur la propriété totale; i < t entraîne, en effet, que le montant du principal, somme des fractions de mensualités correspondant au remboursement du capital emprunté, est inférieur au prix du terrain au moment de la transaction.

La mensualité de remboursement est, en quelque sorte, le loyer du capital immobilier donc le loyer du produit B.T.P. Ainsi, d'un point de vue qui est celui du capital financier, loyer et mensualité de remboursement, location et accession à la propriété, sont de la même essence. Cette même essence, c'est la rente foncière et la rente immobilière. Tout comme le loyer, la mensualité de remboursement du capital est composée d'une partie remboursement du capital et d'une autre qui est de l'intérêt. Cet intérêt ne peut avoir pour base, comme pour le loyer, en dehors d'une composante dite d'inflation, que de la rente anticipée. Ainsi, l'organisme de crédit immobilier dépouille le propriétaire juridique de l'objet immobilier, de sa propriété réelle sur cet objet, et l'endosse lui-même. Ceci a une traduction concrète: lorsque le propriétaire juridique d'un logement a terminé de payer son crédit, et le revend, il ne fait alors que récupérer ce qu'il a payé de rente à son créancier, et transférer la charge de la rente au nouvel acquéreur. Pour ce qui est du produit B.T.P. proprement dit, il ne peut revendre que la partie non amortie, c'est-à-dire non consommée. Le nouvel acquéreur paye, en effet, le terrain support du produit au niveau atteint par la rente au moment de la transaction (niveau calculable à partir des opérations en cours à ce moment). Ce niveau de rente est aussi de l'ordre du niveau de rente à la transaction précédente augmenté des intérêts payés par le vendeur actuel. Les intérêts sont donc bien de la rente que l'organisme financier créancier a anticipé sur le prochain procès de production. Le prétendu propriétaire n'a lui, par contre, touché réellement aucune rente; il n'a donc rien d'un propriétaire immobilier-foncier puisqu'il n'a pu a'approprier de rente, celle-ci ayant été appropriée avant lui par le créancier qui est, lui, le véritable propriétaire (au sens d'un rapport économique), pendant toute la durée du crédit.

On voit, alors, que par ce processus d'appropriation *a priori* des augmentations de rente à venir[98] par quelques groupes ou institutions financières, il y a concentration de la propriété foncière et immobilière, au sens de propriété de la rente, au sein du capital financier. De plus, dans la mesure où les promoteurs eux-mêmes sont de plus en plus liés, directement ou par le crédit, au capital financier monopoliste, cette concentration de la rente se fait de façon continue de la production à la consommation.

Ainsi, nous venons de voir que, pour le capital bancaire, les statuts d'accession à la propriété et de location étaient semblables, leur différence essentielle résidant dans les modalités du crédit accordé à travers chaque statut. L'assimilation de l'accession à la propriété à une accession réelle à la propriété foncière et immobilière est essentiellement de nature idéologique. Il n'empêche que du point de vue du consommateur, la différence juridique des deux statuts est importante. Sinon, on ne comprendrait pas pourquoi il y aurait des propriétaires immobiliers qui achètent à crédit des logements pour les louer. L'existence d'un tel type d'agent s'explique, d'une part, par le fait que, même si les loyers qu'il perçoit ne lui permettent que de rembourser le crédit, il peut bénéficier des augmentations de rente postérieures à la fin du remboursement. D'autre part, elle s'explique aussi par le fait que les valeurs foncières et immobilières sont des biens-refuges pour les valeurs monétaires. Enfin, et ceci est vrai aussi pour les consommateurs directs de produits B.T.P., le

98. Dues, comme nous l'avons vu en 4.3, simplement au développement urbain et au développement du capitalisme.

statut permet, contrairement à la location, de consommer le produit B.T.P. sans supporter en fin de compte la rente foncière qui peut être récupérée à la revente.[99] Au contraire, la location entraîne une perte sèche pour le consommateur, qui ne pourra jamais récupérer ce qu'il a payé de rente. Ainsi, non seulement la location est un crédit pour pauvres, mais aussi, c'est un statut qui appauvrit ceux qui y ont recours relativement à ceux qui peuvent accéder à la propriété. Ce qui apparaît comme une épargne pour un acheteur est une perte sèche pour un locataire, du seul fait qu'il ne peut accéder au crédit réservé aux couches sociales à revenus suffisants. A long terme, la consommation de logements tend donc à renforcer les inégalités de revenus. Les travailleurs les plus exploités sur les lieux de travail sont aussi les plus escroqués sur les lieux d'habitation. Au contraire, les couches moyennes et supérieures peuvent utiliser ces mêmes lieux comme un cadre d'épargne et d'enrichissement pour accéder, enfin, eux, ou plutôt leurs descendants, ô suprême récompense de tant d'efforts, à la propriété immobilière et foncière réelle et donc rentière.

4.4.2.2. *Propriété foncière et propriété immobilière*

Nous avons considéré jusqu'à maintenant que la propriété immobilière entraînait obligatoirement la propriété foncière, étant donné que tout produit B.T.P. comprend dans son prix le prix d'achat du sol support de ce produit. Ceci est évidemment vrai sur le plan juridique, et aussi souvent au niveau réel. Cependant, il apparaît parfois que la propriété d'un objet immobilier ne confère pas toujours les avantages de la propriété foncière, c'est-à-dire les possibilités d'appropriation d'une rente foncière produite et d'anticipation sur des rentes qu'il serait possible de produire ou devant être produites. C'est tout particulièrement le cas des immeubles collectifs, où la propriété immobilière correspond à une propriété foncière parcellisée.

En effet, dans un tel cas, où la propriété foncière est répartie entre des agents dont chacun n'en a que quelques millièmes, il se produit le même type de phénomène que dans la propriété capitaliste parcellisée, c'est-à-dire les sociétés par actions. La propriété réelle revient à celui des agents qui a la majorité absolue ou relative des

99. Notons qu'il y a là une cause de fuite en avant du prix des terrains urbains, fuite en avant bénéficiant surtout aux organismes de crédit immobilier. En effet, à chaque transaction, le vendeur aura tendance à vouloir récupérer les intérêts versés, la rente devant suivre, et aussi la production.

parts. Dans le cas de la propriété foncière parcellisée, le phénomène peut être moins évident, il n'en est pas moins existant. L'exemple de la rénovation urbaine dans le XIIIᵉ arrondissement parisien montre cette réalité.[100] Pour pouvoir rénover, et donc pour pouvoir utiliser fructueusement la propriété foncière, il faut en effet regrouper la propriété dispersée. Or, en général, un promoteur privé ne peut contraindre un propriétaire à vendre sa part de terrain, sauf si ce dernier est minoritaire, et ce, grâce à la technique des A.F.U. (associations foncières urbaines). Citons le *Livre noir* du P.S.U.:

«*Principes des A.F.U.*: quand 75% des parcelles d'un îlot se sont volontairement associées dans l'A.F.U. (créée par le préfet) et qu'elles regroupent 50% de la surface (ou quand 50% des parcelles regroupent 75% de la surface), des associés ont droit de 'dessaisir' les propriétaires récalcitrants du reste de l'îlot, puis l'A.F.U. entreprend elle-même la rénovation ou revend tout l'îlot à un promoteur. On prétend ainsi 'associer' les propriétaires à la rénovation.

«*Pratiques des A.F.U.*: en fait, les petits propriétaires (les co-propriétaires, mais aussi les petits rentiers immobiliers) n'ont pas les moyens de financer eux-mêmes la rénovation. Pratiquement, des hommes de paille achètent le terrain et rassemblent une A.F.U., bien tenue en main par le groupe promoteur. Quand les 75% sont réunis, les promoteurs pourront exproprier le reste».[101]

Ce type d'institution montre bien que la propriété foncière n'est pas toujours associée à la propriété immobilière, c'est-à-dire que la propriété foncière parcellisée ne donne pas forcément les droits de la propriété foncière réelle en tant que rapport économique.

Paris, Juin 1972–Septembre 1973

---

100. P.S.U., *Livre noir sur la rénovation à Paris*, Paris, 1972.
101. *Ibid.*, p. 30.

Bibliographie

Alquier, F., «Contribution à l'étude de la rente foncière sur les terrains urbains», *Espaces et Sociétés*, n° 2, Paris, Anthropos, 1971.

Alquier, F., Cottereau, A., Lojkine, J., et Topalov, C., «Contribution à l'analyse contemporaine de la rente foncière», *Cahier du C.E.R.M.*, n° 96, Paris, 1971, ronéo.

Althusser, L., Balibar, E., Establet, R., Macherey, P., et Rancière, J., *Lire le Capital*, Paris, «Petite collection Maspéro», 1971 et 1973, 4 vol.

Althusser, L., *Pour Marx*, Paris, Maspéro, 1973.

—— , *Réponse à J. Lewis*, Paris, Maspéro, 1973.

Ascher, F., «Contribution à l'analyse de la production du cadre bâti», *Espaces et Sociétés*, n° 6-7, Paris, Anthropos, 1972.

Balibar, E., «Sur la dialectique historique», *La Pensée*, août 1973, n° 170.

Bastiani, L., «Le prix de revient de la construction neuve», *Economie et Statistiques*, n° 9, Paris, I.N.S.E.E., 1970.

Bernard, Ph., «Structures urbaines et prix du sol», *La Revue Economique*, n° 1, Paris, A. Colin, 1972.

Bettelheim, Ch., *Calcul économique et formes de propriété*, Paris, Maspéro, 1971.

—— , *La transition vers l'économie socialiste*, Paris, 1971.

Castells, M., *La question urbaine*, Paris, Maspéro, 1972.

Collectif «Architecte», *Place du logement dans le champ d'intervention du Secours Rouge*, Paris, mars 1971, ronéo; Paris, novembre 1971, ronéo.

Commission de l'équipement du V⁰ Plan, Groupe «Etudes foncières», *Rapport Bordier*, Paris, La Documentation française, 1967.

Commission habitation du VI⁰ Plan, *Rapport Habitation*, Paris, La Documentation française, 1972, 2 vol.

—— , *Rapport Financement du logement*, Paris, La Documentation française, 1972.

Comité B.T.P. du VI⁰ Plan, *Rapport Bâtiment et Travaux publics*, Paris, La Documentation française, 1971.

Cottereau, A., «Les débuts de planification urbaine dans l'agglomération parisienne», *Sociologie du Travail*; numéros spéciaux de *Politique Urbaine*, 4/1969 et 4/1970, Paris, Le Seuil.

C.R.E.D.O.C., *Etude sur la comptabilisation des dépenses d'équipement liées à la construction de logement*, Paris, 1965, ronéo.

Dutailly, J.-C., «Les valeurs foncières en région parisienne (Recherche d'un modèle)», *Cahiers de l'I.A.U.R.P.*, n° 25, Paris, I.A.U.R.P., 1971.

Engels, F., *La question du logement*, Paris, Editions Sociales, 1967.

Fédération nationale des Travaux publics, «Activité en métropole et hors métropole des entreprises des travaux publics en 1970», *T.P. Informations*, n° 12, Paris, F.N.T.P., 1972.

Granelle, J.-J., *Essai sur la formation des prix du sol dans l'espace urbain*, Paris, Sirey, 1969.

Hesse, C., «La promotion immobilière en 1970», *Economie et Statistiques*, n° 36, Paris, I.N.S.E.E., 1972.

I.A.U.R.P., *Note sur l'évolution de la politique foncière en 1970*, Paris, 1971, ronéo.

I.N.S.E.E., *Rapport sur les comptes de la nation*, Paris, Imprimerie Nationale, 1970, 1971, 1972.

—— , *Données sociales*, Paris, 1973.

Jaillon, Melet, Sainte-Laguë, Toucat, *Le développement du capitalisme dans l'agriculture*, Paris, U.E.R. de sociologie (Paris V), 1971, ronéo.

Kautsky, K., *La question agraire*, Paris, Giard et Brière, 1900.

Lénine, *Programme agraire du P.O.S.D.R. dans la première révolution russe*, Moscou, Editions du Progrès, 1969.

Lipietz, A., *Circulation du capital et problème foncier dans la production du cadre bâti*, Paris, D.A.F.U.-E.N.P.C., septembre 1971, ronéo.

—— , *Le tribut foncier urbain*, Paris, Maspéro, 1974.

Lojkine, J., «Contribution à une théorie marxiste de l'urbanisation capitaliste», *Cahiers Internationaux de Sociologie*, vol. LII, Paris, P.U.F., 1972.

—— , «Y a-t-il une rente foncière urbaine?», *Espaces et Sociétés*, n° 2, Paris, Anthropos, 1971.

Malinvaud, E., *Petites classes d'économie théorique, préparées par E. Malinvaud dans le cadre du cours de M. Allais à l'E.N.S.A.E.*, Paris, 1969, ronéo.

Mandel, E., *Traité d'économie marxiste*, Paris, 1969, coll. «10/18».

Marmata, F., *Financement et délais de la construction*, Paris, A. Colin, 1970.

Marx, K., *Le Capital*, Paris, Editions Sociales, 1969 et 1970, 8 vol.

—— , *Contribution à la critique de l'économie politique*, Paris, Editions Sociales, 1969.

—— , *Critique de l'économie politique*, Paris, 1971, coll. «10/18».

—— , *Un chapitre inédit du Capital*, Paris, 1972, coll. «10/18».

—— , *Oeuvres. Economie*, Paris, Gallimard, coll. «Bibliothèque de la Pléiade», 1971, 2 vol.

—— , *L'idéologie allemande*, Paris, 1968.

Mathieu, G., *Peut-on loger tous les Français?*, Paris, Le Seuil, 1963.

Mayer, R., *Prix du sol, prix du temps. Essai de théorie sur la formation des prix fonciers*, Paris, 1965.

Merlin, P., «Modèles d'urbanisation», *Cahiers de l'I.A.U.R.P.*, n° 11, Paris, I.A.U.R.P., 1968.

Pascal, F., *Economie de la production de logements*, Paris, 1971, thèse de l'université Paris I, ronéo.

Perceval, L., «L'analyse scientifique contemporaine de la rente foncière», et «Mécanismes fondamentaux du marché foncier et politique foncière démocratique», *Economie et Politique*, n° 210, Paris, Editions Sociales, 1972.

Poulantzas, N., *Pouvoir politique et classes sociales*, Paris, Maspéro, 1971.

P.S.U., *Livre noir de la rénovation à Paris*, Paris, Imprimerie spéciale, 1972.

Rey, P.-P., *Les alliances de classes*, Paris, Maspéro, 1973.

—— , *Colonialisme, néocolonialisme et transition au capitalisme*, Paris, Maspéro, 1971.

Ribaud, J., *Financement de la construction*, Paris, Editions Mazarine, 1968.

Riboulet, P., «Une construction primitive pour une société développée», *Espaces et Sociétés*, n° 6-7, Paris, Anthropos, 1972.

Taieb, F., *Contribution à l'élaboration d'un modèle de développement spatial. Un modèle de localisation des logements neufs*, Puteaux, C.E.R.A.U., 1968, ronéo.

Topalov, C., *Les promoteurs immobiliers*, Paris-La Haye, Mouton & Cie, 1973.

Université de Paris II, *Problèmes actuels de la promotion immobilière*, Paris, Librairies techniques, 1973.

Vieille, P., *Marché des terrains et société urbaine*, Paris, Anthropos, 1970.

Table des matières

THE
SHAAR
PRESS

THE JUDAICA IMPRINT
FOR THOUGHTFUL PEOPLE

SUC

RELATION

A
SHAAR
PRESS
PUBLICATION

RABBI ABRAHAM J. TWERSKI, M.D.

CESSFUL

SHIPS

at Home, at Work and with Friends

Bringing control issues under control

Published by **SHAAR PRESS**
Distributed by MESORAH PUBLICATIONS, LTD.
4401 Second Avenue / Brooklyn, N.Y 11232 / (718) 921-9000

Distributed in Israel by SIFRIATI / A. GITLER
6 Hayarkon Street / Bnei Brak 51127

Distributed in Europe by LEHMANNS
Unit E, Viking Industrial Park, Rolling Mill Road / Jarrow, Tyne and Wear, NE32 3DP/ England

Distributed in Australia and New Zealand by GOLDS WORLD OF JUDAICA
3-13 William Street / Balaclava, Melbourne 3183 / Victoria Australia

Distributed in South Africa by KOLLEL BOOKSHOP
Shop 8A Norwood Hypermarket / Norwood 2196, Johannesburg, South Africa

ISBN: 1-57819-348-6 Hard Cover
ISBN: 1-57819-349-4 Paperback

Printed in the United States of America by Noble Book Press
Custom bound by Sefercraft, Inc. / 4401 Second Avenue / Brooklyn N.Y. 11232

Table of Contents

Introduction

Quite often, we hear the advice, "Take control!" This can indeed be sound advice provided it is understood that the control taken is of *oneself*. Unfortunately, some people are rather lax in self-control, but may *exert* much effort in trying to control other people.

Controlling others is morally wrong. The Talmud says that whereas G–d controls everything in the universe, He does *not* control a person's ethical and moral behavior (*Berachos* 33b). G–d allows people to have free choice to behave as they wish. If relinquishing control is good enough for G–d, Who *does* have the ability to control people's behavior, it should certainly be good enough for human beings who *cannot* control what others do. G–d wishes people to choose to behave properly because they have come to the understanding that such behavior is right. That should be the goal of human beings as well.

The Torah says that if a man steals a person (kidnaps) and sells him, he commits a capital crime (*Exodus* 21:16).The Chazon Ish says that mitzvos of the Torah may have many implications. Referring to this verse, the Chazon Ish says that it implies that one may not "steal" a person's freedom from him. Controlling a person is depriving him of his free choice, and this is analogous to "stealing" him (*MeShulchan Govoha, Shemos* p.145).

Inasmuch as people cannot, in fact, control others, the attempt to control is doomed to failure, resulting in frustration and disappointment. There appears to be an innate drive to resist control, so that whatever might have been achieved by logical conviction is undone by one's attempt to control.

We may *think* that we are in control of something, whereas the facts indicate otherwise. Let us look at a comparison between the control a driver has of his automobile versus the control a driver has of his horse. If one wishes the horse to turn to the right, one tugs on the right rein. This pulls on the bit in the horse's mouth, causing the horse to feel pain. To avoid the pain, the horse turns to the right. One has not actually *controlled* the horse. Rather, one has made it an offer that is difficult to refuse. Theoretically, if the horse was extremely hungry and saw a pile of hay to the left, it is conceivable that the hunger would override the pain and it would turn to the left rather than to the right.

It is different with an automobile. When one turns the steering wheel to the right, the car has no choice. The driver is actually controlling the car.

It is important to distinguish between the two. Sometimes we think we are in control of someone as with an automobile, whereas we are only making defiance of our will so difficult for the person that he chooses to comply. This is an attempt to control *by intimidation*.

The tendency to resist being controlled appears to be innate. The Talmud cites a dispute between R' Yehudah HaNasi and the Roman leader, Antoninus. R' Yehudah held that the *yetzer hara* (evil inclination) enters a person at the moment of conception. Antoninus argued that if this were so, the fetus would kick his way out of the womb, and R' Yehudah conceded (*Sanhedrin* 91b).

R' Avraham Grodzinsky asks, why would the *yetzer hara* cause the fetus to leave the womb to a certain death? What pursuit of pleasure can a fetus possibly have? He answers that the primary drive of the *yetzer hara* is not so much the pursuit of pleasure as the desire to throw off all restrictions. If the fetus had a *yetzer hara*, it would go to its death in the desire to escape the confinement of the womb.

The *yetzer hara* encompasses many of a person's biologic drives. One of these is the refusal to be controlled or confined. From the very moment a person is born with a *yetzer hara*, he resists being controlled.

If you have ever watched a six-month-old infant being fed, this scene will be familiar to you. The mother puts a spoonful of cereal at the infant's mouth, and the baby defiantly clamps his lips shut. The mother tries to distract the child by playing with colored beads or the like. The infant becomes so absorbed with the beads that he opens his mouth a bit. Mother takes prompt advantage of this lapse to push the spoonful of cereal into his mouth.

The child knows he has been had, so he keeps the cereal in his mouth, refusing to swallow it. Again, the mother resorts to distraction, pouring beans from one cup into another. The baby is distracted, and the bolus of food touches the back of his pharynx, triggering the automatic swallowing reflex. The whole procedure is repeated with every spoonful. A feeding which should have taken five minutes may take twenty or more minutes.

You may say, perhaps the infant was just not hungry. Forget it! If the mother goes to answer the telephone and leaves the bowl of cereal within the baby's reach, on her return she may find the child digging into the cereal with both hands, with sticky goo all over his face. The child did want to eat, but was adamant that his mother not control his eating.

Because the infant must eat, he loses this round of his struggle for independence. But soon another battleground is encountered.

Mother wishes to toilet-train him, and here he really shows her that he cannot be manipulated. Mother may perform all kinds of suggestive maneuvers to convey the message to the child, but he stares at her with his big blue eyes with a look that seems to say, "I haven't the faintest idea what you want of me." But no sooner is his diaper replaced, than he does what mother wanted done elsewhere. The message is loud and clear (if we only listen): "I refuse to be controlled."

Eventually the child realizes that he is little and unable to get many of the things he wants on his own. His parents are big and capable of giving him what he wants, but they appear to have set a price: He must listen to them. The child then enters into a "negotiated" contract which, although unspoken, is every bit as valid as one drawn up by a team of attorneys. It is essentially this: "I will comply with your wishes so that you will give me the things I cannot get by myself."

The child's obedience and compliance with their wishes make the parents think that they have control of the child. Nothing could be further from the truth. When you pay the grocer for the item he gives you, you are not controlling him at all. It is merely a transaction. That is essentially what much of childhood obedience is: a transaction.

Implicit in this transaction, at least in the child's mind, is, "And when I am big enough to get many of the things I want without my parents' help, the deal is off. I will no longer have to pay for my wants by complying with their wishes."

As the child grows older, his behavior may take a radical turn. The parents are bewildered. "What has happened with our son? What's gotten into him? He was always such an obedient child." Nothing has gotten in to him. It is simply that the parents did not understand the terms of the contract. They had the pleasant delusion that they were able to control the child.

The long and short of it is that control does not work. It may *appear* to work, but this appearance is very deceptive.

This was clearly stated by the Vilna Gaon in his commentary on *Proverbs*. Solomon says, "Train the child according to his way;

when he grows older he will not deviate from it" (*Proverbs* 22:6). The Gaon says that if you try to force the child into something he is not by nature, you may succeed as long as he fears you, but when he grows older, he will revert to his natural inclination. If you go along with the child's natural endowment and channel it in the right direction, he is likely to retain this behavior. If you try to force him to be something he is not, he may comply as long as the pressure is on, but when the pressure is off, he will return to his innate inclination. The Gaon is describing "control by intimidation" and says that it is futile.

There are ways of bringing about desirable behavior, whether it is parents with their children, spouses with each other, teachers with their students or any other relationship. These ways can be learned and implemented, but it must first be accepted that *control does not work*. As long as one thinks he can control by any type of coercion, one is not likely to seek more effective and constructive ways.

I am very concerned that the problem of control has worsened and tends to be progressive in our culture. Why?

When I was a child, I had a little toy car that I had to push to make it go. Later, I had a wind-up car that could go without my pushing it, but I could not control where it would go. Recently, I came into a room where a three-year-old child was sitting on the floor holding a remote-control instrument, gleefully directing the movements of a toy truck that was on the other side of the room. I thought, "How is this child going to learn that there are things he *cannot* control, when at the age of three he can wield such control?"

When Explorer II went into space beyond the solar system, it still responded to an order from Central Command. I felt a tingling in my spine. If we can wield control over something more than *two billion miles* away, how are we going to accept that we cannot control something or someone at our fingertips?

There is only one person whom you can actually control: *yourself*. So be wise and apply control to yourself. For anyone else, try to learn ways to relate which will prove constructive.

Let's Define Control

Control: *The capacity to manage, master, dominate, exercise power over, regulate, influence, curb, suppress, or restrain.*

At the risk of overgeneralizing, I believe it is safe to say that many, if not most, problems in relationships — between husband/wife, parent/child, employer/employee, spiritual leader/congregant, teacher/student and various others — are very often the result of one individual trying to exert control over the other person.

Everyone may have a need to wield control, and there are many relationships which may indeed require a degree of control. Exceeding an acceptable amount of control invites trouble.

An appropriate term for a person who exercises excessive control has been coined by Dr. Les Parrott: *Control Freak*, which is the title of his book on the subject. In addition to my clinical experience, I have drawn upon Dr. Parrott's work and a variety of other sources in writing this book.

It is rather easy to identify others as being "control freaks." Recognizing the control freak in ourselves is far more difficult.

The term "control freak" has a connotation of tyranny or irrationality, and this is not true of many controlling people who may share some of the control freak's traits in a much milder form. Yet, I believe use of the term is justified because although the controlling *person* may not be perceived as a freak, the control per se may be felt as extremely unpleasant.

Dr. Parrott points out that although the word "freak" has a negative clang, it is really not a derogatory term. He says, "Control freaks are people who care more than you do about something and won't stop at being pushy to get their way."

I hope to clarify some concepts about control, give some constructive suggestions how to better relate to control freaks and how to recognize this trait in ourselves. There may be relatively little that we can do to change other people, but there is a great deal we can do to make salutary changes in ourselves.

As with many other conditions, the diagnosis is more than half the cure. If we can identify the control freak in both ourselves and in others, our lives will undoubtedly become much more pleasant.

The Good Kind of Control

We have all experienced, at one time or another, the distressing feeling of "things spinning out of control." It is frightening when we feel helpless, tossed about in a chaotic world over which we have no control. On the other hand, to the degree that we feel we have some control over our lives, to that degree we feel less distressed, if not happier.

The psychiatrist Viktor Frankl describes the dehumanization that occurred to him in the concentration camps. Everything was taken from him, and he was under the ruthless domination of the camp guards. He had no control over anything. However, Frankl says, he had control over his attitude. He had a choice of how he was going to accept death. This was one choice the Nazis could not take from him, and he found strength in having the ability to control his attitude, even if it was only an attitude towards death.

An interesting observation was made of patients in severe pain. Some had to request pain medication from a nurse, while others had an apparatus whereby they could administer their own pain medication. Studies revealed that those patients who could control their own medication used *less* pain medication than those who had to ask the nurse for it. The apparent conclusion is that being in control of oneself and not being helplessly dependent on others may reduce the severity of physical pain and the need for drugs.

Having control over one's attitude may affect one's adjustment to life. At one wedding, when everyone was dancing, a woman with multiple sclerosis who was in a wheelchair drummed with her fingers on the table. "I am dancing, too," she said. "It's just that my feet aren't moving like other people's." It has been demonstrated that one's attitude can have a major effect on the course of illness and recovery.

My work in treating alcoholics and drug addicts has brought me into close contact with people who have lost control of themselves. When the urge to drink or take a drug comes on, they feel compelled to do so. A striking characteristic of these people is that they cannot delay gratification. They are virtually helpless to resist the urge.

Being able to delay gratification allows a person to gain control over himself. If a drug addict could say, "O.K., I feel the need for a drug, but I can wait a day or even several hours," he would be well on the way to recovery. This is one of the key features of the Alcoholics Anonymous program: "Take one day at a time. You don't have to drink today. You can worry about tomorrow tomorrow."

This may be one of the reasons why self-control problems are so common today. Our wonderful technology has eliminated so many of the needs for delay. We have a broad variety of instant foods. We have microwave ovens, fax machines, e-mail, jet planes, high-speed copiers. Many of the things for which we had to wait in the past are available to us immediately. As our tolerance for delay erodes, our ability to exercise self-control diminishes.

To the degree that an individual does not have control over himself, to that degree he is under control of external forces and other people.

The Talmud states it so clearly. "If a person is in a rage, all the forces of hell have control over him" (*Nedarim* 22a). If a person loses control of his anger, something else takes over and controls him.

Just as an addict loses control of himself and is enslaved by alcohol or drugs, so does a person who is a slave to making money, to pursuing acclaim or to any other compelling urge.

In the Haggadah *From Bondage to Freedom,* I pointed out that our daily references to the Exodus are not in commemoration of our political independence, but of our being free of all coercive forces that take away our ability to make proper choices. Our physical body, which is essentially an animal body, makes many demands. Animals are not free, because they cannot resist the dictates of their bodies. We have been given a Torah which enables us to be masters of ourselves rather than slaves to our bodies.

The Torah says that the Ten Commandments were *chorus al haluchos,* inscribed on the Tablets (*Exodus* 32:16). The Sages (*Avos* 6:2) say that inasmuch as there are no vowel signs in the Torah, the Hebrew word *chorus* can also be read as *cherus* (liberty). The Torah is saying that the Word of G–d makes man free. By observing the mitzvos and *middos* prescribed by the Torah, we free ourselves from the tyranny of the body and can achieve self-control. *The essential feature that distinguishes a human being is the ability to have self-control.*

Control and *power* are closely related. Good power is self-mastery. Exerting power over others can be problematic.

There is reason to believe that infants develop the *feeling*, although they are unable to develop the *thought*, that they are all-powerful. This may begin when mothers respond to infants' needs. When the baby cries and mother feeds it, the baby may develop the *feeling* that "my crying brings mother," "my crying brings food" or "I can control my mother by crying." Granted, infants may not be able to conceptualize this, but the *emotion* of being in control may be there. Clinically, we sometimes see adult patients who have residuals of the "magical thinking" that existed in infancy. The idea of "I can make things happen by wanting them" can cause problems. For example, a person who is very angry at someone may harbor the thought, "I wish he were dead." If the object of his anger should die within a short time after this, the person may feel that it was his wish that caused the death, and he may feel guilty for having caused it. Although he may understand logically that his wish could not kill anyone, the primitive emotion says that it can. When emotions conflict with rational thought, it is the emotions that often triumph.

As the child grows, he begins to see that he is not as powerful as he imagined, as he may not be able to get everything he wants. With growth comes the ability to do more things for himself, and the loss of power that he had over his mother as an infant is compensated for by his own power to do more, or in other words, to be *independent*. But it was his *dependency* on his mother and his ability to control her that worked for him at the beginning. Dependence had its advantages, and independence has its advantages. Independence may produce pride, but dependence may sometimes bring comfort. Here we have the rudiments of the dependence/independence conflict that may persist into adulthood and may be the root of many problems in adjusting to people.

For example, a man who has dependency needs may wish to be dependent on his wife, but when he does so, this frustrates his desire to be independent. This frustration may result in his feeling angry, and the anger may be projected onto the wife. On the other hand, if he asserts his independence, this frustrates his dependency needs. Because these conflicts take place in the subconscious mind, the person may have no idea why he is upset, and when seeking reasons for his frustration, he may implicate people in his environment who are in no way responsible for his discomfort.

Infants are often characterized by, "I want what I want when I want it." Maturation requires acceptance of delay in gratifying an impulse.

There is reason to believe that the ability or inability to delay gratification begins in early childhood, and is indicative of how the person will function and adjust to reality. In *Emotional Intelligence*, psychologist Daniel Goleman describes this test. Four-year-old children are offered a marshmallow and are told that they may eat it now. However, if they wait for fifteen minutes until the tester returns, they can have *two* marshmallows to eat. Some children promptly grab the one marshmallow, while others restrain themselves, and when the tester returns, they receive two marshmallows. Follow-up studies of these children in adolescence showed that the ones who restrained themselves were more self-confident, more assertive, better able to concentrate and more efficient at handling difficulties than those who had grabbed the single marshmallow. Early self-mastery augurs well for a more productive adulthood.

Just as self-control is healthy, trying to control other people is generally unhealthy.

There are situations, however, where control of others is necessary. A small child who wrests himself loose from his parent's grasp and runs toward the road must be controlled. Soldiers on the battlefield need the control of the commanding officer who knows best what action is appropriate and what is inappropriate. In court, a lawyer may tell his client, "Stay quiet. Let me do the talking." There are numerous situations where it is prudent to accept control from someone who is better informed and more capable.

What I am addressing in this book is not the good kind of control, but the kind of control that is, in the long run, detrimental to everyone, the controller as well as the controlee. Let us look now as to how the desire to control others may develop and why people who try to wield control may be unaware of this.

Denial of Control

Many people who are control freaks are completely unaware of this. Similarly, many people who are *being controlled* may be unaware of this. Both may suffer from the negative consequences of control, but they cannot change if they are not aware of the situation.

Psychology describes the phenomenon of *denial*. Denial does not mean that a person is denying something in the usual sense of the word "deny." A person who denies may be telling the truth when he denies having done something, or he may be lying. In either case, the person *is aware* that he is denying something. The term "in denial," as used in psychology, refers to a person being *unaware* of some aspect of reality. The person is *not* consciously lying. He will even swear that what he believes is the truth. Somewhere, deep down in the hidden recesses of his subconscious mind, there is an awareness, but since the person has no access to this awareness, it is of no use to him.

Very often, the reason for the unawareness of reality is that this particular aspect of reality is too painful to accept. To protect the person from the distress of knowing this reality, the mind turns off the awareness. Telling a person who is *in denial* of reality that he should recognize what the reality is, is similar to telling a blind person to look at something. He just cannot do it.

Understandably, denial of reality is often very disruptive, because we all have to live in reality.

When I was an intern in medicine, I saw a case of denial which totally amazed me, because at that time I was not aware of psychological defenses.

A woman was admitted to the hospital for exploratory surgery. She told the doctor that he must be completely frank and truthful with her and not try to protect her feelings. The operation revealed that the woman had cancer, and the doctor told her so. He told her that she would have to undergo chemotherapy.

The chemotherapy had to be administered intravenously, and because the woman had poor surface veins, it required several jabs before the medication could be injected. One time, I gave her the injection. I found a small vein on the back of her hand, and did not have to jab her a second time. She concluded that I was the only doctor she would allow to inject her.

I used to work every Sunday, and every Sunday this woman would come to the hospital, saying, "I'm here for my cancer treatment." Several times she remarked how fortunate she was that she was living in an era of scientific progress, when there was a treatment for cancer. She volunteered to talk to other women who had cancer.

After a number of months, the chemotherapy was no longer effective and she began to experience symptoms caused by the spread of the disease. When she was admitted to the hospital, she said to me angrily, "I can't understand what it is with you doctors. I've been coming to the hospital regularly and no one has been able to find out what's wrong with me."

I was perplexed by her remark. It was as though she had never heard the word "cancer" before. It was only after I studied psychology that I understood what had happened. As long as she was free of symptoms, the word "cancer" was an abstraction, an intellectual concept which did not effect her emotionally. This intellectual concept was not life-threatening, and she could deal with it. When she began feeling the effects of the disease, its life-threatening character was more than she could handle. The anxiety of having cancer was so overwhelming that to protect her, her mind simply shut off her awareness of it.

In my experience with treating alcohol addiction, I have found that denial is virtually always present. A person's life may be falling apart due to his drinking. He is in danger of losing his family, his job, his friends, his driver's license and everything he holds dear, but he steadfastly insists that he does not have a problem with alcohol and does not have to give up drinking. To this person, alcohol is the only thing that makes him feel comfortable, and to recognize that alcohol is the cause of all his troubles would mean that he has to stop drinking. This is so anxiety-provoking to him that his mind simply blocks off what is evident to everyone else. He becomes "blind," as it were, to alcohol being the problem. You can argue with a blind person endlessly, but you cannot make him see.

Denial may also occur in people who are dieting to lose weight but continue to gain weight. They may swear that they had only a half-grapefruit and cottage cheese for breakfast, a salad with low-calorie dressing for lunch, and broiled chicken for dinner. *There is no way one could gain weight on this diet.* They are not lying. They are "in denial" and are actually unaware of the snacks they have during the day.

Who is capable of denial? Everyone. What about highly intelligent people? They are even *more* prone to denial than people of lesser intellect.

The Rabbi of Gur made a penetrating comment on a verse in the Torah. The Torah relates that when the Matriarch Sarah was told that she would bear a child at the age of ninety, she laughed "inwardly," thinking, "How can I bear a child at my old age?" G–d then said to Abraham, "Why did Sarah laugh? Is there anything that is beyond G–d?" Abraham reprimanded Sarah, but "Sarah denied, saying 'I did not laugh' because she feared." Abraham then said to her, "No, you did laugh" (*Genesis* 18:12-14).

The Rabbi of Gur says that it is impossible to think that Sarah lied. The Midrash tells us that Sarah was totally free of sin (*Bereishis Rabbah* 58:1). He, therefore, interprets the word *vayechaches* as meaning not that Sarah *denied*, but that Sarah was *in denial*. Her disbelief that she could carry a child was *bekirbah*, "inward," deep in the recesses of her subconscious. Sarah was not even aware of this thought. Only G–d, Who knows a person's innermost thoughts and feelings, was aware of it. When Abraham reprimanded her for this thought, Sarah could not even conceive that she could have harbored disbelief of G–d's omnipotence. Her reverence of G–d was so great that a thought such as this was beyond her. The verse thus reads, "Sarah was *in denial* because she was so G–d-fearing." Sarah was certain that she was speaking the truth when she said, "I did not laugh." Sarah did not deny or lie. She had no access to her subconscious.

It is not a sin to be in denial. G–d's reprimand was that Sarah's trust in Him should have been so profound that it should have prevented even a subconscious thought.

Given the understanding of denial as being a defense mechanism which is beyond our awareness, we can understand how even great people may be in denial.

A control freak may feel that being in control of others is as vital to him as alcohol is to the alcoholic. He may not be able to see that this is a behavior that he must relinquish. A person who is being controlled by others may not be able to see this because it might threaten a relationship upon which he is dependent, or because it might be a blow to his ego. An example of this is a husband who cannot see that he is being controlled by his wife. This realization would be demeaning, and it might call for him to react to her control in a way that might disrupt their relationship upon which he is dependent. Similarly, a wife who is controlled by her husband may be in denial of this and even of his abusiveness, because to acknowledge it might mean that their relationship is in jeopardy, and this is too threatening a thought for her.

Low self-esteem is often responsible for the denial. If a control freak had better self-esteem, he would not be threatened by relinquishing control. If the subject of control had better self-esteem, he would not feel his ego was offended and would be more secure so that the threat of losing his dependency would not be overwhelming.

In alcoholism, it may take a major crisis to break through the alcoholic's denial. It is as if the crisis overcomes the "blindness" and enables a "blind" person to see. In control, it may also require some kind of crisis to make a person realize that he is a control freak or the subject of a controlling person. Just as in alcoholism we make every effort to overcome the denial without a major crisis, so to when dealing with control. It is possible that a deeper understanding of all that control involves may enable a person to gain better insight of his behavior; he may make the requisite character changes to relinquish control or to deal more effectively with controlling people.

While on the subject of denial, I feel it is important to be aware of a very dangerous type of denial, and that is when parents are in denial of a child's problems. The thought that a child may have a learning disability or an emotional disorder can be so threatening to parents that they are rendered incapable of seeing it. This is particularly dangerous because if a problem is not detected and addressed early, the complications that may arise as a child develops can be very destructive, whereas early detection can often forestall such consequences.

A fifteen-year-old girl was away from home, attending high-school in another city. The couple with whom she roomed suspected that she was bulimic, bingeing on food and purging herself.

They informed the principal, who called the parents. The parents said this was impossible and that the couple was in error. The bulimic symptoms increased in severity, and when the principal told the parents that the young woman needed help, they withdrew her from the school and placed her in a different school. They were very angry that the principal had dared to "accuse" their daughter of being bulimic.

Some adolescents who are admitted for treatment had been using drugs for several years. The parents did not "choose" to ignore this. Rather, they were in denial. When things were missing from the home, they could not think it possible that their son had taken them to sell for money to buy drugs. Such denial delays treatment.

I have seen cases where parents were simply incapable of being aware that their eleven-year-old child was unable to read, or that an adolescent had a mood disorder. If they do notice that something is not alright, their attitude is "he/she will outgrow it." In older adolescents their attitude may be "when he/she gets married, everything will be alright," as if marriage is a hospital. Problems that could be resolved are neglected and may lead to additional adjustment problems. When matters reach a crisis point and the problem is acknowledged, some of the damage cannot be undone. Young people whose personality problems were expected to be solved by marriage may end up in unhappy marriages which may not survive. In these cases, children of these marriages may come into the world with two strikes against them.

There is no immunity to personality problems. Many of these can be ameliorated significantly with proper help but may only follow a negative progression if neglected.

The Urge to Control

W hy do some people have a need to be controlling? I believe that one major reason is that it gives them a feeling of superiority. Why do they need to feel superior? Often it is in order to compensate for their feelings of *inferiority.*

In *Angels Don't Leave Footprints* and *Life's Too Short*, I postulated that many psychological and emotional problems are rooted in low self-esteem, in an *unwarranted* sense of unworthiness and/or incompetence. I described a number of behavior patterns that are a result of a person's trying to cope with or escape from these painful feelings.

There is a Yiddish aphorism, "What makes a small child happy? Seeing a child who is smaller than himself." Surrounded by seemingly gigantic adults, a small child may feel insignificant. If he sees a child smaller than himself, the awareness that he is bigger than someone else is very pleasant.

This is as true of adults as it is of children. People with low self-esteem who feel small may try to bolster their sagging self-esteem by associating with people to whom they can feel superior. They may try to further enhance their self-esteem by dominating their subordinates. The Talmud wisely says, "Be a tail to lions rather than a leader of foxes" (*Ethics of the Fathers* 4:20). A person with good self-esteem does not have a need to be "a leader of foxes." He is comfortable associating with "lions," albeit in a subordinate position, because he can learn much from them. The leader of foxes rarely grows, because he does not allow himself to learn from subordinates. A person who does not wish to associate with wise and competent people (lions) and chooses to associate with less wise and less competent people (foxes) because he can be their leader is what Dr. Parrott so appropriately calls a "control freak."

I recall having grade school teachers whom I loved. They were kind and caring, and just thrilled to teach and to see their students grow. But I also remember a fourth-grade teacher who was mean. She was a despot, and she tyrannized us kids. She had absolute rule over us and gloated over it. We all disliked her, and the more assertive of us would do things to irritate and provoke her. In retrospect I feel rather sorry for her, because the only way she could obtain a sense of worthiness and competence was by dominating ten-year-olds.

I once saw a young psychiatric resident approach the chief of the institute with a question. The latter screamed at him, "Don't you know protocol!" He was supposed to ask the chief's secretary for an appointment to speak to the great one. How dare he approach him directly! I felt sorry for the chief, whose psychiatric insights had not elevated his self-esteem.

When I worked in a state mental hospital, there were attendants who empathized with the mentally ill and cared for them. But there were some who basked in their position of authority, exercising it over people who had no recourse.

I shall never forget an experience during my first year of training in psychiatry. I was walking down the corridor of a unit in the psychiatric hospital, and I was jingling my keys. One patient said to me, "You have the keys to the door and I don't. You can leave when you want to and I can't. You don't have to remind me of it." I shall be forever grateful to that patient who put me in my place. I had no idea that by jingling my keys I was demeaning her while flaunting my authority.

Our greatest leaders in history did not seek positions of authority but were pushed into them. I am not referring to rulers who conquered other countries, but to truly great personalities who were humbled by their position of leadership rather than inflated by it. The outstanding example is, of course, Moses. "Who am I that I should go to Pharaoh?" (*Exodus* 3:11). He was reluctant to assume the leadership of Israel, and when he did, he remained "the most humble of all men on earth" (*Numbers* 12:3). Perhaps second only to Moses was Hillel, who was catapulted into the position of leadership, and whose humility is legendary. Leaders must exercise their authority, but they do so in consideration and for the betterment of their subjects and followers, rather than to feed their grandiosity.

A not uncommon problem in family life is abuse of spouse and children. How sick a person must be in order to abuse little children! A husband who manipulates things so that he can dominate his wife is also betraying how little he thinks of himself.

There are a variety of ways of abusing a spouse or children, and they all have the same cause: *the need to control*.

I know of wealthy people who exerted control over their family members. The latter wanted to remain in their good graces and not defy them, lest they forfeit their gifts or bequests. These people lived in fear of their father, grandfather or uncle, but did not dare to defy his wishes lest they be written out of the will. They complied with the "old man's" wishes with reluctance, and their feelings were of resentment rather than love. They could hardly wait for the time when "Dear Uncle" would pass on so that they could share in the inheritance and no longer have to cater to his idiosyncrasies.

Control breeds resentment, not love.

If you are in a position of authority, whether in the family, occupationally or socially, handle it delicately. You will get far better results and be loved as well as respected.

Closely related to the lack of self-esteem is what one psychologist calls "disconnection." As we will see later, some people do not develop an inner identity. They are what others expect them to be. Having no true "self" with which one can be connected, one reaches out in desperation to "connect" with someone else. This connection can be either by controlling others or allowing oneself to be controlled by others (*Controlling People*, Patricia Evans). Dr. Parrott feels that controlling people may be ridden with anxiety. "Control freaks are grabbing for anything and anybody that will keep them afloat as their personal anxiety rises."

The need to control may actually begin in childhood. If a child does not develop a sense of trust in others, he may feel that the only security he can have is being in control of things himself. This feeling can grow with him as he matures. The child may develop the feeling that, "If you don't control others, they will control you."

It is not unusual for a person to feel much more secure behind the wheel of the automobile than when in the passenger seat. Although the driver may be competent, the passenger may worry about whether he may have to make a short stop and possibly rear-end the car in front of him or be rear-ended. Is he cautious enough about changing lanes? Will he be able to get back into the right lane after passing before he meets an oncoming car? Is he driving too closely to the parked cars? These concerns do not bother you when you are the driver because you are in control. You are not nearly as secure when you are the passenger and do not have control. Of course, the greater your trust in the driver, the greater your security and the less your anxiety.

The basis of trust begins in childhood, when a child learns that he can trust his parents. If his parents do not relate to him in a trustworthy manner, the child may lack the rudiments of trust. Of course, even if a person does develop trust, it is possible that traumatic events may shake his trust, particularly if his expectations result in disappointment or if he finds his world to be unpredictable. Adults who were abused in childhood by a person whom they trusted may have great difficulty in building relationships. Attempts to rebuild trust may not succeed, as one may maintain underlying fear and suspicion.

We can see this clearly in the generation of the Exodus. Moses repeatedly reminds the Israelites of the great miracles they saw with their own eyes and the voice of G–d which they heard with their own ears, yet they continued to doubt G–d and failed to trust Him.

Can we not but wonder how it was possible for the Israelites not to have complete trust in G–d? Having witnessed the miraculous deliverance from Egypt and the dividing of the Reed Sea, the daily provision of the manna whose excess spoiled overnight except for Shabbos when it remained fresh for two days, the emergence of water from a rock, the Clouds of Glory that encircled and protected them, the Pillar of Fire which illuminated and guided them to travel in the darkness of night—how is it possible that they did not have faith and trust in G–d? Moses pointed out to them that they lacked the trust that G–d would enable them to conquer Canaan, although, "You saw in the desert how G–d carried you as a father carries his child...and in this thing [the conquest of Canaan] you do not have faith in G–d" (1:31-32). How could they deny the evidence of their own senses?

The answer can only be that in the decades of torture and dehumanization in their enslavement in Egypt, never knowing where or when the next cruel attack upon them would be coming, whatever sense of trust they may have had was destroyed. Although they initially responded to Moses' promise of emancipation, they quickly relapsed into distrust (*Exodus* 5:21). It took Moses forty years of teaching to instill trust in a new generation. Shortly before his death he said, "G–d did not give you a heart to know, eyes to see and ears to hear until this day" (*Deuteronomy* 29:3). It was only after forty years of his teaching and the repetitious times that they expressed their needs and were provided with them that they were able to accept the testimony of their eyes and ears.

The Torah gives us important guidelines for developing trust in children. It was the lack of awareness of this important concept that resulted in the debacle of permissiveness which taught that children should be spared from all stress. *If parents anticipate all their child's needs and provide for them before the child has had an opportunity to identify the need, the child may never learn that his needs will be met.* A child must be allowed to feel his needs, and when the parents respond in a way that meets those needs, that is when the child learns to trust.

This is stated so beautifully and clearly in the Torah. Moses says, "*He stressed you and hungered you, and fed you the manna*...so that you should know that a person does not live by bread alone, but by all the utterances of G–d does a person live" (ibid. 8:3). Had G–d provided the manna *before* they were hungry, they never would have been able to learn trust in Him.

Of course, if parents do not understand the child's needs or allow too long a period of frustration, the child does not learn trust either. And when the child lacks the security of being able to trust, he feels he must take things into his own hands, i.e., *control*. Good parenting requires that we walk a fine line between allowing a child to feel his needs and responding to them within a reasonable amount of time so that the child knows that his parents understand, care and provide for him. This will decrease one factor that breeds control.

Needless to say, if a child is abused or shamed by parents or teachers, he may lose trust. If he feels unable to rely on parents and teachers, he learns to trust only himself and to be in cautious control of his environment. The shattering of his trust and security may also render him anxious and suspicious of everyone and everything in his environment.

All this notwithstanding, it is possible that even with the finest parenting and the most sensitive teachers, a child may nevertheless develop a need to control. Why?

Take note of this experiment.

Infants of *eight weeks* were provided with an air pillow. Pressure of the head on the pillow turned on a switch that was connected to a mobile of brightly colored balls that was suspended over the crib. Pressure on the pillow caused the mobile to turn. Another group of eight-week-old infants had a similar pillow and mobile, but the pillow was not connected to the mobile, so that pressure on the pillow did nothing.

Believe it or not, the group of infants whose pillow-pressure caused the mobile to turn apparently learned *at eight weeks* that pressing their heads on the pillow caused the mobile to turn, because they greatly increased the number of times they pressed the pillow. The other group of infants did not!

By the way, the infants in the first group were smiling and cooing after three days, whereas the other infants were not. Apparently there is something very pleasant about being in control, in this case being able to control the mobile with pressing the head against the pillow. [*Helplessness*, Martin Seligman, 46.]

If tiny infants can get pleasure out of control, just think how much more so this holds true as the child matures. It is well established that pleasurable activities are repeated. This may be a reason why even children who developed trust in their parents may become "controllers." *Control may produce pleasure*, and the human body is prone to pursue anything that produces pleasure.

The trait of being a controller or being controlled may simply be due to the way a child grew up. If in his home one parent controlled the other, the child may identify with either parent and take on that parent's character traits. In this case it is not as much a *need* to control or to be controlled as it is the only way a child learned to behave. There may be reasons why the child identified with one parent rather than the other, but the development of the controlling/being controlled behavior is much like the development of style of talking or walking. The child simply mimics the parent's behavior.

Attempting to control for whatever reason, whether for pleasure seeking, to boost one's self-esteem or mimicking a parent, is most unwise. Let us see why.

The Folly of Control

The more we understand about control, the more we will realize how foolish it is to try to control other people.

Remember how you "control" a horse? By pulling on the rein in order to cause it pain. To escape the pain, the horse turns in the direction you desire. This is "control by intimidation." In the days of slavery, a master exercised control by intimidation, because slaves were at his mercy. *If you are in a position of authority or superiority which enables you to control by intimidation, your attempts to control are insulting and demeaning because you are essentially treating the other person as a horse, and you are insulting and demeaning yourself by becoming a cruel taskmaster.* The person whom you are attempting to control may fear you, but will hardly love you. If you think that being a taskmaster elevates your self-esteem, you are seriously mistaken. Keep this golden rule in mind: Except for specific sports activities where it is the point of the game, *you can't build yourself up by knocking someone else down!*

Inasmuch as actual control of another person is impossible, trying to control is counterproductive. Let me share a personal incident that illustrates this.

The shortest way from my home to the hospital was via a steep hill. In winter, when the hill was icy, police put up barricades. On winter mornings, I would drive by the hill, and if the barricades were up, I would use an alternate route.

One morning, seeing that there were no barricades, I assumed the hill was safe. It was not, and the car began to slide down. At the bottom of the hill was a very busy thoroughfare, and I knew I was doomed. There was no way to avoid getting killed. I pumped wildly on the brakes, but it did no good. I tried to steer into the curb to stop, but to no avail. The car was totally out of control. Inasmuch as G-d, for some reason, wanted me to live, I miraculously slid across the thoroughfare without getting hit.

I had no reason to expect a miracle to save my life. If I had been thinking clearly, I would have opened the door and jumped from the car. I most probably would have broken an arm or a leg, but I would live. Staying in the car was certain death. Why did I not jump out? *Because I was still trying to control the car* by pumping on the brakes and turning a non-functioning steering wheel. Had I accepted that the car was out of control, I would have done the logical thing. But no, I persisted in trying to control the uncontrollable, and only a miracle saved my life.

If we realize that other people are uncontrollable, except by intimidation (like a horse), we can use our intellect to find a better way to accomplish what we want. By trying to control the uncontrollable, we are diverted from logical thought, and that is invariably counterproductive.

The more we think we can control things, the harder it is to realize that there are things we cannot control. Let me give you an example.

A major problem of an alcoholic is that he has the delusion that he can control his drinking. His life may be in shambles due to his drinking: his marriage is failing, he is losing his job, his health is impaired and he has been abandoned by his friends. Everyone repeatedly tells him that his drinking is destroying him, but he rejects the obvious because he is adamant that he can control his drinking. Only some kind of crisis can bring him to his senses.

I wrote a book titled *Substance Abusing High Achievers*, describing alcoholism among doctors, CEO's, lawyers and various professionals. These people are particularly resistive to the realization that they cannot control their drinking because they wield control in their occupations. Only a very severe crisis can overcome their delusion.

One patient of mine was a baseball pitcher who had an awesome fastball. He pitched his team to three World Series. However, his drinking had gotten out of hand and was ruining his pitching. His manager and friends pleaded with him to get help for his drinking. He thought they were crazy. Why, he could throw a ball at 103 miles per hour, and had such perfect control that he could get it within a millimeter of where he wanted it to go. How could anyone with such perfect control not have control over alcohol? That was absurd!

After losing a brilliant sports career, he became an insurance salesman, and was soon threatened with being fired because of his drinking. He had to get hit harder before he finally accepted that he had no control over alcohol.

A famous surgeon was told by several colleagues that he drank too much. He was chief of the department of surgery of a major hospital, and his position of authority in which he exercised control made it very difficult for him to accept that he had no control over alcohol. Drunk driving arrests did not convince him that he had an alcohol problem. This realization came only after his car went over an embankment and he had a narrow escape from death.

We thus have a paradox. People who have little control over anything may wish to assert themselves and try to control their spouse and children. People who have much control over some things may be unable to accept that they cannot control other people. Both are likely to be "control freaks." We can see why the problem of control is so ubiquitous.

If only good judgment would prevail! My pitcher patient could have gone on for several more brilliant years as a star athlete. "High-achievers" could avoid the disasters of crises. All "control freaks" could be happier and more productive if they would only accept the truth and desist from trying to control the uncontrollable.

Spare the Rod?

Whenever parents or teachers are criticized for hitting children, two refrains are mentioned in defense of this practice: (1) This was the accepted practice for many centuries, and it produced children who respected their parents and who led Torah-observant lives, and (2) The Torah says "He who spares the whip hates his child" (*Proverbs* 13:24).

R' Shlomo Wolbe states that "*Halachah* is the law that tells us *what* we must do; *mussar* teaches us *how* we must do it." He goes on to say that "changes in times and circumstances may necessitate changes in how we do things." In other words, whereas *halachah* never changes, the way we act within the framework of *halachah* may change (*Alei Shur* vol.1 p.87).

Conditions in Western civilization today are radically different than they were in the *shtetl* (village). Even there, the breakaway *haskalah* movement may have been fueled by the resentment that people had against the beatings by their teachers and by the system that condoned it. However, the environment in the *shtetl* was such that many youngsters remained faithful to Yiddishkeit because *they had nowhere to go if they left it.*

This is no longer the case today. Any youngster who is displeased with the educational system knows that there is a community in the streets that sympathizes with him and is ready to welcome him with open arms.

My work in treating drug addicts has brought me in contact with many of the yeshivah dropouts. Some of these young people ascribe at least part of their rebellion against Yiddishkeit to mistreatment — of themselves and/or their peers — at the hands of parents and teachers, and their perception that it was condoned by the establishment. Today, a teacher who hits a child should know that he may be driving him away from Yiddishkeit and into the ranks of the disaffected.

R' Moshe Leib of Sassov saw that the driver of his coach was whipping the horses. He said to him, "If you knew how to communicate with the horse, you would not need to whip him. Is it fair to whip the horse because of your ignorance?'

If a teacher knew how to communicate with his students, he would never have to resort to physical punishment. Is it fair for a child to be hit because of the teacher's ignorance? A teacher who resorts to hitting a child does not know the first thing about managing a class and does not belong in that position.

As far as the quote from *Proverbs* is concerned, we must understand that what the Torah says is subject to the interpretation of the Talmud and sages. The Karaites could justify eating a cheeseburger because it does not violate the words of the Scripture: "You shall not cook a kid in its mother's milk."

R' Samson Raphael Hirsch translates the verse in *Proverbs* 13:24 as, "He who abstains from *chastisement* hates his child, but he who loves him disciplines him diligently." He does not translate *shevet* to mean "a whip." Solomon is not advocating beating a child.

R' Shlomo Wolbe echoes this interpretation. "There are many ways to chastise. A stern look, an appearance of disappointment — these, too, are a 'whip.' The end of the verse confirms this. *Mussar*, discipline, is what enters the heart of the child (Beatings do not enter a child's heart)...

"Furthermore, we find the prophet saying, 'I took for myself two rods. One I called *pleasant*, and one I called *bruising*' (*Zachariah* 11:7). You can see that there is such a thing as a 'pleasant rod.' This, too, is included in Solomon's words, 'He who abstains from the rod hates his child.' A person can chastise his son with a 'pleasant rod' even more successfully than with a 'bruising rod.'

"And what is the 'pleasant rod' of training? Keep this rule in mind: Encouragement is of greater influence than punishment. A sign of praise or a reward accomplishes more than threats or punishment" (*Alei Shur* vol.1 p.261).

R' Wolbe cites the comment of the Vilna Gaon on the verse quoted earlier, "Train the child according to his way; when he grows older he will not deviate from it" (*Proverbs* 22:6) and elaborates on it.

"You cannot go against a child's natural makeup....*This requires that a father understand what each child's nature is*, because it is impossible to train all the children according to a single formula" (ibid).

Knowing the nature of one's children is the theme of an essay by the ethicist, R' Yerucham Levovitz. R' Yerucham calls our attention to the messages that the Patriarch Jacob gave his sons before his death (*Genesis* 49). These are followed by the verse, "All these are the tribes of Israel—twelve—and this is what their father spoke to them and he blessed them; he blessed each *according to his appropriate blessing*" (ibid. 49:28). However, if we read Jacob's words carefully, we do not find many manifest blessings at all. In fact, we find some reprimand and rebuke (ibid. 49:3-7).

Rashi comments on the words "he blessed each according to his appropriate blessing": "The blessing that was destined to come to each one." R' Yerucham said that in his messages Jacob was essentially describing the *nature* of each son. *If they would each develop and maximize their particular nature, that would be their greatest blessing (Daas Chochmah U'Mussar,* vol. 4 pp. 339-343).

To continue with R' Wolbe's insights, "Just as it is impossible to break a child's natural makeup, it is equally impossible to ignore developmental stages. Diligent mothers may try in futility to train children to do something before they have matured sufficiently. Even if they succeed, they may have damaged the child! Any demand of the child that is inconsistent with his developmental stage may cause psychological damage, which may adversely affect his development and personality, resulting in anxiety, depression and lack of self-confidence. (This applies to even simple things such as hygiene or sitting properly at the table, which mothers often demand prematurely.) (*Alei Shur* vol.1 p. 263).

R' Wolbe suggests that parents learn how to discipline a child in a manner that will result in *an inner desire to do what is right,* rather than out of fear of punishment. He states that parental discipline that is self-centered is counterproductive.

"If a child disobeys, the father feels insulted. He 'punishes' the child for disobeying, but the truth is that this is not 'punishment' but 'vengeance,' which is forbidden by the Torah.

"And what about the parents' desire to gloat over their child's performance? Do they not desire that their friends esteem them because of their child's achievements? If their child disappoints them, they may become angry at the child. Whose benefit are they really seeking, the child's or their own?" (ibid. p.260)

R' Wolbe suggests that physical punishment of a child is less in the interest of correcting a child's behavior than an expression of the parent's anger. This is not healthy discipline.

Several decades ago, there was a movement that preached permissiveness. This was a disaster. It left children totally unprepared to deal with the realities of life. But discipline by coercion is equally ineffective. As Rambam states, the correct path is the median between the two extremes.

Raising children is an awesome responsibility, perhaps the greatest responsibility a person has in one's entire life. It is also undoubtedly the greatest and most challenging task facing a parent. Let us be truthful with ourselves. Would we accept treatment from a doctor or dentist who had as much training in medicine or dentistry as we had in parenting? Would we place our affairs in the hands of an attorney who had as much training in law as we had in parenting? Would we accept treatment or representation from people who had little or no training based on their feeling that they have an intuitive knowledge of their specialty? How can we justify raising our children on our intuition alone?

You may say that you are not raising your children on intuition alone, and that you had adequate training in parenting by observing and remembering how your parents raised you. But are you really pleased with the way you were raised? Perhaps you were one of the fortunate people who did in fact have excellent parenting, but many people have serious complaints about how their parents raised them. They, therefore, did not have good models upon which to base their parenting. If you were not pleased with how your parents raised you, where then did you get training in parenting?

You may say that your displeasure with how you were raised taught you that you must raise your children differently. But that is only a negative statement. Rejection of your parents' method does not yet provide you with a good method.

Perhaps you were so displeased with your parents' ways that you swore, "I'll never do that to my children," and you, therefore, go to the opposite extreme. If your parents were overly strict and controlling, you raise your children with total permissiveness. That, too, is a mistake. Either extreme is unwise. But ironically, studies have shown that people who were raised in a manner that they despised may, in fact, repeat the same pattern with their children.

There is only one reasonable solution. Young people should be trained in proper parenting. Ideally, these issues should be discussed in courses on parenting in the junior and senior years of high school. Consulting a child psychologist when the child has a behavior problem is better than nothing, but it is really too late. It is difficult to undo damage that has resulted from faulty parenting. Inasmuch as there is generally no formal education on parenting in schools, it is crucial that young newlyweds begin to receive training in parenting *before* they have children.

There are instructions and guidelines on discipline. It is not necessary that one adopt everything a certain authority recommends. However, it is important that parents do not take for granted that they are inherently endowed with proper parenting skills. Learning about discipline, thinking about it and discussing it will enable parents to develop parenting skills.

You may say, Why is there a sudden need for training in parenting? We have existed for thousands of years without such training. Why must we have it now?

We have also existed for thousands of years without immunization for whooping cough, diphtheria, lockjaw, measles, mumps and polio. Are you willing to refrain from immunizing your children because your great-grandparents were not immunized?

Furthermore, as mentioned earlier, life in the *shtetl* was nothing like modern living. In previous times, the street was not toxic. Graphic violence and indecency were not piped into the home as it is by television today. There were no electronic games in which the winner was the one who succeeded in killing the most opponents. Pornography was not a billion dollar industry. There were no billboards with explicit immodesty. Youngsters did not come to school with guns. The stresses and temptations to which youngsters are regularly exposed today simply did not exist. Raising a child today is a far more formidable task than ever before.

The following words of R' Wolbe deserve to be placed in every home and displayed with flashing lights. They are the wisest words ever said about parenting: "Parents should learn how to discipline a child in a manner that will result in *an inner desire to do what is right.*" It should be clear that when we say that control is wrong, it does not by any means imply that parents should not discipline a child. Quite the contrary, it means that they should use a method of discipline *that works!*

If we understand that control is illusory, we will be better able to design a method of discipline that is effective and constructive for both parent and child.

Modeling Behavior

There is a general consensus that children learn best by emulating their parents, and that therefore, the most effective way of conveying proper behavior and concepts of right and wrong is *by acting in the ways that we wish our children to act*. Everyone seems to agree that "Do as I say, not as I do," is counterproductive. However, this sometimes seems to be nothing but lip service.

I really do not wish to be abrasive, but I cannot understand how so many people of good intelligence can act so stupidly. In order to prevent children from being exposed to morally corrupt material, the entertainment industry has introduced a system of grading.

Some films are considered, by those who make these decisions appropriate for the entire family, some require parental guidance and some are totally inappropriate for young people. There is no escaping the conclusion that the latter are good only for parents.

A similar grave error was the introduction of a "V-chip," whereby parents can prevent their children from viewing inappropriate programs.

In both cases the message to youngsters is, "These things are good only for daddy and mommy." Anyone with a bit of intelligence would know that these are precisely the things the youngsters will wish to see, and they will manage to see them one way or another. Children want to see what pleases their parents. It is difficult to imagine what could stimulate children more than the knowledge that their parents watch these objectionable films.

No, it is not enough to tell children not to do something. It is not even enough to model our disapproval of improper behavior. Effective modeling depends on *how* it is done.

If you were in a restaurant and found a fly in your bowl of soup, you would call the waiter and have him take it away. If you are extra-sensitive, you may even lose your appetite for the rest of the meal. Insects are disgusting!

What made you feel that way about insects? I'll tell you what. When you were an infant of six months, you saw an ant crossing the blanket or floor. You picked up the insect with your tiny fingers, and did what every baby would do: you tried to put it in your mouth. When your mother saw this, she emitted a cry, shuddered violently, and contorted her face in a way that gave you a clear and intense message that insects are repulsive. That's all you needed to have an abhorrence for insects in your food for the next eighty-nine years.

Suppose mother had not reacted that way, but had said softly, "Honey, please put that little bug down. Bugs are not good to eat." Just how much of an impression would that have made on you?

A sincere emotional expression of disgust can go a long way toward discouraging certain behaviors. If, when any objectionable scenes appeared on the screen, parents would promptly turn off the

TV with a gesture of disgust and horror no less dramatic than when the child puts an insect in his mouth and say, "Yecch! We don't allow trash like that in this house," there would be no need for "V-chips." The child would have an "internal" abhorrence of such scenes.

One of the disciples of R' Mendel of Kotzk related that at one time they were in dire straits, and there was not enough money to buy food. He told the Rebbe that they were expecting a visit from Temerel, a wealthy widow who supported the group, and they would have money. R' Mendl responded, "*Gelt? Feh!*" The disciple said that ever since that time, the sight of money would cause him to feel nauseous.

Actually, this teaching was stated clearly in the Torah thousands of years ago. Strangely enough, we repeat these words several times a day, but do we hear what we are saying?

In the *Shema* we say, "These words *shall be on your heart, and you shall teach them to your children.*" Lip service to Torah and mitzvos is not likely to make an impression on children, but if the words of Torah are *on your heart* and you feel them with an intense, heartfelt emotion, then they will carry over to your children.

There was an incident many years ago, where the *mikvah* (ritual bath) in the town was closed for repairs and a man moved out of the town until the *mikvah* was functional. He was not a learned man, just a simple, G–d fearing Jew. His grandchildren are not all fully observant, but they all observe the laws of family purity. Why? Because the importance of this mitzvah had been conveyed to them. It is possible that the grandchildren may not even know about that particular incident, yet its importance was somehow transmitted to them.

The Talmud says that any mitzvah that Jews practiced with great *simchah* has persisted throughout the ages, citing circumcision as example. Again, it is the *emotion* with which a mitzvah is performed that determines its impact on children.

This is true of virtually all behavior. Children are likely to adopt those behaviors that they feel are important to their parents and to avoid those that they feel their parents truly despise.

Parents who wish their children to be Torah observant must be meticulous in observing Torah themselves. It is obvious that parents who violate Shabbos or eat *tereifah* (non-kosher) can hardly expect their children to be Torah observant. But, it should be understood that violation of *any* part of Torah undermines children's devotion to Torah.

Those who are authorities on *mussar* (ethical values) decry the liberties that some people take with those Torah laws that pertain to interpersonal conduct. One may not choose which parts of Torah one wishes to observe. The Talmud says that denying a single letter of the Torah is equivalent to denying *all* of Torah (*Sanhedrin* 99a).

The *halachah* regulating business transactions is *every* bit as much Torah as the *halachah* prohibiting *tereifah* (forbidden foods). The Talmud says that if a person steals grain, grinds it, bakes it into bread and pronounces the *hamotzi* blessing over it, he is not performing a mitzvah. To the contrary, G–d is angered by the pronunciation of His holy Name over something acquired dishonestly (*Bava Kamma* 94a).

Similarly, *tzedakah* (charity) that is given from money that was acquired dishonestly is not fulfillment of a mitzvah. The authorities point out that the weekly Torah portion instructing donations for the Sanctuary (*Terumah*) is preceded by the portion dealing with the laws of commerce (*Mishpatim*). Only money that is earned in compliance with Torah law may be used for *tzedakah*.

Some people allow themselves to engage in less than totally upright ways of earning money, and they rationalize why they may do so. They should know that they are not fooling G–d, Who is not taken in by their rationalizations. Furthermore, they should know that they are not fooling their children either. Children are exquisitely sensitive and can detect, if only subconsciously, that the parent is compromising Torah law.

When I was in yeshivah in Chicago, I lived with my grandfather. I would visit my home in Milwaukee every few weeks. One time, when I told my grandfather that I was leaving for Milwaukee, he handed me a letter for my father that he was going to mail. He then took out a postage stamp and tore it. "You are not an authorized competitor for the postal service." I learned then how scrupulous one must be in honesty with the government.

Proper *middos* (character traits) are fundamental to Torah observance. When I lecture about improper conduct toward one's spouse, I am often asked, "Can spouse abuse occur among Torah observant people?" My answer is, "Absolutely not! Someone who abuses a spouse is violating *halachah* no less than someone who violates any other *halachah*. Such a person cannot be considered to be Torah observant."

It is not uncommon for children to see a parent express rage. Lecturing to these children about the need to control their anger is not likely to be effective. Hearing a parent tell a "white lie" diminishes a child's respect for truth. Overhearing the parents speaking *lashon hara* (defamatory speech) to each other gives sanction to this transgression. Seeing a parent engage in conversation in shul (synagogue) decreases a child's reverence for G–d.

One might ask, what about a father who is a serious Torah scholar, and his devotion to Torah study is sincere. Why may this father's child deviate from Torah study?

The Talmud was bothered by this question, and offers the insight that often scholars behave condescendingly to unlearned people (*Nedarim* 81a). While these scholars may have accumulated much Torah knowledge, if they are vain and consider themselves superior to others, their Torah knowledge has not refined their characters. Such Torah knowledge is sterile, and may not leave a favorable impression on their children.

The principle I am advocating, *internal* rather than *external* discipline, is hardly novel. This should be the goal of our own behavior, as the Talmud says, "Make His (G–d's) will into your own will, " (*Ethics of the Fathers* 2:4). We are instructed to internalize Torah, so that we do not desire anything other than what Torah teaches. If we truly internalize Torah, our children will sense this and are likely to internalize what we teach them.

Children absorb an attitude toward Torah and Yiddishkeit primarily from their parents. A sincere devotion to the entire Torah, *halachah* and *middos* is the best way to train a child.

The Key to Internalization

For a child to internalize the parent's will, three conditions must be met; (1) the child must love the parent, (2) the child must respect the parent and (3) the child must know that the parent's instructions are in the interest of the child rather than the parent.

Let us begin with the last item. "Make His will your will," internalization of G–d's will, is dependent on our awareness that the mitzvos were given for *our* betterment and not to provide for G–d's pleasure. This is clearly stated in the Midrash. "What difference could it make to G–d whether an animal is ritually slaughtered or is put to death in some other manner? The mitzvos were given to refine people's character" (*Tanchuma, Shemini* 7:8). We must understand that if we sin, we are harming ourselves, not G–d. G–d is all-perfect, and He is not enriched by our mitzvos nor impoverished by our sins. "If you have sinned, what change have you made in Him, and if you have many transgressions, what have you done to Him? If you are righteous, what have you given Him, or what does He take from you?" (*Job* 35:6-7).

If a person thinks he is doing G–d a favor by observing Torah, it is understandable that if he is displeased by what happens to him or by the injustices one sees in the world, he may act out by deviating from Torah or by doing things to spite G–d. If a person knows that observance of the mitzvos is for *his own* welfare, then it would be foolish to harm himself because he may be angry at G–d.

For children to internalize parental will, they must *feel* that it is primarily – if not solely – for their betterment. This is a key condition, and it is not easy to achieve. Parents may believe that they are acting only in the children's interest, but this is not always completely so. Let me cite an extreme example.

Parents consulted me in desperation. Their daughter had revealed to them that she had fallen in love with a non-Jewish man and they were planning to be married. Understandably, the parents were devastated by this, and I empathized with them, feeling their pain. But some of the things they said indicated that their concern was not totally for their daughter's welfare. The mother said, "How could she do this to us, after all we have done for her?" I believe that intermarriage is a serious mistake and a source of eventual distress for the couple. A more appropriate statement would have been, "What is she doing to *herself*? Is there any way she can be helped to see that this is self-destructive?" This would be more effective than, "What is she doing to us?"

Among other things, the father said, "How will I be able to face my friends or show myself in shul?" I am certain that the daughter sensed this attitude. Blinded by passion, she might nevertheless have had a second thought if she were helped to feel that she was harming herself. As much as she cared for her parents, her father's fear of being embarrassed was not enough to overcome her passion.

Some youngsters who attended after-school-hours Hebrew school were very verbal in expressing their displeasure. Their friends were playing football while they were sitting in a classroom, learning very little of substance. They felt that their four-year ordeal in Hebrew school was for the sole purpose of their having a Bar Mitzvah so that their parents could throw a lavish party to impress their friends. The children knew that the Hebrew school education was for little else. Becoming Bar Mitzvah was not so that he should put on *tefillin* (phylacteries), because his father never does. It was not to become a "son of mitzvos," which is what "Bar Mitzvah" means. The parents did not keep kosher nor observe Shabbos. Sitting in Hebrew class for four years and being deprived of sharing in their friends' fun just so the parents could have a ritual service and a party was not fair.

I do not doubt that most parents sincerely love their children, but that is not enough. We love our eyes, ears and hands. We protect them from injury because they are part of us. Our children are also part of us. We rejoice in their happiness and suffer in their distress. True. But for children to internalize the parents' will, they must feel that the parents' love goes beyond their being an extension of the parents.

When I see two- and three-year-old children wearing expensive designer clothes, I cannot but think, were these really bought for the child's benefit because they are of better quality, or was it perhaps because the parents want others to see that their child wears designer clothes?

Children did not ask to be brought into a world fraught with stresses and challenges. If they feel that they were conceived because the parents truly wished to fulfill the mitzvah of having children, their attitude towards fulfilling the parents' will is more positive. If they feel that they are here primarily to provide for the parents' emotional needs, they may not feel too kindly about tolerating the difficulties in life. One patient angrily exclaimed, "I'm sick and tired of being a *nachas* (pleasure to parents) machine."

If we want our children to have an internalized discipline, we should enable them to truly feel that it is for their welfare rather than ours.

The Torah obligates us to respect and revere our parents (*Exodus* 20:12, *Leviticus* 19:3). Fulfillment of this mitzvah is greatly facilitated when parents have earned respect and reverence. Parents who have not acted in a way that merits respect and reverence will find that their children can hardly internalize their will.

Finally, internalization requires that children love their parents. The Torah requires that we accord parents respect and reverence. These behaviors can be commanded. Love is an emotion that cannot be legislated.

Solomon says, "As water reflects face to face, so the heart of person to person" (*Proverbs* 27:19). True love is reciprocal.

Let us remember that part of parents' love for children is essentially a variety of self-love because our children are extensions of ourselves. This particular kind of love cannot be reciprocated because parents are *not* extensions of their children. The love that *can* be reciprocated is an unconditional love that is beyond the self-love. If parents feel it and demonstrate it, the children are likely to reciprocate.

There are, of course, a variety of ways whereby parents can show their love for their children. Physical contact is just one of them, but it is an important one. A classic study on infants showed that babies who were cared for in a foundling home and had no cuddling during the first six months of life developed serious emotional problems. Even later in life, physical demonstration of affection is important.

Some parents may have difficulty embracing or kissing their children. This may be due to factors in their own development. If they are aware of this, they would be wise to receive therapy to overcome this inhibition.

A young man came to Pittsburgh for treatment of a severe alcoholism problem. He had been abusive in his marriage, which had been terminated. He made good progress in treatment.

One morning it occurred to me that this was the day this young man was to be discharged from treatment, and I wished to say goodbye to him. I called the facility, and was told that he had just left for the airport. Inasmuch as I pass the airport on the way to the treatment center, I stopped off and found that he had boarded the plane. This was prior to the days of maximum security precautions, and since I was well known at the airport, they allowed me to board the plane for a few moments.

The young man was surprised to see me. I embraced him, wished him good luck and kissed him. His eyes grew misty, and in a broken voice he said, "That is the first time in my life anyone has ever kissed me." How tragic that a person of thirty-one cannot recall ever receiving a kiss from a parent!

I cannot restrain myself from sharing some personal data. When my children were tots, my parents would visit, and my father would get down on the floor to play with them. He embraced and kissed them. My mother's eyes welled up with tears. "It makes me so happy to see that. In our home, show of affection was so restricted. I was not permitted to kiss my father, except occasionally on his hand."

My grandfather was Rabbi Benzion Halberstam, the Bobover Rebbe, a great *tzaddik*. I do not question *tzaddikim*. I am certain he had valid reasons for his ways. My mother had enormous reverence for her great father, and I am sure that she loved him. But her tears indicated that she would have been far happier had he been more demonstrative.

Perhaps there was a misconception that showing affection to children could detract from the reverence they should have. My uncle, the late Rabbi Shlomo Halberstam, the previous Bobover Rebbe, showed great affection to his children and grandchildren. Not only did they love him deeply, but their reverence for him was not diminished in the least.

Not only was my father demonstrative of his love for us, but we also felt intensely how much he cared for us. If one of my children was sick, I would wake up at 6 AM to find my father peering through the front door window. He was anxious to know how the child felt, but waited until he saw some movement in the house. He would not knock on the door and risk waking us up.

I never recall my father punishing me nor shouting at me. I was hardly a saint as a child, and if I did something that warranted a reprimand, he would say softly, *Es past nisht* (that is not becoming of you). I was not made to feel bad for what I had done. To the contrary, I was told I was too good, and that whatever I had done was beneath my dignity. At the risk of being accused of boasting, I believe that I did internalize my parents' will. They made it easy for me to do so.

Although I have written this elsewhere, I repeat it here because it demonstrates how effective discipline can be practiced without causing a child to feel that he is bad.

When I was nine and ten, I was a chess prodigy. Many of the worshippers in my father's shul were Russian immigrants who earned their livelihood as peddlers. They would come to shul early for *minchah* (afternoon service) and play chess while drinking scalding hot tea. I watched them play chess, learned the game and soon beat these seasoned players.

One Rosh Hashanah afternoon, a rabbi from Chicago who was our guest for the holiday asked me if I wished to play chess. "But it's *yom tov*," I said. The rabbi assured me that playing chess on *yom tov* was permissible. I beat him twice.

On the second night of Rosh Hashanah, the *shammes* (beadle) told me, "The rabbi wants to see you in the study." My father was looking into a *sefer* (Torah volume), and I waited respectfully to be acknowledged. After a few moments he looked up and said, "You played chess on Rosh Hashanah?" I said, "Yes. Rabbi C. said it was permissible."

My father did not say a word. He returned to his *sefer* and shook his head barely perceptibly, but enough to convey his disapproval. The message was that while playing chess on *yom tov* may be technically permissible, it was inappropriate. Rosh Hashanah is a solemn day, and playing games may detract from its solemn character.

I accepted the reprimand, and waited to be dismissed by "*Geh gezunderheit*" (Go in good health). My father let me stand there a few minutes to make sure I had absorbed the reprimand. Then he looked up and with a twinkle in his eye he said, "Did you checkmate him?" "Twice," I said. He nodded, "*Geh gezunderheit*."

My father had never read a book on parenting, but his skill was intuitive. He had delivered the necessary reprimand, but he would not allow me to leave the room with a negative feeling. He was proud that I had defeated the rabbi twice.

My father's reprimand was teaching rather than controlling. I look back upon that incident with fondness. Control does not produce cherished memories. Teaching does.

What *Is* the Parent's Will?

f we want our children to internalize our will, it is only sensible to let them know just what that will is. This may seem to be a subtle and even trivial point, but it is nevertheless important. *Let us try to minimize our instructions of what we want them to do, and phrase our instructions more in terms of our will.*

Let me explain by using an example from my work with alcoholics. A woman called, complaining about her husband's heavy drinking. He is an executive who functions efficiently at the office. However, he is impossible to live with. When he drinks, he becomes abusive. He thinks of no one but himself, and he terrorizes the children. She has pleaded with him to get help so that he can stop drinking, but he denies that there is anything wrong. He blames everything on her. "What can I do to get him to stop drinking?"

I gently tried to explain to the woman that as long as her husband does not think that he has a drinking problem, there is nothing she can do make him change. I suggested that inasmuch as his drinking is causing her great distress, she should see a therapist with expertise in helping family members of alcoholics, and that she should join a family support group.

"But what can I do about his drinking problem?" she asked.

I said, "My dear woman, your husband does not have a drinking problem. *You* have the drinking *problem*. Your husband has the drinking *solution*."

This was not just a witticism. The person who has the headache is the one who has the problem and seeks relief. As long as the drinking was not causing her husband any discomfort, he was not going to seek help. *She* was the one who was suffering. Therefore, she should seek help for herself.

The purpose of this story is to focus on just who it is that has a problem. When a child behaves in a way that annoys the parents, who has the problem, the child or the parent? Invariably, it is the parent. It might help if this is made clear.

For example, the kids have left their jackets strewn around the house. Mother may say, "How many times have I told you to hang up your things when you come in? Now get those jackets in the closet where they belong." Obviously, the kids have no problem with the jackets being wherever they are. It is the mother for whom it is a problem, so why not say so? "I don't like clothes lying all over the house. I try to keep the house neat and clean." No orders. Just a true statement that she is unhappy with things the way the are.

It is possible that the kids won't budge. However, they are more likely to hang up their jackets than if she had ordered them to do so.

Dr. Thomas Gordon elaborates on this in his book, *Discipline That Works*. He refers to the superiority of "I" messages over "You" messages. While there is no guarantee that "I" messages will always be effective, Dr. Gordon cites studies that indicate that they are more effective than "You" messages.

Dr. Gordon states that children react defensively to "You" messages. They feel that "You" messages are a put-down. For example, "You are driving me crazy," or "You ought to know better than that," are clearly put-downs. Children resent this and may want to "get back" at whoever put them down. On the other hand, "I" messages contain a less negative evaluation of the child and do not injure the relationship. He cites a teacher who reported that when she told the children, "When you mix the paints and spill them all over the sink and table, I have to scrub up later or get yelled at by the custodian. I'm sick of cleaning up after you, and I feel helpless to prevent it from happening," she got much better results than when she would order them to clean up.

Dr. Gordon points out that when children are given "I" messages, they have to come up with a solution to the problem, and that children actually take pride in this. That cannot happen with "You" messages. He emphasizes, *"We tend to underestimate kids' capacity to change until they're given a chance to show it."*

I tend to agree with Dr. Gordon. As I said, I don't recall my father ever spanking me or shouting at me. One phrase is indelibly etched in my mind. When I was eleven years old, I did something that I am not proud of. My father sat me down and said, "Until you become Bar Mitzvah, I am responsible for your sins. It never dawned upon me that when the Torah prohibited what you did, it had me in mind." Not only did I keenly feel his pain, but sixty-one years later that phrase still reverberates in my mind. I have long since overcome the guilt engendered by what I did. I have not carried that baggage for sixty-one years. I did not resent my father for his rebuke. Perhaps it was because I felt that I should do something to make up for the pain I caused him that I was subsequently able to bring him a great deal of *nachas*. My love for him grew. I don't know what my reaction would have been had he delivered a scathing "You" message which I richly deserved.

As I think back upon that event, I realize how bad I felt that my father was hurting because of something that I did. If I had not loved him, that would not have been a deterrent. My reaction was a result of my love and respect for him, and my love and respect for him increased as a result of the way he handled my misbehavior.

The Talmud states that the high priest, Aaron, "loved people and brought them closer to Torah" (*Ethics of the Fathers* 1:12). If Aaron knew that a person had committed a sin, he would go out of his way to befriend him. The next time the person was tempted to sin, he thought, "How will I be able to face Aaron if I do this?" Was this not a reprimand? Yes, a powerful reprimand of love. A sharp rebuke might have resulted in the person rationalizing his actions or becoming defensively defiant.

A man complained to the Baal Shem Tov that his son was going "off the *derech*" (deviating from the path of Torah). The Baal Shem Tov said, "Show him extra love. He needs it most."

Showing extra love should not be done in a way that would appear to be rewarding improper behavior. Children must be taught what is wrong and that improper behavior will not be tolerated. However, when the opportunity for showing love occurs, it should not be overlooked.

There are times, albeit rare, when a judicious spanking may be justifiable. If a small child runs into the road to retrieve his ball, he may not be able to understand the explanation that oncoming traffic can be very dangerous. At such an occasion, an angry sounding "No! No! No! You don't run into the street after the ball!" accompanied by a single mild *potsch* (slap) on the part of the anatomy designed for it is appropriate. But this is effective only *immediately* after the act. A spanking given later is of no value.

But even a spanking can be delivered in a non-injurious but very effective way. When my younger brother was about four, he went out the upstairs window and sat on the slanted roof beneath. My father softly called him in, realizing that shouting might alarm him and cause him to fall. When he came in, my father said in a definite "no nonsense" tone of voice, "You don't ever go out on the roof again." He held my brother's hand in his, and delivered a sharp blow *to his own hand*. The child was not injured in the least, and the message was conveyed emphatically.

A student in the yeshivah of my uncle, the late Bobover Rebbe, played "hookey" from class. The Rebbe called him in, and firmly told him that for what he did, he deserved a *potsch*. He then softly caressed his cheek and said, "Let this be the equivalent of a *potsch.*" The student never skipped class again, and decades later, fondly recalls that *potsch.*

It is not the pain of the *potsch* that is the deterrent. Rather, it is the clear demonstration of disapproval. It may well be that my father's painless *potsch* was even more effective because the child did not have to deal with the pain, only with the disapproval. Pain might have actually negated the intensity and the effectiveness of the disapproval, because the child may have reacted defensively to the pain.

The "I" message technique does not stand in isolation, and unrealistic expectations will result in disappointment. It is part of Dr. Gordon's system of discipline, which requires parental training. His book, *Discipline that Works,* is worthwhile reading.

There are authorities on child rearing who feel that an authoritarian approach can be most effective, and each expert can cite studies for their claims and counterclaims. It may well be that each method is effective *if practiced with consistency.* Furthermore, some experts on childrearing have parent groups that meet regularly to exchange ideas and information. Participating in such groups may enhance *any* modality of childrearing.

Minimizing Resistance

Once we accept the fact that absolute control is both impossible and ineffective, we can look for more effective ways to achieve compliance with parental wishes, and encourage internalization of behavioral controls. This means that children are helped to learn and develop internal controls.

The human tendency to desire what is prohibited is literally as old as the world itself. Adam and Eve had everything a person could possibly want. They were literally in *Gan Eden* (Paradise). There was only one tree whose fruit was forbidden, and that was the one whose fruit they ate.

We may safely assume that it is inherent in people to resist orders. If they comply, it may be because they feel compelled to do so, but as we have said, they may not internalize the rules.

There are some things that are not negotiable. In a Torah observant family, there can be no compromise on how much of Shabbos one may keep. Everyone is equally bound by *halachah,* and except where one's health is endangered, there are no dispensations. No one, no parent, no rabbi, no group of rabbis, have the authority to override *halachah.* It is precisely this universal deference to *halachah* that everyone can model for children.

There is a companion statement in Talmud to "Make His will your will," and that is, "Set aside your will before His" (*Ethics of the Fathers* 2:4). This is a statement of deference to authority.

We model deference to authority when we refrain from doing something that we would really like to do because an authority has instructed us so. This is not as simple as it sounds. The Talmud says that a person should not say, "I detest pork," but rather, "I might like pork, but G–d has forbidden it" (*Rashi, Leviticus* 20:26). Most observant people have developed such an antipathy to pork that they could never say, "I might like pork, but G–d has forbidden it." For many observant families, desisting from what Torah has forbidden has become second nature. We may have to search for things that we might like and that we avoid *only* because a Torah authority has ruled that it is forbidden.

One area where we can model deference to authority is in avoidance of *lashon hara* (defamatory speech). Quite frequently, conversation within the family turns to talking about what someone said or did that was not praiseworthy. At this point, a parent should say, "I'm really curious to know what happened, but my curiosity will have to go unsatisfied. Talking this way is *lashon hara,* which the Torah forbids." This is a clear statement that the parent is willing to forego fulfilling a desire in deference to *halachah,* and it is a powerful modeling. Other things may be found which are not as reprehensible to us as pork, and of which we can say, "I'd really like to do that, but it is not permissible."

Western civilization, especially the United States, worships at the shrine of democracy. Democracy in government may seem the most fair, but G–d's world is not a democracy. No popular referendum can change one word of Torah. The authority of G–d cannot be challenged.

It is obvious that the family cannot operate as a democracy. If it did, then the kids would vote that all meals should consist of hot dogs with mustard, or ice cream and popcorn. School would be voted out, and the kids could run around at night until they fell asleep on the living room floor. Clearly the parents must wield authority. A family must operate and abide by rules.

Even if it were conceded that wielding absolute authority is best in principle, the fact is that it is generally not feasible. It is evident that exerting absolute authority, at least in modern times, is not likely to be successful, and that children imbued with the noble ideas of "human rights" will simply not yield to absolute authority. Rules must be enforced, but we must find a practical way of implementing rules.

One way is that in establishing household rules of a non-*halachic* nature, we should look for opportunities where the children can participate in drawing up the rules. For example, mother may say, "I prepare the supper meals, but you should clear the table and stack the dishwasher. How would you like to schedule that?" The children may decide that Shmuel will take Sundays and Tuesdays, and Rifki will take Mondays and Wednesdays. Because Friday night dishes are done together with Shabbos dishes on Shabbos night, they can trade off Thursdays and Shabbos. Whichever, the children can work out their own schedule, and may trade days if they wish.

Having children participate in establishing household rules enhances their motivation to adhere to them. The final act that sparked the American revolution was the "Stamp Act," which gave rise to the slogan, "No taxation without representation." It is simply common sense that having a voice in being taxed lessens the resistance to compliance. It also elevates the children's self-esteem to know that their opinion is considered valuable. In one of my books I quoted a psychologist who said, "If you have given your children self-esteem, you have given them everything. If you have not given them self-esteem, whatever else you have given them is of little value." I am not certain that parents can "give" their children self-esteem, but we certainly should avail ourselves of every opportunity to contribute to it. Enlisting children in decision-making is one such opportunity.

While it may be true that "Father knows best," it is only logical that "Father plus children know even better." Let us not underestimate children's ingenuity. They may come up with ideas that did not occur to us.

The Talmud says, "Fortunate is the generation where the greater are willing to listen to the lesser" (*Rosh Hashanah* 25b). Let me share an example.

When I was on the staff of a state mental hospital, we would have a group of medical students visit every few weeks. This gave them the opportunity to see rare cases of mental illnesses that they had read about in textbooks. I conducted one such tour, and pointed out to the students the most senior patient in the hospital. He had been admitted fifty years earlier, and he had not spoken a single word during those fifty years. During all his waking hours, he would stand in the corner of the ward, assuming a grotesque position. All medications, treatments and attempts at persuasion had not been successful in getting him to sit on a bench for even a few minutes.

One of the medical students asked for permission to talk to this patient. He said to him, "Why don't you sit down and rest a bit?" The patient gave him a blank stare. The student said, "Look. You can sit down, and I'll do this for you." He then assumed the grotesque posture of the patient, and the patient promptly sat down on the bench for the first time in fifty years!

What can we make of this? Perhaps the patient's deluded mind made him think that by assuming the peculiar posture, he was holding up the world. He was able to relinquish this awesome responsibility only if it were assumed by someone else. Whether or not this is the explanation, the fact is that a young medical student had found a solution to a problem that had defied the skills of countless psychiatrists!

It is related that the Baal Shem Tov once stood in prayer for an extended period of time. His disciples gradually left, and he then concluded his praying. He said to them, "When a person wishes to reach something high, he may stand on someone's shoulders. If the supporting person leaves, he comes down to the ground. As long as you were with me, I stood on your shoulders and could reach celestial heights. When you left, I was unable to do so."

As wise as parents may be, they may actually increase their wisdom by listening to their children's opinions. Obviously, many juvenile ideas are inappropriate, but you may be pleasantly surprised at children's ingenuity. Furthermore, even if their ideas are rejected, the fact that you listened to them contributes to self-discipline and to self-esteem.

It is also advisable to make reasonable compromises. One night, everybody leaves the table, and mother says, "Hey! Whose turn is it to clear the table tonight?" Shmuel says, "It is Rifki's."

Rifki says, "I have to be on the phone with Esther for about an hour to get the stuff I need for a paper I have to hand in tomorrow. Can't you do it tonight, Shmuly?"

"Heck, no," Shmuly says. "I'm going to hockey practice."

Rifki says, "I'll do it as soon as I get off the phone with Esther. O.K.?"

"O.K.," mother says.

The job gets done, and the children feel they participated in the decision and were not "bossed around."

Participation and compromise, where reasonable, may take off the sharp bite of being ordered to do something.

Some parents may say, "No way! In my father's home there was no participation and no compromise. Rules were obeyed, or else!" In your father's home there may not have been air-conditioning or a microwave. In many ways, our circumstances differ from our parents'. As long as we do not compromise on *halachah,* reasonable flexibility is expedient.

Children are much more likely to comply with parents' wishes if they feel that the parents understand their needs. They can accept a refusal of a request much better when it is not dogmatic. "Because I said so" is likely to elicit resistance.

Some requests may be unreasonable and must be refused. Children may not accept the explanation for the refusal. Even adults may be impervious to logical explanations when they have a strong desire for something. But even if children do not accept an explanation, their attitude is likely to be less oppositional if they are aware that the parents at least understand their needs. Children should be encouraged to state their needs and explain what they want. Adults' perspective of things and children's perspective may be very divergent. We should try to understand how children see things, and that is not a simple task. However, if parents can *truthfully* say, "I understand," the child will feel this and will be much more apt to be cooperative than if he feels that the parents are not taking his needs into consideration.

If the child is compelled to do something he does not want to do, the parent wins. If the parent doesn't want to make a fuss and gives in to the child, the child wins. *Whenever one wins, the other loses.* Losing does not make for happiness. A loser generally feels some anger toward the victor. We can increase happiness in the family by trying to avoid anyone's losing.

Control by Guilt or Pity

Guilt is a powerful weapon which can cause severe and enduring injury. Unfortunately its use to wield control is widespread.

"You are going to be the death of me yet." "You are giving your father a heart attack." "Look what you have done to the family." These and other expressions are used in the attempt to make others do or not do something.

In addition to being injurious, control by guilt detracts from the issue itself. Instead of trying to understand what is motivating the person's behavior and trying to address the person's needs that has led him to the behavior of which one disapproves, the controlling attempt is to deter the person from doing what he feels he needs by invoking threats. This generally does not work. If a person is driven to do something by a need, he is unlikely to desist because of threats. He will go ahead with what he wishes to do, and in addition, will bear resentment for being threatened.

I work with people addicted to alcohol and drugs. To the best of my knowledge, no alcoholic has stopped drinking because his wife has said, "Look what you are doing to the children." If anything, the alcoholic will drink even more to kill the pain of the guilt. No youngster has quit using drugs because, "You're giving your father a heart attack." Understanding what is driving the youngster to use drugs may not stop him, but it can lead the way to a constructive approach. Instead of threatening, the parents may go for counseling, which is more likely to result in getting the youngster to accept treatment. Guilt does not accomplish this.

Once the seed of guilt is planted, it is most difficult to uproot. A thirty-four-year-old woman went into a deep depression after her father, an overweight smoker, died of a heart attack. As a teenager, she had acted out, and her mother told her, "You're killing your father." Twenty years later, when his smoking and obesity resulted in a heart attack, she was haunted by the feeling that she was responsible for her father's death.

Guilt can serve a purpose when it makes a person feel bad for what he did and motivates him to do *teshuvah* (repentance, atonement). We can see the Torah's attitude toward guilt from the prophet's statement, "I have erased your iniquities like a fog and your sins like a cloud" (*Isaiah* 44:22). "And all the sins of Your nation, the House of Israel, cast away to a place where they will neither be remembered, considered nor brought to mind— ever" (*Micah* 7:19). Guilt should not endure. If a person has in fact done wrong, he should do whatever is necessary for *teshuvah* and then be free of guilt. This does not happen when guilt is used for control.

We make mistakes, and we are indeed responsible for our actions. We should make amends and restitution whenever possible. However, no one should be condemned and given a life-sentence of suffering for a mistake.

Just as parents may try to control their children by guilt, children may do the same to parents. Some misguided psychologists think they are helping their patients when they blame parents for their emotional problems. Firstly, most parents do the best they know how, and even if they did not employ the best parenting skills, they should not be condemned for their good intentions. Secondly, even if parents were derelict, blaming them is not going to make the patient's life better. When my patients blame their parents, I say to them, "Even if you are today what your parents made you, it is your job to change yourself. If you stay this way, it is your fault, not your parents'."

Every so often I hear on the media that Jews are still trying to control the world by the guilt of the Holocaust. It is not the guilt to which we refer, but to the distrust that we have of a world that condoned it. We know that hundreds of thousands of Jews could have been saved had the United States bombed the railroad tracks leading to the death camps. There is documented evidence of this. We distrust a world that gave asylum to inhuman fiends like Mengele. We distrust a church which launched the Inquisition, which gave its blessing to the massacres of the Crusades and which was silent during the Holocaust.

Akin to control by guilt is control by illness. I know this personally because, I am ashamed to admit, I used it.

When I was ten, our family doctor gave me a medication for hayfever which knocked me out. On examination, the doctor told my father that I had a heart murmur. My father had a fanatic concern about his children's health, and I played the heart murmur for all it was worth. I managed to stay out of school for four months!

We should do all we can to help a sick person. That is the great mitzvah of *bikur cholim* (visiting and helping the sick). But we should not be *controlled* by someone's illness, and we should not exploit illness to control others.

I knew a man who was an obnoxious person. He suffered a severe heart attack, and because his health was precarious, people were afraid to confront him. One person said, "If Jack ever fully recovers, there will be a line a block long of people waiting to punch him in the face." People tolerated his behavior, but it made him no friends.

The ultimate fallacy in control is the threat of suicide. It is flawed both on the part of the controller and the controlee. Giving in to a suicidal threat is like paying blackmail: There is no end to it. If it works, it may be used again and again.

A husband who refuses to accept the reality that the marriage is over may say, "If you leave me, I'll kill myself," and may underscore this by taking a less-than-lethal overdose. If the wife is frightened by this threat, she has given him a weapon that he can use repeatedly to discourage the separation or for any other purpose.

A woman was drinking excessively and using drugs. Her husband, mother and grown children all confronted her, saying, "Unless you go for treatment, we are simply not going to have anything to do with you." She responded, "If you walk out on me, I'll kill myself." She continued drinking and using drugs and they did not execute their threat. She has continued making her family miserable with her addiction, and of course, is slowly killing herself.

When there is a risk of suicide due to depression, a psychiatrist should be consulted immediately for guidance. Suicide is most horrific and one should *not* rely on the misinformation that "those who threaten don't do it." If a psychiatrist determines that the person has a depressive disorder, then the necessary treatment should be implemented. If a psychiatrist determines that the suicide threat is manipulative, the response should be something like, "Look my dear (husband, wife, son, daughter, etc.), if you carry out your threat to kill yourself, I will feel very sad, because I care for you a great deal. However, I will *not* feel guilty. I will seek the best possible advice and guidance on how to handle our circumstances, and I will do what is determined to be the right and proper thing, which will be in your best interest as well as mine." One must indeed obtain expert counseling on the particular situation, but one cannot allow manipulation and control by suicidal threats.

What happens if the person, G–d forbid, does carry out the threat? If competent counseling and thorough consideration resulted in the steps one took, then one should not feel guilty for doing what was right. There is simply no way one can yield to such blackmail.

Closely related to control by guilt is control by pity. You may feel so sorry for someone that you give in to his wishes.

Hannah was a bright young woman who was a social worker. One of her clients was a young man, an immigrant who had no family. Hannah's mothering instinct overtook her and she desperately wanted to help him. She did not safeguard her professional boundaries, and when he told her that he had nothing to eat, she told him he could come to her house for dinner. This occurred several times, and she also lent him a few dollars here and there. Eventually they began dating in what was a very unhealthy relationship.

Hannah realized that this relationship was bad, and she told Steven that she could no longer see him. He preyed on her sympathies, and she agreed to see him again. This on-again off-again relationship lasted for two years. Steven could get only unskilled labor jobs. In spite of her better judgment and against the advice of her parents, Hannah married Steven.

Soon after the marriage, Hannah realized she had made a serious mistake. She did not have the courage to tell Steven that she wanted out. Steven was aware, even if only subconsciously, that he could control Hannah because of her pity for him. Soon he did not even look for work, but stayed in the house and watched television while Hannah supported them. Perhaps because he felt this was demeaning for him, he began berating her, constantly criticizing everything she did.

Hannah felt trapped, and began to drink in order to escape her misery. Eventually her drinking escalated, resulting in her being hospitalized for alcoholism. Now Steven really had the upper hand, being the long-suffering husband of an alcoholic wife.

During the treatment for alcoholism, Hannah overcame her denial of the sick relationship, and realized how wrong it was to let herself be controlled by her pity for Steven. She suggested that

Steven get into therapy to overcome his pathologic dependency, but Steven would not hear of it. Eventually the marriage was terminated, but Hannah had suffered deeply for years.

Whether by authority, guilt, threats, illness, pity or any other way, control never makes friends. Control by passive dependency is not uncommon. Let us look at this a bit more closely.

Passive Control

ontrol does not always come in the form of exercising authority or overt domination. A very common control technique, which is often not recognized as such, is *control by passivity*. This may be subdivided into two categories: passive-dependent and passive-aggressive.

An infant is an example of normal passive-dependency. The infant is truly helpless. It cannot get food by itself or take care of any other needs. When the infant cries or gives any other indication of being in need, the parents respond. The infant who cries at night makes the parent get out of bed to see what is wrong and remedy it. The parents realize that they have the responsibility of caring for the infant, and they respond to its expression of its needs. You might say that the infant *controls* the parents by its helplessness and dependence on them. However, this is a healthy control.

The picture changes drastically when the dependent subject is not an infant, but a full-grown adult who presents himself as helpless. Here are some of the manifestations of a passive-dependent adult. Not all of them need be present.

- He is unable to make everyday decisions, and allows others to make important decisions for him, e.g., where to live or what job to take.
- He agrees with people even when he thinks they are wrong, because he fears being rejected if he disagrees.
- He has difficulty initiating or doing things on his own.
- He volunteers to do things that are unpleasant in order to get people to like him (people-pleasing).
- He feels uncomfortable or helpless when alone.
- He feels devastated when close relationships end.
- He is frequently preoccupied with fears of being abandoned.
- He is easily and deeply hurt by criticism or disapproval.

Let us look a bit closer at some of these behaviors.

The difficulty in making important decisions is due to a lack of self-confidence and trust in one's own judgment. A person is afraid that he may make the wrong decision and does not want the responsibility for this. When decisions must be made and he avoids doing so, he essentially *forces* others to make the decision. By forcing others to do so, he exerts a kind of control over them. Similarly, by avoiding initiating or doing things on his own, he makes others initiate or do them. And, of course, if things do not turn out well, he can put the blame on others.

Some of these features may be rather harmless. For example, when a child can dress himself, it is normal for a mother to put out his clothes for him. When a husband has no idea of what he should wear, and the wife has to put out his clothes for him every day, that may be passive dependence. If in every other aspect of life the husband is assertive and functional, this dependency on his wife is no big deal. It is possible that he has no concept of color combinations, and may wear a bizarre combination of suit, tie and socks. If he is truly helpless, then his dependence is not pathologic. If he is so rushed for time that preparing his clothes for him is expedient, that, too, is not pathologic. However, if he is capable of doing it and places the chore on his wife, that is passive-dependence.

One might think that volunteering to do things for others is always a noble mitzvah of *chesed* (kindness). It is indeed so when the person does it because it is a mitzvah, the right and proper thing to do, because then he is truly doing it for someone else. When one does *chesed,* one has a good feeling. If he does so because he wants to ingratiate himself with others, he is doing it primarily *for himself* rather than for them. People who are "people-pleasers" generally do not feel good about what they do for others. They feel compelled to do it for fear of rejection, and they often resent what they are doing.

Small children may not want their parents to leave them with a baby-sitter. Of course, they should be made to feel safe with a responsible baby-sitter. Their discomfort when their parents leave is understandable, and they should eventually grow out of this dependency. An otherwise healthy adult who is uncomfortable or fears being alone and clings to others suffers a pathologic dependence.

Feeling grief when a valued relationship ends is normal and healthy. Appropriate mourning and working through one's grief allow the person to resume normal life activities and cope with the reality of a loss. A passive-dependent person may not be able to do so. He may exploit his loss not only to gain sympathy but to get others to do things for him, claiming that he is too crushed to be able to function normally.

There are halachic guidelines for *chesed.* If a person is unable to do something and you help him do it, that is *chesed.* If he *can* do it himself but wants you to do it for him, that is not *chesed.* This can be seen by the mitzvah of helping a person take the load off his beast of burden. The Torah says "assist him in doing it" (*Exodus* 23:5), which means that he does his share and you help him. If, however, he sits idly by and says, "You have the mitzvah, so you do it," then it is not a mitzvah.

Doing things for others that they can do for themselves, unless there is a legitimate reason, encourages them to be dependent. They may fail to develop their skills and a sense of responsibility. If they are in fact capable of something but *think* they are helpless, doing it for them *reinforces their feelings of helplessness*. It is obvious that making a person pathologically dependent cannot be a mitzvah.

Sometimes our motivation is not "people-pleasing" but a feeling of pity. A person may tell you a tale of woe and you feel so sorry for him that you want to do something for him. If he has indeed suffered and you can do something which will relieve his suffering in a way that is constructive for him, that is a great mitzvah. *If he controls you by making you feel sorry for him*, that is not healthy. That is yielding to control and reinforcing the other person's need and way of controlling.

Sometimes, refusing to help may appear cruel, but it may be the right thing to do. A person who has suffered a disability of an arm or leg may have difficulty walking or doing things. The rehabilitation specialist may give precise instructions as to how much you may help him, because forcing him to make the extra effort to do things for himself, even though it may be difficult for him, may be necessary for regaining the strength of the limb. In such situations, it is understandable that one feels sorry for the person, but if one does not follow the instructions of the specialist, one is actually hindering the recovery.

A person who is so sensitive that he responds to constructive criticism by moping or crying may discourage others from correcting him. If you are afraid to correct him because you do not wish to precipitate his reaction, you are allowing him *to control you*. It is appropriate to give truly constructive criticism so that a person does not repeat his mistakes. If you are reluctant to do so because he may feel bad, you are allowing him to control you and keep you from doing what is right.

Reinforcing pathologic dependency lowers a person's self-esteem. Doing this is hardly a kindness.

There is a second variety of passivity, *passive-aggressive*, which is used as control. Passive-aggressive behavior can be most frustrating, if not maddening.

Aggression may be difficult to deal with, but at least it is open and above board. When the aggression is concealed under a cloak of passivity, it can be disarming.

I am reminded of a patient whom I treated during my residency training. She was hospitalized for depression. Many depressions are due to a biochemical imbalance and are often treatable with appropriate medications to correct the imbalance. Grandma Frances' (that's what everyone called her) depression was not due to a chemical imbalance and it did not respond to medication. Grandma Frances *used* her depression to control people. Grandma Frances was passive-aggressive rather than depressed. She was negativistic. Here is an example of how she controlled people.

Grandma Frances initiated an activity — making cloth dolls for the children in Children's Hospital. She taught the other women how to do it, and made them feel guilty if they did not do enough to help the poor sick children. One evening the patients were told that there was a movie in the auditorium. All the women got up to go to the movie, except Grandma Frances. The women said, "Grandma, aren't you coming with us to the movie?" Grandma answered, "No, you can go to the movie and enjoy yourself. I'm going to stay here and make dolls for the poor sick children in Children's Hospital." Can you imagine any of the women being able to enjoy the movie, feeling derelict in not helping the poor sick children?

Grandma Frances was passive-aggressive at home, too. She went home on a weekend pass, and on returning, she said that she had a very pleasant, enjoyable weekend. The husband reported to the social worker that he had been miserable from the moment she came until the moment she left. When I told my supervisor about this discrepancy, he said, "What discrepancy? The husband said she made him miserable, and she said this was enjoyable. I don't see any discrepancy. She enjoys making people miserable."

Grandma Frances was never aggressive. She did not shout at anyone or act belligerently. But with her quiet way of deflating people's egos and making them feel guilty, she was more aggressive than if she had struck them with a baseball bat.

Passive-aggressive people avoid being assertive. They are often irritable, sulky and resistive. If you ask them to do something, they usually do not refuse, but dilly-dally for so long that you go ahead and do it yourself. Or, they will do what you ask in such a way that you will have to undo it and do it over. They make it impossible for you to criticize them, because they make it seem as though they were doing their very best, and if things did not turn out well, it was your fault for not giving proper instructions. They point out that they are doing the job much better than other people, and nobody appreciates their hard work. They often scorn people in authority and are quick to point out their shortcomings. They may conveniently forget to do what they are asked.

I had a passive-aggressive patient who was adept at cutting people down to size. One time, I prescribed a medication for her, and the following week she reported that my medication had made her very sick. "I asked the druggist for something, and what he gave me made me feel much better." Another patient who was critical of her previous psychiatrist said to me, "I guess you don't understand me any better than anyone else."

When passive-aggressives are assigned a task, they will occupy themselves with minutiae and neglect the important things. They may see every request of them as an imposition. They may complain of physical pains that preclude them from completing the task, thereby increasing the burden on everyone else. They expect you to feel sympathy for them. How can you criticize them when you must feel pity for their suffering?

Passive-aggressives may interpret your orders or suggestions literally, thereby actually being defiant, but in such a way that you are to blame for not being more specific. It is related that the legendary *golem* created by the MaHaral of Prague was told to catch fish. He returned with a huge load of fish. When he was told that was too much, he promptly threw *all* the fish back. Passive-aggressive people often act this way.

With their passive-aggressiveness, these people can wield much control. While they do not overtly refuse to do something, their behavior is such that it becomes easier for you to do what *they* want rather than what you want.

It is easy to fall into the trap of the passive-dependent or passive-aggressive person. There is little you can do to change them. Expert therapy may help, but they are notoriously resistant to therapy, because they do not see anything wrong with their behavior. The best you can do is recognize that they are controlling you and simply not allow yourself to be controlled by them.

The Hillel Formula

There is another control issue of great importance, although it is more subtle. Rather than the problem of wielding control over others, it is adopting a lifestyle in which you *allow yourself to be controlled by others.* It is wise to consider the opinions of others, but in the final analysis, one must be one's own person. *One must have an identity not imposed by others.*

The formula for a healthy adjustment to life and for an identity of one's own was stated by the great sage, Hillel. "If I am not for myself, who will be for me? If I am only for myself, what am I? And if not now, then when?" (*Ethics of the Fathers* 1:14).

Lest one should think that having one's own identity is *gaavah* (vanity) one should know something about the author of this statement.

The Talmud states that Hillel was as deserving of Divine revelation as Moses, but his generation did not merit having it (*Sanhedrin* 11a). Throughout the Talmud, the law almost always follows the opinion of the school which he founded.

Hillel's humility is legendary. His sensitivity to the dignity of others is demonstrated by the incident where he bought a horse for a prominent person who had fallen upon bad times, and because there was no servant to run before him and announce his coming as he was accustomed to in his affluent days, Hillel personally ran before him (*Kesubos* 67b).

Hillel's tolerance and patience were limitless. The Talmud relates that someone made a wager that he could provoke Hillel to rage, and he continually pestered Hillel at the most inopportune times with the most ridiculous questions. To each of these foolish questions, Hillel responded respectfully, "You have asked a very good question, my child," and then proceeded to answer it.

Hillel's teachings are the fundamentals of Jewish ethics.

"Do not separate yourself from the community; do not believe in yourself until the day you die; do not judge your fellow until you have reached his place; do not make a statement that cannot be easily understood on the ground that it will be understood eventually; and do not say, 'When I am free I will study,' for perhaps you may not become free" (*Ethics of the Fathers* 2:5).

"Be among the disciples of Aaron, loving peace and pursuing peace, loving people and bringing them closer to Torah" (ibid. 1:12).

"He who seeks renown loses his reputation...and he who exploits the crown of Torah shall fade away" (ibid. 2:13).

"In a place where there are no leaders, strive to be a leader" (ibid. 2:6).

"When I am humble, I am elevated. When I elevate myself, I am lowered" (*Vayikra Rabbah* 1).

The Talmud relates incidents of Hillel's life which indicate that he lived according to his teachings. With all this as a background, we can now turn to a statement of Hillel which will shed light on his "formula." "At the celebration of the Succos festival, Hillel said, 'If I am here, then all is here. If I am not here, who then is here?' " (*Succah* 53).

How is it possible that someone of unparalleled humility and self-effacement should say, "If I am here, then all is here?"

I believe that Hillel was referring to having an identity of his own, rather than being dependent on others to define him. That Hillel advocates this should eliminate any concern that having one's own identity is in any way related to vanity.

The Chassidic master, R' Mendel of Kotzk, said, "If I am I because I am I, and you are you because you are you, then *I am I* and *you are you*. But, if I am I *because* you are you, and you are you *because* I am I, then *I am not I* and *you are not you*." This is a rather colorful way of saying that if a person lacks an identity of his own and is dependent on what others think of him for his identity, then he in fact does not have an identity.

Some people's lives are totally regulated by approval-seeking and people-pleasing. This is because they believe, consciously or subconsciously, that they can be loved, accepted and respected *only* if they do what they think others want or expect them to do. They may be totally preoccupied with making sure that they do "the right thing," and their idea of "the right thing" is not what is inherently right, but what other people think is right.

What does this have to do with control? *Without a personal identity, a person sees the real control over his life as being from external sources rather than from inner sources.* This person can never "be himself" because he has no self. He is only what he thinks others want him to be.

As was noted, people may resent being controlled. The person who allows others to control him may actually build up resentments against the people whom he purportedly loves.

Doing things for others can be of two types: *chesed* and people-pleasing. The behavior may appear similar, but people-pleasing is as different from *chesed* as fool's gold is from real gold.

Hillel's *chesed* is exemplary. Hillel did not run as a servant before the coach of the erstwhile affluent person because he wished to ingratiate himself with him. Indeed, this was an act of *chesed* which is not expected of anyone. Hillel did so out of the conviction that doing a kindness for a person is a mitzvah, even if the kind act may appear to be absurd.

People-pleasing is not a pure mitzvah. It is a self-serving maneuver directed toward acquiring someone's affection or friendship. The people-pleaser tries to control other people's behavior toward him by what he does for them. This results in an entanglement, in that he tries to control others' reactions while he is, in a way, being controlled by them.

I must share with you a personal experience. Earlier in my life, I was preoccupied with what others thought of me. I was a people-pleaser *par excellence*. I tried to acquire the respect and affection of others by what I did for them.

If someone asked me to do something for him, I promptly agreed, not because it was the right thing to do, but because I was afraid to alienate him by refusing. I felt trapped. Although I did many favors, I often resented doing them. I would do them at the expense of attention I should have been giving to my family. I resented people imposing upon me because I was powerless to refuse them. I was angry at myself for not having the strength to refuse an improper request. Doing *chesed* should result in a good feeling, and not in anger at the whole world.

As I gained in self-awareness and self-esteem, I was able to relinquish this "people-pleasing" behavior. Today I am free to turn down certain requests, and when I do *chesed*, I thoroughly enjoy doing a mitzvah.

Hillel's statement, "If I am not for myself, who will be for me?" is a lucid expression of the identity issue. "If I do not have an identity of my own, then no one can give me one. I can be like a chameleon, changing appearances with every environment. If I am an approval-seeking people-pleaser, then I have no identity." This is also what R' Mendel of Kotzk meant.

But having an identity of one's own does not mean that one should be self-centered. To the contrary, one is then able to do true *chesed*. This is the second part of Hillel's statement, "If I am only for myself, what am I?" I may have an identity, but of what use am I to the world?

A person with an inner identity who is not totally dependent on what others think of him can give serious consideration to other people's opinions, and weigh the pros and cons objectively. Someone whose identity depends on what others think of him is likely to react by either adopting others' opinions out of his fear to disagree, or reject them out of hand because he feels he is being manipulated.

It is interesting that in the many *halachic* disputes between the schools of Hillel and Shammai, the Talmud generally accepts the ruling of the school of Hillel, because "they were humble, and they always cited the Shammai school opinion before their own" (*Eruvin* 13b). The school of Hillel had adopted an inner identity as did their founder, which allowed them to give proper consideration to a dissenting opinion.

A person with an inner identity can initiate action. A person dependent on others for his identity can only *react*. He bases his opinion on what others think.

"If I am here, all is here" is a corollary to the Hillel formula. It simply means that if I have an identity of my own, then all of me is in fact here. "If I am not here," i.e., if I do not have an identity of my own, then who is it that is here? What you see here is not really me. It is merely a shadow, a reflection of everyone else. I can be one person at one time and place and a totally different person at another time and place.

The Talmud says that "the pursuit of renown removes a person from the world" (*Ethics of the Fathers* 4:28). Pursuit of renown is a desperate attempt to acquire an identity via being acknowledged by other people. It "removes a person from the world" because it is an attempt to fill a bottomless pit. An identity based on acclaim is fragile and ephemeral. It lasts only for the duration of the acclaim. When the latter is over, the person falls back into a distressing feeling of nothingness.

I recall a man who vociferously demanded that he be given the first *hakaffah* (procession with the Torah) on Simchas Torah. He was humored because the officers of the shul wished to avoid his ire. He was not respected. To the contrary, he was resented because of his attitude. He did wield control by virtue of his unpleasant personality. The feelings toward him are typical of those toward anyone who wields control. It is also obvious that this person's self-esteem was so low that he had to insist on being recognized. What was his identity? He was known as an unpleasant person to whom you had to relate with great caution in order to avoid saying or doing something which he might consider offensive.

Identity and control are closely related issues. With an inner identity, one has a self-esteem that does not necessitate dominating others in order to have a feeling of self-worth, nor does one allow oneself to be controlled by others.

The Undeveloped Self

ontrolling others and allowing oneself to be controlled by others are generally both the result of the failure of an inner identity. In the former, a person tries to compensate for a lack of an inner identity by assuming the position, "I am the boss," whether this be parent, teacher, police officer, employer or any one else in a position of authority. Inasmuch as he lacks an inner "I am," he adopts an external identity, "I am the boss." In the latter, the person assumes the identity others impose upon him.

It is difficult for a person to live without a sense of "I am." In desperation, a person may accept a negative identity if he feels he cannot have any other. Some people have even chosen the identity of being an addict or a criminal. Any identity is better than none at all.

Why do so many people fail to develop an inner identity? Why do they become controllers or subject themselves to being controlled? My mother commented on the verse in *Psalms* (90:14), "Satisfy us in the morning with Your kindness, then we shall sing out and rejoice throughout our days." Inasmuch as the latter half of the verse, "throughout our days," refers to all of one's life, what is meant by "satisfy us in the morning?" She said that it can only mean "in the morning *of our lives*," i.e., as children. The psalmist is saying that if a child's needs are satisfied in the dawn of life, he can be happy throughout his life.

Earlier, I alluded to the importance of addressing a child's needs. Let me elaborate a bit on this important topic.

For any of many reasons, a child's needs may not be satisfied. In many instances, the parents are *not at fault*, even though they may have failed to satisfy a child's needs. Let me explain.

A mother develops a chronic, disabling illness which makes it impossible for her to care for her child. The father must work to support the family. They may do their utmost to see that the child gets the best care possible, but it just does not satisfy the child's needs. No one is *at fault*, but the child's needs are not met. Or, perhaps both parents must work to meet the family's economic needs. Again, there may not be enough time or energy to meet the child's needs.

Even in situations where both parents are available to the child, *they may not be able to give the child what they do not have*. "He visits the sins of the parents on the children and on the children's children" (*Exodus* 34:7). This is equally true of emotional deficiencies. Generations of Jews have lived under circumstances of deprivation and persecution. Their emotional well-being was curtailed, and even when conditions improved, their own stunted emotional development precluded their being able to satisfy their children's needs. Again, no one is to be blamed, but the child's needs are nevertheless not met.

I have seen situations where a woman described the lack of her childhood needs being met, and saying, "I will never do to my children what my mother did to me." Yet, it is predictable that most often they will relate to their children *exactly* the way their parents related to them. Why? Because that is all they know how to do.

Most parents have good intentions and wish the best for their children. Unfortunately, they may not be able to deliver. *The greatest emotional trauma a child can experience is the frustration of his desire to feel that he matters and that he can be loved and accepted as a person, unconditionally.* Unconditional love is not pampering.

Children are naturally dependent. As infants, they are not able to express their needs and may not even know what their needs are. Parents have the responsibility of trying to understand what the child needs and provide for it. Let me reiterate. Parents who, as children, did not have their own needs met may be at a disadvantage in understanding their child.

We have heard horror stories of parents who have killed their children by shaking them violently because they would not stop crying. While this is indeed rare, it is not uncommon for a parent to be very irritated by a child who continues crying, and say in exasperation, "I don't know what that child wants!" If the parent is completely honest, he/she would admit feeling angry at the child for incessantly crying. Under the best circumstances, it may not be possible for a parent to know the child's needs. It may also be, however, that the parent may lack the sensitivity to understand the child's needs.

(Note: I think it is a bit awkward to always say he/she, him/her or his/hers. I'm going to say either "he," "him" and "his," or "she," "her" and "hers" and I depend upon you to realize that this applies both ways.)

Psychologists speak about the "inner child." We all begin life as infants and advance through many stages as we grow into adulthood. If each stage is navigated satisfactorily, we progress to the next stage without any negative baggage. If we advance to the next developmental level without having properly completed a previous level, we may take the unfinished business along with us.

Our conscious minds can operate with intellect and rational thinking. We mature primarily in our conscious mind. Our *subconscious* mind is totally different. It may not mature as we grow older. It can retain memories and emotions for decades, and does not operate under rules of rationality. A highly intelligent person of sixty may react emotionally as a three-year-old.

The "inner child" refers to those feelings and ideas which were not dealt with adequately in childhood, and which may linger on throughout adult life. This is why intelligent parents may react inappropriately to their children. Their reactions may be influenced by "inner child" feelings.

Children have very strong emotions. These can be nurtured or repressed by parents. Children whose parents react negatively to their crying may learn not to cry. There are parents who may discourage children from laughing. These children may have stunted emotions as they grow up, and when they become parents, they may react to their children with stunted emotions.

Play is a natural component of life. You may have seen videos of young animals who engage in play. Certainly, children have a need to play, even when they are beyond the toddler stage. Some adults may not appreciate this.

One of my favorite stories was related to me by a rabbi who studied in the Lubavitcher Yeshivah in Brooklyn in the 1940's. He was playing ball with his friends in front of the yeshivah on Eastern Parkway, when their instructor came out and took the ball away from them, reprimanding them for playing ball instead of studying Talmud. When the instructor left, a ball was thrown to them from the second floor window. Looking up, they saw the smiling face of the previous Lubavitcher Rebbe, R' Yosef Yitzchok. The Rebbe understood what the instructor did not.

In order to have a sense of self, a person must be aware of his uniqueness. Torah literature tells us that each *neshamah* (soul) comes into the world with a very specific mission. No other person, not even the combined totality of all humans throughout history, can fulfill the particular purpose of a given *neshamah*. A child should begin to feel this uniqueness.

Parents who are wrapped up in their own emotional problems may not be able to provide for their child's emotional needs. Again, the parent may not be at *fault*, but the child's needs remain unfulfilled.

A person can develop a sense of self only if he feels unique, rather than being just a part of an amorphous humanity, community or family.

How careful our Torah personalities were in giving children a sense of worth! The psalmist says, "From the mouths of infants and sucklings You have established strength" (*Psalms* 8:3), and the Talmud (*Shabbos* 119b) states that the world exists in "the merit of the breath of children." There are accounts of how they would listen thoughtfully to a *berachah* recited by a child and answer with a spirited *Amen*. Parents should concentrate on ways to convey to each child his importance and uniqueness.

It is understandable that parents may see their children as extensions of themselves, but children must be allowed and helped to feel themselves to be individuals. A parent may say to a child, "I know you better than you know yourself." If the child believes that, he may not believe that he has a self except as the parent sees him.

A couple took their six-year-old son with them to a restaurant. The waitress took the parents' orders, then turned to the child. "What will you have, young man?" she said.

The child said, "Two hot dogs with lots of mustard and a Coke."

The mother smiled at the waitress and said, "You can bring him some roast beef and vegetables."

A bit later, the waitress brought the parents' orders, and in front of the child she placed two hot dogs and a Coke. The mother was horrified, but the child grinned from ear to ear and said, "Look, Mom. She thinks I'm real."

If children are completely controlled by parents, they may never develop a sense of being a self in their own right.

When children reach the age when they can participate in household chores, they should indeed do so. However, this should be fair and with consideration of the child's abilities and needs. Children are sometimes unfairly burdened by unrealistic demands.

Evelyn is a woman whose mother was emotionally unable to care for her children. At age eight, Evelyn was doing the diapers and looking after her younger siblings. She essentially became a mother at age eight! She never developed a sense of self. From her earliest days, she was only someone who cared for others. Her own needs were unmet. In fact, she did not even know that she had any needs.

Evelyn raised her children and cared for her sick husband. When he died and she had no one to care for, her "inner child" emerged in full force, and she controlled her children with an insatiable neediness.

Evelyn was not a bad woman. She was a desperate woman, as desperate as a person with a parched throat thirsting for water in an arid desert.

Needs are needs. Because we have all been thirsty at times, we can empathize with a very thirsty person. Emotional needs are as real as the need for water. Evelyn's emotional thirst resulting from the gross deprivation of her childhood needs surfaced after her husband's death. She used her loneliness as a means to control her children, with constant, unrealistic demands on them. Evelyn's children's love for her was marred by the increasing resentments of her imposition on them.

Evelyn's daughter-in-law could not tolerate the incessant demands on her husband that took him away from her and their children. When the husband was unable to free himself from Evelyn's control, the wife's patience was finally exhausted and she filed for divorce.

This is an example of the evil of control.

There are marriages where a spouse does not meet the partner's needs. A husband or wife may turn to a son or daughter to provide the companionship, affection or intellectual stimulation that is lacking from the partner. Although there may not be the slightest hint of any meanness, this demand on a child may constitute emotional abuse. Whenever a child is expected to provide that which a spouse is lacking, the potential for emotional abuse exists.

If we recall our childhood days, we will remember how cruel kids can be. Children may be made fun of because they are poor, fat, not athletic, have a speech or physical defect or are not bright. This can cause deep hurt. Parents should be aware of their children's sensitivities and problems at school, and when necessary, get expert advice on how to help the child.

How wise my mother's interpretation of the verse in *Psalms* was! "Satisfy us in the morning with Your kindness, then we shall sing out and rejoice throughout our days." If a child's needs are satisfied in the dawn of life, he can be happy throughout his life.

Coping with Controlling People

n any relationship—parent/child, teacher/student, husband/wife, employer/employee, doctor/patient, lawyer/client or even friend/friend—there is always the possibility of control. Just walking away from a controlling person is not an ideal solution and not always feasible nor desirable. We need to learn how to best cope with controlling people. We will analyze several relationships and give some suggestions that may help one to cope. There are a few general principles that apply to all relationships.

When someone tries to control you, you may either *respond* or *react*. These two terms are anything but similar. Responding can be positive, whereas reacting is usually negative. We can see the difference even in our everyday language. For example, your doctor has prescribed a medication for you. On a subsequent visit he says, "You are *responding* very well to the medication." On the other hand, if you break out with hives or a rash, the doctor says, "You've had a *reaction* to the medication." "Response" means that your body has absorbed it and it is doing its thing. "Reaction" means that the body is rejecting the medication.

We speak of a "knee-jerk *reaction.*" The connotation is that the person is reacting spontaneously and immediately, just as the foot kicks when the knee is tapped. Physiologically, the knee-jerk reaction takes place in the spinal cord. It does not go up to the brain. That is what most reactions are: no-brainers. Response means that you have absorbed the other person's idea, processed it through your brain, and are coming back with a well thought-out response.

Don't *react* to a controlling person. Think and *respond.*

Being interrupted before you finish what you want to say is very irritating. If you *respond*, you will hear the person out. That is respectful and will be appreciated. If you *react* without thinking, you are apt to do so before the person has finished his sentence. Not only is this rude, but you may also be jumping to a false conclusion and reacting defensively to what you *think* the person is going to say. You may be mistaken. You stand to gain by avoiding reacting.

After you have heard what the other person says, you may say, "Correct me if I'm wrong. What I understand from you is...." Sometimes, the person may say, "That's not what I meant." Even if he says brusquely, "Exactly!" you've lost nothing. Furthermore, you've assured him that you've heard him. That makes it easier to say, "O.K., I hear your point. I want to think it over a bit." Then you can *respond.*

As was noted, a controlling person sometimes acts that way because controlling others gives him an ego boost and builds up his lagging self-esteem. What if you're able to say something that builds up his self-esteem? He may just not have quite as much need to control. This may not always work, but it's worth trying.

I don't mean you should be fawning. Giving false compliments is disgusting. But you should be able to find something about the person that is praiseworthy. For example, a response to your boss who is critical of something you did may be, "I've got to admit, Mr. Jones, you sure do run a tight ship! If I ever get to be in a similar position, I'll probably do the same thing." You might not like what he said, but he probably is running a tight ship and he may appreciate that it is recognized.

I do not intend to make this a book on "how to win friends and influence people." By the way, there is a classic book by that very title, written by Dale Carnegie many years ago, and it has really not been improved upon. Do yourself a great favor and read it. It never hurts to learn better ways to communicate. Nevertheless, I do want to make a suggestion or two.

If you have read some of my other writings, you know that I'm hooked on the theme of self-esteem, and as I've just said, whatever you can do to elevate a person's self-esteem can be helpful in any relationship.

You are a new son-in-law or daughter-in-law. Yes, we have heard much about difficulties in in-law relationships and we will discuss them a bit later. These difficulties generally do not ensue from day one.

You may be able to head off some problems or to at least mitigate them by saying right at the beginning, perhaps even the first chance you get to talk to them after the *chuppah*, "I want to thank you for having raised your daughter to be such a wonderful wife." That is not a false compliment. You married your wife because you had reason to believe that she is a good person. She did not grow up like a weed. Parents invest considerable energy in raising their children. You will thank people who give you a wedding gift. Your in-laws invested much effort in the gift they have given you, and this should be acknowledged and appreciated. It certainly will not hurt your relationship to repeat this expression of gratitude. It will raise their self-esteem for having done a good job in parenting. They may also confide in your wife, "You know what Shmuli said to us? He thanked us for having raised such a wonderful person to be his wife. That was so thoughtful and sweet of him."

If you are the parent-in-law, you may also say, right from the start, "We are so happy to have you as a son-in-law. We know that Estee is going to be very happy with you." People often live up to what is expected of them.

Whenever you wish to communicate a criticism of any kind in a relationship, *begin with something positive*. The Torah teaches this in *Deuteronomy 28*. The reward of blessings precedes the harsh warning of punishment.

You should be able to find something praiseworthy in every person. If you cannot, perhaps you are not looking well enough for it. In the beautiful "prayer before prayer" composed by R' Elimelech of Lizhensk, he says, "Help me see the good in other people, not their faults." The Torah says, "G-d will bless you in all *that you do*" (*Deuteronomy* 14:29). If you wish G-d to answer this prayer, you should begin by looking for the good in every person.

President Lincoln once said, "I don't like that man very much. I'm going to have to get to know him better." This is a very wise statement, indicating that our dislike of a person may be because we know him only superficially. It is surprising what good we may discover in a person.

One of my childhood memories is a squabble that occurred between a famous *chazan* (cantor) and the shul that had engaged him for the High Holidays. The shul had overestimated their income, and, several days before Rosh Hashanah, when the *chazan* came to Milwaukee he was told that they were unable to pay him the sum they had promised, and would he please agree upon a lesser amount. The *chazan* was furious, and he brought the shul officers to my father with his complaint. "It is not my worry how the shul gets its money," he said to my father. "A contract is a contract. I will not lower my price by even a nickel. Furthermore, I now want the entire amount placed with you in escrow, otherwise they can find someone else to *daven* (lead the services)."

On Erev Rosh Hashanah the officers came to my father and gave him a sum of money. "This is all we have," they said. "Perhaps you can prevail upon him to *daven* anyway."

My father called in the *chazan*, and no sooner had he uttered the words, "The shul officers were here..." than the *chazan* interrupted him. "Rebbe," he said, "how can you talk to me today about money? It's Erev Rosh Hashanah. I didn't give G-d all I had promised Him either. I'm *davening*!"

Nu, should we judge a person by first impressions? If we get to know a person better, we are certain to find things about him that are praiseworthy. If you assume someone is an ogre, he is likely to act like one.

Someone said to me, "The proverb that 'You can catch more bees with honey than you can with vinegar' is so true. How come that's not in the Bible?"

I said, "Of course it is. Solomon said, 'A soft response turns away wrath' (*Proverbs* 15:1). This is a basic rule of communication."

President Lincoln is credited with the tactic of first presenting the other side's position in any disagreement. It is said that when he addressed a jury, he would say, "Here are the facts my learned opponent presents." He did this so convincingly that an observer might have thought he was representing the other side! He would then go on to present his case. The implication to the jury was, "I'm trying to be as honest and fair as possible."

This is an excellent tactic, but it predated Lincoln by two thousand years. As was mentioned earlier, the Talmud says that there were many disagreements between the schools of Hillel and Shammai, and that Hillel school's position was nearly always accepted as the *halachah*. Why is this so? Because "they were not only humble, *but they presented the opinion of the Shammai school before their own*" (*Eruvin* 13b).

In coping with a person who wants to tell you what to do, you can apply this principle by saying, "I know what you want me to do, and I can see your points in why you want it that way. But allow me to think about it first, O.K.?" Again, this may not always work, but it is often successful. You have elevated the person's self-esteem by granting that he has good reasons for his request. If you *react* by saying, "No way!" or "That's absurd!" or any similar negative comment, you have attacked the person's self-esteem by implying that he is unfair or that he does not know what he is talking about. That is apt to reinforce the person's need to be controlling.

Here is another suggestion to boost self-esteem, or at least not to depress self-esteem. This is simple courtesy toward everyone, but especially important in relating to a controlling person. In a telephone conversation, *hang up last*. You know what it feels like when immediately after the last word was said you hear a click. "That person was too quick to hang up. Obviously, he couldn't wait to get off the phone with me." You don't want to give a controller a reason to feel you are rejecting him, so wait until the other party hangs up first. In those instances where I was too quick to hang up, I immediately call back the other person and say, "I'm sorry. I didn't mean to hang up on you." This may sound picayune, but you will be surprised how such a minor thing can be important.

I do not know why this is, but when we are in a face-to-face conversation and the phone rings, we tend to answer the phone. Why does the caller have priority over the person with whom you are conversing face-to-face? It is actually a kind of insult to answer the phone, and if your face-to-face person is a controller, you have aggravated the situation. Let your answering machine take the call. This tells the person with whom you are talking that you value the conversation.

If I am expecting a very important call, I tell the person before we begin our conversation, "I'm expecting a very important call that I can't afford to miss. I will have to answer the phone if it rings. I hope you won't mind." If the caller is not the important call you're expecting, promptly say, "I'm sorry, but I'm with someone now. Please give me your number and I'll call you when I'm free," or, "You may call me back in an hour." Again, this tells the person that you value the conversation with him.

One of the steps prescribed in the recovery program for alcoholics is "when wrong, promptly admit it." This is a most valuable habit to develop for every person, not only an alcoholic. There is a natural tendency to defend a mistake. Don't do it! Be big enough to admit you may have been wrong. Apologizing does not lower your self-esteem. On the contrary, it elevates it. At the same time, it also elevates the self-esteem of the person to whom you apologized. Apology is a win-win act.

The alcoholism recovery program adds an important feature: "When wrong, *promptly* admit it." Some people try to cover up a mistake and admit it only when there is "smoking gun" evidence of it. This is a serious error which toppled a president of the United States from office and almost toppled a second president. Don't be defensive. It is O.K. to make a mistake. Human beings are fallible. It is not O.K. to deny it. The sooner you admit it, the quicker an argument is put to rest and the more your stature rises in the eyes of others.

It is a natural human tendency to want to be the winner. When two people disagree, each one wants to win. Remember, what you should be interested in is a proper solution to the issue at hand. You have read this book, but the other person may not have read it, so you are better equipped. *Focus on finding the best solution, not on winning the argument.*

The Torah says, "Do not accept a bribe" (*Deuteronomy* 16:19). This applies to every person, not only to magistrates. We all make many judgments each day, so in a sense we are all judges and we should not allow ourselves to be bribed.

A bribe is not only graft. When a decision can go either way and one of them is more pleasant and desirable, that constitutes a bribe. You are bribed by what is most desirable for you.

The Torah says that "a bribe blinds the eyes of the wise and distorts the words of the righteous" (ibid.). You may be a very wise and decent person, but you are not immune to the blinding and distorting effects of a bribe.

The desire to come out the winner in a dispute is a bribe. Even if your opponent's position is the correct one, you may not be able to see it that way, because your perception has been blocked and your judgment has been distorted.

Let's take a hypothetical case. Your wife just gave birth to a baby girl, and everyone is happy. Now comes the choice of a name. You want to name her after someone in your family, and your wife's parents want her to be named after someone in their family. A silly argument? Of course. But such silly arguments have been the beginning of family troubles.

It is conceivable that your in-laws' reasons for their position may be valid. There already is a name in your family for your grandmother, but there is as yet no name for your father-in-law's mother. If you were able to perceive correctly and judge properly, you might recognize that they are right. However, your emotional ties to your beloved grandmother are a bribe. You *want* that name. In addition, your desire to come out the winner in the dispute is another bribe. You may be incapable of making a proper judgment. You see your in-laws' position as being meddling and an attempt to control. This may not be true, but your "bribes" make you see it that way.

This holds true for every dispute. The only way to avoid unnecessary trouble is to make a conscious effort to quash your desire to be the winner. Try your utmost to set that desire aside. Say to yourself, "I don't have to win. The issue should be decided on its merits." If you can overcome the natural desire to win, you may get along much more easily, even with a controlling person.

Accepting a valid decision, even from a "control freak," does not mean you are surrendering to control. Sticking to your guns and refusing to accept a proper decision just because the other person is a controller is being obstinate.

A bit of clarification is in order. The Talmud says that a person should always be flexible and not be obstinate (*Taanis* 20b). This does not mean that one must always yield to another person's wish.

There is a difference whether a person acts on intellect or on emotion. Emotions are not reliable, and may cause a person to do wrong. If a parent disciplines a child because the child must learn right from wrong, that is good. If he does so because he is angry at the child for doing something and acts out his anger, that is bad. The actual behavior may be identical in both cases, but whether it is good or bad is determined by the reason for the behavior.

Proper discipline is determined by the intellect. Reacting in anger is an emotional discharge.

A person may yield to the opinion of a control freak because he has come around to realize that it is in fact the right decision. If he yields because he is emotionally unable to assert himself properly, that is not good for him nor for the control freak, whose urge to control is reinforced by the other person's passivity. The Talmudic statement that a person should always be flexible does not mean that one should be passive. A flexible rod is one that *can* be bent, not one that *is* bent. Being flexible means *being able* to accept another person's differing viewpoint when it is correct. This requires a dispassionate and objective judgment. Inasmuch as one may not always be able to be dispassionate and objective, it is wise to consult a disinterested person whenever possible.

Obstinacy and passivity are extremes. Rambam says that we should avoid extremes and choose a median position between the two.

Very often, people will live up to your expectations of them. If you have pegged someone as being a control freak and relate to him based on that assumption, you may well make him into a control freak. If you see him as a rational person who will listen to reason *when properly approached*, he is more likely to do just that.

Control Issues
in Marriage

One of the areas where control can wreak havoc and cause extreme harm is in the marriage relationship. A happy, successful marriage is a harmonious relationship between the two partners. *Any power struggle undermines the foundation of a marriage.*

Torah is most emphatic about respect for others. There are even instances where preserving a person's honor may override a Torah prohibition. The Talmud says, "Your student's honor should be as dear to you as your own, and your friend's honor should be as dear to you as your teacher's" (*Ethics of the Fathers* 4:15). The importance of upholding a person's dignity can be seen from the

Talmudic statement that "if one humiliates a person publicly, even if he is a Torah scholar and has many mitzvos, he forfeits his portion in the World to Come" (Ibid. 3:15). The Chafetz Chaim says that this holds true even if the humiliation occurs in private. This punishment of forfeiting one's portion in the World to Come is most grave, and is not mentioned even in regard to major Scriptural transgressions.

Human dignity is of unparalleled importance. *Nowhere is there an exemption if the other person is one's spouse.* To the contrary, the Talmud says that a husband should "love his wife as he loves himself, and respect her *even more* than he respects himself" (*Yevamos* 62b).

Trying to control another person is degrading and belittling. This is true especially when that person is one's spouse. Exerting power over a husband or wife is a serious transgression of Torah.

The severity of this transgression is multiplied many times when the offended person has no recourse for help. The Torah decrees the harshest of punishments for anyone who torments a widow or orphan (*Exodus* 22:21), and Rashi states that this is equally true for any person who is essentially helpless.

There are marriages where circumstances enable a spouse to wield power over the partner. As was noted earlier, control breeds resentment, not love. One cannot love a tyrant. A spouse who exerts control over the partner should know that he is crushing the love the other person had for him.

In the traditional Jewish family, the husband was the breadwinner and the wife was the homemaker. Inasmuch as the husband had primary access to the family income, he could exert control by making the wife totally dependent on him for money. In today's economy, this occurs if the wife cannot sign a check or have a credit card. Putting the wife on a weekly allowance as one would do with a juvenile is an affront to her dignity. The reverse is true when the wife supplies the family income, either by her earnings or her family's support. If she utilizes this to control the husband, this is both a transgression and an undermining of the marriage relationship.

The reason that control is so frequent in marriage is because the home may be the only place a spouse may feel that he can be in control. People who feel controlled at work or by others in any way may see the home as the only place they can exert power, and they take advantage of it.

A spouse may be acting out of deep-seated anxiety and insecurity. For example, a husband who objects to his wife going out with her female friends may feel that she enjoys their company more than his. "If she likes them so much, what place do I occupy in this relationship?" This is particularly true of people with poor self-esteem who doubt that they are lovable. He may also feel that her friends are influencing her in a way that is contrary to his wishes.

The following case is an example of how poor self-esteem may result in an attempt to control.

Gladys consulted me because she was afraid that her marriage was falling apart. Ed had always been a kind and considerate person, but had recently undergone a radical change. He was cantankerous and trying to control her every move. She could not understand what had gotten into him.

When I saw Ed, the following emerged. Ed and Gladys had been happily married for seventeen years and had three children. Ed was a contractor who built homes. When the youngest child was in school for a full day, Gladys found too much time on her hands, and decided to take a course in real-estate, resulting in her becoming a licensed realtor. Ed had encouraged this, reasoning that it would complement his contracting business.

After Gladys succeeded in selling several homes and earning a commission, Ed's attitude changed. He resented her work. If she wanted to show a home in the evening, he would say, "You shouldn't be going out at night. It's too dangerous." If she wanted to show a home on a weekend, he would say, "This is the only time you have to spend with the children. You shouldn't be away from home when the kids are home." On several deals he tried to "help" Gladys, and managed to sabotage the deal.

I found that Ed had such poor self-esteem that he did not think he was lovable. He was insecure in having Gladys' love. As long as he was the sole income producer, he was secure in the marriage because he felt that Gladys was dependent on him economically. However, if she was capable of supporting herself, what was there to keep her tied to him? Her ability to earn was very threatening to him.

Ed entered group therapy, eventually overcoming his distorted self-concept, and realized that Gladys did indeed love him. He was then able to relinquish control. Ironically, his attempt to control Gladys in order to keep her in the marriage could have had the opposite effect. Gladys might not have been able to stay in a marriage where her husband wielded total control.

Spouses who doubt that they can be loved may try to put the partner through tests to prove that they indeed love them. "If she really loves me, she will give in and do what I say." They may have no awareness that this is what they are doing.

What can one do if one feels controlled by a spouse?

Perhaps the first thing to do is to take a look at yourself. Sometimes a spouse's control is a reaction, a kind of tug-of-war. If you feel your husband is controlling, try to see, "Is there anything I may be doing to exert control over him in any way?" It is conceivable that he may be trying to control because he feels that *you* are controlling.

Do you insist on going to your parents for Shabbos when he would rather be at home?

Do you take his wishes into consideration? No, I am not trying to find excuses to justify a husband's control, but this is something that must be considered.

If you feel that control is a problem, *don't sweep it under the rug*. Trying to keep peace in the marriage by ignoring problems is unwise. Over time, control may escalate until it becomes intolerable, resulting in serious threats to the relationship. It is much easier to deal with the problem in its earliest stages. Bring the issue out in the open.

"Honey, I don't want anything to spoil our relationship. If I can't sign checks or have a credit card, I am dependent on the money you give me every week. Even if it is enough, the feeling that this gives me is that I am a child being given an allowance. It is not a good feeling, and I don't want to have anything but positive feelings toward you. If you see me spending money unwisely, tell me about it. I'm happy to listen to your opinion, but I can't stand being treated like a juvenile."

Or, "Honey, I know you resent my going out with my friends. I love you and I love our home, but I do need some time with my friends. When you go to any of your activities, I don't see it as being a sign that you don't love me. I know you love me and that you may need some 'alone time' or being with your friends. I want you to feel the same about me."

Many spouses may be unaware that they are in a power struggle. Here is a simple exercise. Whenever there is a difference of opinion about something, *write down whose opinion prevailed.* This should include even minutiae. The husband chose a tie. The wife says, "No, that tie doesn't go with that suit."

"But I happen to like it."

"It looks weird. People will wonder why I let you go out like that."

"That's my problem, not yours. I'll tell everyone that I chose the tie."

A silly argument? Of course. But many disagreements are not of more substance than this. Whatever the disagreement, write it down and note whose decision prevailed.

Make a list of these incidents and then read it together. You may laugh at some things you disagreed about that were not worth arguing about. You may also discover that an inordinate amount of decisions were made by one of the partners. This may bring the control issue out into the open.

Make a list of your respective strengths, and define your roles. The wife is a better vacation planner. The husband is better at balancing the checkbook. The wife has a better sense of direction. The husband is a better driver. Look at those areas in which each of you is best. This does not have to be cast in concrete, but defining roles and agreeing that each one should do what one is best at can prevent arguments.

Important! Make an agreement to disagree fairly. In politics, candidates pledge to stick to the issues, but the campaign may deteriorate to mud-slinging. Do not be like politicians. Stick to the issues!

You happen to be disagreeing on something. "You're just like your mother, always wanting your way!" That has nothing to do with the issue at hand. "Why do we always have to do things your way?" That may be a valid point for discussion, but has no bearing on the particular object of this disagreement. "Last time we did it your way, and remember the fiasco that resulted?" Even if true, that does not speak to the present decision.

Stick to the issues! No name calling! Promise each other to stick to the issues and avoid any and every kind of personal attack.

Don't make winning an argument an ego issue. Deal with the issues for what they are, and get your pride out of the way.

Incidentally, one man told me what brought peace into their marriage. "I didn't want to lose an argument," he said. "But then I realized that if I won, that meant that she lost. I didn't want to be married to a loser. So we stopped fighting about things and began discussing them on their merits."

Sometimes it's wise to yield in this way:

Husband: "For heaven's sake, don't drive so close to the car ahead of you. You may not be able to stop in time and you'll hit him!"

You can say, "Stop telling me how to drive." Or, you might pull over to the curb at the first opportunity, get out of the car and hand him the keys and say, "O.K., you do the driving." Surprising how this technique works.

Make an agreement to negotiate and compromise. Marriage should not be seen as a struggle to see who will win.

If things do not seem to be working out well, *seek competent counseling*. Find a counselor with established competence in marriage problems. It is not necessary for both partners to go. Seek guidance for yourself. Our best intentions for coping with a controlling person may backfire. Expert advice is invaluable.

Remember Solomon's wise words. "The way of a fool is straight in his own eyes, but he who listens to advice is wise" (*Proverbs* 12:15). There are many reasons why we may not be able to see a situation correctly, and we may react in a counterproductive manner. A wise person seeks counsel. Be wise!

Someone may say, "Why is it wrong for a husband to exert control over his wife? Does not the Torah say that because Eve disobeyed Him, she was punished that 'he (the husband) shall rule over you' (*Genesis* 3:16)?"

There was a sect known as Karaites that took everything in the Torah literally. They would punish a person who blinded someone by blinding him because the Torah says, "An eye for an eye." They sat in darkness all Shabbos because the Torah says, "Do not kindle a flame in your homes on Shabbos." The Karaites ate meat with milk because the Torah only says, "You shall not cook a kid in its mother's milk." We follow the Torah as interpreted by the Talmud. Let us see what the Talmud says about the husband/wife relationship.

We have already noted the Talmudic statement that a husband should "love his wife as he loves himself, and respect her *even more* than he respects himself" (*Yevamos* 62b). Dominating a wife is not according her the respect that the Talmud requires. Rav says that a husband should be most cautious not to aggrieve his wife, because a woman is emotionally sensitive and is easily moved to tears. Causing a wife emotional pain will bring swift Divine punishment (*Bava Metzia* 59a). Incidentally, the Talmud says that Rav did not have a good marriage, and that his wife regularly provoked him (*Yevamos* 63a). Yet he is the author of the statement that a husband must not aggrieve his wife! The Talmud also states that a husband should be meticulous in according his wife proper respect, because "the blessing of the household is by the virtue of the wife" (*Bava Metzia* 59a).

Rambam rules that a husband must speak gently to his wife, and should be neither tense nor short-tempered (*Hilchos Ishus* 15:19). Maharal states that precisely because the husband is the head of the household, he must be deeply attuned to his wife's sensitivities

(*Nesivos Olam, Nesiv Ahavas HaRei'a* 2). In the *tenaim* (articles of betrothal) it is stated explicitly that husband and wife "shall have joint control over their belongings." Depriving a wife of access to the family income is a frank violation of this condition.

From these *halachic* rulings is clear that the Torah does not give a husband the right to dominate the wife or to behave toward her in a way that offends her dignity, which is precisely what controlling her does.

Controlling another person is both futile and unethical. What then is meant by "he shall rule over you?" It can only mean that the husband is the *titular* head of the household. He sits at the head of the table and he recites the *kiddush* and the *hamotzi* blessing for the family. The husband occupies a titular but *not* a domineering position.

If we wish to know what the Torah requires of us, we should observe the behavior of our *tzaddikim*, who took great care to give their wives the respect that the Torah mandates.

To My Grandson

Although control problems may occur in any relationship, they are particularly dangerous in marriage. All of the desirable traits that contribute to a happy marriage can be undone by control.

A number of years ago, I wrote a rather lengthy letter to my grandson, with what I consider guidelines for a happy marriage. Although there may be some repetition of things already said, I prefer to present this letter *in toto* rather than edit it. Furthermore, some points deserve to be repeated.

■   ■   ■

My dear grandson:

Mazal tov on your engagement! Baruch Hashem, you have a lovely *kallah* and she comes from a beautiful family. You have been studying Torah diligently, and I know you to have fine *middos* (character traits). You should have a blissful marriage. May Hashem bless you both with the fulfillment of your hearts' desires.

My reason for writing this letter to you is that during my years of practice, I have often been consulted by couples who also could have been expected to have a blissful marriage, but unfortunately, things did not turn out that way. I have come to realize that even with the finest family backgrounds, and even where the young man and woman were excellent students in yeshivah and seminary respectively, there are many possible pitfalls in marriage.

Many things essential to a good marriage are well known. However, as Rabbi Moshe Chaim Luzzato says in *Path of the Just*, it is precisely those things that are familiar to us that we may take for granted and consequently not examine adequately. We know that being considerate is most important in a relationship. But just what does it mean to be considerate? It is possible for people to assume that they are considerate even though they may be lacking in this important trait.

I feel that many young men and women are simply not prepared well for the responsibilities of marriage and parenthood. Consequently, when stresses in these areas occur, they are at a loss how to deal with them properly, simply because they have never been taught the a b c's of human relationships.

Perhaps it was not all that essential for such guidance to be given in the past, but we are living in a different world today. In the environment in which we find ourselves, moral values have virtually disappeared, and hedonism has become the prevailing philosophy of life. The sanctity and strength of the traditional Jewish family has weakened. Attitudes totally alien to Yiddishkeit bombard us from all sides. The street is a toxic place, and some of the toxicity penetrates even our closed doors. We must have better preparation for marriage and family life.

The relationship of husband to wife is unlike any other relationship you have been in. It is different than that of child to parent or that of friend to friend. Children and parents, and friends to friends, are distinct from one another, regardless of how close they may feel. Of husband and wife, however, the Torah says, "They shall become one flesh" (*Genesis* 2:24). The Torah requires that a husband consider his wife as part of him. He should relate to her with the same care that he gives any other part of his person.

As you know, Torah observance requires more than following the *d'oraisa* (Scriptural ordinances). We must observe the Torah as interpreted by the Talmud, which says that "one should love one's wife as much as one loves oneself, and respect her even *more* than one respects oneself" (*Yevamos* 62b). The Talmud thus extends the consideration for one's wife beyond that of the Scripture. You have never experienced this type of relationship before. This is why I feel that guidance in this uniquely new relationship is essential.

This may be a good point to introduce several other passages in the Talmud that pertain to the husband/wife relationship. Remember, these are as binding upon us as any other *halachos*. Anyone who is meticulously observant of other *halachos* but is remiss in observance of the Talmudic teachings about the marriage relationship is derelict in Torah observance.

We would never think of a person who eats butter-fried chicken as being Torah observant. Neither should we consider a person who is derelict in following the Talmudic teaching of the husband/wife relationship as being Torah observant. It is unfortunate that some people place greater emphasis on ritual observance than on the quality of their relating to other people.

I must digress to emphasize this point. In Vilna, a shoemaker inherited great wealth, and achieved the local prominence often accorded to the wealthy. When he married off his daughter, there was an impressive procession from his home to the courtyard of the shul. One local citizen was upset by the shoemaker's rise to prominence. In the midst of the wedding procession he approached him with a pair of shoes. "Do you think you can have these repaired by tomorrow?" he asked.

R' Yisroel of Salant was appalled by this public humiliation. He said, "The previous rabbis of Vilna were called from *Gan Eden* to stand in judgement before the Heavenly Tribunal. They were being held responsible for not having sufficiently impressed upon the populace the importance of proper *middos*, which would have prevented the occurrence of a public humiliation."

The preservation of human dignity is of great importance, sometimes overriding a conflicting *halachah* (*Berachos* 19b). Think of it this way. A person who is very hungry is unable to control himself and goes into a McDonald's for a cheeseburger. He has committed a grave sin by frankly violating a Torah restriction, and he will be judged for this by the Heavenly Tribunal. However, this does not detract from the reward he may have earned by the study of Torah (*Sotah* 21a). On the other hand, a person who was diligently observant of Torah from childhood on, and at the age of eighty-four humiliates someone publicly and does not apologize, *loses reward for all the mitzvos he may have done throughout his entire lifetime* (*Ethics of the Fathers* 3:15). The Chafetz Chaim adds that this is true even if the humiliation occurs in private. That is the importance the Talmud gives to human dignity.

The dignity of one's spouse is no exception. There is no justification for disrespect of one's spouse.

Let us return now to some Talmudic statements.

"A person must always be cautious to respect his wife. The blessing in one's household is due *only* to the merit of one's wife, as the Torah says, 'He was good to Abraham because of her (Sarah)' " (*Genesis* 12:16, *Bava Metzia* 59a). We must weigh the Talmud's words carefully. We can hardly think of anything that could possibly surpass the spiritual greatness of the patriarch. Yet the Talmud says that the Divine blessings are by virtue *only* of the wife. Your study of Torah and observance of mitzvos, my dear grandson, are of inestimable value. But remember, the Divine *berachah* is by your wife's merits rather than yours.

"A person must be most cautious not to irritate his wife. Because she may be easily moved to tears, his punishment may be swift to come" (*Bava Metzia* 59a). The Talmud states that because a woman is exquisitely emotionally sensitive, great care must be taken to avoid upsetting her.

The Talmud relates that R' Rechumi was diligent in his Torah study in the academy of Rava, returning home Erev Yom Kippur. One time R' Rechumi was so deeply engrossed in Torah study that he was late in returning home. His wife awaited his return anxiously. "He is coming soon, he is coming soon," she said. When he did not come, she was distressed and dropped a tear from her eye. R' Rechumi was sitting on a roof at the time. The roof collapsed and he was killed (*Kesubos* 62b). So harsh a judgment for a single tear! And why was R' Rechumi late? Because he was studying Torah. Truly an amazing *gemara*.

Do not relate to your wife according to your own standards. You may be indifferent to things that may cause her distress. You may not give any significance to your birthday, and you might not care in the least whether or not she remembered it. But if your wife would feel slighted by your not remembering her birthday, you must make sure to remember it. Make note of days that may be important to her, especially her birthday and your anniversary.

It is irritating to me to hear the groundless aspersions that poorly informed people sometimes cast, saying that Torah favors men above women. They cite the fact that men have more mitzvos and are, therefore, more privileged. For years I have heard the *Kohanim* preface their *berachos* by saying that "G–d has sanctified us with the *kedushah* of Aaron." Not once have I felt inferior to *Kohanim* by my inability to pronounce the *berachos*, nor that I am not sanctified in the manner they are.

In sports, the team is supposed to do its utmost to win. Each player has a specific assignment. Can you imagine an outfielder protesting his position and insisting that he wants to be the catcher or vice versa? Players are assigned their positions by the judgment and decision of the manager. The outfielder and catcher are of equal importance to the team. Or think of a symphony orchestra in which the French horn player would say, "I want to play that melody. I don't want the violins to play it." Any individual player who puts his own career ahead of the team interest is a detriment to the team.

Our Manager has assigned roles to *Kohanim, Leviim* and Israelities, to women and to men. *Klal Yisrael* is a team. A woman who feels underprivileged fails to understand this. Men who consider themselves superior to women are equally in error.

There are some people who may be in error, and unfortunately, this misconception may sometimes be found even in people of authority. This is not a new phenomenon. The Talmud relates that when the daughters of Zelafchad heard that Eretz Yisrael was to be divided among the males, they took counsel and said, "G–d's compassion is not like that of humans. Humans are more considerate of males than of females. The Creator is not like that. His consideration is for both males and females, for it is written, 'He is good to all; His mercies are to all His works' " (*Sifri, Pinchas* 27).

We are commanded to emulate Hashem. "Just as He is merciful, so you should be merciful. Just as He is gracious, so you should be gracious" (*Shabbos* 133b). Anyone who lacks this impartiality is derelict in the commandment to emulate Hashem.

How thrilling it is to study Torah! There is little that can compare to the brilliance of the *Chidushei HaRim,* the clarity of the *Ketzos HaChoshen* or Reb Chaim's analysis and reconciliation of conflicting Rambam rulings. To whom do we owe all of this?

The Talmud says that the Jewish Torah world had become barren and that Torah would have been forgotten had it not been that the great R' Akiva restored it by teaching it to R' Meir, R' Shimon bar Yochai, R' Yosi ben Chalafta, R' Yehudah bar Elai and R' Nechemiah (*Yevamos* 62b). Torah was saved from extinction by R' Akiva, and we owe all our Torah knowledge to him.

As you know, R' Akiva was illiterate at age forty, and it was only at the behest of his wife, Rachel, that he went to study Torah. She sacrificed his company for twenty-five years so that he could excel in Torah. She cut off and sold her beautiful hair to support his learning. When he returned home with thousands of disciples, Rachel came to greet him. Not knowing who she was, R' Akiva's students blocked her access to the master. R' Akiva said to them, "Let her come. *Everything that I know in Torah and everything you know in Torah we owe to her*" (*Kesubos* 62-63). The next time you are enthralled with Torah, remember your obligation to Rachel.

As I watch the yeshivah students davening *Shemonah Esrei*, meditating and silently verbalizing the *tefillah*, I cannot but wonder whether they are aware that the most we know about *tefillah* is because of Hannah, the mother of the prophet Shmuel (*Berachos* 31b).

You are familiar with the Midrash that we merited liberation from the bondage of Egypt only by virtue of the righteous women (*Sotah* 11b). You also remember that not a single woman participated in the worship of the Golden Calf, a sin which cast its shadow over our entire painful history. And that when the spies returned with a negative report about the Promised Land, the lamentation of the Israelites caused a calamity from which we still suffer today. While the men demanded that Moses be deposed and a new leader appointed who will lead them back to the lime pits of Egypt, it was the women who insisted on proceeding to the conquest of Canaan (*Rashi, Numbers* 26:64).

When Jerusalem was destroyed and we were driven into exile, the Patriarchs Abraham, Isaac and Jacob pleaded to G–d for mercy for their children, but their pleas were not answered. Moses, whose supplication for Divine compassion was never turned away, was equally disregarded. It was only the intervention of the Matriarch Rachel that elicited the Divine response, "It is only by your merit, Rachel, that your children will be returned to their homeland" (Introduction to *Eichah Rabbah*).

Certainly you will wish your children to be Torah scholars. The groundwork for their success in Torah will be provided by your wife rather than you. Solomon says, "Hearken, my son, to the discipline of your father, and do not forsake *the Torah of your mother*" (*Proverbs* 1:8). It will be her emotional input in their infancy that will prepare them for your teaching. Indeed, at Sinai the instructions on receiving the Torah were given to the women before the men (*Rashi, Exodus* 19:4).

For everything precious to us — our liberation, our Torah knowledge, our *tefillah* and the ultimate Redemption — we are indebted to women. Little wonder that the Talmud accords the wife so lofty a status. It can only be crass ignorance that can cause a person's failure to appreciate the overriding role of the woman in Judaism.

But does the Torah not state that the man shall rule over his wife (*Genesis* 2:16)? It is evident from all our Torah ethical works that this "rule" means that the husband should be the *titular* head of the family. The husband sits at the head of the table, makes *kiddush* and recites the *hamotzi* for the family. This verse does not give a husband a right to be dictatorial or tyrannical.

Halachah requires that husband and wife respect one another. Rambam describes how the husband should respect the wife and how the wife should respect the husband (*Hilchos Ishus* 15:19-20). In your study of Rambam in the yeshivah you have been taught to pay close attention to every nuance in his great work. It is not only the content of the *halachah* that is important, but also just where he places the particular *halachah*. It is, therefore, noteworthy that Rambam placed the *halachah* of the husband's duty to respect his wife *before* that of the wife's respect for the husband. Of course, both are of equal importance and should be simultaneous. However, if anyone wished to make a case of where respect should begin, the Rambam's sequence provides the answer.

In the finest of relationships there are bound to be disagreements, but you must be careful how to disagree. The Torah decrees that a person must respect one's parents. If one sees his father committing a sin, one may not chastise him for it. *Halachah* states that one must say gently, "Father, is it not written in the Torah that this is not permissible?" *Halachah* teaches us how to disagree without being disrespectful.

Inasmuch as we have seen that the Talmud requires that a husband respect his wife even more than himself, disagreeing must be done respectfully. No shouting, no denouncing and certainly never using any derogatory or insulting terms.

Calm, gentle disagreement is not only necessary to fulfill one's duty to be respectful, but it is also wise and practical. When you raise your voice in an argument, your opponent becomes defensive. His attitude immediately changes from being receptive to what you are saying to thinking of how to counterattack. He tunes you out and may not even hear what you are saying. I have observed altercations in couples and have noted that they are often talking past each other. Neither has really heard what the other is saying.

If what you say has substance, say it quietly. You will make your point. Solomon says, "The gentle words of the wise are heard above the shouts of a ruler of fools" (*Ecclesiastes* 9:17). If you feel the need to shout, pause for a moment and rethink what you are about to say. Chances are you will find that your "argument is very weak."

Disagreements can be sensible discussions. They do not have to be arguments.

Many people have difficulty accepting constructive criticism. Solomon calls them fools and scoffers. "A scoffer does not like to be reproved; he will not go to the wise...A discerning heart looks for knowledge, but the mouth of fools feeds on non-wisdom" (*Proverbs* 15:12-14).

King Solomon says, "All of a person's ways appear right in his eyes" (ibid. 21:2). This is a psychological fact. We are generally oblivious of our own character defects. If others point them out to us, we may question their motives and doubt the validity of their criticism.

Hashem, in His infinite goodness, provided man with an *ezer kenegdo*, someone who can help him, but stand opposite him. A devoted wife is indeed one with her husband, yet she can stand aside and be more objective. Your wife may see things that you need to correct of which you may be unaware. Her bringing these to your attention is Hashem's special gift to you. A husband who reacts negatively to his wife's criticism is not only neglecting the opportunity to improve himself, but is also rejecting Hashem's kindness.

One of the reasons some young men do not know how to relate properly to a wife is because they had a paucity of modeling. Sometimes their parents did not provide the best examples. Many yeshivah boys look up to their Torah teachers and consciously or unconsciously emulate them. There is one important aspect of behavior that they do not observe. They have virtually no opportunity to see how their rebbe relates to his wife. Most of the accounts we have about the lives of our great Torah personalities were written by their students or *chassidim*. Very few children have been their parents' biographers. Children could have described how their parents related to each other. Unfortunately, there is a great void in this area.

In our generation we were privileged to have a Torah giant whose *middos* were exemplary. I suggest you obtain a biography of R' Shlomo Zalman Auerbach, a *gaon* and *tzaddik* whom I was privileged to know. There are many stories of how he ingeniously managed to respect the dignity of others even when there were *halachic* problems. He never transgressed *halachah*, but never embarrassed a person.

For example, R' Shlomo Zalman was on a bus (he felt that he had no right to take a taxi at the yeshivah's expense) when a scantly clad woman boarded and sat next to him. He waited a few moments, then rang the bell and smilingly said to her, "Pardon me, but I must get off here." He got off and waited for the next bus. Someone who had observed him asked why he had done this. R' Shlomo Zalman replied, "What else could I do? I could not continue to sit there. If I had moved to another seat that would have insulted her. Just because she does not dress with *tznius* does not give me the right to insult her." R' Shlomo Zalman was a *gadol* in *middos* as well as in *halachah*.

When R' Shlomo Zalman's wife died, he said, "It is customary to ask *mechilah* (pardon) from the departed person for any offense one might have committed toward them. We lived our lives according to the Torah, so there is really nothing for which I must ask *mechilah*. Nevertheless, since it is a *minhag*, I will comply with it."

Can you imagine this? A person who lived with another person in a close relationship for some sixty years and is secure in the knowledge that he never offended her, even once in sixty years? This would be difficult to believe of anyone except for R' Shlomo Zalman.

"We lived our lives according to Torah," and that is why there was no need to ask *mechilah*. This was not the aspects of Torah that deal with Shabbos or *kashrus*. This was the aspect of Torah that deals with proper behavior between man and wife. There are many people who may truthfully state, "I never ate *tereifah* all my life" or "I never missed a single day of putting on *tefillin*." How many people can truthfully say that during many years of marriage they never offended their wife? To R' Shlomo Zalman, the Torah guidelines for proper behavior toward a wife were of no less importance than the laws of Shabbos and *kashrus*. This is what it means to lead a Torah-true life.

A woman once complained to R' Aryeh Levin that her husband acted abusively toward her, and would he please speak to him about this. R' Aryeh told her that if he would chastise him, he might become even more abusive toward her for having "tattled" on him. "I will have an opportunity to speak about this without revealing that you have spoken to me," he said.

R' Aryeh would teach *Ein Yaakov* between *minchah* and *maariv*, and this man regularly attended these sessions. When he came to a portion that discussed relationships, R' Aryeh elaborated emphatically and at great length on the Torah requirements for respecting one's wife, and how harsh the Divine punishment is for causing her distress.

R' Aryeh's teacher and mentor, the great *gaon* and *tzaddik* R' Issar Zalman Melzer, happened to be in the shul at the time. He said to R' Aryeh, "I must express my gratitude for your lecture today. I have not thought enough about whether I am observing the Torah requirements for respecting my wife properly. Your lecture has reminded me that I must do some soul-searching."

Why is it that those people who need it the least hear it the most?

You should realize that although your wife loves you very much, you are nevertheless a newcomer in her life. For the past two decades her relationships have been with her parents, siblings and extended family. These relationships are very dear to her and you should respect them.

As a Torah scholar you remember that the Torah says, "Therefore a man shall leave his father and mother and cleave unto his wife" (*Genesis* 2:24). Note that it does not say the reverse. Apparently it is easier for a man to detach from his family than for a woman.

Some men, probably because of feelings of inferiority, may misinterpret the wife's desire to be with her family as a reflection of her love for him. "If she really loved me why would she still need to be with her family so often?" It is foolish to make an unreasonable demand for the wife to have no other needs in the world except for the relationship with her husband. I have seen egocrazed husbands who demanded virtual worship from their wives.

There are some accepted customs, such as, with whom does the young couple spend the first Seder? Regardless of what the custom is, be sensitive to your wife's needs. Remember, the Talmud says that her emotional needs are greater than yours.

Never, but never belittle your wife's family. Remember, she loved and respected them long before she loved and respected you. If you think you are going to gain in stature by belittling them, you could not possibly be more wrong. The Talmud says that an honorable person is one who *gives* respect, rather than one who receives honors (*Ethics of the Fathers* 4:1).

The idea that "things must be done my way" has ruined many marriages.

Zeide was very dedicated to his heritage. Nevertheless, he sang *Shalom Aleichem* the way Bobbe's father did rather than how his father did. He also adopted a number of other practices of Bobbe's father. This was not only to assuage her homesickness, but also to indicate that he valued her family's *minhagim.* This is just a tiny example of Zeide's sensitivity and consideration for Bobbe.

This relationship is very new to you. Keep that in mind. There are many things you will learn as you go along. As long as you are sensitive and considerate, you will integrate this new knowledge.

I have every reason to believe that your marriage will be blissful. You and your *kallah* have found each other by the tried and true method that has been in our family and culture for many centuries. However, the rationale for this method must be understood so that it can result in a happy marriage.

In Western civilization, marriages are based on what is referred to as "love." A young man and young woman "fall in love" and decide to marry. The fact that the incidence of failed marriages is so high in this culture should raise some eyebrows. Where is the flaw in this method?

The Rebbe of Kotzk once saw a young man obviously enjoying a dish of fish. "Why are you eating the fish?" the Rebbe asked.

The young man looked puzzled. "Why? Because I love fish," he said.

"Oh," the Rebbe said, "and it was because of your love for the fish that you took it out of the water, killed it and cooked it. That is a strange way to show your love.

"The reason you did that, young man," the Rebbe continued, "is not because you love the fish. What you love is *yourself*. Because of your self-love, you wish to satisfy your appetite. The fish tastes good to you, so you killed it for your own gratification. There is nothing wrong with that. Just do not delude yourself that you love the fish."

The Rebbe of Kotzk made an excellent point. Much of what Western civilization calls "love" is not really the love of another person, but rather self-love, "fish-love," if you will.

A young man and a young woman meet. He feels that she can provide for all his emotional needs, and she feels that he can provide for her emotional needs. This is called "falling in love." There is indeed a love relationship, but it is essentially a self-love.

A marriage based on self-love is on unsure grounds. Suppose that after some time the man thinks that there is another woman who can better provide for his emotional needs. If self-love is the cement of the relationship, it stands to reason that he may wish to terminate the first relationship. Also, infatuation may blind the young people to major differences in their outlook on life. When this phase passes, incompatibilities may come to the surface.

The advantage of a *shidduch* is that both partners usually come from similar backgrounds, and this may eliminate areas of ideological conflict. Limited contact prior to the engagement reduces the possible distortion of judgment due to infatuation. However, even in the best of situations it is still possible that the young man or young woman or both enter the marriage with their own agenda. Self-interest may still be a dominant factor, and frustration of gratifying the self-interest may cause difficulties in the relationship.

Couples who seek marriage counseling are often told that their problem is one of communication. They are not communicating well to each other. That may be true, but I suspect that the cause is not always faulty communication.

One time at the airport I was standing near a man on the moving walkway. He recognized someone on the adjacent moving walkway going in the opposite direction. They exchanged a few words, but were soon out of range of communication. These people may both have had excellent skills in communication. The reason their communication failed was because they were heading in opposite directions.

If a young man is primarily interested that the marriage relationship should provide for *his* needs, and the young woman is interested that the marriage provide fulfillment of *her* needs, the two may be heading in different directions. There is no common goal that sets them on the same path.

At the wedding ceremony, the first *berachah* after the giving of the ring is *shehakol bara lichvodo*, that Hashem created everything for His glory. This is indeed a wonderful concept, but what is its relevance to marriage?

I believe that the Sages instituted this *berachah* to tell the young couple that they should have a common goal. Their primary function should be to establish a family that will bring honor to the Name of Hashem. The Talmud gives us the formula for this. "If a person transacts business honestly and behaves respectfully, people will say, 'How fortunate are the parents who bore him, and how fortunate is the teacher who taught him Torah' " (*Yoma* 86a). Establishing a family that manifests the high ethics of Torah is a *kiddush Hashem.* That is the couple's foremost responsibility and this should constitute the principal reason for marriage.

There is no denying that both husband and wife should have their emotional needs met. However, if these are the primary basis for the marriage and they are frustrated, the relationship may falter. If the prime purpose is *shehakol bara lichvodo,* there is a firm basis for the relationship that can enable it to sail through stormy seas.

A healthy marriage can exist only when there is mutual trust between husband and wife. Concealing or withholding important information can be ruinous to the relationship. Of course, information that was given to either one in confidence cannot be revealed, and both partners should understand why they must respect a person's confidence. Keeping this kind of a secret to yourself is not detrimental. However, withholding information that the other spouse has *every* right to know undermines the trust that is so vital in a marriage.

Of course, the rules of *lashon hara* must be observed. A husband or wife may hear a juicy piece of gossip and just can't wait to get home to tell it to the spouse. The restrictions against *lashon hara* apply within the family as well. If the husband hears about something and then discovers that his wife knew about it three weeks ago, he may say, "Why didn't you tell me?" She should reply, "Because it's *lashon hara,* Honey. Remember?"

One of the problems I run into with some frequency is a parent who calls, "My son/daughter is 20. Two years ago he/she was treated for depression, obsessive-compulsive disorder or panic disorder. He/she is fine now. We are involved in *shidduchim* now. Am I obliged to reveal this? If I do, it may ruin the chance of a *shidduch.*"

I not only empathize with the parents, but I agonize with them. I do not believe one must tell the *shadchan,* and it is not necessary to reveal this at the first meeting. However, if it seems that the *shidduch* may progress, I firmly believe that the party must say, "There is something I must share with you. I had this problem for which I was treated." If the person is still taking medication, this must be revealed. It is unthinkable to enter a relationship as intimate as marriage with deception. Every *posek* I have consulted has said that it is obligatory to reveal such information.

Poskim have told me that the Chafetz Chaim, the greatest authority on *lashon hara*, says that if someone knows that a party to a pending *shidduch* had a condition, which, if known to the other side, would discourage them from the *shidduch, one is obligated to reveal such information even if not asked*! Failure to do so violates *lo taamod al dam re'acha,* "Do not stand by while your fellow's blood is being shed."

The parents are understandably reluctant to reveal something which would prevent the success of the *shidduch*. I ask them, "How would you feel if the situation were reversed? What would you say if after your son/daughter was married, it was discovered that important information was withheld?" Even though they realize that they would feel deceived, they still may not be able to get themselves to reveal the information.

I know of several cases where the information was withheld, only to be discovered after the marriage. It has always been disastrous to the marriage.

The sum total of this is that a husband and wife must have complete trust in each other. Trust is the single most important component of a successful marriage. *Never do anything that might jeopardize your wife's trust in you.*

Let me change the subject. You have never had a wife before. You have no idea of what any wife expects, and you do not know what your wife will expect of you. She may be upset because you did not ask her whether she needs a new dress for her cousin's upcoming wedding. She may point out that her father always would ask her mother whether she needed a new dress for a wedding. Of course, when she remembers her father's asking this, her parents had already been married for a number of years. Her father probably did not know to do this three months after their marriage either. You might say, "Honey, I'm not good at guessing. Eventually I will learn, but please, when you want something, tell me. It's the only way I can know."

Speaking of a dress, let me mention what the *Menoras Hamaor* says (Ner 3): "Economize on your own clothes. Clothe your children according to your means, but extend yourself beyond your means for your wife's clothes."

You should realize that women are physiologically different then men. They have hormonal changes that men do not have. Some women may experience moods due to these hormonal changes. They may be irritable, angry or may cry for no apparent reason. After a few days this disappears and they are as pleasant and jolly as ever. If this is not understood, a husband may be bewildered and the wife may be desperate. They may each think something is wrong mentally. Each may blame themselves or the other partner.

Such mood changes are not uncommon and can be managed fairly easily if properly understood. I believe that in preparation for marriage it would help if you read my book *Getting Up When You're Down*; it can eliminate unnecessary aggravation.

You should know that your wife is your wife and that she is not your mother. She does not have to be like your mother. Your mother may have catered to you because she raised you from infancy. Don't expect this of your wife.

You may have different tastes in foods. You may love gefilte fish and she cannot stand it. At her home they began the Shabbos morning meal with chopped liver, while you are accustomed to fish in the morning. I trust that you are far too intelligent to make an issue of such trivia.

Your mother may have been a meticulous housekeeper. "You could eat off the floor." Your wife's mother may not have observed that standard.

One newlywed young man complained to his rosh yeshivah that his wife was not a good *balebosta* (housekeeper). The following day he answered the door and was surprised to see his esteemed rosh yeshivah, who came into the house, found the broom, dustpan and mop, and showed the young man how to clean up.

By the way, there is a tradition that one should do something to help prepare for Shabbos. That is in addition to mopping the floor.

A young man consulted the Steipler Gaon about a difficult *gemara*. As the young man was about to leave, the Steipler said, "Young man, I see that you are a *masmid* (diligent student). Don't forget to help your wife at home."

The young man said, "My wife is a true *eishes chail* (woman of valor). Her greatest wish is that I learn Torah."

The Steipler nodded. "Yes," he said, "that is *her* mitzvah. *Your* mitzvah is to help at home."

Hashem will bless you with children. Infants get up several times during the night to be nursed or fed. You enjoy your sleep and hate being awoken. Furthermore, you cannot nurse the baby, so what point is there in your getting up?

Pregnancy and childbirth are indeed normal conditions, but they are a drain on a woman's energy. After childbirth, a mother needs much rest. (Another reason why you should read *Getting Up When You're Down.*) When you hear the baby cry, get up, diaper the baby and give him/her to your wife. When the feeding is over, the baby needs to be burped. Let your wife go back to sleep. You burp the baby.

"But," you may say, "I need my sleep. If I get up to the baby I will not be able to concentrate well on my learning tomorrow." I suspect that this is the rationalization of the *yetzer hara* rather than the counsel of the *yetzer tov*.

You can become a *gaon* from burping the baby! Your uncles were born when I was in medical school. During the night, I would put a medical text on the dresser and read while I burped the baby. This was an excellent time for study, and I am certain this enabled me to graduate with honors! Don't lose this opportunity. Place a *sefer* on the dresser. You will learn much and have a healthy, well-rested wife.

The Alter Rebbe's living quarters were above those of his son, the Mittler Rebbe. One time the Alter Rebbe heard an infant crying incessantly. He went down and found the Mittler Rebbe so engrossed in Torah study that he did not hear the baby's cry. The Alter Rebbe sharply rebuked his son. As great as Torah study is, it should never make one oblivious to a child's cry.

Your in-laws will come to visit. *Halachah* requires that you respect them. Incidentally, there are a lot of jokes about mothers-in-law. Don't tell them to your wife. This is not cute. You would not want to hear such comments about your mother.

One of the vexing problems today is whether a woman should work, pursue a career or be a homemaker. Western civilization has been influenced by the feminist movement. There are many things about this movement that are valid. For example, there is no reason why a woman should be paid less than a man for the selfsame job. But there are other things that are not as clear.

There is no denying that until recently our society has been male dominated. Some women have rebelled against this, and there have indeed been some changes. In my medical school class there were 98 men and 4 women. Today half or more of a medical school or law school class may be women. There is a misconceived attitude that unless a woman has a professional or business career, she is admitting her inferiority to men.

You can't build walls against attitudes. Some young women who were taught Torah *hashkofos* (outlooks) in seminary may nevertheless envy the woman who has become a lawyer or CEO of a major firm. Furthermore, it is possible that even some men secretly admire a woman who has made such an achievement. The woman who has five children, three of them in diapers, may have a feeling of missing out on success in life, and possibly even of oppression. She may feel she has little to show for herself if at the end of the day she is totally exhausted and is confronted by a huge pile of laundry and a table full of dirty dishes.

Granted, it is often necessary for a wife to work. It is also a common practice that the wife may be helping support the husband who is learning in *kollel.* She may be happy to do so, because she was taught that this is her *tafkid* (purpose). She gladly works and does her utmost to care for the children and the household. All this notwithstanding, she is only human, and is subject to viewing with some envy the professional woman whose life seems to be so much more glamorous and less stressful.

Rabbi Akiva gave his wife, Rachel, a gold necklace and pendant of Jerusalem. He said, "She certainly deserves this. She sacrificed so much for Torah." You must take every opportunity to acknowledge your appreciation of your wife's efforts. Showing how you value her can help offset the cultural glorification of the career woman.

In addition to the respect which is her due, your children will learn from you to respect their mother. Just as parents have an obligation to give proper *chinuch* (training) to their children in all other mitzvos, they are equally obligated to give them *chinuch* in respect for their parents. This is not accomplished by lecturing, but by modeling. They will respect their mother if you do.

You may enjoy teasing. There is a proverb, "*Wer es liebt sich, necht sich*" (People who love each other tease each other). My advice to you: *Don't tease!* There are much better ways of expressing affection. What you may think is clever and cute might be felt by your wife as a sharp sting. Stinging remarks are not easily forgotten.

There are some men who are domineering and give orders to their wives as though they were five-star generals. They justify their behavior by quoting the statement that is indeed cited in *halachah*, "A proper woman is one who does the will of her husband."

Our Sages are very critical of people who distort Torah for their own needs. What if the husband wanted her to cook something for him on Shabbos? Is she to do his will in order to be a "proper wife?" In order to understand what this statement means, we must know its origin.

The Scripture gives of an account of a battle between the armies of Sisera and Israel. Sisera's forces were defeated and he fled, finding asylum in the tent of Yael, a Kenite woman. Yael knew that her husband had a peace agreement with Sisera. However, realizing that

Sisera was a threat to Israel, she knew that her husband valued Israel above Sisera. When Sisera fell asleep in her tent, she killed him. She had correctly interpreted her husband's will. The Sages, therefore, cite her as an example of a woman who understands what her husband would want her to do under certain circumstances.

How one can distort this to give a husband dictatorial rights is beyond me. There is no justification for tyrannical behavior.

I observed my parents' marriage for forty-three years. There was profound mutual respect, consideration and love. As you know, Zeide first met Bobbe *after* the *chuppah*. Their marriage was not based on "fish-love." The stresses they went through early in their marriage would have destroyed a "fish-love" relationship. The only complaint I remember Bobbe having is that after fifty years of married life she still did not know what foods Zeide preferred. He ate whatever she prepared. To have shown a preference would have meant that she might have to go out of her way or do something extra. Conserving Bobbe's energy was far more important to him than what food he enjoyed.

You know that when Zeide found out that he had pancreatic cancer, he took it right in stride. Zeide knew a great deal about medicine, and was correct in his assessment that chemotherapy for this type of cancer was not effective. He said to me, "If it could prolong my life, I would have to accept the unpleasant side effects. But to suffer for no purpose makes no sense." I agreed that there was no point in chemotherapy.

The doctor who spoke to Bobbe told her that the most that could be expected from chemotherapy was another three months. Bobbe said, "Three months? Why, to extend his life for even three days you would have to do it."

Zeide said to me, "I'm sorry the doctor gave Bobbe false hope. But if I do not take the chemotherapy, then when I die, Bobbe will say, 'Why didn't I insist on it? He might still be alive!' Bobbe will then feel guilty, and I wouldn't want that. So I will take the chemotherapy with all its miseries. I've done many things for Bobbe. This gives me a chance to do the last thing I can for her."

This was not "fish-love."

There is a natural tendency to blame things on others. That is how mankind got into trouble right at the beginning. When G–d asked Adam if he had eaten from the forbidden fruit, his response was, "My wife made me do it." Eve, in turn, blamed the serpent. Neither accepted responsibility for their actions. Perhaps if Adam had said, "I did wrong and I regret it," he would have been forgiven and the course of world history might have been much different.

Rashi points out how strong the urge to divest oneself of responsibility can be. The Matriarch Rachel was desperate to have children. So much so that she said, "If I have no children I might as well die" (*Genesis* 30:10). The Midrash says that when Joseph was born and her fondest wish was realized, she said, "Now if something breaks I will have someone to blame it on. I can say that the baby did it" (ibid. 30:23, *Rashi*). Think of it! Is it imaginable that in her moment of supreme joy, when she felt that she finally had something to live for, our mother Rachel was happy because she will now have someone to blame for a dish being broken? It is clear that the Midrash tells us this only to impress upon us the intensity of the urge to place blame on someone else.

The reason the Torah tells this about Adam and Rachel is to alert us about the proclivity of people to blame others. Be very careful of this human frailty.

Why is this tendency to blame others so strong? Because if we can blame others then we do not feel we have to make any changes in ourselves. "It's the other people's fault. Let them change. I'm fine the way I am."

We are creatures of habit. We are set in our ways and we do not like to change. Blaming others allows us to stay the way we are. This is as natural a response as reflexively putting your hand in front of your face to protect yourself from a flying object. You must catch yourself and make a concerted effort to avoid blaming. But I can assure you that if you succeed in refraining from blaming, it will be a major contribution to a happy marriage.

The Talmud says that when a man and woman are united in marriage, Hashem makes His presence dwell with them (*Sotah* 17a). That is, if you let Him.

When the Rebbe of Kotzk was a young man, R' Bunim of P'shische asked him, "Young man, where is G–d?"

"There is no place where He is not present," the young R' Mendel answered.

"Young man, I asked you, 'Where is G–d?' " R' Bunim repeated.

"The whole world is full of His glory," R' Mendel answered.

Again R' Bunim said, "Young man, I have asked you, 'Where is G–d?' "

R' Mendel said, "If my answers do not satisfy you, then you tell me."

R' Bunim said, "G–d is present wherever He is invited to be."

Yes, G–d is everywhere, but we can cause Him to withdraw His presence.

There are essentially two human traits that repel Hashem. One is *gaavah* (vanity). Hashem says, "I cannot be in the presence of a vain person." Earlier I pointed out the grievous error of men considering women to be inferior. If a husband has an attitude of superiority, which is generally manifested by his being demanding, domineering and inconsiderate of his wife, he drives Hashem away. My dear grandson, I regret to tell you that I know of homes where all the mitzvos are meticulously observed, but it is a home devoid of Hashem's presence because someone there is a *baal gaavah*.

The other thing that repels Hashem is idolatry. Of course, there will never be any idols in your home. That is just unthinkable. Statue idols, that is. But if you fly into a rage, that is equivalent to idolatry (*Rambam, Hilchos Daius* 2). I can understand that you may feel angry when provoked, but you must exercise great restraint not to erupt into a rage. If you lose your temper, it is equivalent to removing all the *mezuzos* from your doors. Hashem does not want to be in a place where there is idol worship. That is precisely what happens when a person loses control of his anger.

Earlier I quoted the Torah's description of the marriage relationship, "They shall be as one flesh." Husband and wife should be one. Now if you injured your foot, would you become angry at it for causing you pain? Would you hit your foot? A Torah observing person fulfills the Torah concept of marriage. It should be as absurd to be angry at your wife as at any other part of you. You may feel hurt, but not angry.

You may say, "Zeide, what is it that you are expecting of me? I am not an angel!"

Some people think that it is beyond human capacity to observe Shabbos appropriately, or to avoid any foods that may contain a trace of something non-kosher. They may say, "How can you expect me to make a living if I refuse to work on Shabbos? Or, it is the only time I can visit my friends, do my chores or make necessary contacts. I cannot possibly avoid traveling or using the telephone." Or someone may say, "My work requires me to travel all over the country all week. I cannot possibly adhere to strict *kashrus*. What do you want me to do, starve? I am a human being, not an angel."

It is only a matter of degree. One does not have to be an angel to observe Shabbos and *kashrus*, and one does not have to be an angel to control one's temper. Nor does one have to be an angel to think of his wife as part of him and act accordingly. Zeide was not an angel. He was a great person, a superb human being. And by the way, that is better than being an angel.

Although achieving control over anger may be difficult, you can get a great assist from the letter of the Ramban to his son. Not only does it contain excellent instructions, but the Ramban also says that on the day one reads it, his prayers will be answered. Of course, the Ramban is not referring to prayers for winning the lottery, but to prayers for greater spirituality. Ramban suggests you read this letter once a week. I recommend that you make a fixed time each week for reading this letter.

The Talmud is very harsh with husbands who terrorize their household. "Whoever exercises excessive fear over his household will eventually come to transgress the three sins: forbidden relations, bloodshed and violation of Shabbos" (*Gittin* 6b). If Shabbos preparations are lagging late on Friday afternoon, the instructions to get things ready must be said in a soft, pleasant tone (*Shabbos* 34a).

Rabbi Zeira lived to an old age. When his students asked by what merit he achieved his longevity, he said, "I never raised my voice in my house" (*Megillah* 28a). Speaking gently contributes to everyone's longevity.

While there is some controversy about what portions of Torah women should study, there is universal agreement that they should learn about the mitzvos incumbent upon them. This includes not only the laws of Shabbos but also the mitzvah of *emunah* (belief) and all the *middos* required by Torah. I suggest that you have a *shiur* with your wife in *seforim* such as *Mesilas Yeshorim* and *Chovas Halevovos*. Learning Torah together creates a strong bond.

I suggest that you and your wife begin to prepare yourself for being parents by reading books on parenting. We don't come into the world as accomplished doctors, lawyers or electricians. Much study is necessary to acquire these skills. There is no reason to assume that we are natural born competent parents.

Unless there is adequate preparation for parenting, parents may have divergent ideas about raising children. This can cause much confusion for the child. The time to decide on a course that both parents agree on is *before* the children are born.

The commentaries on *tefillah* ask, Why is it necessary to verbalize our prayers? Inasmuch as Hashem knows our innermost thoughts, why do we simply not meditate? What is gained by pronouncing the words?

Various answers have been given. I am bold enough to suggest an additional answer.

There appears to be an inner resistance to acknowledging gratitude. Already the first human being, Adam, was an ingrate (*Rashi, Genesis* 3:12). Moses sharply rebuked the Israelites for being ingrates. This reluctance can be seen even in small children. Mother may say, "Now say 'thank you' to the nice man for the candy," and the child replies with a grunt that indicates that he has no intention of doing so.

Tosafos (*Avodah Zarah* 5a) says that the reason the Israelites did not want to acknowledge their gratitude to Hashem was because they did not want to feel beholden to Him. This is a profound psychological insight. When we have strong negative feelings about something, our minds may render us oblivious to it. Even small children may react this way.

It is even more difficult to feel obligated and beholden to another human being than it is to Hashem. We may find it easier to express our gratitude to Hashem. If we do so frequently, and accustom ourselves to pronounce the words "I thank you" to Hashem, we may lower the resistance to saying them to another person. This is one advantage of verbalizing our prayers.

A second area where there is some resistance is the expression of love for another person. During courtship, a young man and a young woman may indeed say "I love you" or write these words on the card accompanying a gift or flowers. For some strange reason, marriage seems to curtail the expression of love. A couple may live together for fifty years without verbally expressing their love for each other. Each may say, "Why do I have to say it? He/she knows I love him/her." True, but it is still very pleasant and reassuring to hear it.

When we declare our love to Hashem in prayer, we realize that although we love Hashem and Hashem knows we love Him, we express it verbally anyway. That is a good precedent. We should apply it to the people we love.

In *tefillah* we confess our sins. We express our regret for having done wrong and pledge not to repeat our sins. In human interaction, admitting one was wrong is met with great resistance. People may rationalize and justify their actions and may be obstinate in refusing to admit they were wrong. When we say to Hashem, "I have sinned and I ask Your forgiveness," we may reduce the resistance to saying this to other people.

My dear grandson, if there is any formula for a successful marriage, it is to utilize these expressions when they are called for. The three short phrases, "I thank you," "I love you" and "I am sorry for what I did. I was wrong," are a magic charm for making the marriage a happy one.

As was noted earlier, true love for another person is an unselfish love. There is a beautiful chassidic story that illustrates this.

The *tzaddik,* R' Moshe Leib of Sassov, has come down in chassidic lore as outstanding in *ahavas Yisrael.* R' Moshe Leib said that he learned what *ahavah* means from a drunkard.

While passing a tavern, R' Moshe Leib overheard a conversation between two inebriated men. "I love you, Stepan," the first one said.

"You just say that, Ivan," Stepan responded. "You don't really love me." The two kept on exchanging these assertions until Stepan finally said, "If you really love me, Ivan, then tell me, where am I hurting?"

R' Moshe Leib said, "*Ahavas Yisrael* means to know other people's pain without them telling you so."

This is the kind of love that should develop between husband and wife. Just as one knows one's own needs, wants and pains, so one should know that of the spouse. I don't expect this to occur at the very beginning of the relationship. However, it will develop if you make a concerted effort to develop it.

My dear grandson, be extremely cautious about your words. I think that the reason our Sages formulate the prayer "*Boruch Sheamar vehaya olam,* Blessed is He Who spoke and the world came into being" instead of "*Boruch Borei Haolam,* Blessed is the Creator of the world," is because they wished to stress that the spoken word can create an entire world. By the same token, a spoken word can destroy a world. The prophet says "Their tongue is like a sharp arrow" (*Jeremiah* 9:7). Actually, the tongue is even more powerful than an arrow. A suit of armor can repel an arrow. Sharp words can pierce the strongest armor. Some of the wisest words spoken by a human being are those in the letter of the Ramban: "Think about what you wish to say before you say it." I cannot begin to tell you how much misery would have been avoided if people would have followed the Ramban's advice.

In the best of relationships unforeseen problems may arise. It is extremely important to nip these in the bud. Unresolved problems tend to linger and not go away. To the contrary, they may become more complicated with time.

It is indeed important to have a *chaver* in whom you can confide. However, if any problem arises in the relationship, *physical or emotional,* do not ask your peers for advice. Seek the advice of wisdom and experience.

You will remember that when Solomon died and Rehavam inherited the throne, he was confronted by the populace that wanted the taxation to be eased. The elders counseled Rehavam to be flexible and respect the complaints of the populace. Rehavam's peers advised him to take a hard line and assert his authority. Rehavam favored the advice of his peers over the counsel of his elders, precipitating a catastrophic partition of Israel from which we have never recovered.

Choose an older person who is wise with experience. Of course, age in itself is no guarantee of wisdom, but you can certainly find a person whose maturity and clarity of thought make him a resource for advice. If necessary, do not hesitate to seek the advice of a professional counselor.

I can testify that, as a psychiatrist, I have been consulted by people with serious marital problems. In many instances these problems could have been avoided had they been dealt with at the onset, when their resolution was relatively simple. The couple did not seek professional help earlier either because they felt they could work it out themselves or, more often, because they felt embarrassed to do so. There is still a widespread attitude that there is a stigma to consulting a professional counselor, and people may look for help only when the problem has reached desperate proportions. Do not be so foolish.

People who detect a minor problem with their automobile are likely to consult a mechanic promptly. They generally do not consult their friends, and they certainly do not wait until the car breaks down before asking for competent help.

We are not born mechanics or doctors. It takes study and experience to develop these skills. Neither are we born as competent spouses or parents. Being a spouse or parent is a huge responsibility, and we should realize that we need education and training to achieve competence.

Which brings me to the next item. One of the great mysteries is why Hashem arranged it so that people have their greatest wisdom when they need it least. By the time a person reaches retirement age, life has taught him a great deal. However, at this point he does not have to make any major decisions. The really important decisions — whom to marry, what kind of a career to choose, where to live, how to raise one's children — these are all made when we are young and inexperienced. Why do we not have our maximum wisdom between ages eighteen and thirty, when we needed it most?

I can only conclude that in His infinite wisdom, Hashem knows that maximum energy and maximum wisdom do not go together. When we are young, we have maximum energy, but our wisdom is at its lowest. When we are old, we have our maximum wisdom, but our energy is at its lowest.

What is the solution? It is that energetic youth should avail themselves of the wisdom of the elders. That is the best of all possible worlds. Unfortunately, many young people are headstrong and think they know it all. This can result in tragic consequences. So be wise, and apply your great energies guided by the wisdom of experience.

One of the first things you and your wife should do is to read authentic books on parenting and discuss the various issues. You may choose *Positive Parenting* as a starter. This was written with the collaboration of one of the finest child psychologists in the country. This will give you and your wife an opportunity to have a unified and consistent approach in parenting.

Young children are exceedingly shrewd. They know how to play one parent against the other. Proper preparation can help you avoid this.

I know that I made some mistakes in raising my children, and your parents no doubt made their mistakes. You are entitled to make mistakes, but do not repeat our mistakes. These are avoidable.

Children need both love and discipline. These two may sometimes appear to be in conflict, but with proper education, discipline can be seen as love. However, it must be discipline that is directed toward the child's betterment rather than a result of parents' anger or frustration. Uneducated parents may vacillate between lenience and firmness. There is nothing as confusing to a child as the inconsistency of their parents.

Preparing yourselves before the children come onto the scene is most advantageous. An ounce of prevention is worth a ton of cure. Once problems arise, you are in a state of stress and this may result in knee-jerk reactions. Discussing in advance how you will raise your children can prevent many problems.

My dear grandson, you will be bringing children into this world. Your relationship to your children will derive from an inborn love of a parent for a child. There was no need for the Torah to tell parents to care for their children. The Torah does, however, instruct children to respect and revere their parents. This is not inborn trait.

That is the way the history of mankind began. Adam and Eve cared for their children. They had no parents to care for. This is the way it has continued through history.

Children do not ask to be brought into this difficult world. It is the parent's decision. Parents, therefore, have an obligation to provide their children with the best means to adjust to this world. Their motivation should be to do what is best for their children. The children should not be used primarily as a means of fulfilling the parents' needs.

I see two-year-old children running around dressed in designer clothes. Two-year-olds have no concept about designer clothes. They can be just as warm in less expensive clothes. It is the parents' ego to show others that they are buying designer clothes for their children. This may seem to be trivial, but it indicates that parents may exploit their children for their own ego. This can sometimes have serious consequences. Children should feel that the parents have *their* interest at heart.

Your children will respect and honor you as the Torah commands. It is important, however, that they know that you consider yourself valuable to them as a parent. Some parents spend so much time at work that they do not have much time to spend with their children. They may say, "I have to spend this time at work so that I can provide the children with all their needs."

Yes, children indeed have many needs that require money. However, they also have a great need for closeness with their parents. Giving them *things* instead of *yourself* is making a statement that you consider the things you give them as being of greater value than yourself. If parents so degrade themselves, it is little wonder that the children's respect for them may suffer.

Self-respect, respect for others and being respected by others go hand-in-hand. If you give of yourself to your children, you are making a statement that you have self-respect, and this encourages them to respect you.

I mentioned the fact that the Rambam places the duties of the husband toward his wife before those of the husband, and that this should teach us who must initiate respect for the other. There is another nuance in this Rambam that is often overlooked.

Rambam says that "a husband should respect his wife more than himself and love her as he loves himself" (*Hilchos Ishus* 15:19). The origin of this *halachah* is the Talmud cited earlier, that "one should love one's wife as much as one loves oneself, and respect her even *more* than one respects oneself" (*Yevamos* 62b). Why does Rambam reverse the order of the Talmud, placing respect *before* love?

I think the reason is that to love one's wife as much as one loves oneself cannot be achieved from the first moment of marriage. A strong love develops gradually. However, *respect can begin from the very first moment.*

I am sure that by following these teachings of Rambam and by developing your *middos* according to the works of *chassidus* and *mussar,* your marriage will indeed be one of enduring happiness.

Like Adam and Eve in *Gan Eden*

At a wedding, a rabbi remarked on the *berachah* (blessing) that G–d should bless the new couple with the joy of Adam and Eve in *Gan Eden*, "That means that they should be free of meddling parents and in-law trouble just like Adam and Eve in *Gan Eden*."

Many young couples encounter difficulties from parents and parents-in-law whom they see as "meddling." Some choose to ignore the problem and make believe it does not exist. No problem is ever resolved by "make believe." However, in order to address the problem constructively, some understanding is required. Understanding does *not* mean approving or justifying.

Understanding enables one to have an attitude that is more conducive to solving a problem.

Understanding is what my mother used to refer to as "the holy *al tadin*." She was referring to the statement *al tadin es chavercha ad shetagia limkomo*, "Do not judge a person until you have put yourself in his place" (*Ethics of the Fathers* 2:5). She referred to this statement as "holy" because it is the key to resolving problems across a broad spectrum of relationships. In psychology we refer to this as *empathy*, which means seeing a situation from another person's perspective. Granted, that perspective may be distorted, but one must be able to understand that to that person, his perspective is reality. Someone who was once bitten by a dog may panic when confronted by a harmless puppy. To him, that puppy represents danger.

It is only natural for parents to be controlling. Parents who raised a child from infancy may indeed understand *logically* that he or she is now a mature adult, but the *emotion* may persist that this grown up is still a child in need of care and guidance.

Once, while in Canada, my father was visited by an eighty-six-year-old man who hailed from the village that was my father's birthplace. After a bit, the man asked, "Rabbi, would you mind visiting my father?"

My father was surprised that an eighty-six-year-old man had a living father. "He denies his age," the man said. "He says he is one hundred twelve. The truth is, he is one hundred fourteen."

My father seized the opportunity to visit this centenarian, who remembered my father's ancestors of six generations earlier. Even at this advanced age, the man's mind was clear. He asked my father, "Did my *boychickl* come to see you?" To a father, an eighty-six-year-old man was still a *boychickl*.

As I pointed out earlier, when emotion conflicts with logic, emotion often wins. Parents may act toward grown up sons or daughters as if they were still children.

When a child marries, the parents gain a son or daughter. By the same token, they also lose a son or daughter. Until now, they were essentially the principal recipient of their child's affection and attention. Now the lion's share of affection and attention is going to go to the spouse, and they will get the crumbs. That's how they feel, and that is a loss. Can we blame them for wanting to hold on?

Although the children do not want to hurt their parents, the fact is that by getting married and diverting their affection and attention from them, they are doing just that, and they may feel guilty, as though they had committed a crime. They may like to spend weekends alone, but feel guilty if they do so. The parents may give them the "good news" that they are going on vacation and are giving them a gift by having bought tickets for them to come along. The young couple does not want to go with them, but refusing will hurt them, and they feel guilty if they do.

When the young couple expresses the idea that they want to have a life of their own, they feel guilty. This is magnified if the parents did not have much in their lives except caring for their children, and they now feel unfulfilled. Should the young couple sacrifice their happiness to avoid hurting their parents and feeling guilty? If so, how much sacrifice is appropriate? Too much sacrifice may generate anger, and the anger may be turned against the spouse.

A simple rule: Sacrifice for parents is appropriate. Sacrificing *the marriage* for parents is not. It takes keen judgment to know the difference.

Parents may meddle because they care. As I mentioned earlier, an unwise statement by a doctor when I was ten caused my father to believe that I had heart disease, and he was very overprotective of me. After I was married and my father found out that I had a fever, he repeatedly checked whether my wife had called the doctor, whether I was taking my medicine regularly, whether the house was warm enough, whether I was drinking adequate hot tea, etc. My wife was a bit offended that he would think of her as being so incompetent, but to my father, his darling child was dangerously ill, and he was worried whether this young woman was capable enough of giving his child the care that he had given him all those years. The reaction could be either a gentle reassurance or a hostile response to being accused of being inept. An understanding of where he was coming from made the difference.

On the first Friday that we were alone, after my wife had prepared for Shabbos a box was delivered containing challah, gefilte fish, chicken soup, roast chicken, kugel and cake. We had a good laugh over it. My wife called my mother to thank her, and we put the food in the freezer. How was my mother to know that this young woman knew anything about cooking? And if she was able to cook, how would she know what foods her little boy likes? Without empathy, this kind gesture could have been interpreted as an insult.

As a young couple, you might wish to spend a quiet Shabbos alone, but your parents insist that you must be with them for Shabbos. Would you rather that they didn't want you? Most parents love to have their children with them for Shabbos. Just wait. When *your* children get married you will feel the same way. A good response is, "We love to be with you for Shabbos, but next Shabbos we'll be at our home. We need some alone time." If it is technically feasible, occasionally (but very occasionally) you might say, "How about your coming to *us* for Shabbos?" That would also give you a chance to prove that you know how to make chicken soup.

You want to buy furniture for your apartment. Mother-in-law comes along to make sure you buy the right furniture. "I have to help the kids choose furniture. They don't know quality or prices." She's probably right. If they are paying for the furniture, they may feel that this gives them the right to choose it. You may be tempted to say, "Look, who's going to be living with this furniture, you or me?" You'd be better off saying, "Mom, I'm so glad you're going to guide me on quality and prices, but our tastes may differ. You might like traditional, but I like more contemporary. But I do want your help on quality and prices." If you reject their help outright and buy what you like, do not be surprised if, disapproving of the drapes you bought, they say, "Look at the *shmattes* (rags) they have hanging on the windows!" Of course, this is petty and it is much preferred that they respect your choice for your own home.

However, even if they respond negatively try to understand where they are coming from.

Then a baby comes along. "Good heavens! What does this nine-teen-year-old girl know about taking care of a baby? Why, she's just a baby herself! My precious grandchild! I've raised six children. I have to help her with her first child." Don't take offense. Furthermore, she may have a point. You might say, "Mom, I appreciate all your help, but I have to follow the pediatrician's instructions."

Your mother-in-law might want to show you how to bathe the baby. Let her do it the first time, then say, "Mom, I want you to watch me and see if I'm doing it right."

The arrival of a child can do much for cementing relationships with in-laws. Until now they were only your husband's/wife's parents. In the grandchild, both sets of grandparents participate in the one person. This can be unifying.

If you've married the oldest child in the family, there is yet another consideration. This is the first time they are parents-in-law. They were probably no more prepared to become parents-in-law than you were to become a husband, wife or parent. Give them a break. They've got to learn.

If you've married the youngest child in the family, there may be yet another problem. Your in-laws now have to deal with the "empty nest syndrome." That can be quite traumatic. Parents who have spent most of their adult life caring for their children suddenly find themselves with no one to take care of. If they are not both occupied with work, this may hit hard. They may be unable to let go. Give them this consideration. It will take some time for them to adjust. What you see as meddling is just their way of trying to be useful. It can be very depressing to feel useless. You may have to wean them gradually from their emotional dependence on you.

There may be factors in your in-laws' background that you are unaware of that affects their behavior. If they were Holocaust survivors or children of survivors they may have emotions that you cannot understand. Or, they may have gone through difficult times early in their marriage. It is helpful to say, "Mom and Dad, this is so new to us. Can you tell us something about how things were for you when you were first married?" This may get you brownie points. They may be more than happy to tell you about their ordeals, and it may also help you understand where they're coming from.

Never, but never, bad-mouth your in-laws to your spouse. She may know their shortcomings, but they are her parents, and they should be treated respectfully. However, you do have to work together on this. Don't put your spouse on the defensive. She may not feel that the parents are intrusive. You may say, "Honey, do you feel your parents are not giving us enough space?" If your spouse says, "No, I don't think so," you have planted the idea, and your spouse may come around to realizing it. When an incident occurs which you see as intrusive, point it out gently. A concrete example is more convincing than a generality.

Your parents' and in-laws' behavior may appear unreasonable to you. If you can empathize, it will not be unreasonable. You may not approve of it, but you will handle it differently if you do not accuse them of being unreasonable.

Assuming that there are two sets of parents-in-law, there may be a conflict of loyalties. One set of in-laws may feel that the children are spending an unfair amount of time with the other in-laws. It is not unheard of that they may demand equal time, down to the hour. Sometimes this can be most unreasonable. One woman said, "We lived just a few blocks from my husband's parents, but my parents lived in another city. If we spent a weekend at my parents' home, my in-laws insisted that we must stay at their home for a weekend. We could have easily walked over for the meals, but no, we had to pack up our clothes and the kids' clothes. It was so unnecessary, but that's just the way they are." Another woman said, "My mother-in-law said, 'You spent eight hours at your husband's parents but only five hours with us.' "

If in-laws are unreasonable in this way, it is unlikely that you will satisfy them regardless of what you do, so it may be futile to try.

Plan well in advance for the holidays. Both your parents and in-laws may take for granted that you are going to be with them for the Seder, and it will come as a shock to them that you want to be with your spouse's parents. So about Chanukah time, tell your parents or in-laws, "Mendy and I (or Chaya and I) decided that were going to be at his parents for the Seder and with you the second days." Don't say "O.K.?" You and your spouse *decided*, and you have a right to that decision.

You and your spouse should reach the decision about how much time you are going to spend with either set of in-laws by discussing it between yourselves. You can then decide which of you is going to tell the parents about the decision, *when* you are going to tell them and *how* you will tell them. Plan on how to respond to their reaction. The first time you tell them of your decision, it may hit them like a blockbuster. It is your "Declaration of Independence." They may swallow hard and take it gracefully, or they may say, "Well, if that's the way it's going to be, just forget about us. You don't have to speak to us again." It is conceivable that they may even say, "If you want to be on your own, then do it all the way. Don't expect us to support you." When you make your decision to declare your independence, you should consider all the possible ramifications. Remember the difference we made between "reacting" and "responding." They may *react*, but you should *respond*.

If parents react with, "Then just forget about us," you may say, "We're sorry you're taking it that way. We'll *never* forget about you. We love you and we want to be with you. We welcome your advice, but we must make our own decisions." Don't fret that they will never talk to you again. They don't want to lose their children, and after the initial reaction wears off, they'll come around.

Once you've made the decision, support each other. As kids, we sometimes play one parent against the other. Now it's their turn to do so. Don't let it happen. You should relate to parents and in-laws as "we" rather than "I."

Always be respectful to your parents and in-laws. You may disagree with them, but do so respectfully.

Of course, there may be extremes. Parents and parents-in-law may be smothering, and their intrusiveness may just be intolerable. Even after you empathize, they still seem unreasonable. They may want to control ever facet of your life. If they are intractable, get some counseling from someone *with established competence* in parental and in-law relationships on how to handle this. Not every purveyor of advice, regardless of their degrees, is competent in family matters, so look for someone capable. Do not rely on your own judgment. You may have a knee-jerk reaction and say or do something for which you will never be forgiven. But do not ignore the problem in the hope that it will go away on its own. Your spouse may love you very much, but also has loyalty to his parents, and if the issues are not resolved, it may cause friction between the two of you. This must be avoided. It is not wise to tell your spouse, "You have to tell your parents that they are too intrusive." That puts your spouse in the middle and causes him to be pulled in two directions. Get good counseling, and present a united front.

If your parents happen to be supporting you early in the marriage and assume that because they are paying the bills they have the right to call all the shots, you should reconsider your options. You might tell them that while you truly appreciate their help, their attitude is causing some problems. Suggest that all of you see a counselor together to work out proper boundaries. If they reject this and are frankly dominating because they are supporting you and will not let go, you may have to seriously consider revamping your plans so that you can detach yourself to some degree from their support. This may seem impossible to you, but if the choice is between changing your plans or having your marriage wrecked, you may have to make the impossible more possible.

Children have an obligation to honor their parents. It is one of the Ten Commandments. However, the same Torah that commands this said right at the beginning, "Therefore shall a man leave his father and mother and cleave to his wife" (*Genesis* 2:24). If push comes to shove, the obligation to one's spouse and children takes priority.

Esther consulted me because as much as she loved her husband, the marriage was in jeopardy. Nathan's mother was a widow and made many demands on him. Nathan was busy at the office all week. He invited his mother for Shabbos, but she said that she prefers to remain home. On Sunday morning she would call that she needs the lawn mowed or some other chore done. Although Sunday was the only day that they could have some family activities, Nathan would leave his wife and children and go to his mother.

When Nathan and Esther would go out for dinner, Nathan would invite his mother, although Esther wanted some "alone" time. Nathan's mother generally refused, saying, "No, you and Esther go and have a good time. I can stay home." Nathan did *not* have a good time at all. Throughout dinner, he was consumed with guilt that his mother was home alone.

I suggested to Nathan to consult a *halachic* authority to find out what his Torah obligations were. The rabbi told him that while he must be respectful of his mother, his prime obligation was to his wife. He might offer to pay someone to cut the grass or do other things that his mother wanted, but he must devote himself primarily to his wife and children.

Following the rabbi's instructions not only saved the marriage, but also had a salutary effect on Nathan's mother. She became involved in a nearby senior citizen's center and developed new relationships, which she would not have done had Nathan continued to respond to her every call.

Proper counseling, as in this case, can preserve a marriage and make it a much happier one.

Just a few words to parents-in-law: Respect that your children have now become a family of their own. Do not conclude that they favor the other in-laws over you. They may have valid reasons why they are allotting their time the way they do, and their division of time should not be seen as an indicator of how much they love you. Respect their decisions. Do not set the couple against each other by playing on their loyalties.

Whatever it is that you are giving your children, give it whole-heartedly with no strings attached. If you want your children to have something, give it lovingly. Do not expect to be paid back for what you have given. Your children should be grateful for what you give them, but do not use gifts as an instrument of control.

The Controlling Parent

As noted, it is not easy for parents who were under the impression that they had control of their child, to adjust to the reality that this is not true. They may wish to exert the control at twenty that they felt they had in infancy.

I have often quipped that if I were to see any of my children going to a support group for "Children of Dysfunctional Parents," my reaction would be, "Thank G–d! They've found a place to get help."

Was I a dysfunctional parent? Look at it this way. At the age of seventy-plus, having learned much from life's experiences and educational sources, my wisdom is at its highest point. But I did not have my children when I had the wisdom of a septuagenarian.

Rather, I had them when I was in my twenties, when I did not have this mature wisdom. Of course I must have been dysfunctional. Given the relative paucity of wisdom we have when we raise our children, we are *all*, to some degree, dysfunctional.

Our children begin life totally helpless. They could not survive without our care. The realization that they are growing and maturing has to make inroads on our perception of their helplessness and dependence on us.

Consciously, we wish our children to become independent. We educate them and train them with the goal that they should become self-sufficient and not be forever dependent on us. We may even resent prolonged dependence. We hope and pray that our children will survive us, and failure to achieve independence from us would leave them helplessly stranded.

That is logic. Logic operates in the conscious mind. The subconscious does not operate on logical principles, and the feelings that reside in the subconscious can be totally illogical. Yet, they are very real and may exert a powerful influence on our thoughts and behavior.

When our children are young and are dependent on us, we feel useful. When they eventually achieve total self-sufficiency and can detach from us, we may be happy for them and proud that we have accomplished our task as parents. Yes, we may be happy *consciously*, but the subconscious that equated their dependence on us with a feeling of usefulness may not share in that happiness.

Bernice was a widow whose divorced daughter, Sandra, and her eight-year-old son lived with her. She prepared meals for them, did their laundry and made her grandson's lunch every school day.

One day Sandra returned home with good news. Her fiancé had been given a significant promotion at work with an increase in salary that would enable them to get married. He had been appointed division head of the company's branch in another city.

Bernice congratulated her daughter and was happy for her, but she felt a pang of sadness. If Sandra and her son moved away, what function would she have? What would there be to look forward to upon awakening in the morning? But how dare she feel sad? This was a wonderful opportunity for her daughter, and Harold was indeed a wonderful man. Bernice struggled to free herself of the feeling of sadness. She felt guilty being sad when she should be happy for Sandra. She felt terrible that her selfish feelings and her possessiveness of Sandra and her grandson stood in the way of sharing her daughter's joy.

Bernice had difficulty falling asleep that night. She awoke at 3 a.m. with shortness of breath and chest pain. She woke Sandra, who immediately called 911. Bernice was hospitalized in the intensive care unit. For the next two days she was hooked up to a monitor and underwent a battery of blood tests. On the third day, while Sandra was visiting, the doctor said to Bernice, "I have good news for you. Your heart is healthy and all your blood tests are normal. There is nothing wrong with you, and you may go home."

Bernice began crying. Sandra said, "Why are you crying, Mom? Everything is O.K. The doctor said that there is nothing wrong with you."

All that the doctor could know was that Bernice's tests were normal. What he did not know was that there was something very much wrong with her. She had lost her reason for living.

Parents need to be needed. They may not be able to feel that they are needed when their children detach from them.

Many years after I was independent of my parents, I needed them very much. I needed their "mazal tov" when a child was born. I needed someone to call and to be happy for me when the baby had his first tooth and took his first steps. I needed them to tell me how beautiful the pictures of the children were. I needed them at the Bar Mitzvzahs. I missed my father at my children's weddings. I was fortunate that my mother could share in my *simchas* (happy occasions), and it was a very sad day when I could no longer call her with some good tidings about the grandchildren. Parents never outgrow their usefulness, but many do not know that.

Someone defined *love* as "the ability to understand someone even if you disagree with him." Remember the importance of empathy, of being able to see things from another person's perspective. Your parents do not have control over their subconscious, and they may not be aware that feelings in their subconscious are influencing the way they think and act.

In your parents' subconscious there are still vivid images of when you ran into the street to retrieve your rubber ball, and when you cried bitterly because you were not allowed to buy an ice cream a half hour before supper. Consciously, they know that you are mature and responsible, but these lingering impressions may raise some doubts as to the soundness of your decisions. It may take some time until the effects of these subconscious feelings may be overcome.

Incidentally, you, too, have a subconscious which is refractory to logic, and it, too, may retain ancient memories. You may have resented parental control at age five. Twenty-five years later, your parent makes a rather innocent comment which is not controlling, but your subconscious feelings are triggered by this comment and you may react to it as if it was an attempt to control you.

Just because you resent parental control does not mean that, in some way, you may not still long for it. When my father was weakened by cancer and had to physically lean on me to go to the doctor's office, I felt that the world had turned upside-down. For me to lean on my father would have been more natural. For him to lean on me was very painful to me. At that point I would have been glad if he had been well enough to control me.

In the 1960's, there was a cultural revolution, with the emergence of the conviction that anyone over thirty is obsolete, and wisdom resides in youth. We have not recovered from that disastrous era. Psychiatrists specializing in treatment of adolescents report that the most frequent diagnosis they make is "Oppositional Defiant Disorder," which essentially means disagreeing with parents simply because they are parents. Unfortunately, this has often resulted in tragic consequences.

At age twenty-two, I received *semichah* (ordination) and became assistant to my father in his shul. The first time I had to officiate at a funeral and deliver a eulogy, my father asked me,

"What are you going to say?" I felt the blood rushing to my head. If my judgement is not good enough, I should not have been given the position. If you took me in this position, you should trust my judgement. I felt infuriated.

I told my father what I had prepared for the eulogy, and he made some corrections. How foolish it was of me to have resented his sage advice! I had an excellent opportunity to learn from him, but with the omniscience of a young adult, I did not realize how valuable this opportunity was.

Was my father being controlling? Perhaps, but it was constructive control. Much of what children may see as control by a parent may actually be guidance which should not be dismissed.

Eventually, my father stopped asking me what I had prepared to say in a sermon. Rather, he was excited with anticipation that my sermon would be good.

The overwhelming majority of parents want to be good parents. Most probably, they raise their children the way they were raised. That is really the only training they had. If they had a controlling parent, they are likely to repeat that pattern.

It is a good idea to ask your parents, "What was it like when you were a child or adolescent?" Not only will you get insights into their behavior, but in relating this, they may see that they are repeating things that they resented.

Young children may react to parental control in a variety of ways. They may be "passive-aggressive," not openly defying their parents but finding ways to avoid complying with their wishes. Or, they may be "super-good," to earn their parents' love, and perhaps to show how much better they are than a sibling. Once traits like these begin in childhood, they may persist into adolescence and adulthood. It may be very helpful to do some self-examination and see how you reacted to parental control earlier in life. If you can identify this, you may be able to modify your attitude and behavior.

You might ask your parents whether they ever disagreed with *their* parents, and how things turned out. At some point, you may wish to say, "Dad or Mom, I know you have my best interest at heart. I really want your input, because I know that you have wisdom that I don't have. But after I have your input, I'm going to have to make my own decisions. I may make mistakes, but that's the only way I'll learn. I do want you to know that I value your suggestions, even when I don't follow them."

There may be cases of parental control that are excessive and intolerable. Surrendering to control is a mistake, but acting in defiance may not be better. Consult someone with expertise in parent/child relationships on how to handle your particular situation.

The Controlling Child

Small children feel themselves under parental control, and they do not like it. Remember Antonine's observation? The *yetzer hara* does not wish to be restrained, and if it inhabited a fetus, it would kick its way out of the mother's womb, preferring death to being restrained. The *yetzer hara* does enter a person at birth, and from there on, for the rest of the person's life, it battles against restraint. The *yetzer tov* (good inclination) does not come about until Bar or Bas Mitzvah. By then the *yetzer hara* has ruled for thirteen or twelve years without opposition.

The *yetzer tov* has an uphill battle. Many children enter the adolescent phase even *before* the *yetzer tov* appears on the scene, and they act out their resistance to being controlled. Inasmuch as offense is the best defense, some adolescents try to throw off parental control by *wielding control over their parents.*

Make no mistake about it. Adolescents know how to push their parents' buttons. They know exactly where their parents are most vulnerable. If they are put in a position where they feel they want to control their parents, they know what they must do. The only real way to avoid this is to *raise your children in a way that will minimize their being in such a position.*

The suggestions made in the chapters on parental control may be helpful. But having stressed the importance of empathy, I wish to comment about empathizing with teenagers.

First of all, the institution of "adolescence" is the craziest idea that civilization has come up with. It is totally unnatural.

I was once called to the hospital emergency room to care for an adolescent who had come for help. When I asked the young man what his problem was, he remained silent. After a prolonged period of silence, he said, "I am a nothing."

"Why do you think you're a nothing?" I asked.

"Well, what am I?" he said. "I'm not a child and I'm not an adult. I'm a nothing."

It had not occurred to me previously that adolescence is an unnatural construct. Primitive tribes do not have adolescence. There are puberty rites, at which time a child becomes an adult. Of course, this is so in *halachah.* A young girl of eleven years, 353 days (the Jewish year) is a *ketana* (minor). A young boy of twelve years 353 days is a *katan* (minor). At the moment of sunset on the 354th day, a magic transition occurs. These children become adults. They are competent to make legal contracts. If they commit a crime, they are judged as any adult of forty. There is no "juvenile justice system."

Until the moment of transition, the parents are responsible for a child's behavior. One second after the magic moment, the youngster is fully responsible for his/her behavior.

Along comes civilization's misguided adolescent phase, and we have a period of non-responsibility. You cannot hold the parents responsible for a sixteen-year-old's behavior. He is too big for them to control. You can not hold him responsible, because he is not yet sufficiently mature. Who is responsible for an adolescent's actions? No one! Little wonder that the young man in the emergency considered himself a nothing.

If this no-man's land were not bewildering enough, the young person is further confused about just when he does become an adult. At sixteen to drive a car, but not to buy cigarettes, at eighteen he may buy cigarettes but not liquor, he can be drafted at eighteen but until recently could not vote. At fourteen he may give consent for his own treatment. And just a few miles away, across the state line, there is a different schedule. He may be an adolescent in his home, but twenty-five miles away he is an adult. Is it any wonder that adolescents are thoroughly confused, groping desperately for an identity?

In an effort to become an adult instead of a "nothing," the logic of a sixteen-year-old may be, "Adults may drink alcohol. Hence, by drinking alcohol, I become an adult."

All this time, the adolescent is undergoing a radical physical transformation. Many adolescents feel totally out of place, being either too short or too tall, too developed or underdeveloped. Their hormones are raging. The adult world preaches morality to them and then provokes them with stimuli that drive them nuts.

I am not excusing adolescent misbehavior, but I believe that they do deserve our empathy. As I pointed out earlier, our adolescent children are confronted with unprecedented challenges. We should appreciate this and get the best education available on proper parenting.

Your adolescent child knows how to blackmail you. If she so decides, she can do something which will hurt and embarrass you. In all likelihood, you rather than the youngster may suffer the worst consequences of such acting-out behavior.

Children learn well. *If you tried to control them by intimidation, they may now try to control you by intimidation.*

Children did not always have the degree of control they do today. When I was in grade school, the worst possible thing that could happen was being sent to the principal's office. The walk to the office was replete with anxiety and trepidation. Waiting outside the principal's office was akin to being in death row in prison. There was respect for authority: parents, teachers, police, courts, clergy. Children did not have the faintest notion of controlling their parents.

Today, teachers and principals may fear the students much more than the students fear them. Court orders are regularly defied. Respect for police has dwindled. Parental authority has suffered along with the rest. With the lapse of parental authority, children have seized the initiative.

Those who advocate an authoritative approach to discipline say that rules must be enforced. It is not clear, however, how this can be done. When parents had authority, they could ground a youngster or deny him privileges. Today, a youngster can bolt out of the house. Calling the police rarely accomplishes anything, and you cannot legally evict a twelve-year-old from the house.

Can being controlled by children be prevented? If children are raised with love and understanding, if the atmosphere in the house is one where they learn to respect their parents (primarily because the parents respect each other) and if parents model deference to authority, it is less likely that children will try to control.

Proper parenting techniques may minimize the adolescent's need or desire to control. Some helpful readings are *Discipline That Works* by Dr. Thomas Gordon, *How to Talk So That Kids Will Listen and How to Listen So That Kids Will Talk* by Faber and Mazlish, and *Between Parent and Teenager* by Dr. Hiam Ginott.

If you find yourself being controlled by an adolescent, do not rely on your own wisdom how to manage him/her. Consult someone with expertise on adolescent behavior.

The Difficult Child

lthough the discussion about control must address the task of parenting, I make no claim at being an authority on parenting. The book, *Positive Parenting*, was written in collaboration with a very competent child psychologist. However, I must make a few remarks about a special problem that presents a challenge to parents, where a "do-it-yourself" approach of control can be most unfortunate.

There are children who seem to have severe behavior problems from their earliest age. There is reason to believe that these children have been born with difficult temperaments. Even if this is so, it does not mean that they are not manageable. However, raising these children requires expert guidance. Handling these children by the way a parent thinks is best may be a serious mistake.

These children may be very aggressive. They seem to be insensitive to other people's feelings and are totally self-centered. They have no control over their anger and can be violent toward their parents and siblings. They act on impulse, doing whatever they feel like doing, without any logic or reason. It is not that they are not logical, but rather that they use their logic to get what they want or to figure out how to escape punishment if they are caught. To them, what they feel like doing *at the moment* is the most important thing in their lives.

Being insensitive to others' feelings, these children cannot understand why their parents get so upset over what they have done. If they are punished for doing wrong, they do not regret what they have done, and they become frustrated and angry. They see punishment as an unprovoked attack against them. If they are told to do homework or clean up their room they will put it off as long as possible, and if confronted, they may manipulate, lie or throw temper tantrums. They know how to push their parents' buttons and provoke them. They know how to set one parent against the other. If the parents have separated, they know how to put the separation to their own advantage. *They know how to control their parents.* Even the most loving parents may lose their cool with these children.

Parents may try to manage these children by punishment and deprivations. They may try to bribe them to be good. Finding that their methods are ineffective, they may try one thing after another, which results in an inconsistency which can only make matters worse.

An unmanageable child not only causes great anguish to his parents, but his behavior also affects his siblings. He is the focal point of so much of the parents' time that the other children are deprived of the attention they deserve. Perhaps worst of all, the child may grow up with antisocial behavior, resulting in self-destruction as well as harm to others.

There is only one point I wish to make here. If you have a child that fits the above description, *don't try to manage him using your own resources.* Even reading books on parenting may not be enough. At the first sign that the child is impulsive, self-centered and refractory to discipline at an age when he should be responding to discipline, *get help!* Find a competent child therapist and follow instructions! Don't blame the child's behavior on the other parent. In a two-parent home, *both* parents should go for guidance and present a united front.

With proper guidance from a competent child therapist, these children can be brought around to normal behavior.

What About the Boss?

I n many relationships, but particularly in the workplace, the feelings we have toward other people may be the result of earlier experiences.

We relate to reality according to our perceptions of reality, and these may not be the same for everyone. Sure, two people who look at a tree are likely to have the same perception of the tree. But two people who work for the same employer may have widely divergent perceptions of him.

One person had a father who was gentle and considerate of his feelings. When his father wanted him to do something, he spoke softly and gave clear instructions of what he wanted. If he did things right, his father acknowledged it. If he made a mistake, the father corrected him, pointing out what was wrong and why. He loved and respected his father.

The other person's father was cold and aloof. He gave the children orders like a general, sometimes barking at them. When children obeyed his orders, he never commended them for it. If they made a mistake, he could fly into a rage, insulting them and disparaging them. He may have hit them if he thought them to be disobedient. The children feared the father more than they loved him.

To these people, an authority figure, a superior or an employer is in the position of a father. They may not see this person for what he is. Their perception has been tainted by their early life experiences with an authority figure. One may see the boss or manager as a considerate leader or adviser, and the other may see him as an ogre.

The workplace is also a site where one may transfer feelings that one had toward siblings to coworkers. One may see them as helpful and friendly, or one may see them as fierce competitors.

In all relationships, but particularly in the workplace, it is wise to remember that we may be relating to people with preconceived notions about them.

O.K. You're working for a company. You may be answerable to the CEO or to a division head. How did these people get to these positions? Unless they were the heirs of the founder, they got there by striving for success at all costs, driving others to outdo the competition, trying to be perfect, trying to look good and accepting responsibilities. The very traits that catapulted them into being the boss are those that make a person a controller.

O.K., you may understand that. But your boss is driving you nuts by constantly badgering you, constantly checking up on you, repeatedly instructing you to do things his way and refusing to listen to your suggestions. Sometimes this becomes so unbearable that you want to tell him off and quit, but you can't do that because you do not have any other job prospect readily available. So instead you come home grumpy and take it out on the wife and the kids.

Here is a piece of information that may help you better understand the boss and it may also help you discover something about yourself.

As was noted, successful executives may get to their positions by assertiveness and aggressiveness. Think of it this way. You are driving along level land and come to a very steep hill. In order to get up the hill, you must shift into a more powerful gear. After you get to the top of the hill, you are again on level terrain. You wish to switch back to a cruising gear, but the shift is stuck. You have no choice but to travel in the more powerful gear.

The problem is that the more powerful gear cannot reach cruising speeds. It is suitable for a steep climb, but it cannot exceed thirty miles/hour. You cannot travel fast and furthermore, you may wear out the gear by driving long distances.

Similarly, it may require competitiveness and aggressiveness to build up a business. Once this has been achieved, one should be able to switch into "cruising speed." But work habits are hard to break. Although the degree of aggressiveness necessary to get to the top is no longer appropriate, one may not be able to "switch gears." Using the same techniques one had used in climbing may actually be counterproductive, but it is difficult to change one's habits.

If bosses realized that their control can be counterproductive, perhaps they might relinquish some control. Employees who have some leeway and flexibility are generally happier at work, and their attitude can increase productivity. Studies have demonstrated that employees who are not dominated by a controlling superior have a lesser incidence of coronary heart disease. This alone can make them more valuable over the long run.

However, do not bank on the boss realizing this.

What can you do to keep both your job and your sanity? Let's begin with empathy. Suppose you were the boss, how different would you be? Don't forget, the buck stops at his desk. He is ultimately responsible for everything that his subordinates do. That generates enough anxiety to want to be in control of everything. His attitude may be, "I have to stay on top of things. One slip-up and my goose is cooked."

When I became director of the Department of Psychiatry of St. Francis Hospital, I was under a great deal of stress. The demands for service were incessant, and I had to carry the load. On a good night, I was awoken only seven times by nurses or by the emergency room staff. On a bad night, I was awoken fifteen times.

Then Congress passed the Mental Health Act and funded Community Mental Health Centers. Having received a sizable sum of money, I hired several psychiatrists, psychologists and social workers. Alas, the stress increased rather than decreased. Previously, I had been responsible for only my own actions. Now I was also responsible for those of a large staff.

One day, the administrator met me leaving the hospital. "You look very tired, Dr. Twerski. Perhaps we can get you an assistant." I said, "Sister, one more assistant and I quit!"

Although the staff was competent, it was my neck that was on the block. A wrong medication or the mismanagement of a suicidal threat could result in a serious malpractice suit, in which I, as clinical director, could be held liable. I had to check the medications and disposition of many cases. If the staff felt that I was too controlling, well, that was just too bad.

If your boss is too controlling, think of his position and picture yourself in his place.

After a while, I could see which of the staff was totally reliable, and I did very little checking on them. Look for ways in which the boss will be able to see that you are competent and do not need monitoring. Try to anticipate his monitoring. If you know he is likely to check up on an assignment, try to complete it ahead of schedule and bring it to him. "Here's the report on the Johnston case, Mr. Evans. I think everything is in order, but would you mind looking it over?"

When I served my internship in medicine, I found out who the chief of medicine was on the first day. He was a perfectionist, if not obsessive-compulsive. He was to be my boss for a whole year. Could I put up with it?

I spent an extra hour every day in the medical library, looking up articles in the medical literature about some of the more difficult cases. I photocopied them and gave them to the chief. When I had to report to him on a case, you had better believe I knew everything there was to know about the patient's medical and family history. It took two months for him to build up trust in me, but the rest of the year was a breeze. It was very gratifying when one day he asked me to gather all the information I could about a case that he was to present at a medical conference. I must admit that as difficult as it was to have a compulsive, controlling superior, I probably learned more about medicine than if the chief had been more easy going.

When I had my surgery rotation, there was one surgeon who was a controller, but rather than being afraid of being humiliated or sued for a mistake, I could see that he was genuinely interested in his patients and wanted to make sure that they got the best care. Once I realized his motivation, it was much easier to accept his control.

Back in medical school days, there was an instructor who insisted that our patient work-ups be done in a certain format, which I thought was extra work for no good reason. I gently said, "Dr. Murphy, wouldn't it be better if we did it this way?" His answer was curt and firm. "Twerski, when you run a department, you can do it your way. Here, you do it my way."

I must share something with you. In Torah observance, we do not understand everything we are required to do. There are *chukim*, laws for which there may be no logical reason. When I buy a wool garment, I have it tested for possible admixture of linen, and if it is found, it must be removed. Why? Because that is what the Torah says. Why does the Torah say that? I do not know, but I must accept Torah authority. This was good training for me to accept authority even if I did not understand the reason for the orders.

After all is said and done, some bosses are really impossible. Consider your options. Can you walk away from the job? If not, look for ways to unwind (without alcohol) so that you do not pour your wrath out at home. Let your wife know the stress you are under. There are some books on relaxation exercises in the self-help section of the bookstore. Relaxation techniques do work.

If you do quit, do so courteously. Do not seize the opportunity to ventilate all your pent up anger at the boss. Remember, a subsequent employer is going to call him for references on you. Do not shoot yourself in the foot.

One accountant simply could not put up with his boss's constant checking every minute detail. He sought another job, and when he was assured of having it, he met with the boss.

"I am here to tell you that I have an offer with another firm. I've been here eight years, and I know the company thoroughly. It'll take you a while to break in a new person.

"The reason that I'm leaving is because your constant standing over me and checking up on me has become intolerable. By now you should have been assured that I am reliable. If in spite of that assurance you still have to check up on me, I think that means that you have a problem delegating responsibilities and you are uneasy unless you are personally on top of everything. I imagine that must be pretty hard on you, but you can't help yourself.

"Maybe it's not my business to tell you about your personality. It is no longer a problem for me, because I have another job waiting for me. I'm sure some other employees feel the way I do. If you can do something to get over the need of being personally on top of everything, you'll have much happier employees."

The boss sat in silence for a few minutes, then said, "I think you're right, Sam, and I appreciate your telling me. I know I am a perfectionist and have trouble delegating. I'm bothered by the uncertainty that things are done right. I didn't realize how much it is affecting others.

"I may not be able to change overnight, but I'm going to try. I'd really like you to stay with us, and if you can manage to put up with me while I try to change, I'd be very grateful."

This particular episode had a happy ending for everyone.

The student/teacher relationship is another one that invites control. The student is really at the mercy of the teacher. If he gives you a bad grade, there is usually no appeal.

In my pre-medicine courses, I was running an "A" in biochemistry all semester. Somehow, I did not do too well on the final exam, and it brought my final grade down to 91.4, which is a "B." In those days, the admission committee judged applicants for medical school solely by their grades. The more "A's" one had, the better was the chance of getting accepted.

I asked the instructor if she could raise the grade to "A." After all, I was above 93 all semester. She said that if the final grade had been 92.4, she would have done it, but 91.4 remains a "B." I told her that this 1.6 difference may determine whether or not I get accepted to medical school, and that my whole life career rests on that tiny numerical difference. She shrugged and said that she was sorry, but that the numbers speak for themselves. I said, "I understand." I did not argue with her and I did not go to the department head.

That night I got a call from her at home. "I changed it to an 'A,' Twerski. Good luck in medical school."

Try to stay on the good side of the teacher. This is much easier to do, because in contrast to an employer, this teacher will probably not be your boss the next semester. A few months is tolerable.

In any relationship, boss, teacher or peer, it may ease things if you can find out what the controlling person's interests are. If he is a golfer, ask him about golf. If he is a stamp collector, ask him about stamps. One of my professors was keen on the history of medicine, something which is generally not covered in the average medical school. I took out a book on the history of medicine, which was, incidentally, quite interesting. I then asked him a few questions, which gave him the opportunity to show me how much he knew about the subject. It's surprising how controlling people may relinquish some control when you make them an authority.

What? Friends, Too?

Yes. Friends and peers may be "control freaks." I had a colleague who frequently said, "Abe, can you help me out and take call for me?" He then came up with a pathetic reason why he could not take call that night. I would feel like a heel if I refused.

Sometimes peers take advantage. In the army, two officers shared an office. One took things easy, resting his feet on the desk and reading a magazine, while the other always had a tall stack in the "IN" box.

One day the busy one asked the other officer, "What's your secret? I can barely finish my work by the end of the day, and you're always at leisure."

The other officer said, "It's simple. When something comes across my desk, I write on it 'Bring to the attention of Major Smith.' In a base as large as this, there's got to be a Major Smith."

"How dare you!" the busy officer exclaimed. "I'm Major Smith."

Sometimes a person may be so totally controlled at home by a bossy and even abusive spouse that he looks for ways to assert some authority. In psychology this is referred to as "identification with the aggressor." If it does not inconvenience you too much, you may humor him. If he really imposes on you, tell him in a gentle way why you can not comply with his request. Do not be afraid of losing a friend. This person is likely to act similarly with all his friends, and many of them will just avoid him. He cannot afford to lose you.

I suggest that you do not tell other friends, "Jim is really making a pest of himself." They may be your friends, but some people cannot resist telling Jim, "You know what Bill said about you?" even though this involves a grievous sin of *rechilus* (carrying tales).

Friends who are controlling may not pose too much of a problem socially. You do not have to meet them more often than you wish. It's another thing when your coworker is a control freak. That can be a daily day occurrence and can be very annoying. You may keep your annoyance under control until it exceeds the boiling point, at which time you may have a volcanic eruption. That doesn't do anyone any good.

There are some people who are "know-it-alls," and feel that this qualifies them to instruct people. One young man conveyed that between him and his father, they knew everything that was to be known. This was tolerable because we had infrequent social contact. My wife and I would joke about it. We would intentionally introduce far-out subjects to elicit a comment about how much he or his father knew about it. "You know, there is reason to believe that the clouds on Venus may conceal an advanced civilization." Then we would sit back and hear him pontificate on a subject about which neither he nor his father knew anything. It was sort of fun. But if he were a coworker, it would have been intolerable rather than humorous.

Even here empathy has a place. People who are "know-it-alls" and who make sure that you are aware of it are invariably people with low self-esteem. They are desperately trying to escape their feelings of inadequacy by showing how great they really are. I feel sorry for them, and I may not be quite as irritated by someone whom I pity.

Sometimes you can head off their demonstration of omniscience by saying something that will boost their ego. See if you can find something positive about them. "Wow! You finished that work assignment in record time," or even, "That tie is really handsome." At coffee break, ask their opinion about something, whether it be sports or politics or anything that indicates that you respect their knowledge. This does not always work, but sometimes the results are amazing. When they feel they are appreciated, they may not have to resort to control to feel good about themselves.

If your coworker is in the habit of telling you how to do things, you might try asking his advice about a new process. This, too, is an ego boost.

If nothing works and the annoyance is more than you can bear, you may just have to make your friend aware of it. A doctor on my staff who was also a personal friend took the liberty of walking into my office at any time without knocking on the door. I finally had to say, "Alvin, I love you dearly. Sometimes you walk in when I'm on the phone discussing a very private matter, and I don't like to tell you to leave. Please knock before you come in. If I'm not doing something which can't be interrupted, I'm happy to see you."

If you tell your coworker exactly what he is doing that bugs you, he may react defensively, but will eventually come around.

Dr. Parrott makes an important point. He says that the attempt to control may be the way a person tries to ward off anxiety. Being in control of something, almost anything, may ameliorate anxiety.

The Midrash states that after King Solomon was cast from his throne by Ashmedai, he wandered around the country exclaiming, "I am Solomon," but, of course, no one believed him. The Talmud states that whereas Solomon had previously been the ruler of an empire, he was now ruler only over his walking cane (*Sanhedrin* 20b). R' Chaim Shmuelevitz says that Solomon survived this crushing period because he never lost the feeling that he was king. Even if he was only king over his walking cane, he was nevertheless in control of something. Being in control may give a person a feeling of security.

Dr. Parrott states that because today's workplace is so uncertain, with downsizing and layoffs occurring frequently, it is, therefore, an anxious place. Coworkers may try to reduce their anxiety by trying to control.

As noted, some people may try to boost their lagging self-esteem by controlling others. As the workplace becomes more complex and sophisticated, some workers may feel increasingly incompetent. They may feel threatened that they may be replaced by a younger person who is more adept at operating the advanced computers upon which almost everything today depends. Their controlling behavior is reassuring to them. "I must be competent, otherwise I would not be in control."

If you have to correct a coworker, be careful that you do not do so in a way that may aggravate his feelings of incompetence. You might start by asking him to show you how something is done, and then say, "Oh! I thought that this way might be better. What do you think?"

Criticizing a control freak is apt to intensify his controlling behavior. Use tact and diplomacy. My father used to tell me about a woman whose use of tact was absolutely brilliant.

This woman was married to a rabbi who was a fine person and an accomplished scholar, but who was very unfamiliar with world-ly matters. His position required him to settle disputes among liti-gants, and he was very inept in this. Recognizing this shortcoming in her husband, she said to him, "Whenever you mediate or judge in a dispute, always give yourself a chance to think it through. Tell the litigants that you want to sleep on it and that you'll give them your decision the next day."

Whenever there was a dispute in the rabbi's study, the wife eavesdropped and overheard all the details of the argument. The rabbi told the litigants to return the next day for his ruling.

At dinner that night, the wife would say to the rabbi, "I heard some commotion in your study today. What was that all about?"

The rabbi would say, "Oh, there was some bickering between these two people about dissolving their partnership."

The wife, who already knew both sides of the argument, would say, "I'm curious about these things. Do you mind telling me what they were arguing about?"

The rabbi would tell her the essence of the case. "This man took the other man into his business as a partner several years ago, and he now wants to dissolve the partnership. He is asking for a payout of fifty percent. The original proprietor says that he built up the business and doesn't want to give him more than thirty percent. The other man says that in these few years he contributed heavily to the growth of the business."

After a few moments, the wife would say, "I know what you're thinking. You want him to payout thirty-five percent immediately, and then they should analyze the growth of the business during the years of the partnership. After they bring these figures to you, you will determine how much over the thirty-five percent he has coming. Hm! I think you've got a good idea there."

The rabbi never caught on that she had planted the idea in his mind, and indeed assumed it was his own. He eventually developed a reputation as a most sagacious mediator and magistrate! Now, that's tact!

Incidentally, my father told me that this couple had a good marriage. Although she had to guide him in certain areas, she respected him for his character and scholarship.

Tact is indispensable whether you are relating to a control freak or whether you are instructing someone, so that you do not come across as a control freak. If you do not use tact, and you tell a control freak, "Stop telling me what to do! I know what I'm doing," you will undermine whatever relationship you have with him, and this "put down" will only increase his attempts to control.

A Very Tragic Control

As was noted, with the exception of the good kind of control, which is self-control, and the prudent, judicious use of proper discipline or instruction, wielding control is virtually always destructive. Control may be especially destructive and tragic when it occurs in the dissolution of a marriage.

If, after thorough evaluation and consultation, it is determined that a couple should divorce, then it is to everyone's advantage that the divorce proceed as amicably as possible. Unfortunately, one or both partners may have hostile feelings, and the divorce process becomes a battleground. In such cases, the negative traits which a person may have may come to the fore, and various aspects of the divorce proceedings become subject to control issues. The partners may be so affected by their feelings that they are unable to see the damage that they are doing to themselves and, worst of all, to their children.

Children do not come into the world of their own accord. Parents bring children into the world and they, therefore, have the responsibility to give their children the best opportunity to achieve happiness. Nothing in the world can absolve parents from this responsibility. Regardless of how deeply hurt or harmed a spouse may have been, this does not allow one to act it a way that is detrimental to the children's welfare. How the two partners wish to deal with each other in matters that do not affect the children is for them to choose. However, insofar as the children's welfare is concerned, all other considerations must be set aside.

It is deplorable that the parties in a divorce may not only be neglectful of the children's welfare, but may also use the children as a weapon in their battle with each other. *This is an unforgivable sin.*

The parties in a divorce may use control tactics in regard to various issues in a settlement. The ethics and morality of this is a matter of conscience, and if a person wishes to compromise on ethics, that is between him/her and G–d. But they have no right to use children as control. There is nothing as heartbreaking as witnessing the winner of a legal battle gain custody, only to have the children run over and embrace the other spouse, crying, "Don't let them take me away from you." The children's best interest must come first.

The ultimate in nefarious control is when the marriage has ended and the husband refuses to follow the rabbinical instruction to give a *get*. This person is not a "control freak" but rather a "control monster." *Halachah* does require the husband to give the *get*, and to abuse this *halachah* as a weapon for control is a grave violation of the Torah.

We may hear on the news that a person has taken hostages and threatens to kill them if his requests are not met. Holding a wife or children hostage is not any less of an abomination.

It is difficult to conceptualize the dissolution of a marriage as ever being a "win-win" situation. However, if the couple's happiness will indeed be served by their going separate ways, it is conceivable that they may both benefit. However, if the children are negatively affected because of a control battle, then everyone loses, the parents as well as the children.

If there is ever a time when it is mandatory that one totally dismiss control, it is when a marriage ends. Relinquishing the attempt to control at this time is a sign of maturity and "menschlichkeit."

Am I a Control Freak?

This is a question you must ask yourself, but inasmuch as control freaks do not recognize themselves as such, your self-analysis is unreliable. If you have a trusted friend whom you can ask to tell you whether he sees you as controlling, it is a good idea to ask him. You must reassure him that you will be most grateful for an honest assessment, and you must be sincere about this. If you think you will be offended by the truth, don't ask him.

Dr. Parrott has devised a self-test to help you decide if you are a control freak, and if so, of what intensity.

(Reprinted from *The Control Freak* by permission of author, Dr. Les Parrott.)

By answering the following multiple choice questions, you can diagnose your own controlling symptoms. Circle the letter of the response that best represents your reaction. Take as much time as you like, and answer each question honestly.

1. Some of the items on my lengthy to-do list could be delegated to a family member or a coworker, but

   A. I don't ask anyone because I don't want to impose.
   B. I feel kind of awkward about it, but I eventually let people know I need help.
   C. I don't hesitate to ask people for help.
   D. I don't see the point of asking, because hardly anyone can do the job as well as I can do it myself.

2. My family members, friends and coworkers tell me I am sometimes critical and hard to please:

   A. Never
   B. Sometimes
   C. Frequently
   D. All the time.

3. When I've taken the time to make plans for an evening with friends and then they want to change what I have arranged,

   A. I don't say word about it and am happy to go along without making a fuss.
   B. I let them know my feelings, but I eventually change my attitude and go along with it.
   C. I make it clear how hard I worked to pull everything together and try to convince them to see why my way is better.
   D. I make my stance known and don't budge.

4. When I'm having a disagreement with a sales clerk,

A. I swallow my words and give in just to avoid the conflict
B. I work to resolve it as quickly as I can
C. I fight for my point even if it takes some time
D. I often go to the mat to win and show why I'm right.

5. When I'm in a hurry and the driver in front of me is driving especially slowly, causing me to miss green lights,

A. I take that time to slow down and enjoy the ride.
B. I hope he turns off the road so I can get going.
C. I get very frustrated and do whatever I can to pass him.
D. I ride his bumper, flash my lights or honk, and give him a dirty look when I get around him.

6. I'm taking a long overdue vacation with a few friends. When it comes to making travel arrangements and planning our days, my style is to

A. Let my friends do the planning and go with the flow.
B. Offer a couple of suggestions but remain spontaneous.
C. Think through things, like where we will want to eat on that day and plan accordingly.
D. Read up on where we are going, schedule each day ahead of time, and purchase tickets well in advance to avoid potential hassles.

7. In thinking about how people succeed in life,

A. I go with the flow and see what happens.
B. I think it's good to have goals, but everyone has his or her own style.
C. I don't understand people who don't have vision for what they can do.
D. I have little patience for those who simply drift without direction.

8. I just spent twenty minutes at the office doing absolutely nothing. I feel

   A. Justified. I deserve some slack-off time.
   B. Energized. It felt good to veg out.
   C. Grumpy. I could have finished a project and not felt so bad.
   D. Guilty. I wasted precious time in which I could have gotten more done.

9. When someone borrows a video from my neatly organized collection and doesn't put the video back in the right order,

   A. It doesn't bother me.
   B. I'm just happy the person returned it.
   C. I put the video back the way I want it and make a mental note to tell the person where I like it to go.
   D. I show the person how to do it right and say that the next time he or she borrows a video, I want it returned to the exact place I have it.

10. When an important project I've been working on is not going the way I want it to,

   A. I shrug it off because nothing is really that important.
   B. I do something else and come back to the situation with a clear mind.
   C. I mull over the problem but do my best to leave my worries at work.
   D. I can't let it go. I worry to the point that it keeps me up at night.

11.When it comes to paying the bills in our home,

   A. I don't have anything to do with it.
   B. It doesn't matter who does it as long as it gets done.
   C. I do it myself if time allows or review the job if it was done by someone else to be sure I know what's going on.
   D. I always do it myself because I want to know exactly where our money is going, and I want to be sure the bills are paid on time.

12. I'm reading a book on being a control freak because

A. Someone gave it to me. I'm not sure why.
B. I am primarily concerned with finding ways to cope with the overcontrolling people around me. But if reading the book keeps me from being controlling, that's great too.
C. I know that I have controlling tendencies and hope the book might help me improve.
D. I read through a few parts I think are best—just to be in the know—and don't give much weight to ideas I disagree with.

Scoring. Give yourself one point for every A you circled, two for every B, three for every C, and four for every D. Use the following information to interpret your total score:

- *Score of 13 or fewer.* You aren't anywhere close to being a control freak. In fact, you may benefit from taking a course on assertiveness training.

- *Score of 14-22.* You are probably pretty easygoing and rarely battle the control freak within.

- *Score of 23-35.* You certainly have some control freak symptoms and can be diagnosed with occasional control freak flare-ups.

- *Score of 36-48.* It's undeniable. You have a full-blown case of control freak flu.

You may say, "O.K. So I do have a tendency to control, and I can see that this is not a good way to be. How can I go about changing myself?" The next chapter offers a suggestions.

Taming the Control Freak Within Us

First of all, if you have admitted that you are a controller, you have already taken a giant step toward making desirable changes in yourself. Most control freaks vehemently deny that there is anything wrong with their behavior and they have no desire whatever to change.

Most of our character traits are not of recent vintage. They have probably been with us since our early years. It stands to reason that they are not going to change overnight.

Many control freaks are what has been referred to as "Type A" personalities. These are people who are task-driven and operate under pressure of time constraints. They are often impatient both with themselves and others. They tend to hurry even when hurrying serves no purpose.

The "Type A" personality was actually discovered due to the astute observation made by an upholsterer. He was reupholstering the chairs in the waiting room of a heart specialist and remarked to the doctor, "It's a funny thing. All your chairs are worn out most at the front edge of the seat." This caught the doctor's attention, and he then noticed that most of his patients do not sit back on the chair, but rather sit on the front edge of the chair, ready to jump up at any moment. They do this even if they may be waiting for more than an hour for their appointment. He concluded that it is characteristic of people with heart disease to be on constant alert, ready to jump into action at a moment's notice. He reasoned that perhaps this attitude of constant readiness to jump into action may be a contributing factor to heart disease. This led him to study the personality traits of people with heart disease, and he came up with a profile of "Type A" people.

It is not wise nor even feasible to make a radical personality change. Rather, this can be accomplished very gradually, beginning with one feature of "Type A" or control freaks.

An example of the gradual process of change is that of a woman who replaced a shabby looking chair in her living room. But the new chair now made the old sofa look out of place, so she bought a new sofa. These two new pieces of furniture clashed with the carpet, so that was replaced. Now the drapes were out of sync with the rest of the room. Then the wallpaper and lamps had to be brought into harmony. The whole living room was ultimately totally changed, but it all began with the replacement of a single chair.

Much the same is true of character traits. There are some traits that are just incompatible with others. If we begin by working on a single trait, this may ultimately result in a major character change.

It is very common that controlling people are impatient and do not allow others to finish their sentences. They interrupt and finish the sentence for them. The Talmud says that a wise person will not interrupt another person's speech (*Ethics of the Fathers* 5:9).

This is a good starting point to begin to overcome controlling tendencies. Bite your lip if you have to, but do not finish other people's sentences for them. This takes a bit of effort, but you will be surprised how this can help you overcome impatience. Once you develop patience, you have taken a step toward divesting yourself of controlling.

Tone down your aggressiveness in driving. I know you are impatient because you are in a "no passing" zone and the driver in front of you is a slow poke. It has been shown that most often he will not delay you by more than two or three minutes. If you swing around and pass him, which is very risky in a "no passing" zone, you are likely to find that when you stop for a red light, he pulls up right behind you. You have gained only one car-length by passing him. If you can be more relaxed in driving, you have taken another step to overcome controlling.

Do you catch up on reading things pertaining to work during mealtime? Don't! Relax when you eat. Take this pressure off yourself. In general, do not do two things at the same time. If you are speaking with someone on the phone, it's O.K. to doodle, but do not rearrange your calendar or do arithmetical calculations.

Control and respect are antithetical. The greater the respect you have for a person, the less likely you are to control him. If a husband obeyed the Talmudic law to respect his wife even more than he respects himself, there would be no problem of wife abuse, which is, in the final analysis, an attempt to control. And if a person accorded others proper respect, as set forth in *Ethics of the Fathers* (2:15), there would be little control of others.

You will recall that we noted that the urge to control is often the result of low self-esteem. A person who feels inadequate and of low self-worth may resort to domineering others in order to compensate for his feelings of inferiority. Elevating one's self-esteem and gaining greater respect for oneself may eliminate the need to compensate by control. It would help to realize that exercising control over others is making the statement, "I don't think too much of myself."

Listening to others' opinions and judiciously deferring when appropriate is a statement of self-esteem. The Talmud says that an honorable person is one who accords honor to others (*Ethics of the Fathers* 4:1). Showing respect for others is, therefore, self-respect as well.

The Talmud states an important principle: "Just as it is a mitzvah to instruct someone if he will listen to you, it is also a mitzvah *not* to instruct someone if you know he will not listen to you" (*Yevamos* 65b). Control freaks often try to control the uncontrollable, whether people or things. This cannot but result in frustration.

Learn to speak softly, *especially* when you are angry. This is not so much in the interest of other people as it is in your own interest. When you shout or raise your voice, the other person tunes you out, and he does not hear what you are saying. In fact, he is defensively thinking how to respond to you. He is too occupied with his response to be able to take in what you are saying. If what you have to say has merit, say it softly. You will get your message across much more effectively.

A preacher left the text to his sermon on the lectern. Someone noticed that he had made notes in the margin to tell himself how to deliver the sermon. "Speak very slowly here," or "gesture with hands," or "pause for a moment." In one place the note read, "Argument awfully weak here. Yell very loud."

If your point is valid, do not shout. Yelling is a sign that your argument is weak.

Giving in to the urge to control is not much different than giving in to the urge to drink. You may get a brief "high," but no long-term gratification. People who have satisfaction in life don't need these artificial highs.

The Talmud says, "Who is a wealthy person? One who is satisfied with whatever one has" (*Ethics of the Fathers* 4:1). Our appetites may be insatiable, and if we feel we are missing out in life, we may seek other gratifications, whether alcohol, drugs, wealth, fame and yes, control. The happier you are with yourself, the less will be your need to control. Being content with what you have does not only deem you wealthy, but also eliminates many of the stresses that result from pursuit of ephemeral pleasures.

If you believe in G–d and that He has control of the world, your need to control others will diminish. One person wisely said, "I used to stay up nights worrying about things. Then I realized that G–d is always awake, so there's no use in both of us staying up. That enabled me to sleep more peacefully."

The Talmud says that G–d controls everything except for a person's ethical and moral behavior. Our own behavior, therefore, is what we must control, because G–d does not control it. Everything else may be left to His control.

Some people have an aversion to asking for help and accepting help when appropriate. They may see a request for help as yielding to someone else's control. That is a mistake. We all need help at one time or another. If we can accept help when this is appropriate, it may lessen our need to control.

Some people feel that things can get done properly only if they do it themselves. One of Charles Schulz's characters in the *Peanuts* comic strip is Lucy, an arrogant, loudmouthed control freak who is a know-it-all. In one cartoon strip, Lucy says, "Having examined my life and found it to be without flaw, I am going to hold a ceremony and give myself a medal. Then I will make a rousing acceptance speech and greet myself in the receiving line. When you're perfect, you have to do everything yourself." Lucy is not well liked by any of the other *Peanuts* characters. A control freak should realize that controlling behavior like Lucy's does not win friends.

The Talmud says that we should emulate G–d's attributes (*Shabbos* 133b). In the account of Creation, G–d says, "Let Us make man" (*Genesis* 1:26). Who is the "us" to whom G–d is referring? Rashi explains that G–d took counsel with the angels, not because He needed their advice, but to model for us and teach us that even the wisest person should seek advice from people of lesser wisdom.

G–d also models for us by delegating missions to angels. Have you ever wondered why G–d has angels carry out His wishes? G–d can do everything Himself. He is at all places at all times and is all-powerful. The reason G–d delegates to angels is, like His taking counsel with angels, to teach us that even the All-Perfect Being delegates. We should learn from this that we should delegate, regardless of how perfect we may think ourselves to be.

A parent asked me, "Is it right to apologize to my child and admit that what I did was wrong? Won't that diminish my authority over him?" I answered, "If you do not model apology and admission of a mistake, from where do you expect your child to learn it?" Apologizing and admitting one was wrong does not diminish one's authority. To the contrary, it earns the child's respect.

Control freaks find it difficult to admit they were wrong. By admitting a mistake, you will be overcoming controlling tendencies.

Controlling behavior is likely to elicit a controlling response. Parents who rule over their children with an iron hand often find that their children react by controlling them. And make no mistake about it: Kids know how to push their parents' buttons.

So take an honest look at yourself and see whether you have some control freak behavior. To the extent that you can eliminate it, you will be better liked by others, and you will like yourself much more too.

Epilogue

t has been said that those who do not learn from history are doomed to repeat it. This is obvious from the history of world conquests. Powerful leaders conquered countries and built empires, and the story is always the same. The glory of conquest, ruling the world, then disintegrating: Rome, Greece, Napoleon's France, the British Empire. Megalomania blinds one to the inevitable.

As in the macrocosm, so in the microcosm. There is a milder form of megalomania that drives individuals to seek to exert their power and authority over others. However, the rise and fall of individual power-seekers is not as evident as that of empire builders. The blindness to the futility of trying to dominate others is even greater in personal relationships than in world conquests.

Perhaps there is an inborn desire to exert power, but like many other traits, it must be properly channeled. The Talmud says, "Who is a mighty person? One who is master over his inclinations" (*Ethics of the Fathers* 4:1). In contrast to domination over others, self-mastery can be beneficial and enduring, but it requires much effort. The biographies of our great personalities testify that this can be achieved, but one must be willing to invest the effort.

The *tzaddik* of Apt said, "In my youth, I thought I would be able to change the world. As I grew older and wiser, I realized that this was impossible, but I thought I could change my community. I found that this, too, was impossible, but I was certain that I could change my family. Now I realize that it is all I can do to change myself."

I have tried to point out that control over others is both an illusion and counterproductive. Furthermore, as long as one discharges the urge for power by seeking to control others, one does not channel that urge to control oneself.

Why fail when you can succeed? Teach, inform and model behavior so that others will desire to emulate you and understand the propriety of your ways. This will make you happier and contribute to their well-being as well.